湖南省公共图书馆建设与发展的理论思考与实践探索

主　编◯叶建武

湘潭大學出版社
XIANGTAN UNIVERSITY PRESS

图书在版编目（CIP）数据

湖南省公共图书馆建设与发展的理论思考与实践探索 / 叶建武主编. -- 湘潭 : 湘潭大学出版社, 2024. 8.
ISBN 978-7-5687-1546-1
Ⅰ. G259.276.4
中国国家版本馆 CIP 数据核字第 2024VQ3179 号

湖南省公共图书馆建设与发展的理论思考与实践探索

HUNANSHENG GONGGONG TUSHUGUAN JIANSHE YU FAZHAN DE LILUN SIKAO YU SHIJIAN TANSUO

叶建武 主编

策划编辑：张宝香　郭　瑜
责任编辑：张宝香　郭　瑜
封面设计：李　平
出版发行：湘潭大学出版社
社　　址：湖南省湘潭大学工程训练大楼
电　　话：0731-58298960 0731-58298966（传真）
邮　　编：411105
网　　址：http://press.xtu.edu.cn/
印　　刷：长沙创峰印务有限公司
经　　销：湖南省新华书店
开　　本：787 mm×1092 mm 1/16
印　　张：24.5
字　　数：595 千字
版　　次：2024 年 8 月第 1 版
印　　次：2024 年 8 月第 1 次印刷
书　　号：ISBN 978-7-5687-1546-1
定　　价：99.00 元

编委会

前　言

国家图书馆党委书记、副馆长陈樱指出："中国式现代化是物质文明和精神文明相协调的现代化，繁荣发展文化事业是新时代扎实推进中国式现代化的题中应有之义。作为党的文化事业的重要组成部分，图书馆要在扎实推进中国式现代化进程中发挥更积极的作用。"近年来，湖南地区的公共图书馆在各级党委、政府和文旅行政主管部门的领导下，紧紧锚定"三高四新"美好蓝图，在推进全民阅读和构建公共文化服务体系的过程中，为中国式现代化图书馆的发展贡献了"湖南之思"，体现了"湖南之为"。

正是在这样的时代背景和精神感召下，湖南省少年儿童图书馆作为全国最早独立建制的省级少年儿童图书馆和全省青少年儿童阅读推广事业的"排头兵"，为了进一步推动图书馆学理论研究和图书馆管理实践探索，促进我省图书馆界学术交流和业务合作，于今年一季度面向全省各级公共图书馆开展了学术论文和业务案例征集活动，现精选出其中的66篇较有代表性的学术论文和业务案例，集结成《湖南省公共图书馆建设与发展的理论思考与实践探索》一书，以期立足于学术研究领域，为共谋新时代湖南图书馆事业高质量发展闯出一条新路。

《湖南省公共图书馆建设与发展的理论思考与实践探索》共有五个篇章，分别为公共图书馆理论探究、公共图书馆阅读推广、公共图书馆资源建设、公共图书馆管理与建设、公共图书馆创新发展。收录的学术论文和业务案例囊括了公共图书馆智慧化服务与高质量发展、多元合作与公共图书馆的可持续发展、少儿阅读推广与文化传承发展、公共图书馆少儿阅读推广活动品牌化研究和实践、新型公共阅读空间的创新建设研究等十余个研究方向。撰稿者既有直接面向读者的一线图书馆馆员，也有具备丰富管理经验的图书馆馆长，文章既有个人独到的思考和体会，也有分工合作后集体智慧的结晶。短时间内能收到如此佳作，殊为不易，亦让人禁不住赞叹：这不仅体现出湖南地区公共图书馆从业者扎实的理论素养和丰富的实践经验，更展现出湖湘图书馆人敢闯敢试、敢为人先的锐意进取之姿和努力打破"不可以"旧观念、勇于创造"不可能”新奇迹的担当有为之态。

今年三月，习近平总书记亲临湖南考察指导并在长沙主持召开新时代推动中部地区崛起座谈会，充分体现了对湖南的高度重视和亲切关怀，我们湖南公共图书馆界也因此倍受鼓舞。新的文化使命呼唤新的担当作为，为推动图书馆事业高质量发展，我们湖湘图书馆人必须奋楫笃行。

所有过往，皆为序章，让我们以《湖南省公共图书馆建设与发展的理论思考与实践探索》为新的起点，在图书馆学术研究领域不断深耕，保持定力，久久为功，为建设中国式现代化图书馆打造湖南样本，为谱写中国式现代化湖南篇章贡献图书馆力量！

叶建武

2024 年 4 月

目 录

第一章

公共图书馆理论探究

关于如何利用公共图书馆进行幼儿国学教育研究的实践探讨

康朝晖　唐刘晏（湘西土家族苗族自治州图书馆）

摘要：目前国学教育方兴未艾，而且必将持续深入发展下去，会对中国乃至人类社会产生非常大的影响。因此可以推论，中国的幼儿未来面临的将是一个以中国国学文明体系为核心的世界，所以学习国学非常重要。再说儿童，正是处于好动好奇、不断探知的阶段，这个阶段主要以寓教于乐的方式来展开教育，如看图画、听故事、做游戏等，利用公共图书馆的丰富资源对幼儿进行国学教育是目前的一种新形式，是十分值得探讨的。

1 绪论

中国作为一个拥有5000年历史的文明古国，历史文化源远流长。一个人的文化素养需要从小就开始培养，国学教育对于幼儿启蒙教育有着重要的影响，学校作为幼儿国学教育的主要阵地，一直发挥着举足轻重的作用，而公共图书馆拥有丰富的资源，所以是否可以进行馆校联动从而做好幼儿国学教育，并建立一个科学、规范且具有可行性的合作模式是值得我们图书馆人深思的课题。

2 国学的含义

“国学”这一概念的出现及延伸，有一定的历史渊源。我们可将“国学”称为中国自有的传统学术和文化。20世纪，中国知识分子提出了“中学为体，西学为用”的思想主张，但随着外来文化的进入，为了与西方的学术和文化形成对比，他们有意将中国的学术和文化称为“中学”，也有“国故”“国粹”之类的称谓。但是这一类的称谓终被“国学”所取代，因为相比于那些称谓，“国学”不仅突出了中国这一主体立场，具有一定的开放性，而且还将中国的爱国主义情愫凝聚在一起。“汉学”“中学”仅仅代表中国学术，是一种知识形态，而“国学”不仅仅是一种知识形态，同时还是一种价值形态，是中国文化精神的一个载体。

简单地讲，国学就是中国人在历史中形成的一套世界观、人生观和价值观（简称“三观”）。这个概念对于一些人或许有些抽象，但通俗地讲，大家就会理解：国学就是通过传授孩子中华优秀传统文化知识和道理去教育孩子怎样认识这个世界，怎样和这个世界及其他生命相处，怎样辨别是非善恶，怎样处理自己生活中所遇到的问题。一句话概括，国学就是教导一个生命成长的教育体系。

3 公共图书馆进行幼儿国学教育的优势

3.1 环境优势

随着社会发展，公共图书馆虽在服务功能上已经悄然走上了由传统的阅读向现代信息技术转变的道路，但在根本上，公共图书馆仍是读者阅读的重要阵地。现代公共图书馆安静整洁的环境、优质到位的服务和良好的阅读氛围，成为吸引大批读者的独特优势，这一点无论是个人还是社会组织的阅读行为都无法与公共图书馆相媲美。对于幼儿的国学教育来说，公共图书馆里提供的丰富完善的环境和资源能给幼儿的国学教育更好地帮助，从而能够更好地开展国学教育。相对来说，公共图书馆拥有更集中的资源，例如湘西州图书馆不定期举办的书画展览活动、“小小书法家”等培训课程都营造了浓厚的国学氛围，在少儿阅览室清新温暖、充满童趣的装修风格，五颜六色的软木地板、儿童座椅等硬件设施加持下，为幼儿的国学教育打造了安全、舒适的阅读环境。

3.2 资源优势

不管是传统意义上的公共图书馆，还是现代数字化的公共图书馆，都是以经典藏书多、涉猎内容广、涵盖体系全而著称的。在公共图书馆里，来自各行各业的读者，都可以找到自己想要的精神食粮。国学以学科分，可分为哲学、史学、文学、礼俗学等，其中以儒家哲学为主流；以思想划分，分为先秦诸子、儒道释三家等，而国学教育是一个以国学为基础，同时又包含德育、人文教育，以及各种礼仪教育等教育内容的综合学科。公共图书馆藏书几乎囊括所有国学内容，包括大家常见的诵读篇章：《论语》《三字经》《千字文》等，而个人和民间组织收藏，甚至一些大学图书馆的馆藏力量也无法和公共图书馆相比。同时，网站数字资源和瀑布流等智能化互动设施设备为少儿读者提供了更为便捷、高效的阅读体验。由此可见，公共图书馆在国学教育中的资源优势是显而易见的。

3.3 服务优势

图书馆员在结合多年服务读者经验基础上，通过对读者人群进行科学分类，提供有针对性的相关服务，使读者在图书馆的国学阅读和学习中更有成效。比如，针对中小学生读者，可以侧重提供《弟子规》《新版三字经注释》等易学易懂、易于阅读和记忆的国学内容，为其提供咨询、推荐，并可适时开展国学阅读比赛、演讲比赛、心得交流等多种形式的活动，促进国学阅读活动的广泛深入开展。同时，结合少儿读者对世界充满好奇心、求知欲等特点，提供更多具有针对性的阅读服务，比如湘西州图书馆在暑假期间举办的“小小书法家”公益书法培训、中秋节举办的民俗知识竞答等活动，均结合实际，让少儿读者在轻松愉快的氛围中了解到更多的国学知识，感受到更多的国学魅力。

4 公共图书馆进行幼儿国学教育的不足

4.1 对国学教育和资源的宣传不够

由调查研究可知，部分图书馆只是收藏了一些关于国学的书刊，但是没有向读者进行过国学书目推荐；没有专门举办过国学讲座，开设国学论坛；在阅读型社会建设中，公共图书馆的阅读推广活动中没有渗透国学教育的主题内容。湘西州图书馆曾做过“小小书法家”活动，但并没有形成长效机制，无法对幼儿国学教育形成大的影响力。由此可见，公共图书馆宣传不够主要集中表现在宣传内容不够深入、宣传手段相对单一、宣传渠道不够全面、宣传形式比较落后、宣传方案创新不足等各个方面。

4.2 对国学教育的参与度和重视度不高

公共图书馆的教育职能还停留在传统的馆员培训、社会培训、文化补习、馆藏资源利用等，在国学教育中缺乏主动性和创新意识。即使开展了相关活动，内容不够丰富，形式不够鲜活，规模不够大，受众不够广，以致社会影响力的辐射范围小，这种情况不仅严重影响了国学教育的开展，同时还阻碍了图书馆教育职能的进一步完善。湘西州图书馆的幼儿国学教育工作相对比较匮乏，资源保障不够且无法充分利用，同时常态化工作开展经验不足，没有形成样板制度，进一步导致活动推介宣传不到位，很多读者无从知道活动的开展时间和具体形式，导致读者参与度并不高。

4.3 国学教育的开展方式单一

现阶段，公共图书馆主要通过在图书馆内举办国学读书活动、国学讲座等形式来开展国学教育。不像一些高校图书馆有自己的国学研究部门，有整体规划、完整体系及课题项目，更多的公共图书馆只是一些零散的国学教育活动，致使公共图书馆国学教育收效甚微。例如，湘西州图书馆开展了少儿非遗剪纸体验活动，让青少年儿童在活动中感受到国学文化魅力，这样的活动虽然能够让他们感受体验国学，但是此类活动形式已是司空见惯，并不能很好地吸引读者。

4.4 缺乏专业的国学教育推广人才

幼儿的国学教育推广活动对馆员的专业素养要求比较高，但是目前大部分公共图书馆都缺乏专业的国学经典推广馆员，现有的馆员缺乏幼儿国学经典推广方面系统化的学习与专业化的教育，并且，大部分学校中的幼儿国学经典推广人员基本是语文老师兼职，这些语文老师也没接受过专业的国学教育推广培训，所以水平参差不齐，这些都在一定程度上制约了图书馆和学校之间的阅读推广合作。湘西州图书馆开展的少儿剪纸体验、“小小书法家”“考古小课堂”等活动都是请其他单位的老师主持举办，而不是本馆馆员，这说明馆内严重缺乏国学知识推广人才。

4.5 缺乏长期稳定的合作形式

目前学校与图书馆合作的随意性较大，主要体现在两方面：①合作对象不稳定。几乎少有学校与图书馆建立稳定的合作关系，很多学校都是开展一两次活动后再无合作。比如，湘西州图书馆在世界读书日前后走进吉首市第八小学，而在其他活动时间就选择其他学校，没有和某所学校形成长期合作。②合作形式不稳定。几乎很少有每年固定开展的合作活动，在长期品牌活动打造中，终究还是缺乏完整科学的合作链。

5 公共图书馆进行幼儿国学教育的路径

5.1 拓展活动方式，深化活动内容

公共图书馆可以有效利用浓厚的人文气息，开展国学活动，营造国学教育的良好氛围，让幼儿们感受到国学的美，让他们自主地学习国学经典。公共图书馆国学氛围的营造还可以通过组织和开展系列活动来实现。举办各种书画展览、知识竞赛、民族工艺比赛、琴棋文娱欣赏活动、读书活动、征文比赛、古典名著阅读会等。如山西省图书馆少儿部通过举办“中华古诗词诵读会”“国学教育培训班”等，激发少年儿童对学习国学知识产生浓厚的兴趣和爱好。

同时，开拓更多的活动类型，比如联合举办儿童国学戏剧节，通过舞台表演的形式提高孩子们的参与度，加深其对国学的理解，刺激孩子们对国学的兴趣。其次是将活动内容深化，比如图书馆参观活动，要不仅限于表面的借书流程、阅览室的参观，应该提高孩子们的参与度，减少随意性。每次图书馆参观时可以在每个环节选出一个“小馆员”，让小馆员充当“导游”向同学们进行讲解，这样可以使孩子们在活动中参与更加积极。

除了线下活动，湘西州图书馆举办的“年俗线上展览”、2024 年“龙腾书海春满文苑”春节主题活动、“年年有鱼，跃来越好”元旦节线上小游戏等丰富的线上活动也更加突出互动性、灵活性、趣味性、知识性，进一步调动少儿读者参与积极性。

5.2 优化硬件设施，营造教育环境

公共图书馆应该充分利用自身拥有的各类技术和资源，发挥其教育职能，全方位、多角度地建造一个适合学习国学文化的环境，积极主动地开展国学教育。可以把艺术书签悬挂在图书馆的墙壁和走廊上；可以选择一些经典诗文制作成图片装饰图书馆；可以在图书馆内外修建文化长廊和各种纪念碑；可以通过图书馆的电子显示屏和公共宣传栏介绍经典的国学作品；还可在LED电子屏幕上滚动播放格言警句；同时，公共图书馆可以根据小孩子活泼好动的特点，优化内部环境，增加智慧书墙、电子书法桌等智能化设施设备。通过上述方式，可以让图书馆的各个区域都充满国学文化气息，让幼儿们在图书馆中不仅可以阅读和欣赏国学文化精粹，还可以感受华夏几千年来的各种传统文化，充分地体会传统文化的博大精深。从而在无形中受到中华民族精神、价值观念、传统美德的熏陶。图书馆应该努力建设一个具有凝聚力和吸引力的国学教育环境，让整个图书馆都充满国学文化的氛围，让读者在图书馆这个大学堂里感受和体会华夏民族传统文化的深沉和厚重。

5.3 提高综合素质，培训专业馆员

专业的馆员是开展国学经典推广活动的主要力量，这些馆员必须具备高水平的专业素养和丰富的职业经验。因此，图书馆应该定期举办培训活动，一方面强化馆员国学培训教育，比如定期选派本馆的工作人员去上级馆或者国学推广经验丰富的其他图书馆学习非遗文化、民俗传承、汉字文化等，邀请著名的专家学者来本馆开展各类国学推广讲座等活动，让图书馆员在培训中提升业务能力；另一方面，结合少儿读者特点，针对性地组织馆员开展幼儿阅读辅导、管理等相关培训。

5.4 寻找合作对象，建立长期模式

强化与学校、社区等主要阅读阵地的沟通合作。学校、社区与图书馆合作能够实现资源互补,图书馆能够为学生、居民提供学校和社区无法给予的资源,为其提供更多的平台和活动内容,优化学校的教育体系，而学校、社区可以为图书馆带来大量的阅读群体，杜威曾经提出“在理想的学校教育模式中,应该把场馆放在能利用的社会机构的中心位置”,图书馆可以通过为学校、社区提供服务，不断优化服务体系，提高图书馆资源利用率。

双方在开展合作的初期可以签订合作协议，明确各自的权利与义务，建立稳定共赢的合作模式。除了签订合作协议以外，公共图书馆还可以根据学校的具体教学计划、社区的活动安排，制定个性化的、有针对性的国学推广活动，双方就这些活动的具体实施方案共同探讨，争取实现合作共赢。

6 总结

公共图书馆应充分利用特有的优势，做好国学教育阅读推广活动，在培训专业人才的同时，积极开展馆校合作，抓住国学教育推广活动新机遇，着力推动幼儿国学教育的创新与内容的深化，并建立一个科学、规范且具有可行性的合作模式，使图书馆阅读推广工作与幼儿国学教育结合，推陈出新。

参考文献

[1] 王艺洁，贾维薇 . 浅谈公共图书馆如何开展国学教育与弘扬传统文化 [J]. 青年与社会，2019(08).

[2] 赵丽丽 . 新时代公共图书馆发展的若干思考 [J]. 办公室业务，2021(19).

[3] 李宏巧 . 公共图书馆开展国学研究与推广探析 [J]. 新世纪图书馆，2013(05).

[4] 张悦 . 幼儿园国学启蒙教育的价值和实践探讨 [J]. 智力，2021(27).

[5] 师桂玲 . 在幼儿园开展国学经典诵读有效策略实践研究 [J]. 学周刊，2021(12).

高质量发展背景下地市级公共图书馆在总分馆体系建设中的角色与使命

马合（株洲市图书馆）

摘要：进入“十四五”新发展阶段，公共图书馆总分馆体系建设以高质量发展为主题，努力提供更高质量、更有效率、更可持续的公共文化服务。地市级公共图书馆在总分馆服务体系建设中充分发挥引领、示范、带动作用。本文基于株洲市图书馆在总分馆制的具体实践，分析地市级图书馆在总分馆服务体系建设中的角色定位与职能担当，并提出强化地市级公共图书馆的核心示范地位、丰富城乡总分馆公共文化服务品质供给、吸纳社会力量推动总分馆多元发展、建设智慧服务网络等推动总分馆高品质建设的策略，为其他城市建设和发展总分馆制提供参考借鉴。

1 引言

党的十九届五中全会通过的《中共中央关于制定国民经济和社会发展第十四个五年规划和二〇三五年远景目标的建议》指明了“十四五”时期公共文化服务的发展方向。《“十四五”公共文化服务体系建设规划》明确了在“十四五”时期高质量发展阶段，公共文化服务体系建设要以推动高质量发展为主题，努力提供更高质量、更有效率、更加公平、更可持续的公共文化服务。更加普遍均等服务是公共图书馆事业高质量发展的普遍原则和目标，主要通过总分馆制服务体系来实现。我国图书馆界借鉴国外的“总分馆”建设模式经验，从 2002 年开始探索公共图书馆总分馆制。《关于加快构建现代公共文化服务体系的意见》（中办发〔2015〕2 号）明确提出，以县级文化馆、图书馆为中心推进总分馆制建设，促进城乡基本公共文化服务均等化。《关于推进县级文化馆、图书馆总分馆制建设的指导意见》提出，因地制宜推进总分馆制建设。《中华人民共和国公共图书馆法》要求总分馆制要实现通借通还，促进公共图书馆服务向城乡基层延伸。在一系列国家政策的保障和指导下，我国总分馆服务体系建设进入全面发展时期，深圳、广州、杭州、嘉兴等地公共图书馆进行了积极的探索，形成了“嘉兴模式”“佛山模式”“杭州模式”等各具特色的总分馆服务体系。

地市级图书馆是我国图书馆系统的一个重要组成部分，在总分馆服务体系中起着承上启下的作用，是统筹、协调、指导全市图书馆业务发展和总分馆体系建设的关键和核心。本文以株洲市图书馆为例，理清同一城市中地市级图书馆在总分馆服务体系建设中的定位与职能，提出地市级公共图书馆在高质量发展的背景下提升总分馆建设能力和服务能力的策略，为其他城市建设和发展总分馆制提供参考借鉴。

2 地市级公共图书馆在总分馆体系建设中角色定位

从嘉兴、杭州、西安等地的地市级公共图书馆“中心馆—总分馆”服务体系建设实践看，市级公共图书馆作为中心馆，对整个四级服务网络体系具有指导、统筹、协调、支持的职责，承担业务指导、技术支持、文献保障、专业培训、信息服务等工作。《株洲市加快图书馆总分馆建设的方案》中提出“以保障全市居民基本文化权益、满足文化需求为出发点，按照普遍均等、方便快捷的要求，加快构建以株洲市图书馆为总馆，各县市区公共图书馆为中心馆，其他各类型图书馆（室）——包括各街道（社区）图书馆、各机关事业单位图书馆、民营图书馆、24 小时智能书屋、农家书屋等为补充，吸纳大型企业、高校等其他单位图书馆加盟的图书馆总分馆服务体系，基本形成全市图书馆（室）全覆盖。”株洲市图书馆作为“总馆”，指导与协调全市公共图书馆事业建设和发展，指导与统筹全市公共图书馆服务体系建设等工作。

2.1 总分馆体系建设的“领头雁”

地市级公共图书馆以“中心馆”的身份，带动和引领总馆、分馆、次分馆服务体系的建设和服务效能的提升。一是做总分馆服务体系的规划者。地市级公共图书馆作为一个地区的中心馆，负责统筹、规划本地区的总分馆体系建设；二是做城区总分馆的示范者。株洲市图书馆地处株洲市城区，负责建设、管理城区范围内的分馆、流通点，市馆自身的提质发展，满足城区群众的文化需求，影响着城区公共文化服务体系建设，同时带动、引导县市区图书馆文化服务体系建设；三是做县市区公共图书馆的引领者。地市级公共图书馆通过联动发展、资源共享等方式，引领县市区公共图书馆在服务内容、服务方式、服务延伸等方面提升。

2.2 城区服务网络体系建设的“建设者”

地市级公共图书馆是城区图书馆服务网络建设的主体，统筹、规划城区的服务网络。一是建设城区布点合理、网络健全、方便快捷的图书馆服务圈，满足广大人民群众对精神文化知识的需求；二是创新城区灵活多样的分馆建设模式，延伸公共图书馆的服务，全面提升公共图书馆服务能力和水平，不断为全市的总分馆服务系统增强生命力；三是管理好城区的分馆和流通点，着力提升城区总分馆服务体系的服务效能。

2.3 县市区总分馆的“服务生”

总分馆之间平等互利、共建共享，才能保持总分馆体系的持续协调发展。有些县级图书馆资源及专业力量薄弱，无法承担总馆职责。资源丰富、技术雄厚的地市级公共图书馆负责全市图书馆业务的指导和统筹，为县市区公共图书馆提供资源、技术、服务支持。同时，中心馆为分馆提供资源与服务，实际上是扩大了自身可利用的资源总量，扩大了自身的服务范围，提高了自身的知名度与影响力。

做县市区图书馆资源的保障者。以文献资源共享为总分馆服务体系的首要目标，地市级公共图书馆做好总分馆文献资源的协同采购，优化总分馆的文献资源布局；利用本馆的数字资源优势，协助总分馆实现数字资源共享，实现资源的组合和优化；主动扩大服务范围，为总分馆提供服务资源的共享，积极促进图书馆事业的发展。

做县市区图书馆技术的服务者。地市级公共图书馆发挥技术先锋的作用，对总分馆的通借通还、联合编目、文献检索等给予指导和技术支持。建立图书馆群管理平台，弥补总分馆自动化技术和人才的短缺，节省费用，提高效能，实现总分馆的集群管理。

做县市区图书馆业务的支持者。地市级公共图书馆对各县市区图书馆的业务给予支持和指导，如协助县市区图书馆的分馆建设、统筹和规划图书馆从业人员的学习和骨干培训、指导和支持县市区图书馆的阅读活动的推广和品牌建设等。

2.4 总分馆管理的“监督员”

地市级公共图书馆作为“中心馆”，虽然不参与总分馆的具体业务工作，但对总分馆按照一定的标准和制度实施指导、考核、评价，更能促进总分馆体系规范建设和管理。作为考核管理的主要责任单位，应建立严格的考核评价机制，考核总分馆的资源利用、阅读推广等服务效能，推动总分馆履行职能、提高服务和管理水平。

3 地市级公共图书馆在总分馆制中的参与实践

3.1 协助完成顶层设计

总分馆体系是一个系统的、复杂的工程，政府的顶层设计是总分馆制建设和持续发展的强大后盾和保障。杭州、嘉兴等地政府发布的专门针对公共图书馆服务体系建设的行政文件，推动了当地公共文化服务体系建设，实现公共图书馆总分馆制的全面、协调、可持续发展。科学探索总分馆的长效发展机制，制定适合本地区公共图书馆服务体系建设的顶层设计，需要科学的理论和实践经验作支撑。地市级公共图书馆以“引领者”的身份，进行总分馆制的前期实地调研和理论研究，为科学探索本地总分馆制作出担当。

株洲市图书馆在全市总分馆制建设之前，已经构建了以市图书馆为中心，以 24 小时自助智能书屋为流通点，以机关、社区、企业、学校等图书馆为补充的城区图书馆服务圈。在此基础上，株洲市图书馆组织团队对各县市区图书馆、高校图书馆的管理运营和制度保障等做了充分的调研。株洲市图书馆结合专家学者的意见分析，根据株洲地区的经济状况、文化资源、各图书馆的运营情况等方面，协助文化行政主管部门起草株洲市总分馆建设方案，提出构建中心馆、总馆、分馆、24 小时智能书屋、“全公益、零门槛”通借通还的总分馆服务“株洲模式”，对中心馆、总馆、分馆、流通点等的职责做出了清晰的规定。2016 年 3 月，株洲市委、市政府印发《关于加快构建现代公共文化服务体系的实施意见》，同年 6 月，株洲市文体广电新闻出版局印发《株洲市加快图书馆总分馆建设的方案》。政策法规体系的制定和完善，为株洲市公共图书馆事业的发展提供了有力的制度保障。

3.2 指导和支持各县区总分馆的建设

县市区公共图书馆作为“中心馆—总分馆”服务体系中的总馆身份，一般要统筹本区域总分馆建设，做好分馆的规划布局、建设管理、业务培训、考核评价等工作。总馆强弱决定了分馆以及整个服务体系的强弱。但县市区图书馆在购书经费、藏书量、服务效能等方面与市级公共图书馆存在着巨大的差距。

一个服务体系的建设是整个区域的协同发展。中心馆、总分馆协同发展，才能促进本区域城乡公共文化服务体系一体建设。地市级图书馆在总分馆制中，统筹本区域总分馆建设，协调县级总分馆建设。从嘉兴、苏州、杭州等地总分馆建设实践看，地市级公共图书馆在总分馆制中承担“中心馆”职责，负责全市区域图书馆业务的协调指导和业务支持。中心馆与县级图书馆虽然属于不同政府、不同主管部门的领导，没有上下级的关系，但同处在一个地市级内，职责决定了地市级公共图书馆对县级图书馆业务上的指导和支持更多一些。

《株洲市加快图书馆总分馆建设的方案》中，明确了株洲市图书馆作为地市级图书馆，在全市区域内的 4 个县城、4 个区及 1 个县市级的图书馆总分馆体系中，处于“总馆”地位，对县市级总分馆业务活动、分馆建设、技术服务提供支持。一是对总分馆建设给予支持。通过签订协议、合作建设等方式，扶持县级总分馆做大做强。如支持渌口区图书馆建设 24 小时自助书屋，提供自助借阅设备和书籍，支持茶陵县、炎陵县图书馆总馆建设，给予基础文献支持。二是为天元区图书馆、石峰区图书馆的改造提供专业意见和技术指导。三是为农家书屋、乡镇（社区）图书室建设提供文献、阅读桌椅、设备的支持。四是采取专项补贴、以奖代补等形式对总分馆建设给予一定的资金支持，从而推动总分馆建设的可持续发展。截至 2020 年，株洲市图书馆直接支持县级、区级、乡镇、社区图书馆建设 103 个，支持书籍 40 多万册，借阅设备 30 套，有效地推进了总分馆服务能力提升。

3.3 统筹推进通借通还

公共图书馆服务规范（GB/T28220—2011）对总分馆服务提出要求“形成统一的机构标识，统一的业务规范，建立便捷的通借通还文献分拣传递物流体系，提升同一地区公共图书馆系统的整体形象和服务能力”。《关于推进县级文化馆图书馆总分馆制建设的指导意见》也提出“五个统一”，要求统一采购、编目、配送、通借通还和人员的统一培训，有条件的地方可以探索总馆统一管理或参与管理各分馆人财物。其中通借通还是保障总分馆制体系服务的关键。株洲市图书馆发挥“总馆”的职能，积极统筹通借通还服务，其进程分为三个阶段：

第一阶段，取消保证金，身份证借阅，“零门槛”服务，进一步方便市民借阅，为日后的通借通还提供了便利；第二阶段，城区分馆、流通点、24 小时自助书屋与市馆实行统一管理，通借通还，建立了城区总分馆服务体系，形成了比较成熟的组织模式和运行机制，为全市的图书“大流通”奠定了基础；第三阶段，采用 RFID（射频识别）技术和自助借还设备，将中心馆（株洲市图书馆）、总馆（各县市区公共图书馆）、分馆、流通服务点和 24 小时自助书屋通借通还，实现了“统一标识、统一编目、统一借还、统一技术、统一服务、统一管理、统一配送、统一考核、统一系统、统一平台”十个统一，将全市域分散的图书馆联通为一个上下贯通、互联互通的服务体系，被业界专家称之为“株洲模式”。

3.4 引领示范城区总分馆体系建设

地市级公共图书馆承担城区公共文化服务网络的建设，打造示范性服务体系，为县市区总分馆体系建设提供案例参考。株洲市图书馆遵循普遍均等原则，从服务半径、服务人口等因素考虑，规划、统筹布局城区分馆、流通点、24 小时自助书屋的选址，服务网络遍及人口密集的商圈、广场、机关企事业单位、社区、学校、公园等地，形成方便快捷的都市“十五分钟”阅读圈；推进高品质株洲书房的建设，着力打造温馨舒适、特色鲜明的主题书房，满足市民多样化的阅读需求；借阅“全公益、零门槛”，取消保证金、滞纳金，实行身份证借阅，通借通还，方便市民借阅，提高服务效能。2010 年第一家社会合作建设的分馆和第一台 24 小时自助书屋的建成，标志着株洲市公共文化服务网建设开始起步。目前，株洲市已经建成“中心馆 + 总馆 + 分馆 + 各类型图书馆 +24 小时智能书屋”总分馆服务体系。在市区，各机关、企事业、学校、社区等分馆 20 个，流通点 142 个，24 小时智能书屋 14 个，高品质的株洲书房 1 个，覆盖全市区的公共文化服务网络架构已经成熟。

3.5 推动总分馆服务效能提升

《中华人民共和国公共文化服务保障法》要求“完善公共文化服务体系，提高公共文化服务效能”，正式提出了公共文化服务效能的时代命题。提高持证率、覆盖率和阅读率是公共图书馆创新的重点和难点，也是服务效能提升的关键点。株洲市图书馆主要从以下几个方面着手：以激励机制促进效能提高，制定了《总分馆建设和考核办法》，以奖代补评价总分馆的服务效能；制定了《城区分馆、流通点考核管理办法》，根据馆舍面积和服务范围，对新增办证量、借阅人次、借阅册次给出考核指标，实施末位淘汰制；以品质提升引导全民阅读，实施总分馆、24 小时自助书屋“亮化”“美化”工程，构建人性化的借阅环境，积极推进株洲书房建设，引导总分馆因地制宜建设新型公共阅读空间；以阅读活动推动服务开展，株洲市图书馆与总分馆经常举行“活动联办”，将活动资源下沉基层，与总分馆一起推动活动品牌化，开展丰富多彩的活动，吸引社会公众参与。

4 地市级公共图书馆推动总分馆高品质建设的策略

均衡发展是公共文化服务高质量发展的基础，深化公共图书馆总分馆制是完善城乡公共文化服务协同发展，实现均衡发展的重要举措。在公共文化高质量发展的大背景下，笔者就地市级公共图书馆如何优化总分馆体系建设，提升总分馆服务效能，推动总分馆纵向、横向深入发展，提出以下几点策略：

4.1 强化地市级公共图书馆的核心示范地位

《中华人民共和国公共图书馆法》和《关于推进县级文化馆图书馆总分馆制建设的指导意

见》中规定县域范围内推进总分馆制建设，并未明确地市级中心馆的角色和职责。首先，应当从政策上明确地市级“中心馆”在总分馆制中的核心和示范指导地位。嘉兴市《公共图书馆中心馆—总分馆服务体系标准》、杭州市《关于进一步加强杭州市公共图书馆服务体系建设的实施意见》中明确了地市级“中心馆”的功能，促进了中心馆示范引领作用的发挥；其次应当在资金上保障。完成顶层制度设计，明确了地市级图书馆的“中心”地位后，政府应当设立地市级图书馆总分馆建设的运行经费，以保障地市级馆以“中心馆”的身份推进落实示范引领区域总分馆服务体系建设；最后，地市级图书馆自身创新发展，提升服务效能。“打铁还需自身硬”，地市级馆自身强大了，才有基础有能力引领、统筹、支持区域总分馆建设。

4.2 丰富城乡总分馆公共文化服务品质供给

“十四五”时期对图书馆事业建设提出了“高质量发展”的新要求，提供覆盖城乡的全域服务，打造充满活力的总分馆体系。习近平总书记指出：“高质量发展，就是能够很好满足人民日益增长的美好生活需要的发展，是体现新发展理念的发展。”新时期总分馆服务体系建设不再是“有没有”的问题，而是解决“好不好”的问题。习近平总书记指出：“我们要重视量的发展，但更要重视解决质的问题，在质的大幅提升中实现量的有效增长。”地市级“中心馆”应该推进区域服务体系工作重心由建设转向服务，应当与县级总馆一同优化布局基层公共文化服务网络，推动总分馆服务能力提升，通过突出特色、打造品牌、丰富供给等方式，进一步吸引群众，提升服务效能。如按照“一馆一策”的思路，融合地域特色改善分馆环境，打造最美文化空间；因地制宜建设新型阅读空间，打造区域新的文化地标；加强阅读推广，以“活动”促进“服务”，激发公众的阅读热情；提升图书馆人员的专业素养，提高服务水平。

4.3 吸纳社会力量推动总分馆多元发展

社会的多元化决定了发展的多元化。总分馆制是一个庞大的、系统的、复杂的工程，需运用多种形式撬动社会资源共同建设管理。地市级图书馆应当以“总分馆 +”的理念推进总分馆的共建共享共管，可以在这几个方面寻找出路：建设主体多元化，管理主体多元化，融资方式多元化，激励措施多元化。如广东积极探索“政府主导，社会参与”模式，引导和鼓励社会力量广泛而深度地参与总分馆制建设；广州市通过文教融合、文商融合、文企融合，与学校、企业、园区、地产商等各类社会机构合建图书馆分馆 85 所；南海区智慧图书馆尝试与各行各业相融合，广泛分布在小区、学校、商场、工业园区等地；而韶关风度书房采取政企共建、企业援建、个人捐建等多元建设模式，有效地盘活了闲置资源。

4.4 建设总分馆智慧服务网络

随着大数据、人工智能、5G 技术的发展和运用，推动了图书馆向智慧图书馆转型升级发展。将智慧的技术、理念、模式普及和应用到基层图书馆，建设智慧总分馆服务网络，正是构建覆盖全社会、高质量均衡发展的公共图书馆文化服务体系的新的突破口和切入点。顺应新时代图书馆发展的趋势，地市级公共图书馆应统筹推动总分馆智慧服务网络建设，促使政府在总分馆服务体系顶层设计时考虑到“智慧总分馆、智慧服务网络”；创新和提升数字服务能力，整合区域的数字资源，建设统一的数字图书馆平台，为基层图书馆提供数字阅读便利；打造智慧新型的公共文化空间，个性服务和“全智能服务”结合，提升总分馆服务效能。

4.5 推动总分馆体系融合发展

进入 21 世纪以来，公共图书馆与其他公共文化部门陆续展开的文化服务合作为大众带来了不一样的文化体验，使我们看到了公共文化服务融合建设带来的创新性和新鲜活力。推动总分馆体系融合发展，也是公共文化服务高质量发展的新路径、新业态。如长沙市图书馆、株洲市图书馆分别牵头制定长株潭公共图书馆联盟、湘赣边图书馆联盟等区域图书馆协调发展战略，推动区域公共文化服务一体化高质量发展；如市级公共图书馆统筹引领基层图书馆，创新开拓文旅融合新路径，积极推进旅游景区、高端民宿等总分馆建设，探索融合“行、游、食、购”等旅游要素领域，提升“无所不融”的图书馆服务力。如积极探索图书馆与博物馆、文化馆等文化机构的融合发展，不断提高服务效能，以更好地保障人民群众的基本文化权益。在新时期，市级公共图书馆在总分馆体系建设中，探索公共图书馆如何寻求多途径联合，推动公共文化服务融合建设，进而提高公共文化服务效能。

5 结语

“十四五”时期，公共图书馆高质量发展，公共文化服务体系建设跃上新台阶。在新发展阶段，如何进一步提升公共文化服务水平，为人民群众提供更高质量、更有效率、更加公平、更可持续的公共文化服务，是摆在我们面前的重要任务。地市级公共图书馆在总分馆服务体系中要勇于承担时代的责任，如何统筹、引领、示范区域总分馆建设，推动公共文化服务“均衡发展、品质发展、开放发展、融合发展”，是我们需要思考的问题。

参考文献

[1] 韦艳芳 . 总馆分馆制——一种有效的资源共享模式 [J]. 图书馆建设 .2006(02).

[2] 刘莹 . 杭州公共图书馆服务体系“中心馆—总分馆”建设模式研究 [J]. 图书馆研究与工作 .2018(11).

[3] 金武刚 . 论县域公共图书馆总分馆制的构建与实现 [J]. 中国图书馆学报 .2015(03).

[4] 黄小平 . 公共图书馆社区服务 [M]. 国家图书馆出版社 .2020.

[5] 程焕文，刘佳亲 . 新时代公共图书馆服务与建设创新的重点和难点 [J]. 图书情报知识 .2020(02).

[6] 陈深贵 .“十四五”时期城市中心图书馆的使命与目标——以广州图书馆为例 [J]. 图书馆学研究 .2021(01).

[7] 李国新 . 摹画未来指引方向明确任务促进发展——《“十四五”公共文化服务体系建设规划》解读 [J]. 图书馆论坛 2021(08).

[8] 金武刚 . 公共图书馆高质量发展：内涵、定位与任务 [J]. 图书与情报 .2021(01).

[9] 李星光 . 盐田区图书馆“智慧 +”总分馆服务体系建设实践研究 [J]. 图书与情报 .2021(01).

[10] 高文华，张大尧 . 图书馆：支撑文化和旅游公共服务体系融合发展创新实践 [J]. 图书馆建设 .2020(06).

湘西州图书馆传承弘扬优秀传统文化的实践探索
——基于开展传统节日文化活动的案例分析

王雪 康朝晖（湖南省湘西土家族苗族自治州图书馆）

传统节日文化是中华优秀传统文化的重要组成部分，具有深厚的历史底蕴和丰富的文化内涵。湘西州图书馆作为湘西地区文化的重要载体，近年来在传承弘扬优秀传统文化方面做出了许多积极的实践与探索。为了更好地传承和弘扬这些文化，湘西州图书馆以春节、元宵、中秋等主流传统节日为契机，开展了一系列文化推广活动。下面将以湘西州图书馆开展的传统节日文化活动为出发点，探讨其在传承弘扬优秀传统文化方面做出的努力和成果。

1 活动内容与形式

湘西州图书馆在传统节日期间，以节日特点和文化内涵为重点，结合地方民俗特色，确定活动具体内容，并以群众喜闻乐见的形式举办各类文化活动，吸引群众积极参与，同时采取“线上＋线下”双渠道结合的方式，创新活动形式，拓宽宣传渠道，扩大活动影响，进而确保活动取得一定实效。

1.1 丰富活动内容，增强活动吸引力

湘西州图书馆以传递核心价值、弘扬优秀传统文化为核心思想，以传统节日为载体，深挖细掘背后传承的精神，在实践中努力探索打造具有地方特色的文化品牌活动。以春节活动为例，在2023年春节期间，湘西州图书馆联合文化系统多家单位举办的“学习宣传贯彻党的二十大精神·文化进万家”迎新春系列群众文化活动，结合武陵山区（湘西）地方文化实际，以春节民俗手工作品、湘西奇石非遗文化、踏虎凿花剪纸作品、里耶秦简考古知识等为主线确定活动内容。在2024年春节期间，湘西州图书馆举办的“春到万家·图书馆里过大年”惠民系列活动，在传承春节民俗文化的基础上，创新地增加了家庭教育公益讲座、少儿非遗剪纸体验活动、黄蔓之书法作品展等重点领域的活动内容。以剪纸体验活动为例，在活动筹备阶段，工作人员精心策划，为20组家庭准备了丰富的剪纸材料和专业剪纸工具，确保每位孩子都能充分参与到剪纸体验中。同时，活动现场布置得温馨而富有文化气息，墙上挂满了精美的花鸟、牛羊、树木等剪纸作品，为孩子们营造了一个良好的体验氛围。活动期间，我们特别邀请到剪纸非遗传承人冯程程老师现场教学，她不仅为孩子们展示了精湛的剪纸技艺，还手把手地教授了剪纸的基本知识和技巧。在冯老师的耐心指导下，孩子们纷纷动手尝试，剪出了蝴蝶、花朵、福字等各式各样的图案，体验到了剪纸的乐趣。活动特别设置的亲子互动环节，鼓励家长和孩子一起

参与剪纸创作，让孩子们在家长的陪伴下更加深入地了解剪纸文化。在一年一度的元宵佳节，湘西州图书馆会联合吉首市图书馆在吉首市团结广场开展“闹元宵・猜灯谜”活动。工作人员精心准备了近400条丰富多彩的趣味谜语，其中不仅涵盖成语、俗语、歇后语、民俗等传统文化，更创新性地加入有关党的建设、清廉湘西、文明湘西等知识内容，以传统节日为载体，让人民群众在活动中真真切切地感受到湘西文化建设的成果。除春节、元宵节外，在以缅怀先祖为主题的清明节、以求吉纳祥为主题的端午节、以欢聚团圆为主题的中秋节等节日期间，湘西州图书馆都在不断丰富传统节日活动内容，在持续探索实践中逐步形成相对完善的活动内容体系。

1.2 创新活动方式，提升活动影响力

为确保活动实效，提高广大群众对优秀传统文化的认知度和活动参与度，进一步营造主动了解、主动学习、主动传承、主动弘扬的浓厚氛围，湘西州图书馆充分利用传统节日的有利时机，积极探索优秀传统文化与推广活动深度融合新途径。

一是丰富活动形式。春节系列活动中，新春趣味游园、考古知识讲座、踏虎凿花作品展、中国结征集赛、春节民俗作品征集等有趣的形式加上丰富的内容让群众有了不一样的文化体验。“闹元宵・猜灯谜”是每年元宵节必不可少的活动，在筹备期间，为了更贴近群众生活，谜面设置更接地气，奖品选购也以牙膏、洗衣粉、肥皂、洗脸巾等日用品为主。在活动开始前，工作人员将彩灯和谜面有序悬挂在广场中央，并专门为群众讲解活动规则：每猜对一条谜语即可到领奖处领取相应奖品。在活动现场，工作人员拉起醒目的横幅，设置专门的领奖处，在四周树立起极具节日氛围的年画展板，吸引群众纷纷踊跃参与，现场气氛十分热烈。清明节的丹青镇“清明歌会”更是深度结合湘西苗家文化，以歌曲对唱的形式开展，活动中男女青年唱和歌曲，打猴鼓、吹喇叭，各显技能。在2022年端午节和儿童节“庆六一・迎端午，关爱下一代”活动中，通过香薰蜡烛手工制作的亲子活动，既激发了孩子们对手工的兴趣，又增加了孩子与父母之间的感情交流，更培养了孩子们的学习能力，让每一刻亲子时光变得更加幸福与难忘，活动效果显著。

二是拓宽活动渠道。通过线上线下双渠道结合，进一步创新活动形式。2023年春节系列活动启动仪式暨新春趣味游园活动在线下举行的同时，线上活动同样异彩纷呈，“寅虎辞旧岁・玉兔贺新春”春节民俗作品征集活动、“贺新春・品民俗”第一届知识竞答挑战赛、“品传统经典・过文化大年”系列主题活动等吸引了不少人气，感受到了市民群众的参与热情；元宵节还通过微信公众号发布“小灯谜・大智慧”“万家灯火夜・团圆共此时”“欢乐闹元宵・趣味猜灯谜”等元宵节灯谜知识主题在线竞答活动。通过“线上+线下”的方式，让广大市民多渠道参与传统节日文化活动，在浓厚的气氛中感受传统文化的魅力；在端午节和中秋节期间，湘西州图书馆主要通过“万‘粽’一心，爱国情浓”朗诵活动、“翰墨飘香庆端午”知识竞赛等线上有奖系列活动，让群众了解端午节的文化习俗；中秋节的“月满中秋・吉享团圆”民俗知识竞答送红包活动、“集字迎福贺中秋，人间至味是团圆”等活动均通过线上有奖参与的形式开展。这些线上活动通过微信公众号等自媒体网络渠道发布活动时间、形式、规则、参与方式、奖品奖励等相关预告，读者可以根据预告中的活动安排，通过扫描活动二维码、点击活

动链接等方式报名、上传作品或者直接参与知识竞答。在活动结束后，工作人员根据活动参与情况整理数据，并通过电话、短信、微信公众号等方式公布活动结果，灵活便捷的线上参与形式进一步激发了群众参与热情。湘西州图书馆通过在活动形式上的深耕细作，不断优化传统节日活动细节，逐步形成稳定的活动框架。

2 活动效果与影响

通过开展传统节日文化活动，湘西州图书馆在传承弘扬优秀传统文化方面取得了显著的效果。一方面，知识讲座、书画展览、亲子互动、猜谜语等形式多样的活动有效地激发了市民对传统文化的兴趣和热爱，让他们在欢快愉悦的氛围中了解更多优秀传统文化，提高文化素养和审美能力，增强文化自信。据统计，2023 年，我馆举办的十余场传统节日文化活动效果均较为显著，每场次参与人数均近 1000 人次。其中，春节、元宵节系列活动的参与人数超过 3 万人次，线下实际参与人数达 8000 余人次，线上活动浏览量超过 2 万，点赞、转发、评论、留言等互动比例较往年持续上升。另一方面，湖南卫视、湘西卫视、新湖南、团结报等多家媒体平台报道宣传湘西州图书馆举办的传统节日文化活动，更增进了市民对湘西州图书馆的认识，让他们深入了解到湘西州图书馆不是“卖书”“借书”的地方，而是建设文明社会、传承文化基因的重要阵地，有效提升了湘西州图书馆的知名度和影响力。最后，随着湘西州图书馆“走出去”和“引进来”的活动越来越多，越办越好，工作人员也通过微信公众号、抖音、小红书等平台不断向外推介图书馆，官方媒体关注人数也呈持续上涨态势，目前全网粉丝量已过万。在这些活动中，湘西州图书馆进一步与市民建立了更加紧密的联系和互动，为图书馆的未来持续稳定向好发展奠定了坚实的群众基础。

3 活动经验与启示

湘西州图书馆在传承弘扬优秀传统文化的实践中，积累了宝贵的经验。

一是精选活动的主题和内容。传统节日承载着人们对传统文化的热爱和传承，因此，湘西州图书馆在策划活动时，着重思考内容上既要强调“和谐”“团圆”“祈福”“纳祥”等传统文化的精神传承，又要重视当下社会要求“文明”“共享”“进步”的时代背景，既要有丰富的文化内涵，又要做到通俗易懂，能够让广大群众在众多文化民俗活动中有所收获。

二是创新活动形式和渠道。要注重活动策划的创意性和新颖性，以丰富多样、寓教于乐、充满趣味、群众喜闻乐见的形式开展，进一步发挥湘西州图书馆作为文化职能部门的宣传服务作用，吸引更多市民的关注，全面调动群众参与感和积极性。同时，要充分利用微信公众号推文、自媒体视频、直播等现代科技手段，拓宽活动的传播渠道和参与方式。

三是强化部门间的沟通交流，群策群力推动文化事业稳步发展。一方面要加强与湘西州民族文化馆、博物馆、群众艺术馆、考古研究和文物保护中心等文化单位的合作与交流，探索更加有趣有味的活动内容和更加高效合理的宣传推广策略；另一方面要广开言路，在强化群众参与感的同时，积极鼓励群众为民俗文化推广建言献策，共同推动优秀传统文化的传承与发展。

同时，这些实践探索经验也给我们带来了深刻的启示。一方面，湘西州图书馆作为文化传承的重要阵地，应该更积极承担传承弘扬优秀传统文化的使命和责任；另一方面，湘西州图书馆要不断创新工作方式和方法，紧跟时代发展步伐，加强与市民之间的链接深度，进一步适应时代发展的需求和市民文化生活的变化。

总而言之，湘西州图书馆通过开展传统节日文化活动，有效地传承和弘扬了优秀传统文化，为市民提供了丰富多彩的精神文化生活。在未来的工作中，湘西州图书馆将继续深化实践探索，为传承和弘扬中华优秀传统文化作出更大的贡献。

公共图书馆引导青少年健康阅读的策略研究

刘芹（湖南省少年儿童图书馆）

摘要：本文论述了公共图书馆充分地运用自身优势，有效引导青少年健康阅读，引导他们更全面、更深入地了解世界、社会以及自身，让青少年在阅读中找到快乐，找到自我，从而发挥公共图书馆的社会教育职责。

1 引言

2022年4月23日，在首届全民阅读大会举办之际，习近平总书记发来贺信，提出希望，“希望孩子们养成阅读习惯，快乐阅读，健康成长；希望全社会都参与到阅读中来，形成爱读书、读好书、善读书的浓厚氛围。”青少年的健康成长需要全社会共同呵护，青少年读者是公共图书馆最为庞大的读者群，提高学生的整体文化素质，培养学生的健全人格，让学生读一些适合青少年阅读的优秀图书，是公共图书馆不可推卸的社会教育职能和责任。通过阅读可以增加知识，提高修养，陶冶情操，学会处世，培养良好的心态，形成独特的个性。如何充分利用公共图书馆自身优势，发挥青少年的积极性、创造性和参与性来进行快乐的阅读，是值得图书馆工作人员思考的问题。

2 青少年的阅读迷茫区

1. 盲目性。在书店的大门口摆放着许多热门时髦的书籍，很多青少年在挑选书籍时会第一时间看这些可能并不适合自己的热门时髦书籍，读书就像治病，可能别人吃来是补品，自己吃来则是毒药。“青草池塘处处蛙”，很多人读书，不知道选择，就像一只毫无个性的青蛙。自媒体视频的兴起，让本身处于青春期的青少年一味追求“网红”“大咖”的推荐而忽略了书籍本身对于自己这个年龄阶段是否合适的思考。

2. 浅读性。青少年在阅读中很容易出现“浅阅读”现象，即以简单轻松甚至娱乐性为最高追求的阅读形式。“浅”是“浅阅读”最大的特点，这种阅读方式是肤浅的、片面的。这种“浅”不仅表现在阅读方式上，也渗透于阅读对象和内容中。阅读本来是一件好事，但“浅”成了它负面影响的根源所在。“浅”就注定了这种阅读是浅显的、不全面的、缺乏深度思考的。在缺乏思考的情况下，人们只会一味地接受、认同、与低俗“共舞”，从此丧失辨别能力和批判精神。尤其是青少年过于迷恋与互联网和影视娱乐媒体的接触，更加难以形成批判性的思维能力，而只能依赖一些肤浅的原则和特定环境中固化的反应来思考和解决问题。

3. 从众性。许多家长在选购书籍时常常会挑选很多经典名著，并不考虑青少年的心理年龄与受教育程度。陶渊明的诗歌历来为人称道，可宋朝诗人黄庭坚却说“血气方刚时，读此诗如嚼枯木”。的确，那些渴望长缨在手、缚住苍龙的初生牛犊，又怎么能够领会“采菊东篱下，悠然见南山”的散淡意境呢？欣赏艺术，是需要生活阅历的。经典作品尽管水准很高，但是对于某些青少年阅读者来说，并不意味着就适合。

3 公共图书馆正确引导青少年健康阅读的优势

1. 公共图书馆拥有丰富优质的图书资源。公共图书馆丰富的馆藏资源是引导青少年健康阅读的最大最有利的优势。公共图书馆是一个地区的中心图书馆，购书经费充足，馆藏图书丰富、数量多、涉及面广，是其他社会文化教育机构所不及的，其中适合青少年读者的藏书基本自成体系。对于青少年读者是一个供学习知识，吸取营养的理想场所。特别是对于一些生理和心理发育成熟的青少年来说，在这里他们不光可以阅读少年儿童读物，还能够读到感兴趣的成人书籍，这对于他们的素质人格成长十分有益。

2. 公共图书馆拥有专业素质的馆员队伍。公共图书馆拥有良好的馆员队伍，图书馆员具有良好的职业道德、职业素养、职业精神。特别是少儿部门的图书馆员，需要在工作中对待读者有爱心、有耐心、有责任心，并了解一定的社会学、教育学、心理学、计算机科学与技术等各个学科领域的知识。只有这样才能完全做到了解青少年、走进青少年、正确引导青少年快乐阅读。

3. 公共图书馆拥有良好的阅读氛围。一般来讲，公共图书馆建筑规模大，是一个地区精神文明、文化建设标志性的建筑。馆舍建设环境空间大，内外环境布局优美。其外种有树木、花卉和草坪，当你接近图书馆建筑，就有一个四季如春的感觉；当你走进图书馆，挂有名人名言等宣传画，少儿创作的书画作品、明亮的灯光等，这种文化氛围可造就一个轻松、静谧的学习环境。这样的环境正是广大读者理想、舒适的获取信息的场所，加上配套齐全的设施、设备，琳琅满目的图书、期刊，整齐划一的书架、目录柜，宽敞的能满足广大读者阅览的图书馆阅览室，馆员举止温文优雅而热情的服务以及来图书馆借还图书和学习的读者群体产生的整体文化效应都将给青少年带入一个强烈的文化氛围，从而激发青少年的求知欲望。

4. 公共图书馆拥有现代化的阅读设备。近年来，随着社会经济、科技的发展，相当数量的公共图书馆，都运用起计算机管理系统，有的还进行了自动化网络化的建设，特别是多媒体技术和信息远程网络技术在图书馆的运用，使图书馆的功能和服务发生质的变化，图书馆现代化建设服务手段的现代技术，文献数字化和电子化转换的数字图书馆建设，使图书馆员工作效率加快，服务水平提高，并且许多公共图书馆都有专门为青少年建立的网站，公共图书馆利用青少年的网站作为平台，把爱好计算机的青少年聚集起来，这样不仅可以给他们提供学习实践网站建设的机会，教授他们有关计算机及网络知识，还可以为青少年的电子阅读开辟一条绿色通道。

4 公共图书馆引导青少年健康阅读策略

1. 以人为本，引导青少年健康阅读方向。公共图书馆要真正从读者的利益出发，不断完善服务措施，努力拓展服务项目，营造良好的阅读氛围，提供便捷的服务路径，使青少年能方便地利用图书馆。坚持“以人为本”的服务理念，通过了解不同年龄阶层的青少年的阅读需要，提供健康有益的书目来引导青少年阅读书籍，充分发挥他们的求知欲与主动性。如今青少年看得最多的无疑是教材、教学辅导材料等参考书、工具书。教材教辅的阅读学习对青少年的成长来说是必不可少的，但若青少年只接受这方面的书籍，将会禁锢他们知识面和思维的发展。所以在树立青少年读书意识的同时，我们也要引导他们多读经典、多思考、多发问，能自己辨别哪些书必须读，哪些书值得精读，让他们有一个健康阅读方向。公共图书馆应该利用馆藏资源设立适合不同年龄阶段的阅读专架，定期更新，定期回访，以便有效地掌握阅读专架“以人为本”的阅读指导效果，提高青少年儿童的文学共情能力。

2. 创造优美的阅读环境，提供良好的阅读氛围。良好优美的阅读环境与氛围会给青少年一个阅读效率的提高。首先在色彩上，明亮的颜色会给读者一个轻松愉悦的阅读环境，小读者对于色彩尤其敏感，当他们置身于一个色彩明亮的阅读环境中，会不自主地放松心情，快乐阅读。阅读环境的营造还包括设备设施，符合青少年成长特点的阅读设备是吸引青少年走进公共图书馆的重要因素。亲子阅读区、青少年沉浸阅读区、互动区等等，这些阅读空间都应根据孩子们阅读习惯、方式来成立和打造。另外，公共图书馆应积极探索智慧阅读环境，让科技引领阅读探索，打造一个区别于传统阅读环境的新型智慧阅读区。环境好了，良好的阅读风气才会树立起来。

3. “百花齐放”地开展与青少年的互动活动。公共图书馆一直是家长和孩子们在休闲时间中理想的文化场所之一，在图书馆这样的地方不仅可以借阅书籍，也可以结交许多新的朋友伙伴，甚至还可以参与丰富多彩的活动，这样极大地丰富孩子们的情趣，满足青少年的成长需要。公共图书馆应该利用自身的优势，“百花齐放”地开展一些与青少年互动的读书活动，例如名家阅读分享会、节气绘本手工制作、红色书籍户外游学、非遗文化体验等，通过这些互动活动来引导孩子们怎么样从书中获得为之有用的知识与技能。另外，“百花齐放”还包括公共图书馆联合学校、社区、实体书店、分馆等一切青少年的生活学习聚集地，扩大青少年阅读场地，让孩子们处处能借阅、时时能阅读。

4. 针对青少年的兴趣做好个性化阅读服务。青少年许多都是在校学生，通过与学校的联系对青少年进行图书情报利用的指导，教给学生文献资料检索方法，定期举办专题讲座，重视阅读心理、阅读兴趣、阅读倾向、阅读方法等方面的指导。我们可以根据青少年的兴趣爱好，提供不同的阅读指导，可在图书馆宣传栏设立专刊，介绍一些好的作品，同时编辑一些青少年自己推荐的好书目，让孩子们充分发挥自己的阅读兴趣，把自己看过的好书好刊介绍给其他的青少年，这样更能获得青少年读者的认同。图书馆应该定期在青少年中做阅读问卷调查，一方面能了解这些读者的阅读兴趣，另一方面也能更好地做好导读工作。另外对于盲人青少年、失足未成年、留守儿童等一些特殊群体的青少年，作为社会职责，公共图书馆也应该照顾他们的阅读需求，公共图书馆应该与相关社会机构联合，了解其阅读需求，提供阅读书目，建立阅读专区为其提供个性化的阅读服务。

青少年是祖国的未来，是民族的希望，培养学生的思维和创新能力，离不开对知识信息的获取和掌握。公共图书馆是人们获取知识信息的地方，在提高青少年的素质教育中，公共图书馆应担负一份崇高的使命。因此，让我们用热忱的服务为成长中的青少年撑起一片健康快乐的阅读天空。

参考文献

[1] 刘小林 . 少年儿童图书馆文献资源的共建共享 [J]. 图书馆工作与研究 ,2004(01).

[2] 宋玲 . 综合性公共图书馆开展少年儿童工作的思考 [J]. 图书馆工作与研究 ,2005(02).

[3] 高珲 . 公共图书馆如何帮助青少年走出阅读的误区 [J]. 贵图学刊 ,2009(002).

充分发挥公共图书馆在乡村振兴中的重要作用

刘洪涛（湖南省少年儿童图书馆）

摘要： 乡村振兴既要经济社会高速发展，又要精神文明高度发达。文化振兴是实现乡村振兴的重要保障，找准公共图书馆在乡村公共文化服务中的角色定位，积极推动基层公共图书馆的发展，立足乡村振兴战略中的乡风文明建设，充分发挥其文化促进作用，全面深入地参与乡村文化建设中，是推动新时代乡村文化振兴的重要举措。本文探讨在乡村振兴背景下，时代赋予公共图书馆的新意义、新价值，并提出公共图书馆助力属地乡村振兴的策略研究。

1 引言

为解决“三农”问题，乡村振兴战略应运而生。党的十九大提出实施乡村振兴战略的重大历史使命，是深入贯彻习近平新时代中国特色社会主义思想的重要体现。公共图书馆是我国公共文化服务体系中的重要组成部分，在服务效能、发展理念等方面与乡村振兴战略相契合，也是我国推进乡村振兴进程中的重要助燃剂。随着脱贫攻坚重任完成，新时代下，人们对于精神生活和文化建设的需求不断提高，进而对当下公共图书馆的建设和服务提出了更高要求、更新标准。

实现乡村振兴，离不开乡村文化振兴。充分振兴乡村文化，承担乡村文化振兴的重要使命和责任，是公共图书馆在乡村振兴战略中不容推卸的职责。而县区公共图书馆作为关键节点上的公共文化服务组织，要在提供优质文化资源、培育优质乡村文化、均衡城乡公共文化服务等方面充分发挥资源、人才等优势，在全面落实乡村振兴战略上有所作为。

2 公共图书馆在乡村振兴战略中的意义价值

1. 输送精神养分，助力文明建设。“扶贫先扶志，振兴先振心。”在现代化进程中，乡村文化在城市文化的冲击下日渐衰落。现实背景下，落后的封建文化、低俗文化等许多负文化在乡村盛行，阻碍了现代科学文化传播、先进民主发展、基层群众文化素养的提高和乡村振兴战略的有效推进。对于此，乡村文化振兴是抵制农村负文化盛行的有力手段。优质乡村文化凝聚着乡村之美、人文之情，培育着乡土认同感，承载着美好乡愁，带动乡村精神风貌发生巨变。因此，重塑乡村文化，建设文明乡风的重要性、必要性毋庸置疑。

《乡村振兴战略规划（2018 — 2022 年）》指出，乡村振兴，乡风文明是保障，要加强农村思想道德建设、提升农民科学文化素养，巩固农村思想文化阵地。由此可见，乡村文化振兴是灵魂，在乡村振兴战略中肩负着重大使命，乡风文明为产业发达、生态宜居、治理有力和生活富裕提供源源不竭的内在驱动力。而乡村图书馆、农家书屋作为基层文化先锋阵地，在重塑农民文化价值观、培育文明乡风上有着无可替代的天然优势，它不仅是一个供读书看报的场所，更是建设文明乡风的重要根据地。充分发挥乡村图书馆、农家书屋的先锋阵地作用，形成良好的乡村风尚，引导全民阅读，为广大农民群众输送精神养分，助力乡风文明建设，成为实现乡村振兴战略的“精神粮仓”。

2. 供给启智资源，发挥助农效能。乡村是希望的田野，是大展身手的舞台，乡村的发展大有可为。而“智力”是乡村振兴的核心，智力的载体是人才。人才作为乡村振兴的首要资源，第一要义是通过乡村内部培养。阅读是培养人才的重要途径，在乡村图书馆、农家书屋等基层文化阵地开展阅读推广，培养农民群众良好的阅读习惯，帮助农民群众树立终身学习的理念，更新陈旧迂腐的思想观念，提升农民群众的专业技能、知识水平及文化涵养，满足新时代农民发家致富的智慧需要、知识需求。

乡村图书馆、农家书屋是基层的公共文化空间站，其立足与发展要与农民群众的现实需求相契合，既要有仰望星空的养分灌溉，又要有脚踏实地的文化助农。一方面要储备红色经典文献，包括党史、新中国史、红色经典故事等，蕴含爱国主义理想信念，弘扬社会主义核心价值观；另一方面是要将农村现实所需求的现代农业种植、畜牧养殖、惠民政策、少儿科普等农民能看懂、农业能用上、农村有用处的文献资源知识输送到农民触手可及之处，充分发挥乡村图书馆、农家书屋的文化启智、科技助农效能，进一步助力农业农村高质量发展。

3. 激发文化动能，持续乡村振兴。乡村传承着丰富多彩的民间文化、传统的农耕文化、优秀的传统文化。这些文化积淀着乡土社会人与自然和谐共生的经验与智慧，在新的时代背景下，对优质乡村文化进行深入挖掘、有效整合、完善保存和积极传承，是帮助乡村群众回归精神家园、重塑文化自信的重要方式，也是实现乡村文化发展的根本路径。

在乡村振兴战略背景下，基层公共文化空间站有利于挖掘乡村优质文化，整理、保留、激活和更新优秀传统乡土文化，让当地特色文化得以传承、发展。作为基层文化前沿阵地，乡村图书馆、农家书屋应当肩负起文化传播、传承的功能，扎根当地民俗文化和风土人情，结合新时代背景下赋予的新价值、新内涵，保留优秀乡村文化，凝聚传承优秀乡村文化，提升乡村文化水平与文明素养。

3 公共图书馆助力属地乡村振兴的策略路径

公共图书馆在乡村振兴工作中应当有位、有为、有味，加大探索适合本区域图书馆赋能乡村文化振兴的路径，缩小城乡文化差异，促进乡村文化服务均衡、融合发展，为实现乡村振兴贡献图书馆力量。

公共图书馆可通过抓阵地建设、资源建设、平台建设、制度建设和阅读推广等，实现区域文献资源通借通还、数字资源共建共享、阅读推广城乡联动，不断扩大服务范围，深入基层，提升服务效能，创新服务方式，更好地发挥图书馆在乡村振兴中的引领作用。

3.1 公共图书馆应强化机制建设，助力乡村振兴

（1）促进总分馆建设。乡村图书馆、农家书屋是乡村公共文化服务的有效载体和重要保障，满足农民群众的基本阅读需求，丰富农民群众的精神文化生活，其重要性不言而喻。公共图书馆可以总分馆为抓手，建设“总馆—分馆—基层服务点”三级服务网络并不断完善，根据现实需求进行必要的场地建设；推动以县级文化馆、图书馆为中心的总分馆制建设，依据“文献统一配置、资源通借通还、人员集中管理、工作规范标准”的管理体系，推动优质文献资源流向农村、走进基层；密切各级各类公共图书馆之间的联系交流，加强对总分馆工作人员的管理、培训及考核，积极探索充分调动图书馆工作人员积极性的途径。同时，结合当地现实情况，探索适宜的阅读推广服务方式，通过分馆把优质公共文化服务输送给基层群众，增加优质公共文化产品和服务供给，满足广大农村群众基本文化需求，充分发挥公共图书馆在乡村振兴中的重要作用，实现城乡全覆盖、共建共享的公共文化服务体系。设立村级流动图书服务点，积极优化乡村文化供给，常态化延伸服务，持续深化总分馆制改革，将工作重点转移到乡村，对接农村需要，以公共图书馆下沉到基层一线为牵引，全力推进文化自信，助力乡村文化振兴。

（2）构建乡村振兴公共图书馆联盟。由省级图书馆学会主导，各市县区公共图书馆形成合力,实地考察,根据不同地区的现实条件,在基层文化服务站设立阅览室、农家书屋、文化大院等。构建公共图书馆联盟，搭建一个交流学习的良好平台，通过经验交流、业务探讨等方式，探究各地图书馆在乡村振兴背景下加强公共文化服务体系建设的经验和做法，形成创新机制，加强馆际资源共享和优势互补，着力解决村民距离远、阅读不便的难题，实现各级各类公共文化基础设施之间资源共建共享，破除馆藏图书陈旧、种类单一等问题，让乡村居民有书读、想读书、爱读书，提高农村群众的阅读素养，满足农村群众的阅读需求，积极助力属地乡村文化振兴。

（3）开拓“图书馆＋”新模式。公共图书馆助力属地乡村振兴的智慧服务新模式，联合其他文化服务机构协同工作，整合优质资源，助力属地乡村文化振兴。一方面，公共图书馆可将自身诸如公共场地、数据库等资源共享给其他机构，实现自身资源的有效利用；另一方面，公共图书馆可以联合当地高校等机构，共同建设乡村特色专题资源平台，助力属地乡村文化振兴。将图书馆与学校、纪念馆、景区等优质资源有效整合，普惠群众。通过“馆馆共建”“馆校共建”“馆园共建”“馆院共建”等，用星星之火点亮乡村儿童阅读之灯，以送报读书等方式让农民群众了解时事，丰富文化生活。同时，乡村图书馆、农家书屋还应顺应时代的发展，承担新担当。例如传播健康知识、分享医学常识、普法学法、体验新技术等。可以充分发挥“图书馆＋”思维，因地制宜、审时度势开拓新模式，走出一条独具特色的道路。

3.2 公共图书馆应提升服务效能，助力乡村振兴

（1）加强资源设施建设。以需求为导向优化乡村图书馆、农家书屋的藏书结构，结合实际按需调整、建设特色资源库，既要满足农民群众文化需求，也要丰富乡村文化，为农民群众提供更具实效性、可读性、针对性的文献资源。同时要着力推进数字化建设，依托大数据、利用互联网等，积极探索公共图书馆信息服务新机制，立足群众需求，以人为本，提升服务效能。

充分利用现代信息技术优势，搭建乡村公共文化服务平台，打造数字阅读体系，将文化资源“搬运”到互联网上，满足基层群众的知识渴求、阅读需要，打通基层公共文化服务的“最后一公里”，让基层群众足不出户就能享受到文化盛宴。

（2）做好智慧文化服务。现代社会信息交互方式发生改变，数字化服务、掌上阅读逐渐成为大众基本诉求。公共图书馆可以依托虚拟现实、大数据、人工智能等先进技术，联合多部门相关机构，加快数智化转型，多主体共同开发建设数字资源平台，整合属地乡村图书馆、农村书屋、中小学图书室等多方机构与资源，通过智能化管理打造智慧服务平台，进一步加强保障文献资源的多样性、全面性，为广大基层群众提供便利、充足的个性化资源与服务，改变传统馆藏模式与结构，使广大基层群众享受到沉浸式、人机交互式阅读学习新体验。

（3）加强制度和人才队伍建设。根据总分馆建设体系制定实施方案和管理制度，明确三级服务网络的工作职责，统筹各级服务点的沟通协调，促进区域公共文化服务均衡化。建立健全各级管理人员、业务人员培训考核机制，制定各级图书管理员岗位职责并加强业务技能培训。在基层公共图书馆中，地方文化人才通过孜孜不倦地深入挖掘与研究，对当地特色文化资源了如指掌。通过加强培育当地文化人才，可以有效推进地方特色文化资源与图书馆服务有效衔接，从而更好地为读者提供精准的服务，提升村民对地方特色文化的认知，更是对地方特色文化的一种挖掘、保护与传承，推动地方优秀特色文化资源创造性转化、创新性发展。

3.3 公共图书馆应加强城乡联动，助力乡村振兴

（1）开展各类特色活动。第一，广泛开展“送戏下乡”“书香润童年”“农民读书会”等文化惠民活动，利用流动舞台车、流动图书车等设施和手段，广泛开展流动文化服务，扩大公共文化服务的有效覆盖；组织公共图书馆到基层开展群众文化活动，不断提高乡村人民群众文化获得感。以农民文化节、乡村旅游节等为契机，开展送图书、送展览下基层等活动，重点开展民俗文化活动，围绕传统节俗，开展各具特色的文化活动，为基层群众提供丰富多彩的文化惠民服务，提高人民群众的文化程度，全面推动乡村文化振兴。第二，大力开展文化志愿服务，面向社会大众招募文化服务志愿者，创新城乡联动服务模式，构建省市县镇村多级志愿文化服务队，走进乡村、深入基层，倾听群众心声，开展形式多样、种类丰富的文化志愿服务、学习培训活动，例如阅读日主题活动、经典诵读、专题学习讲座、非遗民俗体验等，激发乡村居民传统文化自豪感，增强文化自信，使乡风文明建设迈上新台阶，为乡村振兴发展提能增效。

（2）创新阅读推广形式。深入调研基层群众的阅读需求，有针对性地策划主题活动，充分满足农民群体的文化需求，把儿童和老人作为阅读推广的重点对象，科学制定阅读推广内容，有的放矢地开展阅读推广活动。开拓城乡联动服务模式，公共图书馆联合分馆、基层服务点共同举办读书分享等活动，通过流动图书车等把图书馆搬进千家万户，持续推进城乡公共文化服务供给均衡化，加强阅读推广，开创爱阅读、品书香、育新风的新局面。同时，可以将阅读推广与乡村建设、乡村日常生产生活相结合，通过符合农民习惯的朴素方式进行。基层文化阵地可以不定期邀请专家、学者进行分享交流，以各种新媒体平台为媒介，开展好书分享、书目推介等活动，制定科学的阅读推广方案、建设多元化的阅读推广人才队伍、多路径激发农民群体

阅读兴趣、培育家庭阅读习惯养成。

4 结语

图书馆是乡村文化振兴的重要力量。推动文化事业高质量发展，赋能乡村振兴，是时代赋予文化战线的新使命、新任务。公共图书馆是总领城乡公共文化发展的核心，在推进乡村振兴战略实施过程中，公共图书馆应当发挥其独特的文化功能和强大的文化优势，提供精神动力和智力支持，促进城乡高质量发展，赋能乡村振兴。

参考文献

[1] 萧子扬，叶锦涛．公共图书馆参与乡村文化振兴：现实困境、内在契合和主要路径 [J]. 图书馆，2020(02).

[2] 余纪珍．乡村振兴背景下河南省县区公共图书馆建设与服务研究——以信阳市公共图书馆为例 [J]. 信阳师范学院学报（哲学社会科学版），2023(05).

[3] 王子舟．图书馆学关键词：乡村图书馆与乡村文化振兴 [J]. 图书馆建设，2021(02).

[4] 王清．资源共享“屋”尽其用——让农家书屋成为乡村振兴的“文化粮仓”[J]. 图书馆研究与工作，2023(06).

[5] 胡宝忠．县级图书馆在赋能乡村振兴中的举措——以林甸县图书馆为例 [J]. 图书馆研究与工作，2023(06).

[6] 曾少英．公共图书馆助力乡村振兴的几点思考 [J]. 发展，2021(08).

少儿阅读推广与文化传承在公共图书馆中的可持续发展路径探讨

汤正龙（衡阳市少年儿童图书馆）

摘要：以公共图书馆少儿阅读推广与文化传承可持续发展为研究对象，对公共图书馆少儿阅读推广与文化传承的重要性及现状进行探讨。研究发现，推广少儿阅读，既能提升孩子的阅读能力和文化素养，又能对文化传承、社会发展起到推动作用。但目前，公共图书馆在推动少年儿童阅读方面仍存在资源不足、服务不够健全等问题。因此，本文提出了一些可持续发展的路径，包括加强图书馆与学校和家庭的合作、提高服务质量、扩大阅读推广活动等，以期在公共图书馆中促进少儿阅读推广和文化传承的可持续发展。

1 引言

本论文旨在探讨公共图书馆少儿阅读推广与文化传承的可持续发展路径，通过分析公共图书馆少儿阅读推广与文化传承的现状和问题，提出相应的解决方案和策略，以推动公共图书馆少儿阅读推广与文化传承的可持续发展。通过这篇论文的研究，希望能够为公共图书馆的少儿阅读推广和文化传承工作提供一定的借鉴和参考，促进公共图书馆在少儿阅读推广和文化传承方面取得更好的成果。

2 研究背景

随着社会的发展和进步，少儿阅读推广和文化传承在公共图书馆中的重要性日益凸显。少儿阅读是培养孩子们阅读兴趣、提高阅读能力、拓展知识面的重要途径，而文化传承则是弘扬中华优秀传统文化的重要手段。公共图书馆作为文化传承和阅读推广的重要场所，承担着向少儿传播知识、培养阅读习惯、传承文化的重要使命。

然而，当前公共图书馆在少儿阅读推广和文化传承方面仍存在一些问题和挑战。一方面，随着互联网的普及和社交媒体的兴起，少儿们的阅读习惯逐渐发生了变化，传统的纸质图书阅读受到了冲击；另一方面，一些公共图书馆在少儿阅读推广和文化传承方面的服务和资源还不够完善，缺乏针对性和吸引力。

因此，研究少儿阅读推广与文化传承在公共图书馆中的可持续发展路径，探讨如何有效地促进少儿阅读兴趣的培养、阅读能力的提升和中华优秀传统文化的传承，具有重要的理论和实践意义。通过深入研究少儿阅读推广与文化传承的现状和问题，探讨可持续发展的路径和策略，有助于提升公共图书馆在这一领域的服务水平，推动少儿阅读推广和文化传承事业的健康发展。

2.1 少儿阅读推广的重要性

少儿阅读推广在公共图书馆中的重要性不言而喻。首先，少儿阅读推广是培养孩子们阅读兴趣和阅读习惯的重要途径，有助于提高他们的阅读能力和认知水平。通过阅读，孩子们可以开拓视野，增长知识，培养思维能力，提升语言表达能力，促进全面发展。其次，少儿阅读推广也是文化传承的重要途径。通过阅读，孩子们可以接触到各种文学作品、历史故事、传统文化等，从中汲取营养，传承和弘扬中华优秀传统文化。最后，通过阅读，孩子们也可以了解世界各地的文化，拓宽视野，增进文化交流。

在公共图书馆中进行少儿阅读推广，不仅可以为孩子们提供丰富多样的阅读资源，还可以通过举办各种阅读活动、讲座、展览等形式，吸引孩子们参与，激发他们的阅读兴趣，促进文化传承。因此，少儿阅读推广在公共图书馆中的可持续发展路径探讨具有重要意义，有助于推动公共图书馆事业的发展，促进社会文化建设。

2.2 公共图书馆在文化传承中的作用

“传承文明、服务社会”，既是公共图书馆的初心也是其职能的高度浓缩。因此，公共图书馆在文化传承中扮演着重要的角色。首先，公共图书馆作为文化资源的集散地，为读者提供了丰富多样的图书、期刊、报纸等文献资料，帮助读者了解和传承传统文化。其次，公共图书馆举办各种文化活动，如讲座、展览、演出等，促进了文化传承和交流。此外，公共图书馆还通过数字化资源、网络平台等方式，将传统文化传承延伸至线上，使更多人能够参与其中。

总的来说，公共图书馆为社会提供了一个重要的文化传承平台，促进了传统文化的传承和发展。在少儿阅读推广与文化传承方面，公共图书馆应该加强对少儿阅读的引导和推广，开展丰富多彩的文化活动，培养少儿对传统文化的兴趣和理解，从而实现公共图书馆在文化传承中的可持续发展。

2.3 可持续发展对少儿阅读推广和文化传承的意义

可持续发展对少儿阅读推广和文化传承具有重要意义。首先，可持续发展意味着资源的合理利用和保护，这对于公共图书馆的运作至关重要。公共图书馆作为推广少儿阅读和传承文化的重要场所，需要保障书籍和其他资源的持续供应，以满足不断增长的需求。其次，可持续发展还意味着社会的稳定和和谐发展。通过推广少儿阅读和传承文化，可以培养孩子们良好的阅读习惯和文化素养，提升他们的综合素质和社会责任感，从而为社会的可持续发展奠定良好基础。此外，可持续发展还强调环境保护和生态平衡。少儿阅读推广和文化传承需要借助图书馆等场所提供的资源和服务，因此公共图书馆需要积极采取环保措施，减少能源消耗和资源浪费，保护环境，为少儿阅读推广和文化传承创造良好的环境条件。

综上所述，可持续发展对少儿阅读推广和文化传承具有重要意义，只有在可持续发展的框架下，少儿阅读推广和文化传承才能实现长期稳定的发展，为社会的进步和发展作出积极贡献。

3 少儿阅读推广与文化传承的关系

3.1 少儿阅读推广对文化传承的促进作用

少儿阅读推广对文化传承的促进作用十分重要。通过推广少儿阅读，不仅可以培养孩子们的阅读习惯和阅读能力，更重要的是可以促进文化传承。少儿阅读推广不仅仅是为了让孩子们读书，更是为了让他们了解和传承传统文化。首先，少儿阅读推广可以帮助孩子们接触到各种各样的文学作品，包括经典文学、现代文学、童话故事等。通过阅读这些作品，孩子们可以了解到不同的文化背景、价值观念和生活方式，从而加深对文化传承的认识和理解。其次，少儿阅读推广可以激发孩子们对传统文化的兴趣和热爱。在公共图书馆中，孩子们可以接触到各种有关传统文化的书籍和资料，比如古诗词、传统戏曲、民间故事等。通过阅读这些作品，孩子们可以感受到传统文化的魅力，从而乐于去学习和传承这些文化。最后，少儿阅读推广可以培养孩子们的文化自信和文化认同。通过阅读各种文学作品和了解传统文化，孩子们可以建立起对中华优秀传统文化的认同感和自豪感，从而更加珍惜和传承传统文化。

综上所述，少儿阅读推广对文化传承的促进作用是不可忽视的。在公共图书馆中，通过推广少儿阅读，可以为文化传承注入新的活力和动力，为传统文化的传承和发展提供更加坚实的基础。因此，我们应该重视少儿阅读推广工作，在公共图书馆中为孩子们提供更多更好的阅读资源，让他们在阅读中感受到文化的魅力，从而更好地传承和发展传统文化。

3.2 文化传承对少儿阅读推广的支持作用

文化传承对少儿阅读推广的支持作用是多方面的。第一，文化传承可以为少儿阅读提供丰富的内容和资源。通过传统文化的传承和传播，少儿可以接触到各种各样的经典文学作品、传统故事和民间传说，从而激发他们对阅读的兴趣和热情。第二，文化传承可以培养少儿的文化自信和身份认同。通过了解和传承自己民族的传统文化，少儿可以建立起对本民族文化的认同感和自豪感，从而更加愿意去了解和阅读相关的文学作品和书籍。第三，文化传承还可以促进少儿的全面发展。通过接触和学习传统文化，少儿可以培养自己的审美情趣、道德观念和人文素养，从而在阅读过程中获得更多的启发和感悟。因此，文化传承对少儿阅读推广的支持作用是不可忽视的，可以为少儿阅读推广提供更加丰富和有深度的内容和资源，同时也可以促进少儿的全面发展和个性成长。

4 可持续发展路径探讨

4.1 制定长期规划与政策支持

在公共图书馆中推广少儿阅读并传承文化的可持续发展路径中，制定长期规划和政策支持是至关重要的一环。首先，长期规划可以帮助公共图书馆明确推广少儿阅读和文化传承的目标和方向，确保工作的连续性和稳定性，这包括设定明确的目标和指标、制定具体的实施计划、明确责任分工和时间节点等。其次，政策支持是推动少儿阅读推广和文化传承工作的重要保障。

政府可以通过出台相关政策和法规，为公共图书馆提供必要的支持和资源，包括经费、人力、物资等方面的支持。政策支持还可以促进公共图书馆与其他相关机构和组织的合作，形成合力推动少儿阅读推广和文化传承工作的良好局面。

总之，制定长期规划和政策支持是推动公共图书馆中少儿阅读推广和文化传承工作可持续发展的重要手段，只有在这些基础上不断努力和改进，才能实现公共图书馆在这方面的长期发展目标。

4.2 加强社会参与与合作机制

社会参与可以帮助公共图书馆更好地了解社会需求和读者喜好，从而更好地制定阅读推广和文化传承的策略和活动。同时，社会参与也可以增加公共图书馆的影响力和发展可持续性，吸引更多的资源和支持。

合作机制可以帮助公共图书馆与其他机构、组织和个人建立良好的合作关系，共同推动少儿阅读推广和文化传承工作。通过合作，公共图书馆可以借助外部资源和专业知识，提升自身服务水平和影响力，实现资源共享和互利共赢。例如衡阳市少年儿童图书馆的“我为群众办实事”项目，通过馆校合作、与其他文化机构进行联动等方式，以志愿者的身份深入乡镇基层学校及特殊儿童学校，指导、陪伴孩子阅读的同时，弘扬如“雷锋精神”“感恩母亲节”等正能量价值观。这既是在大力推广少儿阅读事业，也是对社会主义核心价值观的一种传承。

因此，加强社会参与与合作机制是推动少儿阅读推广与文化传承在公共图书馆中可持续发展的重要途径。公共图书馆应积极开展各类社会活动，吸引更多社会力量参与到推广少儿阅读和传承文化的工作中；同时，建立起多方合作的机制，与各方建立长期稳定的合作关系，共同推动少儿阅读推广与文化传承事业的发展。通过不断加强社会参与与合作机制，公共图书馆可以实现少儿阅读推广与文化传承工作的可持续发展，为社会培养更多的优秀读者和传承更多的优秀文化。

4.3 创新服务模式与技术手段

首先，公共图书馆可以通过创新服务模式来吸引更多的少儿读者，例如开展主题阅读活动、举办文化讲座、举办读书分享会等，让孩子们在阅读中感受到乐趣和收获。同时，公共图书馆还可以利用现代科技手段，如数字化阅读平台、虚拟现实技术等，为少儿提供更加便捷和丰富的阅读体验。其次，创新服务模式和技术手段也可以帮助公共图书馆更好地传承文化。通过数字化资源的建设和推广，公共图书馆可以将传统文化资源进行数字化保存和传播，让更多的人了解和感受传统文化的魅力。最后，利用虚拟现实技术等现代科技手段，可以为少儿呈现更加生动和有趣的文化传承内容，激发他们对传统文化的兴趣和热爱。

通过不断探索和实践，公共图书馆可以为少儿提供更加丰富和多样化的阅读体验，同时传承和弘扬优秀的传统文化，为社会的可持续发展作出积极贡献。

4.4 持续评估与改进机制

通过持续评估，可以及时发现推广活动中存在的问题和不足，为改进提供依据和方向。同时，持续改进机制可以确保推广活动不断优化和提升，以更好地满足少儿阅读需求和达成文化传承目标。

在持续评估方面，公共图书馆可以通过定期开展调研和评估活动，收集少儿阅读推广活动的参与情况、效果和反馈意见。通过分析这些数据，可以及时发现推广活动中存在的问题和不足，为改进提供依据。同时，公共图书馆还可以建立反馈机制，鼓励少儿和家长提出意见和建议，以更好地了解他们的需求和期望。

在持续改进机制方面，公共图书馆可以根据评估结果和反馈意见，及时调整和优化推广活动的内容、形式和方式。同时，公共图书馆还可以开展培训和交流活动，提升工作人员的专业水平和服务质量，以更好地满足少儿阅读需求和达成文化传承目标。此外，公共图书馆还可以与其他机构和社区合作，共同开展推广活动，拓展资源和渠道，实现资源共享和互补，提升推广活动的效果和影响力。

通过不断地评估和改进，公共图书馆可以不断优化推广活动，提升服务质量，实现可持续发展目标。

4.5 加强人才培养和社会宣传

人才培养对于推动少儿阅读事业的可持续发展同样不可或缺。我们可以设立相关专业课程或培训项目，如少儿阅读推广、儿童文学研究等，吸引更多人关注并投身这一领域。同时，建立导师制度，由经验丰富的专业人士指导新人，传授实践经验和专业知识。另外，我们应该大力支持鼓励图书馆员工参与学术交流、研究项目，提升他们的专业素养和服务水平，共同推动公共图书馆的可持续发展。

最后，公共图书馆还应该加强社会宣传和推广，提升公众对少儿阅读推广工作的认知和支持度。可以通过制定并实施全面的宣传计划，包括线上线下宣传活动、媒体宣传等，提升公众对少儿阅读推广和文化传承的认知度，扩大影响力，吸引更多人参与少儿阅读推广工作。

5 结语

本研究通过对少儿阅读推广与文化传承在公共图书馆中的可持续发展路径进行探讨，得出了一些重要的研究成果。首先，我们发现在当今社会，少儿阅读推广和文化传承在公共图书馆中的重要性日益凸显，这不仅有助于培养孩子们的阅读习惯和文化素养，也有助于传承和弘扬传统文化。其次，我们发现公共图书馆在推广少儿阅读和文化传承方面发挥着重要作用，但也存在一些问题和挑战，如资源不足、服务水平不高等。最后，我们提出了一些建议，包括加大对少儿阅读推广和文化传承的投入、提高公共图书馆的服务质量、加强人才培养和社会宣传等。

展望未来，我们希望通过本研究的成果，能够为少儿阅读推广与文化传承在公共图书馆中的可持续发展提供一些启示和借鉴。我们相信随着社会的发展和进步，公共图书馆将会在少儿阅读推广和文化传承方面发挥更加重要的作用，为培养具有良好阅读习惯和文化素养的下一代作出更大的贡献。希望未来的研究能够进一步深入探讨这一领域，为公共图书馆的可持续发展提供更多有益的建议和措施。

实现少儿阅读推广与文化传承在公共图书馆中的可持续发展是一个长期而艰巨的任务，需要各方共同努力，共同推动。希望通过以上建议和措施的实施，可以为少儿阅读推广工作的可持续发展提供有力支持，让更多的孩子受益于阅读，传承和弘扬优秀传统文化。

参考文献

[1] 陈雪 . 公共图书馆传承与弘扬中华优秀传统文化的实践探索——以淄博市图书馆为例 [J]. 山东图书馆学刊 ,2021(02).

[2] 高翔 . 公共图书馆阅读推广质量提升的策略探究 [J]. 文化产业 ,2022(26).

关于在文旅融合背景下株洲市图书馆的一些践行与思考

孙凡　马合（株洲市图书馆）

文化和旅游融合发展是以习近平同志为核心的党中央立足党和国家事业全局、把握文化和旅游发展规律作出的战略决策。2018 年 3 月，中共中央印发《深化党和国家机构改革方案》，决定组建文化和旅游部。同年 4 月 8 日，文化和旅游部正式成立。2021 年 4 月，文化和旅游部发布的《“十四五”文化和旅游发展规划》指出，应推动博物馆、美术馆、图书馆等场所成为旅游目的地。

近年来，随着社会的发展和科技的进步，株洲的文化旅游行业迎来了前所未有的发展机遇。文旅融合成了当下发展的重要趋势，株洲市图书馆作为重要的公共文化服务机构，也积极投身文旅融合的实践中。株洲聚焦文化旅游深度融合，着力深化改革、创新发展，通过创建“国家公共文化服务体系示范区”，形成了独具特色的文化影响力；通过打造“国内知名旅游目的地”，形成了特色鲜明的图书馆研学吸引力；通过塑造“神农福地、动力株洲”城市形象，形成了强劲高效的城市品牌传播力。在新时代背景下，文旅融合发展的进程中，株洲市图书馆结合相关因素来提升自身的服务能力、创新内容和品质，为旅游导入人文内容。通过服务空间的拓展，深度参与文化旅游的业态中，带着时代赋予的使命，立足做好文旅融合背景下的时代课题。

1 公共图书馆在文旅融合中的角色

文旅融合是指文化与旅游的深度融合，通过资源共享、优势互补、协同发展等方式，实现文化与旅游的相互促进和共同发展。文旅融合的背景是社会经济水平的提高和人们文化消费需求的增长。同时，当地政策支持和科技创新也将为文旅融合提供坚实有利的条件。

公共图书馆作为株洲市公共文化服务的重要机构，具有丰富的文化资源和良好的文化氛围，可以为读者提供良好的阅读和学习环境。同时，公共图书馆还可以通过举办各种文化活动和展览，丰富读者的文化体验和知识储备。

在株洲市文旅融合的过程中，株洲市图书馆建立了全省首家旅阅书房，旅阅书房以展柜和嵌入式电子显示屏，展示和刊播株洲城市具有纪念意义的实物，宣传株洲历史文化、丰富的旅游资源、城市的发展印记等，展示株洲形象的“前沿”。让广大旅客在火车站休憩、阅读时，了解株洲，推介株洲，让文化株洲走向全国、走向世界。旅阅书房分为书刊区、展览展示区、阅读区、数字资源阅读区四个不同区域。旅客与市民可以在现场阅读、借阅书刊和使用免费图书数字资源。其中，书刊区主要展示人文、地理、历史等图书以及报纸、杂志，让株洲文化传遍八方；展览展示区以展柜和嵌入式电子显示屏，展示和刊播株洲城市具有纪念意义的实物，推介“株洲礼物”、宣传株洲文化、倡导全民阅读等，宣传株洲独特的文化旅游城市形象；阅读区打造于火车站内相对比较安静的区域，摆放株洲文旅资源宣传册、绿植等，供过往的乘客在此区域休息、阅读；在数字资源阅读区，旅客可以用手机关注株洲市图书馆微信公众号，点击“微阅读”，即可免费获取各类数字图书资源，方便乘客在列车上阅读。在株洲市火车站的旅阅书店不仅延展了株洲市图书馆服务空间，也为游客提供更全面、更深入的文化旅游服务。

1.1 发挥市级图书馆典型核心作用

株洲市图书馆坐落于株洲市芦淞区风景雅致的文化园景区内，应该利用自身馆藏资源优势丰富旅游业文化与历史内涵，为游客提供文化资源，促进文化传播、增强民族文化自信等。因此，将图书馆纳为文旅融合主体，实现图书馆文化事业和旅游产业的跨界融合，是公共图书馆的发展目标和文旅融合的必由之路。但是，同时、同步、同等实现一个地区内各公共图书馆事业的高质量发展，显然违背事物运行发展的基本客观规律。随着株洲市各县市区旅游地域范围、旅游景点范围、旅游产业范围的扩大，株洲市先行先试，采取培育和建设示范馆的方式，打造具有典型性和示范效应的文旅融合公共图书馆，形成全地区公共图书馆文旅融合实践的主战场、主阵地、主引擎。

2021 年 4 月 21 日，长株潭图书馆联盟正式成立，该区域性图书馆协作机制建立后，已实现了长株潭公共图书馆联盟服务“一卡通”，三地读者可以凭身份证享受 681 家图书馆一证通行，921 万册图书一卡借还。6 月 25 日，“新时期图书馆融合发展研讨会暨湘赣边图书馆联盟成立大会”召开，株洲市图书馆作为牵头单位与各公共图书馆共同签署了《湘赣边图书馆联盟合作协议》，为湘赣边图书馆一体化高质量发展提供坚实的文化支撑，为湘赣边红色文旅发展坚实了文化载体。

1.2 构建区域馆之间的协同联动机制

市级公共图书馆通过采取将特色馆藏资源融入文旅实践、将移动智慧书架嵌入旅游景点、将研学教育纳入旅游服务、开发文创等观光体验产品的方式，通过文旅融合打造为新型文化休闲空间，形成一批可参考、可推广的重大建设成果，继而发挥示范馆的典型引领作用，共建共融、共谋共促，促进区域内其他公共图书馆开展合作，走向长久发展。可将图书馆纳入景区路线，打造旅游型图书馆，探索“图书馆 + 景区”的新型区域旅游模式，通过整合区域内公共图书馆的特色旅游要素，健全以市图书馆为中心的区域联动机制，构建以文旅融合公共图书馆为核心的特色文化观光产业链，畅通县（市、区）内图书馆小循环，融通图书馆区域内产业微循环，最终形成区域内的特色旅游产业体系，提升各县市区图书馆作为景区的客源市场辐射力和吸引力。

株洲市图书馆还通过学会和联盟等行业优势，积极开展阅读推广活动，积极进行项目申报，打造全国阅读推广示范项目、“书香湖南”全民阅读品牌项目；与长株潭图书馆联盟、湘赣边图书馆联盟密切合作，探索新时期图书馆融合发展方向，推动图书馆事业高质量发展。在与文化馆、博物馆、美术馆等公共文化机构或其他社会机构的协作情况上，与学校实现图书资源共享，与18所中小学签订“馆校牵手”协议，逐步实现市图书馆与市区各中小学校图书室资源共建共享、图书通借通还，充分利用图书馆资源，丰富学校的阅读推广内容。株洲市图书馆还与公共文化机构活动联办，举办油画联展、留守儿童春节晚会等。

1.3 打造文旅融合IP示范图书馆

通过打造文旅融合IP示范图书馆，带动地区其他县市区公共图书馆协同发展，有助于消除公共图书馆作为文旅融合主体地理分布碎片化的不利影响。通过引导本地区内公共图书馆有机联系联结，促进各类资源要素流动，形成整体发展合力，构建旅游型公共图书馆。旅游型公共图书馆作为新兴的文旅融合主体，可以加强与地区内其他文旅融合主体之间的联系，促进旅游资源共建共享，打造创意旅游路线，合力发展旅游产业，形成“旅游+”的多种业态模式。各地级市以此为发展方向，可以将公共图书馆形成的“线”——产业链，通过有机关联其他文旅融合主体的方式连线成“面”——产业网，构建全要素整合，全时间、全空间互联与全体验优化的公共图书馆文旅融合全域发展格，实现“文旅融合”“城旅融合”“产旅融合”。

随着读者人数的增多、读者层次的提升、读者需求的提高，图书馆在实际工作中不断探索研究，创新服务模式，通过举办具有影响力的国际会议、学术论坛、文化会展等，有力推动了公共图书馆的对外交流。以资源建设和信息化建设为重点，努力把图书馆建设成为文献信息中心、学术交流中心、研学服务中心和文化传承中心，努力向环境友好、文献保障能力和知识服务能力强大的现代化、智慧型、综合性图书馆迈进。

2 公共图书馆文旅融合建设策略

2.1 强化顶层设计，打造“政策洼地”

在文旅融合背景下，公共图书馆开展研学旅行服务是其拓展社会教育功能的一种渠道，更是深化图书馆服务的一种创新。文章在分析公共图书馆研学旅行服务的驱动因素的基础上，梳理了公共图书馆研学旅行服务的相关实践，将其服务模式归纳为研学目的地模式和“阅读+”模式两种，并从做好顶层设计、强化服务功能、构建多元主体协同、拓展营销渠道等方面提出公共图书馆研学旅行服务的发展路径。

通过编制“十四五”文化旅游发展规划，加强对文旅融合发展的顶层设计，以规划引领新时代文化旅游高质量发展。加快出台《关于推动文化旅游融合发展的实施意见》等一系列政策，形成良好的政策环境。

2.2 强化效能建设，打造“民生福地”

在补齐基础设施建设上下功夫。要按照“缺什么补什么”的原则，进一步加快市图书馆新馆建设、县级文化场馆提档升级。

1. 深挖“内部动能”，延展“外部空间”。为了适应“阅读+”的时代潮流，株洲市图书馆创新特色服务，建设智慧应用场景20个。在株洲成为全省第二个“5G”试点后，我馆与时俱进，在2019年，全国首创“5G智慧墙”，对县市区公共图书馆进行大数据展示及分析，实现图书馆信息公开，方便读者及时获取图书馆信息。目前，株洲市图书馆拥有株洲诗词库、全国图书馆信息整合平台、数字资源一体机、读者主要问题公众号自动回复系统、书进千家、书进百单位、书进十校、E线送书、你读书、我买单一本好书、阅读闹钟、5G智慧墙和新冠疫情数据库等智慧应用场景数量20多个。其中，升级改造“5G智慧墙”2.0版，调整了版面和内容，更好地服务读者和对图书馆数据进行研究分析。其他项目均正常进展和运行，为全体读者服务。

2. 打造“文化地标”，塑造“悦读之旅”。公共图书馆拥有丰富的馆藏资源、富有特点的服务空间、独具特色的服务活动。2018年，文化和旅游部下发的《关于做好冬季旅游产品供给工作的通知》中，首次把图书馆纳入旅游路线。同时，就文旅融合提出了六大路径，鼓励文化机构和旅游企业对接合作以促进产品融合，支持开发集文化创意、度假休闲等主题于一体的文旅综合体，推出更多研学、寻根、文化遗产等专题文化旅游路线和项目以促进业态融合等。

在全域旅游和“阅读+”理念的引导下，株洲市图书馆打造“15分钟阅读圈”。截至2021年12月底，我市共建成14座24小时智能书屋、2座株洲书房（株洲二宫和文家冲）、93个分馆、142个流通点和1000多个农家书屋，中心馆、总馆、分馆、智能书屋、株洲书房之间实现了通借通还。其中，预计每年新增1—2个的“城市书房”任务圆满完成，文家冲书房一经开放便成为市民网红打卡点。另外，市图书馆创新性地在河西主城区投放了10多台融数字阅读、书籍借阅、图书捐赠、信息发布、广告推送为一体的“e阅柜”，抢占文化产业市场先机。已建成1016家农村书屋，实现全市所有行政村农家书屋全覆盖。

株洲市县级文化馆图书馆总分馆制建设情况统计表

改革任务	完成情况（截至2023年12月底）
图书馆总分馆制建设	用RFID技术和自助借还，建成总分馆制（10）个县（市/区）
	建成16座24小时智能书屋、2座株洲市书房（株洲二宫和文家冲）、10个“e阅柜”、93个分馆和142个流通点
	1400多个农家书屋纳入总分馆体系
	近两年投入经费120万/年

3. 探究“文化资源”，融合“多元业态”。市场需求是驱动产品发展的内核力。手绘城市阅读地图，讲好城市的故事，设计好具有特色文化的研学旅行或游学产品。株洲市图书馆以“神农”系列讲座的形式将活动触角延伸到学校、社区、广场，每年举办各类活动超过1000场。由株洲市图书馆发起成立的株洲市阅读联合会，已吸纳50多家各类读书组织和机构，真正发挥了民间组织在全民阅读中的作用，该项目被湖南省宣传部授予第三届“书香湖南”全民阅读品牌和“全国2019年阅读推广优秀项目”。连续主办十多年的神农大讲坛，在社科知识的普及上取

得了一定的影响和效果，株洲市图书馆获得“2022 年湖南省优秀社科普及基地”称号。

积极推进寻根祈福、生态康养、红色体验、时尚都市、工业体验“五大类”文旅产业项目建设。实施“文化 +”“旅游 +”战略，利用清水塘老工业区搬迁改造和动力谷创客空间，重点打造 1 至 2 个文化创意产业园。精心打造神农文化休闲街、钟鼓岭都市时尚文化游憩商业街区等一批集聚效应显著、文化底蕴深厚、定位准确、特色鲜明、消费便捷的特色文化旅游商业街区。带着读者走出去，把好的文化资源引进来。株洲市图书馆作为牵头单位，与各公共图书馆共同签署了《湘赣边图书馆联盟合作协议》，为湘赣边图书馆一体化高质量发展提供坚实的文化支撑，为湘赣红色文化的传播提供具有一定影响力的载体。公共图书馆只有针对性地采取与自身情况相适应的文旅融合模式，才能在新的时代背景下有所作为。

在文旅融合的时代背景下，开展研学旅行服务是公共图书馆作为地域性知识中心、学习中心和交流中心的综合性体现，更是图书馆创新服务模式、加快服务转型的实际需要。

2.3 强化功能配套，培育“心往胜地”

公共图书馆具有丰厚的人文旅游资源，可以用于旅游景区的开发、建设。公共图书馆以全域旅游理论为支撑，与景区有机结合，开展文旅融合服务，保证游玩的娱乐性和新颖性，提升游客的旅游质量和体验，从而促进全域旅游与公共图书馆深度融合。株洲可以将公共图书馆纳入景区路线，或是作为城市文化旅游的一个中心站，或是纳入“三馆一站”的旅游特色路线，从而让更多的游客走进图书馆、了解图书馆、感受图书馆、欣赏图书馆。旅游需要文化来承载，文化是旅游内在的灵魂，实现文化和旅游的结合是图书馆在新时代发展背景下的重要趋势。

作为文旅融合的主战场，公共图书馆要树立新发展理念，不仅要做好基础业务方面的阵地服务，还要提高接待、解说方面的景区服务能力，提供娱乐、餐饮等景区服务，让公共图书馆成为休闲娱乐的新型文化空间。公共图书馆作为景区，走向成熟和完善不是一蹴而就的，因此其不必急于求成，而是应利用有限的资源，不断探索创新服务方式，逐步成为游客游览城市的新目的地。

3 公共图书馆文旅融合发展前景

3.1 打造旅游型公共图书馆

城市文明不仅是物质的空间凝聚形式，还是文化的繁荣结晶。各地级市可以依托公共图书馆的新建及旧馆的再开发，提升城市品位，推动以公共图书馆为中心的旅游工作。公共图书馆作为城市人文环境的重要组成部分，其建筑应具有一定的艺术性，可以将建筑风格、表现手法、艺术特色、地域文化贯穿于自身建筑外观、休憩亭等设计，打造城市地标景区建筑，从而吸引各地游客观赏。此外，对于内部结构，公共图书馆也要充分考虑到旅游空间的设立，可以开辟网红旅游打卡景点，打造“第三文化空间”，将文化资源与非遗展示、旅游演艺、参与式体验活动等融合。公共图书馆还要注重路牌、方向牌、标志牌、景点导游图等指示类应用的设计，要兼具美感和实用性。公共图书馆应从内到外，由表及里，切实提高自身公共文化功能体的环境吸引力。当前，无论是新建还是改造公共图书馆，都需要地方财政的支持。如果短时期内难以大刀阔斧地进行改动，市级公共图书馆可以从馆内的设施设备上入手，应用宣传画册、座椅装饰、创意海报条幅等成本较低的方式营造旅游空间氛围。

3.2 提供特色人性文旅服务

促进景区建设和发展，公共图书馆的硬件资源是基础保障，但也不能忽视服务这一重要环节，优质的服务甚至能够弥补硬件资源的不足，给游客留下深刻的印象。因此，公共图书馆应结合游览时间、资源特色，人性化安排游览项目，保证游览的过程时间紧凑、行程合理，从而提升游客的满意度。一方面，公共图书馆通过设置馆内导游图、音视频解说、人员解说的方式，为游客进行导引和讲解，帮助游客更好地了解本馆的藏书内容、服务项目、历史文化，增强文化产品的趣味性和娱乐性，在游览过程和互动体验中增强游客与公共图书馆的情感联系；另一方面，公共图书馆的每一个馆员都应具备服务意识，面对来馆的游客和读者，保持友好的服务态度和饱满的服务热情，将优质的服务转化为竞争优势，用心对待、用爱关怀，提高图书馆作为景区的知名度。此外，旅游纪念品是游客完整的旅游体验中不可或缺的一部分，承载着旅游地的文化内涵，公共图书馆可以充分利用具有本馆特色的文创纪念品来丰富旅游体验，让游客即使离开也仍然回味无穷，获得美好记忆。

4 结语

公共图书馆的建筑、产品、经典馆藏、电子数据等资源具有丰富的文化内涵和文化特征。截至 2023 年的数据显示，株洲市图书馆共有藏书 168 万册，年均接待各类读者近 93.13 万人次，注册读者 16 万，年均借还册次超过 89 万册次。将公共图书馆的文化资源与旅游相融合，不但有利于传统文化传播，还有利于公共图书馆发展。公共图书馆只有针对性地采取与自身情况相适应的文旅融合模式，才能在新的时代背景下有所作为。

公共图书馆文旅融合示范馆的建设，要求地区业务能力较强的龙头馆发挥文旅融合典型作用，成为其他县区馆可以借鉴和学习的优秀案例，从而在全地区各公共图书馆向好发展的基础上，连点成线，串联起图书馆现代特色文旅路线。当公共图书馆文旅新业态走向成熟，其可以线带面，盘活地区内所有文旅融合主体，构建优质文旅公共空间功能区。公共图书馆应将图书馆服务嵌入全域旅游产业网络，形成公共图书馆与旅游业的共生关系，开启新文旅建设。

阅读生态体系建设中公共图书馆的未成年人服务

李波　王自洋（长沙市图书馆）

摘要：教育生态的改变必须先改变阅读的生态，公共图书馆作为公共文化服务体系的重要组成部分，是阅读生态的引导者和推动者。我们正处在一个阅读的双面时代，公共图书馆阅读生态环境正在向好发展，关注未成年人阅读服务、提升馆员专业素养，对构建阅读美好生态具有重要意义。

1 引言

"教育生态的改变必须先改变阅读生态。"公共图书馆作为公共文化服务体系的重要组成部分，阅读生态体系建设是目前需要思索和探讨的重要课题。印度著名图书馆学家阮冈纳赞的图书馆学"五定律"指出,图书馆是一个生长着的有机体,全民阅读也是生长着的有机体。近年来，《中华人民共和国公共文化服务保障法》《中华人民共和国公共图书馆法》《全民阅读促进条例》等先后出台，从制度设计上提升了全民阅读的重要性，肯定了图书馆在全民阅读及公共服务保障中的示范性，确定了全民阅读建设发展的迫切性。

未成年人阅读是全民阅读的基础和未来，探究阅读生态体系建设中公共图书馆的未成年人服务，对公共图书馆未来发展和馆员素养提升具有指导意义，对促进全民阅读、建设书香社会具有重要意义。

2 公共图书馆是阅读生态的引导者和推动者

2.1 阅读生态系统的概念

生态是指一切生物的生存状态，以及它们之间和它们与环境之间环环相扣的关系。生态系统是具有一定的大小和结构，各成员借助能量流动、物质循环和信息传递而相互联系、相互影响、相互依存，并形成具有自组织和自调节功能的复合体。借鉴生态系统理论，阅读生态系统是指以有目的地促进个体阅读能力提高为核心，由多元宏观阅读环境系统和多层次微观信息环境系统构建而成的阅读环境系统。全民阅读生态系统由全民阅读服务机构、服务对象、服务环境和三者平衡关系共同构成。

2.2 公共图书馆在阅读生态中的作用

国际图联、联合国教科文组织发布的《公共图书馆宣言（2022）》指出，公共图书馆是开展教育、传播文化、提倡包容和提供信息的有生力量，也是发挥所有人的才智实现社会可持续发展、个人和平与精神充实的重要机构。《中华人民共和国公共图书馆法》明确“公共图书馆是开展社会教育的公共文化设施”。推动、引导、服务全民阅读是其重要任务。习近平总书记给国家图书馆老专家的回信中强调，“图书馆是国家文化发展水平的重要标志，是滋养民族心灵、培育文化自信的重要场所。希望国图坚持正确政治方向，弘扬优秀传统文化，创新服务方式，推动全民阅读，更好满足人民精神文化需求，为建设社会主义文化强国再立新功。”从图书馆宣言到法律相关规定再到国家领导人对图书馆的定位与期望，充分体现了公共图书馆在阅读生态中承担着引导者和推动者的角色。

2.3 公共图书馆的未成年人服务

公共图书馆的未成年人服务是全民阅读生态建设中的重要课题。“养成并强化儿童早期的阅读习惯”是公共图书馆的首要使命；“坚持少儿优先，保障重点”是《全民阅读“十三五”时期发展规划》体现的基本思想；“设置少年儿童阅览区域，根据少年儿童的特点配备相应的专业人员，开展面向少年儿童的阅读指导和社会教育活动，并为学校开展有关课外活动提供支持”是《中华人民共和国公共图书馆法》对政府设立的公共图书馆所提要求。公共图书馆是最基本、最普遍的社会教育机构，未成年人是其最重要的服务人群，促进并推动未成年人阅读服务，是公共图书馆的责任与担当。

3 公共图书馆阅读生态环境向好发展

近年来，公共图书馆阅读生态环境发生了改变。馆舍数量、读者数量、馆员数量不断增加，馆员质量、服务创新不断提升，阅读需求更加旺盛，图书馆影响力日益增强。在长沙，除市馆新馆外，已建或正在建的岳麓区、芙蓉区、长沙县、浏阳市、宁乡市新馆，都是当地文化标志。公共图书馆事业的迅猛发展和公共文化发展生态的改善是息息相关的。政策支持带来了公共图书馆服务体系、空间品质、馆舍规模、文献资源、财政投入的改变，技术创新、专业服务带来了公共图书馆服务质量与社会评价的巨大提升，读者获得感、满意度的增强，促进了公共图书馆的建设和发展，公共图书馆阅读生态实现良性循环。

3.1 阅读生态全覆盖

《公共图书馆宣言》指出“公共图书馆按照利用平等的原则，不分年龄、种族、性别、宗教、国籍、语言、社会地位和任何其他特征，为所有人提供服务”。习近平总书记曾表示：“社会主义道路上一个也不能少，全面小康大家一起走！”公共图书馆是国家公共文化服务体系的重要组成部分与基本实现形式，应当以“普遍平等、惠及全民”为基本原则，让所有人都能享受到阅读服务。

阵地的全覆盖是阅读生态构建的基础。从杭州、苏州、东莞、长沙等地的总分馆实践来看，深入社区、融入公共场所（公园、地铁、商场等）的分馆，对民众阅读兴趣的提升和书香城市的建设具有显著作用，以流动图书车形式作为补充的流动服务点，可以让分馆建设条件不足又有读者需求的区域享受到平等、便捷的阅读服务，同时开辟出流动的阅读推广阵地。文献配送、活动策划、志愿者支持是生态运转的内在动力。东莞市图书馆从2002年底启动总分馆体系化建设，已形成了基于行政层级稳定运行的市、镇、村（社区）三级图书馆纵向骨干网络，基于社会需求合作布局的横向多形态网点，基于特色的绘本专题图书馆服务体系。

长沙图书馆成立了覆盖总馆、区县（市）中心馆、分馆的长沙全民阅读志愿者联合会，并以此为依托开展了“爱心顺风车”“百师千课”“阅读,一个都不能少”等一系列阅读推广活动，关爱特殊群体，助力未成年人阅读习惯的养成，充分发挥公共图书馆开展社会教育的作用，践行“普遍平等”“惠及全民”的服务理念。

3.2 阅读生态新服务

图书馆服务的领先转型形成了专业优势。近年来，图书馆先于博物馆、文化馆实现了服务模式的转型，公共文化活动尤其是阅读活动广泛开展，数量大、门类多、覆盖广，并在这个过程中，形成了模式和经验。国内外很多图书馆都打造了一些专业的分级分众阅读服务品牌，德国柏林国家图书馆的“金色好牧羊人阅读志愿者”项目，为不同学段儿童提供差异化代际阅读服务，若对象是学龄前儿童，主要以与成人玩游戏、做手工为主；若对象是低年级小朋友，则以翻阅故事书、半命题作文为主要内容。长沙图书馆2016年启动了阅读跟踪指导服务项目——“青苗计划”，以阅读时间、阅读推荐、阅读分享、阅读展示、阅读评估五个环节为理论体系，面向0—18岁未成年人读者长期开展阅读跟踪服务，通过“青苗阅启蒙”“青苗分享会”“青苗大课堂”“青苗国学馆”“青苗阅天下”等多项品牌阅读活动，为未成年人提供专业的阅读指导，进行科学的阅读评估，进而为未成年人的阅读和成长提供全方位、人性化、精准化的服务，并将其跟踪服务模式推广至农村，服务广大农村未成年人。长春市图书馆的“小树苗”亲子阅读系列活动，通过举办亲子故事屋、亲子手工坊、社会实践、阅读沙龙、16点课堂等亲子阅读系列活动，培养少年儿童阅读习惯和兴趣。温州市少年儿童图书馆的“立体阅读”品牌活动，围绕“点、线、面、体”，将活动从散点编织成网，按层次、按类型，面向家长、面向教师、走进校园、走进社会，带动社会各部门机构共同参与，逐步构建起具有社会影响力的立体阅读活动体系。

3.3 阅读生态友好圈

未成年人的阅读生态离不开内外环境的滋养，而阅读生态系统中不同的机构隶属于不同的行政体系，因此，打破图书馆与学校、图书馆与书店、图书馆与阅读机构等之间的行业壁垒，搭建起以图书馆为中心，分步实施标准统一、数据共享、资源互通的全民阅读公共服务联盟平台很有必要。2018年，深圳福田区启动了“图书馆+学校”阅读阶梯计划，设立图书馆第一课，让新生认识“图书馆”,通过阅读推广人、校园志愿者培训等打造专业人才队伍进校园，增设“阅读+特色”推广活动进校园，建设校园分馆、图书角等共建图书流通微阵地，全方位、多层次、立体化地开展阅读推广工作。2019年，长沙市图书馆发起成立了由图书馆、学校、书店、媒体、企业及文化教育机构联合，致力于未成年人阅读到终身阅读完整融合的共享发展平台——“和阅”联盟。和阅联盟是一个用来整合优质阅读资源，创建友好阅读生态，让更多的人和家庭共享阅读红利的大平台，公共图书馆与学校、家庭、媒体、出版社、书店、社区等生态圈紧密联系，结合自身优势，以满足未成年读者的阅读和教育的需求。2022 年 4 月，中共长沙市委宣传部、长沙市教育局、长沙市文化旅游广电局联合发布了《长沙市“青苗计划——阅读，一个都不能少”馆校共建活动方案》，明确了长沙市在全市中小学全面推广“青苗计划——阅读，一个都不能少”馆校共建活动，推进图书馆服务进校园和课后服务进图书馆，同时在分馆选址、资源建设、开放时间、阅读活动等方面，精准对接孩子需求，助力教育“双减”。宁波大学园区图书馆践行“图书馆 + 学校”模式，合力推动中小学生课外阅读，该馆承办了历年宁波市教育系统读书节活动，并在每年的宁波市教育系统读书节期间发布《宁波市中小学生阅读状况调查分析报告》。

3.4 阅读生态新活力

“一个人的精神发育史就是他的阅读史。”阅读是未成年人获取知识与技能，开阔眼界、提升个人素养，构建精神世界，成为“全面发展的人”的基础条件。未成年人阅读与文献资源、阅读空间、学校教育、家庭氛围等阅读生态环境都有着紧密的联系。公共图书馆是主要的公共阅读资源提供者，是整个阅读生态系统中连接阅读资源和读者的重要纽带，在构建全民阅读生态体系中起着不可替代的作用。

公共图书馆作为“全民阅读的领航者”，有责任也有义务担当起构建稳定的全民阅读生态系统的重任。图书馆未成年人阅读服务工作的开展和服务质量的提升，需要专业的阅读推广人作为支撑。一切没有时，人就是一切；一切都有时，人还是一切。以人为本促阅读，以人为本促服务。对内而言，《公共图书馆宣言》指出“图书馆员在用户与资源（数字资源和传统资源）之间具有积极的中介作用。为应对当下和未来的挑战，充足的人力资源和物力资源，以及图书馆员专业教育和继续教育，对于确保充分服务都必不可少”。不同知识背景的专业人才能够为少年儿童的成长提供多层面的阅读指导，而图书馆组织开展的专业培训则能够弥补非专业馆员理论知识不足的缺陷。如长沙图书馆开设的馆员高级研修班，邀请中南大学图书情报专业知名教授及国内有实践经验的图书馆界老师对馆员进行培训，培训课程覆盖知识面广、专业侧重性强，疫情期间也未断课，从面授调整为线上直播。对外而言，培育专业的阅读推广队伍对未成年人阅读服务的拓展和延伸至关重要。公共图书馆可以广泛吸纳社会优质资源，将专业力量整合到未成年人阅读活动的实施过程中，与少儿教育机构、培训机构紧密联系，将阅读融入国学、绘本、手工、创客等不同类型的服务当中，丰富少年儿童的阅读生活。同时开展“有选拔、有培训、有输出”的培育服务，以公共图书馆为服务阵地，打造出一支专业的阅读推广人队伍。上海图书馆学会于 2014 年 11 月成立“阅读推广人”工作组，专门开展阅读推广人培育工作，建立阅读推广人制度。将浦东图书馆作为试点单位开始推进。课程体系采用“3+X”模式，即固定课程，包括理论课程、实践课程与教学展示，与根据具体培训对象灵活设计的其他类型的课程模式相结合的方式，在培训结束后，学员需参加统一的综合测试，重点考查学生理论知识和进行阅读推广活动的实际能力。长沙图书馆以“寻找故事首艺人”活动为抓手，选拔出一批热爱阅读且具备一定推广能力的专业人才，通过开展“少儿阅读引导训练营”活动，对其进行专业的阅读技能培训，进而将培育出来的阅读推广人，以全市 300 多个总分馆、各社区和学校为服务阵地，通过“青苗绘之旅”“故事驿站三点钟”“大巴童书会”和“品故事觅书香”等活动品牌进行服务输出，推广未成年人阅读。

4 正视所处时代，构建优美阅读生态

“一个时代的阅读状况具有两面性”，我们正处在一个阅读的好时代，但现在也是一个阅读的坏时代。随着互联网技术的发展，人们获取阅读资源的渠道发生了巨大变化，尤其对互联网、社交媒介、智能手机类阅读终端形成了很深的依赖。全国政协委员、中国期刊协会会长吴尚之曾指出，阅读应该与时俱进，既要重视纸质阅读，也要重视数字阅读。现在阅读载体日新月异，因此推动全民阅读，就要从读什么、怎么读、做好服务方面持续下功夫。

4.1 阅读好时代

阅读好时代体现在：一是社会的主流价值观崇尚阅读，第二十次全国国民阅读调查结果显示，2022 年我国成年国民各媒介综合阅读率持续稳定增长，达到 81.8%，成年国民人均纸质图书阅读量为 4.78 本，电子书阅读量为 3.33 本，成年国民对全民阅读品牌活动的知晓率达 73.7%，参与度达 66.7%，未成年人图书阅读率为 84.2%，人均图书阅读量为 11.14 本，均较往年有所增加。二是政府鼓励阅读，《全民阅读促进条例》《中华人民共和国公共图书馆法》《关于实施中华优秀传统文化传承发展工程的意见》等先后颁发，“全民阅读”自 2014 年起连续 11 次写入政府工作报告，从 2014 年“倡导全民阅读”到 2017 年“大力推动全民阅读”到 2022 年“深入推进全民阅读”，再到今年“深化全民阅读活动”，全民阅读的受重视程度逐步增强。党的二十大报告也提出了“加强国家科普能力建设，深化全民阅读活动”。“深化全民阅读活动”已是建设社会主义文化强国的一项重要举措。三是阅读文化既有继承又有创新，并且每个人都有宽松自由的阅读空间。随着时代发展，世界正步入智能化时代，人们享受智慧化的阅读方式。智慧阅读让阅读变得更加立体更加亲切，每个人都可以根据自己的喜好来选择阅读方式，参加各种阅读活动，阅读无处不在，触手可及。四是图书出版结构持续优化。2021 年，新闻出版产业主要指标整体回升。2021 年，全国出版、印刷和发行服务实现营业收入 18564.7 亿元，较 2020 年增长 10.7%；图书出版规模实现全面增长，全国共出版新版图书 22.5 万种，较 2020 年增长 5.4%。全国出版新版少儿图书 1.9 万种，较 2020 年增加 247 种，增长 1.3%，重印少儿图书 2.8 万种，增加 3558 种，增长 14.9%。全国出版少儿图书 9.7 亿册（张），增加 6562 万册（张），增长 7.3%。

4.2 阅读坏时代

阅读坏时代体现在：出版繁荣而权威可信的图书评价不多，注水营销让读者寻书缺乏安全感；传播技术失去人文理性的控制，碎片化阅读和娱乐化阅读正在摧毁读者沉下心来读完一本书的耐心；数字技术、网络技术在为人们提供检索便利的同时，也在破坏着阅读的初心，空前快速的检索会大量剥夺人们阅读原著的主动性和自主能力；节日狂欢式的阅读风让深入阅读服务没有持续性地开展；良莠不齐的网络信息无孔不入，甚至已经嵌入原本信息素养有限的未成

年人学习生活中，影响着未成年人阅读习惯的培养。

4.3 增强信心，建设美好生态

在阅读生态系统中，图书馆、书店、图书类电子商务平台、数字阅读平台等是主要的阅读服务机构。公共图书馆要认清阅读生态的现状，将全民阅读活动导入正确的轨道，弘扬正确的阅读价值观、阅读目的、阅读方式和阅读技术，形成阅读推广良性机制，增强阅读生态不断向好发展的外部信心和内部自信，构建起满足人们美好生活需要的美好阅读生态，推进图书馆事业可持续发展。

4.3.1 培养数字素养技能

2018 年发布的《国际图联 0—18 岁儿童图书馆服务指南》中，对馆员提出了“辅助培养儿童和青少年的数字素养技能”和“紧跟前沿的新兴技术、数字世界和社交媒体，以及它们对于儿童图书馆服务的影响”两项新要求。数字素养的培养对儿童成长有着不可忽视的作用。现如今，使用数字媒体的儿童和家庭的数量正在增加，儿童需要通过指导来获取使用数字媒体的经验，以便将这些经验转化为积极和富有成效的数字素养技能。图书馆员可通过多种灵活的方式指导和帮助儿童积累数字媒体学习的经验，比如长沙图书馆依托“阅读，一个都不能少”馆校共建项目，推进“图书馆利用课”进校园；将电子图书数据库、AR 互动阅读融入阅读推广活动当中，开展电子书创作、儿童编程、互动百科问答、线上作品征集、电子书法临摹体验等活动，为未成年人或其看护人提供数字技术使用的信息。除有能力利用数字信息之外，有能力对数字内容进行评估判断也是拥有数字素养的体现。未成年人判断能力非常有限，因此，未成年人的阅读服务更需要馆员的专业引导，图书馆应该通过数字素养活动和教程来帮助未成年人进行虚假信息的判断。

4.3.2 建立分级阅读生态链

分级阅读是指依据儿童不同年龄阶段的智力和心理发展程度，为儿童提供科学的阅读策略。在互联网发展的背景下，公共图书馆的未成年人分级阅读，可以借助互联网思维，构建出“读者优先、数据引导、共建共享、迭代创新、开发防火墙”的分级阅读新生态。首先，树立起读者优先的理念。图书馆的核心是读者，读者是一个主体，而不是图书馆的客体，读者的主人翁意识很强，对图书馆进行公共监督是常态，也正因如此，在阅读生态中，读者发挥着至关重要的作用，公共图书馆在开展未成年人阅读服务时应充分发挥读者的主观能动性。如长沙图书馆通过开展问卷调查，广泛征集读者意见，并根据建议对儿童阅览室内图书进行了分级分类分主题排架，在一级层面主要按照《中国图书馆分类法》组织排架，二级层面上以色标和图书主题来排架，创设了绘本专区、科普专区、课标必读书目专区、经典名著专区、红色主题图书专区等，既方便了图书统一管理，又适应了分级阅读的需求，让儿童快速准确地找到适合自己阅读能力的图书。其次，发挥数据引导的作用。未成年人的阅读行为、阅读能力、阅读兴趣，需要基于数据进行分析，公共图书馆应充分利用大数据平台，对阅读数据进行及时的分析，以便更好地发挥图书馆的阅读引导作用。2023 年世界读书日期间，湖南图书馆、长沙图书馆发布了 2022 年度阅读大数据，从到馆人数、文献流通、读者画像、阅读偏好、数字资源使用等方面对过去一年图书馆的读者阅读数据进行了统计分析，对于分级阅读具有指导意义。再者，搭建共建共享的平台。多元合作、协同发展是构建阅读生态系统的必要手段，将公共图书馆、政府部门、媒体、出版机构、社会组织、家庭、学校等有机地联合在一起，对于实现各生态圈之间的能量流动、能量转换具有积极作用，对于创建平衡稳定的阅读生态链具有促进作用。近两年，湖北、福建、山西等地都组织开展了青少年分级推荐书目评选活动，邀请图书馆专家、出版人、作家、教授、媒体等为青少年评选出适合阅读的优秀出版物，发布分级阅读推荐书单，引领未成年人阅读。此外，打造迭代创新的模式。随着大数据、云平台的建设完善，未成年人的阅读服务将更加专业、更加精准。创新是一个复杂的问题，有时很难找到直接的“解”法，但可以通过迭代法来解决，特别是阅读推广工作，需要对以往的“创新”按照一定的步骤不断地重复执行，迭代操作，在每次的执行操作中，总结推演出“新值”，使创新始终处于一种开放的状态，充分利用已有的创新成果持续创新，形成一种新的创新模式。最后，要开发“阅读防火墙”。在这个童书市场异常繁杂、网络信息参差不齐的时代，作为未成年人阅读的引导者和推动者，公共图书馆应针对未成年人阅读适时开展正反向图书推荐和引导，倡导绿色阅读、文明阅读的理念，为未成年人筑起一堵“阅读防火墙”，真正体现图书馆社会教育的专业性。

4.3.3 提供有温度有梯度的服务

图书馆是一个生长着的“有机体”，这个有机体需要适宜的温度来滋养，需要梯度来成长。图书馆服务水平的高低决定读者的分布流动，其效能取决于其馆舍环境、文献资源、运行机制及所提供服务的温度和梯度。温度让图书馆活起来、热起来，梯度让图书馆立起来、强起来。如何让图书馆有温度有梯度，归根到底在于“人”。图书馆人拥有硬核的使命、硬核的情怀、硬核的素质和硬核的事业，在全民阅读深入化、多元化、全面化的时代背景下，我们既要对阅读生态的外部环境充满信心，也要对图书馆事业充满信心，要通过提高服务质量、创新阅读推广模式、打造特色品牌来提升图书馆服务的梯度，实现图书馆的社会价值。

5 结语

教育是农业，不是工业。生态兴，则文明兴；生态衰，则文明衰。社会主义生态文明建设，离不开阅读生态的建设。构建一个有利于未成年人健康成长的阅读生态体系，培养生生不息、蓬勃发展的读者队伍，图书馆和图书馆人需要坚守初心、守正创新，从小处着手，从大处着眼，持之以恒、不断精进未成年人阅读教育与服务，为建设书香中国和图书馆事业发展的美好生态努力奋斗。

文旅融合背景下公共图书馆发展研究

李文（湖南省少年儿童图书馆）

摘要：本文从文旅融合的时代背景出发，在梳理公共图书馆与文旅融合相关研究成果的基础上，结合公共图书馆文旅融合的意义，为公共图书馆发展提出相应措施，即提升公共图书馆建筑设计，加强文献资源建设与管理，注重阅读推广与文化传播，搭建数字平台、创新服务模式，拓展服务范围、提升服务质量，建设人才队伍、提高业务水平，整合服务资源、打造文旅品牌，加强财务管理、落实经费保障，以期为公共图书馆事业发展提供参考。

1 引言

党的二十大以来，习近平总书记就文化和旅游工作发表了一系列重要论述，指出文化和旅游工作要以文塑旅、以旅彰文，推进文化和旅游深度融合发展。自 2018 年 4 月文化和旅游部成立以来，文旅融合发展迈入新阶段，公共图书馆作为重要的社会文化服务机构，其发展面临着新的机遇和挑战。如何顺应文旅融合发展的趋势，发挥自身优势，创新服务模式，提高服务质量，成为公共图书馆发展的重要课题。

2 公共图书馆与文旅融合

2.1 文旅融合

文旅融合的全称是文化产业与旅游产业的融合，是将文化和旅游两个领域有机地结合起来，通过文化的传承和旅游的开发来促进地方经济的发展和社会文化的繁荣。文化产业是为社会大众提供文化、娱乐产品和服务的活动，是与这些活动相关的集合概念。旅游产业则是旅游和由旅游行为引发的经济活动所组成的所有产业的集合，而对于文旅融合的定义，目前我国学术界尚未形成统一界定。联合国世界旅游组织将文旅融合定义为：以发现、学习、体验、消费为旅游目的的，以物质和非物质文化景点为基本动机的一种活动。

综合国内外的学术成果，关于文旅融合的研究越来越重视融合过程中游客体验质量的提升和新技术的应用，但由于国内外历史文化环境存在差异，其研究内容和理论基础有所不同。国外关于文旅融合的研究主要集中在公共文化服务与旅游业的相互作用、公共文化场馆的旅游潜力与局限、旅游服务、旅游模式、公共文化场馆和旅游业融合发展测评五个方面，而国内对文旅融合的研究在经历起步阶段、初步发展阶段、迅速发展阶段、爆发增长阶段的过程中，其相关研究内容可以归纳为文旅融合相关概念、发展模式、发展路径、动力机制、成效评估、影响效应六个方面。对于文化与旅游融合的基础，国内外研究学者有着不同的看法，国外学者认为，文旅融合的基础包括非物质文化遗产、物质文化遗产与当代文化，主要融合模式有开发型融合、体验型融合、活化型融合、保护型融合、创意型融合、重组型融合、延伸型融合，而李国新等学者认为文旅融合作为公共文化服务和旅游公共服务，都是政府为满足人民需求而提供的基本公共服务，主要由公共财政支持，都需要随着经济社会的发展而动态调整，这构成了文旅融合的理论基础。

2.2 公共图书馆文旅融合

公共图书馆作为社会主义公共文化服务体系的重要组成部分，其在文献资源、场地资源及服务上具有独特优势，优秀的文化资源能够提升旅游品质，是开展文化旅游的重要场所，随着文化和旅游的深度融合，学术界的相关研究也越来越聚焦于文旅融合视角下的公共图书馆。

1985 年伍永仁、孙幼舵先后就图书馆与旅游活动相结合、引入旅游信息服务意识进行了思考。1994 年杨勤通过介绍上海市南区图书馆旅游文化博览部的工作内容，指出图书馆应满足旅游文化专业工作者、旅游实业工作者、社会各阶层实地考察、旅游爱好者的需求，这是图书馆文旅融合研究的初始。1985 年至 2018 年，关于公共图书馆和文化旅游相关主题的研究成果数量较少，2018 年后呈现暴增趋势，研究主题多元化，研究内容涉及智慧旅游、文化产业、研学服务、公共服务、创新服务、价值融合、发展模式、作用机理、文化走读、发展策略等。但对于公共图书馆文旅融合的概念，学界暂无公认的表述。周茜认为图书馆文旅融合是以图书馆的文旅相关资源为纽带，以图书馆为主体，结合“诗与远方”的愿景，利用理论与实践相互结合的方式，借助现代科学技术为旅游者提供具有文化特色的旅游产品、文化服务或特定场景的相关服务。凌艳博认为图书馆文旅融合以文化认同为助推力，依据图书馆所拥有的文化服务和馆藏资源，实现文化服务和旅游要素相互兼容、多维度、多方面的融合。笔者认为公共图书馆文旅融合是以自身特色文化资源为载体，与旅游相结合，在特定区域内为大众提供的社会文化服务。

3 公共图书馆文旅融合的意义

3.1 促进文化传承

随着我国社会主要矛盾的转化，人民对精神文化生活的需求越来越高，对文化和旅游提出了更高层次的要求。作为重要文化阵地的公共图书馆，需将自身的文化资源与旅游资源相结合，举办更多元的文化活动，为大众提供高质量的文化产品和体验，从而吸引更多人参与到文化活动中来，让更多的人了解和认可公共图书馆，有助于提高公共图书馆的知名度，促进区域文化传播和传承。

3.2 提高旅游体验

2021 年，中国图书馆学会印发的《中国图书馆学会“十四五”发展规划纲要（2021—

2025年)》指出，要促进图书馆领域的文旅融合发展，引导图书馆探索将文化资源或服务融入旅游，多方式提供公共服务，推动图书馆事业创新发展。公共图书馆作为社会主义文化建设的重要力量，肩负着文旅融合高质量发展的重要使命，在公共图书馆参与文旅融合中，其通过深挖地方特色资源，将文化元素注入旅游六要素中，为旅游活动注入丰富的文化内涵，使游客感受地方文化的独特魅力，提升游客旅游服务体验，在满足人们对旅游活动的更高追求的同时，提升旅游产业的吸引力和竞争力，促进旅游业提质升级，为旅游业注入新的活力。

3.3 推动全民阅读

公共图书馆作为全民阅读的重要推动力量，承担着引领阅读风尚、推广阅读文化的使命。通过与旅游的融合，公共图书馆可以开展更为广泛的阅读推广活动，引导公众养成阅读的习惯，提高公众的阅读兴趣和阅读能力，推动全民阅读的深入发展。

4 公共图书馆文旅融合发展的措施

4.1 提升公共图书馆建筑设计

公共图书馆的建筑与设计是体现其特色和价值的重要方面。在文旅融合背景下，公共图书馆的建筑与设计应注重文化性和旅游性的结合，主要包括提高建筑设计的文化内涵，使其成为地标性文化建筑；提供多层次、多元化的阅读空间和环境，满足不同人群的需求；注重无障碍设计，提高图书馆的可达性和使用率。

4.2 加强文献资源建设与管理

文献资源是图书馆的核心资源，也是文化旅游的重要内容。公共图书馆可以增加旅游相关文献的采集和整理，丰富和优化馆藏资源，提高馆藏文献的质量和覆盖面，满足读者阅读需求的同时，兼顾游客的旅游需求。旅游相关的文献主要包括本地旅游攻略、地图、图片、书刊等，此外，数字资源中也应增加旅游类相关服务内容，如旅游地推荐及导航、本地特色美食排行榜、地方特产等，为读者提供便捷的旅游服务。其次，建立完善的文献管理制度，制定文献的收集、登记、分类、编目、借阅、归还等环节的规定和流程，明确责任和要求，确保文献管理的规范化和标准化。最后，建立文献信息管理系统，实现文献信息的自动化管理和检索，提高文献的管理效率和利用效率。

4.3 注重阅读推广与文化传播

阅读推广和文化传播是一项长期而艰巨的任务，也是公共图书馆的重要职责，将阅读推广和文化传播融入旅游服务，能够丰富旅游服务的内涵，提高旅游者的文化体验和知识水平，促进旅游地文化传承和经济发展。公共图书馆应丰富阅读推广形式，开展内容多样的文化传播活动，如读书会、讲座、地方文化展览、传统手工艺体验等。此外，需加强与旅游景区的合作交流，通过合作开展活动、共享文献资源等方式，提高服务的协同效应和整体效益，形成资源共享和优势互补。

4.4 搭建数字平台 创新服务模式

信息技术的发展为公共图书馆创新服务模式提供了有力支持，借助互联网技术实现文旅信息共享成为公共图书馆文旅融合发展的新形式。公共图书馆在旅游信息服务与导览方面具有得天独厚的优势，借助社交媒体搭建跨区域的信息交流共享平台，可以实现各级图书馆间的资源共享，用户可使用的数据库资源更丰富、种类更多样、内容更广泛，涵盖的文旅信息更全面。同时，与旅游机构实现数字资源共享，方便大众能够利用数字平台获取更多文旅信息。此外，通过改进公共图书馆数字资源平台，开发文旅融合平台，可在线上增设文旅课堂、文旅活动等内容，加强互动体验，提升用户参与感。

4.5 拓展服务范围 提升服务质量

公共图书馆应该拓展服务范围，将服务对象扩大到广大游客群体，提供更加多元化、个性化的服务。第一，除传统的公共图书馆服务内容外，增设旅游类专项服务，如特色展览、文化讲座、远程借阅等服务；第二，根据游客需求，提供个性化推荐服务，利用大数据技术提高信息检索效率，通过云计算技术分析用户浏览信息，为其推荐感兴趣的资源内容，提高游客阅读体验和文化收获；第三，公共图书馆为满足不同国家和地区游客需求，可增加外文书籍、提供翻译服务、设置多语言标识，让不同语言习惯的游客享受到高质量的图书服务。

4.6 建设人才队伍 提高业务水平

人才是公共图书馆发展的关键因素。现阶段，公共图书馆的馆员队伍组成以管理类、汉语言文学类、计算机类为主，高素质专业人才稀缺，且人才储备不足。为此，公共图书馆可采取以下策略加强人才队伍建设：一是通过宣传招聘的方式，寻求能够承担文创产品开发、旅游线路制订、活动方案创意等工作的专业人才，提高图书馆的专业水平。二是加强现有图书馆员的培训和学习，提高他们的服务能力和素质，使其符合文旅融合发展的需求。三是建立完善的人才管理机制，包括科学的薪酬制度和绩效考核制度，对员工的工作表现进行客观评价，明确工作目标和职责，激发员工的积极性和创造性，并根据员工的工作表现、能力、岗位重要性等因素进行薪酬分配，确保员工的薪酬与工作付出相匹配，同时，可以将绩效考核结果与薪酬、晋升等方面挂钩。可以设立奖励机制，对工作表现优秀的馆员给予奖励，激发图书馆员的积极性和创造性。通过制定科学合理的人才激励机制，能够激发馆员们的积极性和创造性，提高公共图书馆的服务水平和整体竞争力，实现图书馆事业的可持续发展。

4.7 整合服务资源 打造文旅品牌

品牌建设是公共图书馆提升影响力和社会认可度的关键。首先，公共图书馆是对公众免费开放的学习和研究场所，拥有丰富的馆藏资源，是重要的文化传播阵地，其次，公共图书馆在场馆资源和服务上有独特优势，与旅游具有功能上的契合度。公共图书馆应充分挖掘自身资源的优势，加强与社会各界的合作，打造具有社会影响力的文化旅游品牌，加强品牌宣传和推广，提高知名度，共同推动文化旅游事业的发展。

4.8 加强财务管理 落实经费保障

财务管理与经费保障是公共图书馆发展的基础。在文旅融合背景下，公共图书馆应加强财务管理和经费保障工作。第一，合理安排和使用经费，确保图书馆的正常运转和发展；第二，建立完善的财务制度，提高公共图书馆财务管理的透明度和效率；第三，深入研读政策，努力争取财政拨款，为图书馆的发展提供稳定的经费保障；第四，创新和拓展业务融资渠道，吸引社会力量参与。

5 结语

综上所述，公共图书馆在文旅融合的时代背景下，应树立融合发展理念，充分发挥自身优势，积极探索文旅融合发展新模式，创新发展路径，为社会公众提供高质量的文化产品，推动图书馆事业繁荣发展。

参考文献

[1] 钱江 . 文旅融合背景下红色旅游文创产品设计研究 [D]. 辽宁科技大学 ,2021.

[2]LLARDOT,WALDHARTT.MarketingProductsaridServiceinAcademicLibraries[J].Libri.1977(27).

[3] 宋微 . 文旅融合空间下公共图书馆发展路径的分析与思考 [J]. 兰台内外 ,2019(10).

[4] 完颜邓邓 , 尹娇 , 刘文艳 . 国内外公共文化服务与旅游业融合发展研究进展 [J]. 图书情报知识 ,2024(01).

[5] 徐菲菲 , 剌利青 , 严星雨等 . 中国文化产业与旅游产业融合研究述评 [J]. 旅游科学 ,2023(04).

[6] 厉建梅 . 文旅融合下文化遗产与旅游品牌建设研究 [D]. 山东大学 ,2016.

[7] 李国新 , 李阳 . 文化和旅游公共服务融合发展的思考 [J]. 图书馆志 ,2019(10).

[8] 苗宾 . 对文旅融合时代公共图书馆发展的思考 [J]. 图书馆工作与研究，2020(6).

[9] 王少薇 , 周剑峰 , 田原 . 新时代我国图书馆文旅融合研究现状与思考 [J]. 图书馆理论与实践 ,2023(06)..

[10] 周茜 . 湖南省公共图书馆文旅融合发展现状及对策研究 [D]. 湘潭大学 ,2021.

[11] 凌艳博 . 公共图书馆文旅融合发展对策研究 [D]. 辽宁师范大学 ,2022.

[12] 文化和旅游部 . 文化和旅游部发布《“十四五”文化和旅游发展规划》[J]. 中国会展（中国会议），2021(12).

[1] 那艳 , 朱燕平 . 文旅融合背景下图书馆特色馆藏资源服务效能提升策略研究——以绍兴图书馆为例 [J]. 图书馆研究与工作 ,2022(11).

区县级公共图书馆儿童绘本阅读服务的实践与思考
——以岳阳楼区图书馆为例

李洁（岳阳楼区图书馆）

摘要：作为各地区核心的阅读场所与关键的阅读资源提供者，肩负着培育儿童阅读习惯重任的公共图书馆，如何才能更有效地利用自身资源，推广儿童阅读的首选方式——绘本阅读，从而培养儿童良好的阅读习惯，并推动全民阅读活动的深入开展，本文以岳阳楼区图书馆为例，详细阐述了儿童绘本阅读的价值所在，以及区县级公共图书馆在推广儿童绘本阅读方面的独特优势。通过对一系列形式多样、内容丰富的绘本阅读推广活动实例的分析，阐述区县级公共图书馆在儿童绘本阅读服务方面的发展策略。

1 引言

2018年1月1日施行的《中华人民共和国公共图书馆法》明确规定，公共图书馆是社会主义公共文化服务体系的重要组成部分，应将推动、引导、服务全民阅读作为重要任务。《公共图书馆宣言》提出，公共图书馆要帮助少年儿童自小培养并加强阅读习惯，激发其想象力和创造力。公共图书馆在推动全民阅读的过程中，必须深刻认识到儿童阅读的基础性意义。儿童绘本阅读作为传统启蒙教育的重要一环，与儿童的智力和认知水平紧密相连。因此，公共图书馆应当优先将儿童绘本阅读作为开展儿童阅读指导和服务的首选形式，以更好地服务、推动全民阅读。通过这样的举措，我们不仅可以培养孩子们的阅读兴趣和习惯，还能够为他们的全面发展奠定坚实的基础。

2 儿童绘本阅读的意义

儿童绘本，顾名思义就是“画出来的书”，指一类以绘画为主，并附有少量文字的书籍。在儿童尚未掌握足够的文字阅读能力时，绘本以其丰富的画面和简洁的文字引导儿童了解这个世界，因此图文并茂的儿童绘本是儿童进行阅读的首选载体。美国著名心理学教授塞德兹认为：“人如同陶瓷器一样，小时候就形成一生的雏形。幼儿时期就好比制造陶瓷器的黏土，给予什么样的教育就会成为什么样的雏形。”儿童阅读绘本不仅是获取知识的方式，更是情感寄托和心灵滋养的载体。绘本以图画为主，文字为辅，具有视觉传达性，图画兼具叙事性、趣味性和教育性。绘本的价值在于培养儿童阅读兴趣和阅读能力，具有教育意义。绘本通过图画和文字的结合，为儿童提供全新阅读体验，提高阅读和理解能力。绘本的教育意义体现在多个方面，促进儿童认知发展，培养其观察力、思考力和想象力；培养儿童情感，理解亲情、友情等美好品质；具有审美教育功能，培养儿童审美能力；培养儿童社交能力，提高沟通能力和合作精神，学会换位思考和理解他人。同时，这也有助于他们从小养成良好的阅读习惯，受益终身。

3 区县级公共图书馆开展儿童绘本阅读推广的优势

区县级公共图书馆是基层公共图书馆，有乡镇街道分馆和村社区图书室作为补充，能够发挥“触角优势”，是区域内儿童免费获取阅读资料的重要场所。以岳阳楼区图书馆为例，其开展儿童绘本阅读推广具有以下优势：

第一，馆藏资源丰富。岳阳楼区图书馆设有专门的儿童阅览室，并设立儿童绘本专架。岳阳楼区图书馆拥有儿童绘本 3000 余册，儿童数字阅读机 1 台，有声绘本 1000 余册。此外，岳阳楼区图书馆 15 个乡镇街道分馆均配置了儿童绘本。

第二，形式丰富多样。仅在 2023 年，岳阳楼区图书馆就采用“平面媒体 + 电子媒介”的方式推出亲子故事会、科普公开课、传统文化导读等多元化阅读服务 100 余期，并联合相关文化部门、学校、社会文化机构开展了一系列别出心裁、趣味盎然的儿童绘本阅读活动。在节假日期间，岳阳楼区图书馆还以“大阵地 + 多点位 + 全覆盖”的模式在总馆和分馆同时启动“绘本故事亲子活动”，为儿童提供了丰富的绘本阅读机会，让他们能够沉浸在知识的海洋中。

第三，专业人力资源优势突出。经过系统的理论学习和实地操作训练，岳阳楼区图书馆的馆员已熟练掌握引导儿童规范阅读所需的专业技能。他们凭借丰富的实践经验，能够精准把握儿童的阅读偏好，同时在绘本挑选方面展现出独特的眼光。他们能够有效地指导儿童进行绘本阅读，为培养儿童良好的阅读习惯提供有力支持。

4 岳阳楼区图书馆儿童绘本阅读推广实践

4.1 每周开展经典绘本荐读课，引领儿童读书之路

公共图书馆在儿童阅读习惯的养成方面扮演着举足轻重的角色，它是孩子们开展阅读活动的主要阵地。鉴于儿童绘本独特的图文并茂形式，公共图书馆将其视为吸引儿童阅读的关键媒介。当公共图书馆策划儿童阅读活动时，通过详细解读绘本阅读的具体方法，可以有效激发儿童的阅读兴趣。鉴于此，岳阳楼区图书馆精心挑选了一批具有代表性的经典绘本，汇编成《儿童绘本阅读推荐书目》。每周，图书馆都会以经典绘本荐读课的形式，引导儿童深入阅读这些绘本，并及时更新《儿童绘本阅读推荐书目》。借助这份简明扼要、规范有序的推荐书目名单，儿童可以便捷地找到符合自己喜好的绘本，通过不断地阅读实践，逐步提升自己的阅读能力，最终实现独立阅读绘本的目标。

4.2 每周末举办亲子绘本阅读分享会，培养儿童阅读习惯

李拔家训有云：“‘子孙虽愚，经书不可不读。’况非至愚，安忍听其暴弃。故起家亢宗，当以教子为第一事。但恐庸师损友，引入迷枉，不可不慎。”在儿童成长的道路上，父母的角

色至关重要，教育子女应为其首要之务。绘本，作为一种特殊的沟通桥梁，为父母与子女间铺设了一条畅通的“快速通道”。为了深化亲子间的互动，同时引导家长认识到亲子共读的深远意义，岳阳楼区图书馆精心策划了一系列亲子绘本阅读分享活动，诸如“书香润童年·阅读促成长”“书香楼区·阅读共享”以及“阅读习惯养成法”等活动。这些活动不仅鼓励儿童在父母的陪伴下锻炼胆识，更有助于培养他们的阅读习惯。对于父母而言，通过观察孩子在阅读中的表现，可以更准确地掌握他们的阅读、理解和兴趣偏好，从而更好地引导和支持他们的成长。

4.3 搭建绘本阅读小剧场，激发儿童阅读兴趣

子曰：“知之者不如好之者，好之者不如乐之者。”公共图书馆在培养儿童阅读兴趣方面，具有得天独厚的资源优势。通过设立绘本阅读小剧场，公共图书馆可将丰富多彩的绘本故事转化为生动的舞台表演，使儿童得以深刻领会到绘本的艺术魅力，并在表演过程中亲身感受故事情节的趣味与深意。2023 年年底，岳阳楼区图书馆报告厅隆重举行了“绘声绘色庆新年”传统文化系列绘本剧展演活动。此类绘本剧表演不仅为儿童提供了一个展示自我、发挥想象力的平台，更通过寓教于乐的方式，有效锻炼了儿童的各项能力，对其全面发展具有积极的推动作用。

4.4 每周举办绘本阅读交流会，让儿童分享读书心得

岳阳楼区图书馆为了培养儿童良好的阅读习惯，激发其阅读兴趣，每周定期举办绘本阅读交流会。在这里，儿童读者有机会通过绘本阅读结识更多同龄伙伴，并积极展示自己的阅读成果。通过群体化的互动，儿童逐渐养成“多读书、读好书、好读书”的良好阅读习惯，阅读能力得到持续提升。同时，图书馆还邀请儿童担任主讲人或嘉宾，分享各自的阅读喜好和收获，进一步促进儿童之间的交流与学习。

4.5 开展经典绘本诵读比赛，激励儿童多读好书

经过精心策划与组织，岳阳楼区图书馆成功举办了第一届青少年经典诵读比赛，此举旨在培养儿童的语言表达能力，并通过诵读经典绘本，使他们深刻感受中华优秀传统文化的魅力与内涵。图书馆为此次比赛精选了多类别、高质量的经典绘本，旨在提供丰富多样的表演素材，激发儿童的创造力和想象力。同时，为确保评选的公正性与专业性，岳阳楼区图书馆还邀请了专业评委进行现场评分。为鼓励儿童积极参与，岳阳楼区图书馆对表现优秀的选手进行了表彰与奖励，这不仅激发了他们的参与热情，也为他们树立了自信心。通过参与此次活动，儿童们重温了历史上杰出人物的故事，深入理解了爱国爱家的价值观，从而在心中播下了自强不息、为国家繁荣贡献力量的种子。

4.6 利用新兴媒体，开展线上绘本阅读

随着互联网技术的日新月异，传统的阅读方式在时间和空间上受到了一定的制约。为了克服这些局限性，岳阳楼区图书馆积极拥抱变革，充分利用网站、微信公众号、抖音等新媒体平台，开展了丰富多样的绘本阅读推广活动以及优秀绘本短视频展播，旨在不断扩大儿童绘本阅读的受众范围。

岳阳楼区图书馆定期在线上组织亲子故事会绘本故事分享课，这一举措极大地推动了绘本阅读的宣传与普及工作。另外，图书馆还进行了绘本故事短视频的二次创作，这一创新尝试在儿童读者及广大家长群体中引发了强烈的反响。

通过线上绘本阅读活动的开展，岳阳楼区图书馆不仅打破了儿童绘本阅读在时间和空间上的限制，还为孩子们创造了一个健康、有益的阅读环境。这不仅有助于培养儿童的阅读兴趣，更有助于他们养成良好的阅读习惯，为他们的全面发展奠定了坚实的基础。

5 区县级公共图书馆儿童绘本阅读服务发展战略

5.1 构建丰富多彩、寓教于乐的绘本资源体系

为了全面满足各个年龄段和不同兴趣爱好的儿童的阅读需求，公共图书馆需要深思熟虑并精心构建一个多元化、寓教于乐的绘本资源库。首要任务是从海量的国内外绘本作品中筛选出那些兼具趣味性和教育价值的经典之作，如深入剖析人性与友情的《小王子》，或是充满冒险与趣味的《彼得兔》。这些绘本作品不仅能让儿童沉浸在精彩的故事情节中，还能在无形中塑造他们的道德品质、审美观念和生活态度。同时，我们也要关注那些富有创意和启发性的现代绘本，例如倡导环保与公益的《花婆婆》或激发想象力与创造力的《巴巴爸爸》。这些绘本不仅能激发儿童的想象力和创造力，还能引导他们在阅读过程中学会思考、学会探索。

区县级公共图书馆应将绘本资源的配置视为重要任务，增加绘本的采购数量和种类，利用总分馆体系的优势，实现服务效益的最大化。在满足“有书可读”的基础上，区县级公共图书馆需要积极扩大儿童的阅读范围，激发他们的阅读兴趣，为他们的全面发展奠定坚实基础。

5.2 宣传绘本阅读理念，提高全社会对儿童阅读的价值认识

推广绘本阅读是一项长期且需要细致耕耘的任务，无法一蹴而就。为了增进全社会对儿童阅读价值的理解，区县级公共图书馆必须持续并深入地推广绘本阅读理念，使全社会深刻认识到绘本阅读的重要性和必要性，以及其对儿童成长的深远影响。公共图书馆应将绘本阅读理念的推广纳入整体战略规划，利用春节、元宵节、六一国际儿童节、4·23“世界读书日”等重要节庆时点，结合富有趣味性的活动，邀请阅读推广人和阅读之星来阐述儿童绘本阅读的重要价值。特别是在文旅融合类大型活动期间，区县级公共图书馆更应设立儿童绘本专门展区，全天候展示经典绘本，并在展区举办绘本阅读体验活动，以此提升全社会对儿童阅读价值的认识。

5.3 科技赋能，打造智能互动、沉浸式的绘本阅读体验

随着科技的日新月异，公共图书馆必须积极应对时代变革，充分利用科技手段为儿童提供更加智能化、互动性强且沉浸式的绘本阅读体验。借助先进的AR技术，我们能够将绘本中的场景与角色以三维立体形式展现给儿童，引领他们跨越现实与虚拟的界限，仿佛真正置身于精彩的故事世界。此外，利用VR技术，我们还能为儿童构建一个沉浸式的绘本阅读环境，让他们在虚拟世界中自由探索，享受阅读的乐趣。

不仅如此，通过智能设备的应用，我们还能为儿童提供有声绘本服务，让他们在聆听故事的同时，锻炼听力和语言表达能力。这些科技手段的运用，不仅能够激发儿童的阅读兴趣，更有助于培养他们的科技素养和创新思维。同时，通过智能互动的阅读方式，我们能够为儿童提供更为个性化、精准化的阅读服务，助力他们更好地理解和掌握绘本内容，为未来的全面发展奠定坚实基础。

5.4 重视专业人员培养，建立专业培训制度

优秀的儿童绘本阅读服务离不开专业的图书馆员。因此，区县级公共图书馆应高度重视专业人员的培养，建立完善的专业培训制度。这包括对新入职的图书馆员进行绘本阅读相关知识和技能的培训，确保他们具备为儿童提供高质量绘本阅读服务的能力。同时，对于在职的图书馆员，也应定期组织培训和交流活动，不断更新他们的知识和技能，提升服务水平和专业素养。

此外，公共图书馆还应鼓励图书馆员积极参与国内外绘本阅读服务领域的学术交流和研究活动，拓宽视野，借鉴先进经验，不断提升自身的专业水平和服务质量。

5.5 加强合作与共建，推动绘本阅读服务的社会化

儿童绘本阅读服务的推广和发展需要社会各界的共同参与和支持。因此，区县级公共图书馆应积极寻求与其他机构、企业和社区的合作与共建，共同推动绘本阅读服务的社会化。一方面，公共图书馆可以与当地的教育机构、儿童活动中心等合作，共同开展绘本阅读活动，扩大服务覆盖面，为更多儿童提供优质的绘本阅读资源和服务。另一方面，公共图书馆还可以与出版机构、书店等合作，共同推广优秀绘本作品，引导家长和儿童选择适合的阅读材料。此外，公共图书馆还可以利用自身的资源和优势，开展绘本阅读志愿服务活动，吸引更多的社会力量参与到绘本阅读服务中来，共同推动儿童阅读事业的发展。

总之，区县级公共图书馆在儿童绘本阅读服务方面承担着重要的责任和使命。通过构建丰富多彩的绘本资源体系、宣传绘本阅读理念、科技赋能、重视专业人员培养以及加强合作与共建等措施的实施，我们可以为儿童提供更加优质、全面的绘本阅读服务，助力他们的健康成长和全面发展。

参考文献

[1] 张慧萍 . 全民阅读视域下儿童阅读推广研究 [J]. 成都师范学院学报 ,2019(02).

[2] 朱荀 , 沈珏媛 . 国外儿童图书馆绘本分类与阅读推广研究 [J]. 山东图书馆学刊 ,2019(01).

[3] 张佳 . 教育从生命第一天开始 [N]. 长春日报 ,2015−07−16(009).

[4] 李佳 , 赖金普 . 李拔家训选注 [M]. 北京 ：团结出版社，2020.

[5] 王超 . 论语 [M]. 北京 ：北京联合出版社，2015.

浅谈中小学生非遗加研学如何融合共通

吴湘宏（湖南省少年儿童图书馆）

摘要：我国传统文化中的非物质文化遗产正越来越受到重视，并被认为是宝贵的财富。中小学生是传统文化的主要传承者，研究非遗教学对他们来说具有重要意义。因此，如何将非遗与研学结合起来，让学生更好地感受传统文化的魅力，成为当前教育研究的重要议题。本文从非遗与研学旅游结合的意义出发，总结了目前我国在此方面的研究现状，并分析其中存在的问题，如缺乏专业人才支持以及研究旅游、研究活动等结合方面的问题。针对这些问题，提出了相应的解决措施，以期在发挥研究活动的教育作用的前提下，推动非遗在传承和保护过程中得到更好地发展。将各种非遗项目与研学实践课程结合起来，可以为学生带来更丰富的文化体验和知识传授形式，同时也会促进非遗的传承和发展。

1 引言

教育部《完善中华优秀传统文化教育指导纲要》明确提出，加强中华优秀传统文化教育，是深化中国特色社会主义教育和中国梦宣传教育的重要组成部分。研学旅游和非遗保护与传承密切相关，也是高校推进非遗保护与传承的重要方式。在相关政策的引导下，我国中华优秀传统文化的研究和实践呈现繁荣景象，但更多的是短暂的兴起，使得青年学生对传统文化的了解停留在表面。对于年轻人来说，从了解到熟悉再到喜爱，需要长时间的过程，因此，如何有序地将研学与非遗结合起来，以推动中华优秀文化在中小学的学习，是一个有意义的问题。

2 非遗与研学旅行融合的重要性

非遗保存了民族的原始状态，延续了民族的生活记忆，蕴含了民族的文化之根，它在情感、思想和文化层面上具有特殊的教化价值。将其与研学旅游相融合，不仅可以推动非遗文化的保护和继承，而且可以充分体现非遗文化和研学旅游对学生的教育作用。

将非遗保护与研学旅游相结合，可以让学员亲身体验真正的非遗生态环境，参与专业的活动，接触到丰富的物质资源。通过系统而直观地了解和认识非遗，我们可以深入理解中华文化的丰富和厚重，感受到民族的强大，提高自己对非遗等传统文化的认知，并增强保护和传承非遗的责任感和使命感。

从非遗的育人价值来看，非遗与研学旅行的融合可以开拓素质教育渠道，提高学生的审美能力。例如，在欣赏传统戏曲和版画时，可以体会到不同的色彩搭配技巧和审美情趣，从而在不知不觉中提升自己的审美水平。在创作体验剪纸、刺绣和年画等非物质文化遗产时，可以感受到美，理解美，创造美，从而拓宽自己的视野。此外，整合传统文化元素到研学旅行课程中，帮助发展高质量、好口碑的课程，进而提高学生对传统文化的关注度，提高学生的实际工作技能。例如，通过研究传统戏剧、民间手工艺、传统舞蹈等非物质文化遗产，不仅可以拓展研学的类型和内容，还能将带有浓厚人文背景的非物质文化遗产融入学校内外的教学中。这样，学生既能了解各地域的文化特点，又能在实际操作过程中提高相关技能。

就研学旅游教育的教育意义而言，将其与非遗教育相结合，可以促进教育教学的改革和创新。过去，文化教育和思想教育一直局限于课堂教学和校园活动，内容单调且缺乏考虑教学成效的因素。然而，在非遗研学旅游中，学生们可以走出教室和校园，改变过去的教学方式，为学校带来全新的教学理念和方法，促进教育科学化系统的建设。非遗研究活动是一种以实践和体验为主要手段，实现全面教育目标的标准化过程。

3 当前非遗与研学旅行融合的现状

非遗发展到今天，虽然我们已经不能亲身体验它的种种故事，但是它所承载的历史文化，它所承载的精神特质，它所承载的价值理念，它所承载的精湛技艺，都应该被传承下去。同时，研学旅行开展至今，虽然我们对它的来历和潜在弊端并不完全清楚，但我们应该承认它的教育意义并继续使用。我们迫切需要解决如何利用非遗来推动研学旅行的开展，发挥研学旅行教育作用的问题，通过研学旅行来保护、传承非遗，并激发非遗的文化价值。为实现这个目标，在非遗项目创建状态与实践活动的特定进程中，需要从创新和突破两个层面着手。

一方面，丰富的非物质文化遗产活动充实了研学旅游的教学内容。经过多年的研究和整理，我国的书法、京剧、皮影戏等非物质文化遗产项目得到了政府、社会和传承人的广泛关注和投入。中国的桑蚕丝织技艺、安徽的纸张制作、书法、篆刻等工艺类非物质文化遗产，还有朝鲜族农乐舞、贵州侗族大歌、山东大秧歌，湖南常德丝弦等表演类非物质文化遗产，这些非物质文化遗产项目种类繁多、数量众多，是我国文化的重要组成部分。然而，目前我国的非物质文化遗产在研学旅游课程体系中相对简单，主要集中在某一地区的非物质文化遗产项目上。而与此相关的其他知识需要学生自己通过复杂的互联网查询或者通过与教师的随机对话获得，这明显存在一定的局限性。在这种情况下，为了丰富研学旅游的教学内容，可以利用不同地区和类型的非物质文化遗产资源来加以充实。相对于仅限于某一地区、某一门类的非物质文化遗产研究旅游项目，这样做更具有可操作性和可选择性。而且，这对于非物质文化遗产的传承和保护，提高学生的文化素养，以及实现可持续发展的研学活动都具有重要意义。

另一方面，研学旅游强调了非遗类文化在实践中的地位和功能。在文化和旅游部、教育部等部门的推动下，学者、教师、非遗传承人等主导下，非遗与研学旅游进行了一些探索并取得了良好的教学效果。然而，在研学旅游专题课程中，非遗类文化的教育仍然存在许多有待完善的问题。在大学教室里，仍然采用“纯理论”的授课方式，教师仅仅对非遗的发展脉络、基本内涵和操作方式进行单一的讲解。教师所讲述的内容使学生对非遗课程失去兴趣，这对将非遗融入教育系统的目标产生了不利影响。因此，在现阶段，我们应该加强对非遗的研究，突破教学障碍，解决“融合”问题。例如，让学生观看非遗传承人的表演并参与进去。通过这些活动，让学生体验非遗文化的精神特质，深入感受其中的情感，认识到研学旅游的重要性和功能，并将所学应用于实践中。

4 非遗与研学旅行融合过程中的不足

4.1 缺乏专业人才支撑

研学旅游和非遗研学游的紧密结合对于教师的质量和水平提出了较高的要求。教师不仅需要具备相关的研究基础，还需要具备强大的组织和管理技能。教师是这一过程中最为关键的参与者。只有具备优秀的教学质量和水平，并能够充分挖掘非遗和研学旅游的特点，才能更好地推动非遗和研学游的深度融合。然而，目前在我国开展“非遗研学旅游”时，缺乏系统而专业的师资培养，导致整体师资队伍的素质参差不齐，高素质师资队伍的数量较少。这已成为全国各地推动非遗与研学旅游一体化发展时必须面对的一个重要问题。所以做研学要先从研学导师培养做起，培养一批专业的研学导师才能衍生出专业的研学教师。研学不是旅游，研学教师在整个研学过程中的引导、教育、传承方面责任重大，特别是中小学生的研学，错误的引导很容易造成学生们错误的选择，而正确的引导教育对我国非遗传承可以起到至关重要的作用。

4.2 非遗与研学旅行课程内容脱节

我国非物质文化遗产的分布范围广泛且分散，这给非遗研学课程的制定带来了多样化的挑战。不同地区和不同类型的非物质文化遗产都具有自身的特点，因此，在教学中需要结合学生的实际情况，选择适当的非物质文化遗产课程，要充分了解非遗研学历史文化、具体内容，制定具有实际教育意义且贯穿整个研学旅程的可操作性课程。这要求研学教师不仅要对非物质文化遗产有深刻的理解，还需要投入大量的时间和精力进行相关研究。此外，如果不进行适当的融合和连接，不同区域和类别的非物质文化遗产会严重影响研学旅行课程的连续性和一致性。

4.3 实践教学流于形式

尽管传统文化传承和研学旅游具有很强的实践性，但由于不同地区的差异，传统文化传承受到了很大的影响，使得一些学校和地区难以满足不同文化传承的需求。这导致在有限的机会下，学员无法深入了解非物质文化遗产的本质和技艺。同时，由于资源不足，在实际操作过程中也会出现一些缺乏经验的问题。在现实生活中，学校只能提供对非物质文化遗产的现场体验，无法真正体现其深刻内涵，这种情况会严重损害实训教育的价值和意义。所以有条件的情况下，需要融入当地，深入了解非遗历史文化或实操手艺人并进行宣传、传授，让学生们动手实操，才能更深入地了解其内涵，达到研学本质作用与实际目的。

5 中小学非遗与研学融合共通的对策

5.1 开展多种类型的活动

作为中华优秀传统文化的核心和灵魂，非遗已经成为中华民族共同的精神家园。在中华优秀传统文化中，非遗扮演着不可替代的角色。教育部将推动“学非遗、用非遗、秀非遗”的理念深入高校的各个方面。例如，在全国范围内的高校和青少年中举办美术展览，对接非遗传承人将非遗项目以“展览 + 体验”的方式送进校园等。

在非遗的传承体验活动中，既可紧密结合传承中华优秀传统文化的理念，增加书法、篆刻、民乐、舞蹈、戏剧等表演内容，茶文化、绣文化、瓷文化等体验内容。还可将具有地域特色、民族特色和教育意义的剪纸、皮影、编织、刺绣、扎染等艺术作品纳入研学旅游计划，让同学们亲身体验和感受非物质文化遗产的魅力。如浙江省平阳县麻步镇中心小学与平阳白鹤拳传承基地开展双向活动，邀请平阳白鹤拳传承人课堂授课、组织学生到传承基地开展校外非遗研学实践活动。也可以在公共服务场所建立数智非遗体验的空间，供学生进行常规性体验。湖南省少年儿童图书馆引入了中国艺术科技研究所研发的中国传统戏曲数字人交互体验装备，通过专业戏曲演员现场表演和动作指导等教学，让学生们转变对戏曲老、旧、俗的理念，通过现代科技手段体会到戏曲的趣味性，从而愿意接触戏曲，培养学生对传统文化的兴趣和理解，为非遗戏曲传承教育寻找到一条良好的、开创性的道路。

5.2 引入志愿者精神

志愿活动是大学生实践育人的主要途径之一，也是进行爱国主义教育的重要方式。文化志愿活动则是传承中华优秀传统文化的重要途径之一。

因此，想要提高年轻人对非遗技艺的研究，需要将志愿服务精神融入其中。博物馆、学校和志愿服务组织之间可以合作，共同设计和实施品牌的文化志愿服务活动。这样可以突破对非遗研学的限制，让学生从被动接受转向主动参与，他们可以作为志愿者亲身体验非遗技艺，并通过志愿服务更深刻地体会到非遗人所展现的工匠精神，从而在志愿服务过程中增强自己的文化自信心。

通过志愿活动，从博物馆、企业、社区、学生社群组织等多层面开展一系列有助于中华优秀传统文化传播与发展的志愿服务，让更多人能够认识和感受到中华优秀传统文化，同时支持和引导有能力和抱负的年轻人加入传承和保护中华优秀传统文化的事业中，探索优秀传统文化的创新性表达和发展方式，为助力文化自信贡献青春力量。

5.3 融合时间节点

以传统节日、二十四节气和重大纪念日等为契机，深入挖掘中华优秀传统文化，并结合相关主题开展有针对性的专题研学活动。通过对专题内容的挖掘，指导青年学生积极参与文化志愿者队伍，在不同主题间转化，促进他们的积极投身。

比如在中国传统节日期间，志愿者团队计划协助南京市民俗博物馆举办名为“我是小小传承人”的冬令营活动，旨在让年轻人了解中国的民俗知识并亲身体验中国的民俗文化；在24个节气中，湖南省少年儿童图书馆举办了传统文化学堂——《惊蛰·寻虫记》，通过故事、游戏、思维训练、手作体验等内容，带领亲子家庭生动地认识节气、农耕尝试和民俗文化。

5.4 整合优质资源，设计研学课程

学校和博物馆密切合作，利用各自的文化资源，旨在培养学生与中华优秀传统文化的亲密关系。特别是对于高年级的小学生，学校将语文、历史和美术等学科整合为一个课程，将博物馆作为核心进行扩展。重点培养学生对中华优秀传统文化的认知能力，并在此基础上学习非物质文化遗产知识，培养实践能力和审美意识。同时，学校与博物馆合作，在城市的历史和文化资源上开展非物质文化遗产研究项目，以提高学生对中华优秀传统文化的理解能力为核心。通过参与非物质文化遗产研究，培养学生的国家认同感和家庭意识。

公共图书馆与研学机构合作，公共图书馆可利用自身图书资源，赋予研学机构核心内容及图书支撑，充实研学内涵，摒除为研学而研学及走马观花式的研学，让学生们研学后有所想、有所获、有所悟。而研学机构亦能减轻内容部分制定的负担，发挥研学基地多、带队经验丰富的优势，共同合作打造主题鲜明、内容健康的定制研学。

6 总结

中小学生的非物质文化遗产教育与研学的结合，可以提高学生的文化自信、综合素养和创新思维。这不仅有利于传承优秀的非物质文化遗产，还有利于学生的全面发展。通过举办多元化的活动、引入志愿者精神、融合时间节点、整合学校和图书馆的各种资源，使青少年能够更深入地了解、体验和传承中华优秀传统文化，从而提升自己的文化信心，培养自己的家国情怀，并为传承和发展作出贡献。此外，在未来的教学实践中，还应将研究与非物质文化遗产课程教学相结合，让孩子们能够拥有更丰富的学习经历。

参考文献

[1] 李珍，陈鹏．文旅融合视域下南阳研学旅行资源整理与挖掘研究 [J]. 南阳理工学院学报,2023(03).

[2] 晁成林，赵梦艳，董行行等．非物质文化遗产在小学教育中的融合与传承研究——以宿迁市为例 [J]. 文化创新比较研究,2023(13).

[3] 杨艳霞，王丽，黄强．文旅融合视角下的绵阳非遗技艺研学旅行研究 [J]. 市场周刊,2023(03).

[4] 钱月梅．高职校园文化建设与非遗进校园的融合实践路径 [J]. 产业与科技论坛,2023(02).

[5] 黄俊毅．研学旅行、旅游体验与非遗保护——基于永春非遗研学旅行的实证研究 [J]. 西部学刊,2022(10).

[6] 杜文娟．高职院校学生艺术素养与非遗文化融合的路径探索 [J]. 中外企业文化,2021(08).

新时期公共图书馆引导青少年深度阅读的推广路径研究

陈燕（郴州市图书馆）

摘要：新时期公共图书馆要发挥各部分馆藏职能，带动大众开展广泛阅读，提升大众的精神生活品质，促进优秀文化的传播和传承。尤其是对于公共图书馆少儿馆而言，更应该发挥公共图书馆之于青少年的社会公众性教育引领作用，培养青少年深度阅读的习惯，构建阅读兴趣、提升文化修养、促进家庭和谐、形成良好社会风气，促进和谐社会的构建和基础教育的辅助。本文主要分析了新时期公共图书馆引导青少年深度阅读的推广价值，基于其价值功用，阐述了新时期公共图书馆引导青少年深度阅读推广方面存在的问题，并基于问题提出了优化建议和解决策略。

1 新时期公共图书馆引导青少年深度阅读的推广价值

1.1 培养青少年的浓厚阅读兴趣和深度阅读习惯

公共图书馆不仅是图书文献的典藏场所，也是鼓励人们借鉴、应用、阅读图书文献的实践场所。典藏图书的根本目的就在于阅读应用，在于将典藏图书中的思想文化传播出来、将典藏图书中的人文价值发挥出来，为这个社会作出贡献，为人类的发展提供建议。是以，公共图书馆本身就担纲着阅读推广和教育宣传的价值。通过发挥公共图书馆的社会宣传和引导价值，能够激发青少年对于课外阅读的兴趣，打造浓厚的全民阅读情境，在青少年当中形成话题热度，引导青少年在讨论交流中，产生阅读兴趣，参与阅读活动，培养阅读习惯，促进深度阅读的实现。我们可以立足于青少年的兴趣特点和阅读习惯，经常举办一些适合青少年的主题性宣传推广活动。例如，我们可以利用青少年对航天航空的兴趣，举办“航天航空”主题的图书展览活动，让青少年在展览中了解优秀的青少年科普读物，从而激发他们阅读这类读物的兴趣，积极参与到阅读活动中，在阅读中深度体验在航天航空的世界中遨游，感知航天航空的魅力，也体会阅读给自己带来的美好感受，从而爱上阅读，培养阅读兴趣。同时，也促进了这类读物的阅读推广，能够在青少年的圈层中形成讨论热度，促进更多的青少年来阅读该类读物。在图书展览活动结束后，我们还可以定时组织阅读分享活动。为热爱阅读的青少年提供一个交流的场所，让读过该类读物的青少年自动加入阅读分享活动中来，交流他们的阅读体验和阅读感悟，深化阅读成果和阅读推广效果。同时，我们还可以邀请相关读物的作者、专家学者等来到读书分享活动中，或进行主题讲座，或参与阅读问答，让他们与青少年读者进行互动，帮助作家收集读者反馈，了解读者的阅读需求，从而创作出更好的作品，鼓励读者持续阅读。作家和专家学者的参与，也是我们进行阅读推广，激发青少年阅读兴趣的一种途径。

1.2 培养青少年的思维素养促进阅读能力发展

深度阅读不仅能够提供丰富的知识，还能够集中青少年的注意力，提升他们的专注力，激发他们的问题意识，引导他们在问题中进行思考、判断、分析，锻炼青少年的思维能力、探究能力和创新能力。通过深度阅读，青少年可以从不同维度分析和看待同一问题，获得独到的观点和思想，有助于他们开阔视野，提高思辨能力，从而容易洞穿事物的真相，看到现象背后的本质问题，促进认知力和判断力的提升。是以，公共图书馆在引导青少年进行深度阅读的推广过程中，一定要发挥问题导向，做好阅读引导，让学生在阅读中思考，在思考中辨析，在辨析中发展思维能力，基于思维能力获得洞见力，基于洞见力更好地吸收读本中的思想精华，助益阅读能力和阅读兴趣的发展。阅读引导的方式可以有很多种，可以录制相关视频，通过视频介绍读物，并提供阅读建议，提出趣味性的阅读问题。例如，在对读本《海底两万里》进行阅读推广的时候，我们可以制作推广视频，提出趣味问题“海底里究竟有什么？有食人兽吗？”“海底里的生物为什么体型都那么庞大呢？这有什么科学奥秘？”“海底里的生物跟我们有什么亲缘关系？我们人类究竟是不是海底生物演化过来的呢？”通过问题导向青少年的阅读兴趣，并引导青少年在阅读过程中进行思考分析，或是查阅相关资料，培养青少年的阅读思辨意识，逐渐形成深度阅读的习惯。

1.3 培养青少年的文化修养促进优秀传统文化传承

深度阅读的目的就是为了扩展青少年的文化视野，帮助他们构建开放的文化格局，提升文化修养。同时，我们甄选的青少年推广读本中，也渗透着丰富的优秀传统文化精神思想，深度展开阅读活动，能够深化学生对优秀传统文化的理解和认同，促进优秀传统文化的传播。并且，在新时期，社会主义现代化建设的过程中，我们需要优秀的传统文化作为社会文明建设的基石，支撑起社会主义核心价值观的构建和实践。公共图书馆作为文化传播的重要场所，有责任引导青少年在深度阅读的过程中传承优秀文化，认同核心价值观念，并主动导向生活实践，形成正确价值观。此外，我们的青少年读物中，也渗透了丰富而深奥的文化智慧，通过深度阅读，能够帮助青少年接触到这些深邃的文化智慧，提升他们的策略性，发展他们的文化智慧，促进正能量知识和信息的传播，帮助他们形成自我超越意识，促进青少年的社会责任感养成，让他们能够构筑自我实现的理想，促进正能量的发挥和发展，营造良好积极的社会文化风气。

1.4 培养青少年的沟通能力促进家庭亲子关系和谐构建

深度阅读的过程就是在与作者深度对话的过程，青少年在其中获得的不仅是知识，更是理解能力、沟通能力、语言组织能力，这将有益于青少年语言交际能力的强化，也将深化青少年的同理心，能够善于观察和体悟他人的思想情感，实现情感共鸣和精神认同。因此，公共图书馆引导青少年进行深度阅读，不仅对于青少年的阅读能力、沟通能力有所提升，也必将促进青少年的人际交往，构建和谐的人际环境。此外，阅读也是一种很好的沟通方式，家长可以通过阅读了解孩子的想法和感受，孩子也可以通过阅读向家长表达自己的想法和感受。是以，我们也可以鼓励青少年的家长参与到亲子阅读的过程中，让家长陪伴孩子一起阅读，共同探讨读物中的相关知识、内容、问题，形成浓厚的家庭交流和阅读氛围，不仅能够激励孩子积极参与阅读活动，更能够通过交流沟通增进亲子关系，能够促进和谐家庭环境的构建。

2 新时期公共图书馆针对青少年阅读推广的问题所在

2.1 阅读资源不足

在新时期，社会的不断变化导致青少年的阅读需求也日益多样化。青少年阅读的范畴在不断扩大，传统的教育类读本很难适应他们不断发展的认知需求，他们往往希望接触到涵盖经济学、社会学、心理学、生物学、现代科学、计算机学科等更广泛、更丰富、更前瞻的阅读内容。然而，公共图书馆的阅读资源往往比较固定，且更新周期相对比较长，也缺乏有效的资金支持，无法完全满足这一不断变化更新的阅读需求。是以，为了发挥公共图书馆对青少年的阅读推广作用，我们还需要尝试利用数字化图书馆的建设，引入数字化的图书资源，丰富图书馆的馆藏书量，提高数字图书馆的更新速度，在保持经营成本的同时，尽可能地满足青少年的阅读需求。

2.2 阅读环境不佳

公共图书馆的场地相对更多地运用在图书储存和展览上，缺乏针对青少年深度阅读的场所。并且，阅读区和借阅区的设计也往往不够合理，阅读区设计在借阅区内，导致阅读环境较差以及噪声问题严重，削弱了青少年的主体阅读体验，无法集中注意力进行深度阅读、因此，为了发挥公共图书馆对青少年深度阅读的推广价值，我们必须优化公共图书馆的环境，改善青少年的阅读体验。通过设计分区，区分借阅区和阅读区，给予青少年一个安静、整洁的阅读环境，让青少年获得良好的阅读体验，增强阅读的趣味性。其次，我们也要增加阅读场所的设计，可以设计阶梯形的阅读场所，增加读者座位，也方便读者之间进行阅读交流，提高阅读体验感和借阅兴趣。

2.3 推广手段匮乏

公共图书馆长期致力于书籍典藏，在阅读推广方面，做得还不够到位，推广手段也比较传统，缺乏创新。因此，在青少年阅读推广方面，容易缺乏针对性、吸引力、互动性，导致推广效果不尽如人意。是以，我们应该积极创新传统的阅读宣传方式，尝试进行数字化的转型设计，可以制作电子海报、电子传单等在互联网上进行传播推广，也可以组织数字化的展览，在青少年常用的数字平台上展开趣味实践活动，吸引更多青少年参与到阅读互动中，以激发青少年的阅读兴趣，提高宣传推广度和话题热度。

2.4 缺乏家长参与

青少年阅读往往与家庭的支持度和家长的教育引导有关，但是，大部分家庭都不太重视孩子的阅读，尤其不习惯带孩子到图书馆来阅读学习。家长对图书馆阅读推广教育职能的忽视，也是我们推广难的一大问题。是以，我们应该优化公共图书馆的阅读推广路径，精准定位家长群，进行家庭教育宣传，帮助家长扭转家庭教育观念，认识到家庭阅读环境构建和家长阅读引导发挥的作用，能够聚焦图书馆阅读推广职能，主动带孩子到图书馆来参与阅读活动，发展孩子阅读兴趣的同时，也促进亲子关系的发展。此外，公共图书馆也应该提高馆员专业的阅读指导能力，进行管理服务人员的专业培训，提高他们的推广能力和教育宣传水平，满足公共图书馆对青少年深度阅读的推广需要。

3 新时期公共图书馆引导青少年深度阅读的推广路径

3.1 立足时代需求，更新馆藏资源

为了满足新时代青少年更广泛、更丰富、更前瞻的阅读需求，公共图书馆应该及时更新馆藏资源，引进青少年喜欢的科普类、实践类、创意类、科幻类等新书、好书，并尝试挖掘其中的时代特色、内涵思想、思维方法等，进行阅读提示和阅读指导，帮助青少年更深入地阅读这些读本内容，提高阅读能力，促进深度阅读。同时，还应该关注网络资源的整合和利用，尝试在现有资金基础上，引入电子书籍和分类数据库，建设数字资源馆藏体系，提供线上线下的双向阅读支持，为青少年提供更加丰富多样的阅读选择。此外，我们还可以开发面向青少年的图书推荐公众号、微博、视频号等，通过大数据筛选，为青少年推送他们喜爱的阅读资源，引导青少年展开深度阅读。

3.2 根据读者兴趣，组织阅读活动

公共图书馆可以根据青少年的兴趣特征和当下关注的话题，开展各种形式的主题阅读活动，如数字化阅读展览、阅读分享会、作家专题讲座、阅读周边展览等。通过丰富的阅读活动，吸引青少年参与到公共图书馆阅读实践中，发展他们的阅读兴趣，同时发挥图书馆阅读指导作用，指引他们掌握更多的阅读技能。例如，通过组织“宇宙科学”的专题讲座，为青少年分享宇宙奥秘、自然科学等相关知识，激发青少年对宇宙科学主题的探究兴趣，然后为他们推荐相关读本，让青少年带着探究兴趣来阅读这些读物，提高青少年的阅读积极性，丰富青少年的阅读收获，并通过阅读导读，让他们掌握阅读科学读物的有效方法，提高阅读水平，并有意识地激发青少年的科学探究精神，让他们学会借助科学实验来分析科学现象、掌握科学本质。

3.3 加强基础建设，打造阅读环境

为了营造一个良好的阅读氛围，满足青少年读者的阅读需求，公共图书馆必须加强基础建设，优化阅读环境。通过提升图书馆的硬件设施，如扩大阅览空间、增加座位、改善照明、合理分配阅读区和借阅区等，来提供良好的硬件空间；也需要通过升级软件服务，如提供杜文推

荐、借阅流程展示、阅读参考咨询、专业导读服务等，满足青少年的阅读需要，让青少年在图书馆获得良好的阅读体验，从而提升他们来馆的频率。同时，我们也需要向青少年征集图书馆环境优化建议，根据他们的个性化需求来优化图书馆的阅读环境，让他们的阅读需求得到满足，更投入、更认真、更频繁地参与阅读活动。

3.4 组织阅读讲座，提供阅读指导

公共图书馆可以定期举办各类阅读讲座，邀请专家学者为青少年提供阅读指导和建议。同时，我们可以在讲座中渗透传统文化、前沿科技、新兴学科的宣传和普及，帮助青少年拓宽知识面，构建跨学科阅读的意识和提高跨学科学习的能力，通过扩大阅读，来提高青少年的阅读素养。同时，讲座还可以教授一些实用的阅读技巧和方法，如速读、笔记法等，帮助青少年提高阅读效率和质量。例如，4 月 23 日世界读书日时，我们可以组织“爱读书、读好书、善读书”的阅读讲座，通过为青少年分享优秀的书籍，介绍其中的关键内容，吸引青少年参与阅读实践；通过帮助青少年讲解图书的结构，为青少年的阅读实践提供方法性的指导。引导青少年学会看目录，通过目录了解内容大纲，建立主体结构；引导青少年学会看前言，通过前言了解作者的创作初衷，掌握本书的核心要旨；引导青少年学会在阅读中做笔记、做圈点、写批注、做摘抄，提升阅读的精细程度和效率效果，帮助他们深刻品味其中的寓意内涵，获得精神指引和实践指导。

3.5 建立网络平台，丰富阅读渠道

互联网为青少年提供了便捷的信息获取途径，公共图书馆应该充分利用这一优势，建立自己的网络平台，为青少年提供在线阅读服务。我们可以在平台上为青少年提供电子书籍、期刊、文献数据库等多种资源，方便青少年进行查阅和使用。同时，还可以通过网络平台发布阅读活动信息、推荐书目等，扩大宣传渠道，并与青少年保持紧密互动，随时收集、了解青少年的阅读需求，进行读物推广调整。例如，我们可以运用公众号、服务号、视频号，为青少年推荐新书，通过解读新书的看点，吸引青少年借阅电子书籍，展开深度阅读。又如，我们也可以撰写深度解读读本的文章，通过引用文献、分析作者背景、解析故事情节、分析人物形象等途径，在解读读本的前提下，引导青少年掌握阅读分析的方法和路径，提高阅读理解和阅读鉴赏能力。

3.6 创设互动机制，促进阅读交流

为了激发青少年的阅读热情，公共图书馆可以创设阅读互动机制，通过设置读者留言板、开展读书征文比赛等方式，分享自己的阅读心得和感悟，促进青少年群体的阅读交流。同时，我们也设置奖励机制，比如有奖问答、有奖征集等，鼓励青少年参与互动，提高参与积极性。例如，在公众号“新书推荐”活动中，我们可以提出与新书内容相关的问题，引导青少年阅读新读本，并在公众号下留言回答相关问题。对于回答对的读者，可以予以电子书优惠券、活动纪念章等奖励。通过设置问题、展开互动、颁发奖励，提升青少年对图书馆公众号的关注度，并积极参与新读本的阅读活动。

3.7 发起校馆合作，丰富阅读实践

为了进一步发挥公共图书馆阅读推广职能作用，我们可以联合学校，发起校馆合作，通过组织主题活动，实现在学校发起，在图书馆实现，提升公共图书馆的阅读推广范畴，提升社会推广的针对性和集中性，也便于组织有效的阅读教育指导活动，提高活动实践有效性。例如，我们可以联合学校组织“阅读挑战赛活动”，引导学生在活动中阅读图书馆推荐的优质读物，并撰写读后感，进行读后感的评奖活动。获奖学生可以得到图书馆的奖励，激励广大青少年主动来到图书馆开展阅读实践，提升来馆频率，培养阅读兴趣。

4 结语

综上所述，新时期公共图书馆具备引导青少年深度阅读的推广价值，有助于促进青少年阅读兴趣、习惯、能力和文化素养的发展，我们必须充分发挥公共图书馆的阅读推广优势，通过拓展推广路径，发挥公共图书馆的阅读推广职能，促进青少年群体良好阅读氛围的构建。

参考文献

[1] 张燕．新时期公共图书馆阅读推广空间建设 [J]. 文化月刊 ,2023(11).

[2] 衣静．新时期公共图书馆家庭阅读推广策略优化研究 [J]. 河南图书馆学刊 ,2023,43(03).

[3] 龚建花．新时期公共图书馆儿童阅读推广的价值导向分析——以张掖市甘州区图书馆为例 [J]. 参花 (上),2023(02).

公共图书馆党建与业务深度融合的实践与创新研究

罗思敏　龙宏佳　涂阳（湖南省少年儿童图书馆）

摘要：公共图书馆党建与业务的深度融合是基于党建工作的重要性、图书馆事业的特点以及党建与业务的互补性等背景因素而提出的。两者的相互融合可以促进图书馆事业的高质量发展，更好地满足人民群众的文化和知识需求。通过分析实践案例、提出创新研究，来不断探索公共图书馆党建与业务深度融合的发展新思路。

1 引言

习近平总书记强调："要处理好党建和业务的关系，坚持党建工作和业务工作一起谋划、一起部署、一起落实、一起检查。"我们要以系统思维推动党建工作和业务工作深度融合，坚持围绕中心抓党建、抓好党建促业务，坚持党建工作和业务工作目标同向、部署同步、工作同力，以高质量党建引领高质量发展，使二者在融合发展中相互促进。对公共图书馆而言，贯彻落实"推动党建与业务深度融合"的精神，对提高服务质量、创新服务形式、增强服务效能、彰显文化自信具有重要意义，是促进公共图书馆高质量发展的重要保障。

2 公共图书馆党建与业务深度融合的背景

一是党建工作极具重要性。党的建设是一个组织的灵魂，对于任何组织来说都至关重要。公共图书馆作为服务社会、传播知识的机构，也需要有强大的组织力量和先进的思想引领，才能更好地履行其职责和使命。

二是公共图书馆事业的特性。公共图书馆是为广大人民群众提供阅读、学习、娱乐等服务的场所，具有公益性、开放性和普惠性的特点。在这样的背景下，党建工作可以更好地发挥引领作用，推动图书馆各项事业的发展与进步。

三是党建与业务的互补性。党建工作注重培养党员的理论素养、道德修养和组织纪律，而公共图书馆的业务则注重知识普及、文化传播和信息服务。党建与业务的深度融合可以使党员在工作中更好地发挥党员先锋模范作用，同时也能借助图书馆的资源和平台，提升党建工作的实效性和影响力，打造更有吸引力的党建品牌。

四是党建与服务群众的关系。公共图书馆的宗旨是为广大人民群众提供优质的文化和知识服务。党建工作可以帮助公共图书馆更快速更精准地了解读者的需求。由此通过党建与业务的深度融合，可以使党员干部更紧密地联系群众，真正做到从群众中来、到群众中去，推动服务效能的提升与创新。

3 党建与业务深度融合的积极影响

党建工作和业务工作深度融合可以引导公共图书馆工作人员关注党的政策和理论知识，提高他们的专业素养和业务能力，这将有助于提升图书馆的服务质量，更好满足读者的需求。

公共图书馆作为文化传播的重要场所，党建工作与业务深度融合可以通过举办以党建为主题的阅读推广活动，以党史为主题的文化活动、展览和讲座等形式，进而引导读者关注党的理论和文化建设，打造红色教育阵地传播，提升读者的思想素质和文化素养。

党建工作可以加强图书馆内部的组织建设，建立健全党组织，完善党员发展、教育培训和管理制度。通过党建工作的开展，可以增强图书馆内部的凝聚力和团队合作精神。党建工作与业务深度融合可以促进公共图书馆的创新发展。比如，通过党员志愿者服务活动、读者阅读推广活动、进社区宣讲活动等，可以为读者提供更贴近需求的服务，建立更紧密的联系，扩大图书馆的影响范围和知名度，推动工作再创新高。

党建工作能够激发图书馆内部的创新意识和创新能力。通过党员干部的学习成长，能够不断引入新理念、新技术，推动图书馆各项业务工作的创新发展，适应社会变革和读者需求的变化。

4 公共图书馆党建与业务深度融合的案例分析

公共图书馆党建工作与业务工作深度融合的成功案例有很多，本文摘选了几个较为典型的案例，在此基础上做一些探讨。

北京市海淀区图书馆：该图书馆通过建立党员志愿者队伍，将党建工作与服务创新相结合。他们组织开展了“红色文化进社区”活动，组织党员志愿者走进社区开展宣传教育活动，推动了党建工作与图书馆服务的深度融合。

上海市杨浦区图书馆：该图书馆注重党员干部的培训、教育与学习，建立了党员干部学习平台，提供在线学习资源和交流平台。通过党建学习与图书馆业务知识的结合，进一步提升了党员干部的专业素养和业务能力。

广州市天河区图书馆：该图书馆通过举办党建主题的文化活动，如党史展览、红色讲座、红色研学等，引导读者关注党的理论和文化建设。同时，他们还开展了党员志愿者服务活动，为读者提供更为便捷有效的服务。

成都市锦江区图书馆：该图书馆将党建工作与信息化建设相结合，建立了党建工作的信息化平台。通过在线学习、交流和分享，提升了党员干部的学习成效和成长空间。

上述成功案例充分体现了在实践中不断探索和创新所达成的成果，为公共图书馆党建与业务深度融合提供了有益的借鉴和启示。

5 探究公共图书馆将党建与业务深度融合的具体做法

公共图书馆党建与业务工作深度融合，既涉及思想认识问题，也涉及工作能力和工作方法问题。主要包括以下三个方面：

统筹一体推进。党建工作与业务工作是有机统一的，党建工作抓好了，就能为业务工作提供坚强政治保证。同时，党建工作要想避免“虚化”“弱化”，就要以业务工作来检验工作成效。实践中，之所以容易出现党建工作与业务工作“两张皮”问题，主要是一些领导干部没有认识到两者之间有机统一的关系，没能做到统筹一体推进。推进党建工作与业务工作深度融合，就要通盘考虑各方面情况，统筹兼顾、一体推进。党建工作要紧密结合业务工作来开展，通过党建工作引领和推动业务工作，并用业务工作来检验党建工作成效，实现党建工作与业务工作同向聚合、深度融合。比如，可以针对图书馆业务工作中的廉政风险点，在党建工作中有的放矢加强思想建设、作风建设、制度建设，使党员干部不敢腐、不能腐、不想腐，确保党员干部干净干事。再如，面对业务工作中的急难险重任务，充分发挥党建工作的重要作用，使党员、干部关键时刻冲得上去、危急关头豁得出来，充分发挥先锋模范作用，推动业务工作更好发展。统筹推进党建工作和业务工作，就是要使党建工作和业务工作的各项举措在部署上相互配合、在实施中相互促进，围绕中心抓党建、抓好党建促业务。

坚持问题导向。推动党建工作与业务工作深度融合、相互促进，必须坚持问题导向，深挖影响二者深度融合的主要问题。坚持问题导向，要求发现问题要准、分析问题要透、整改问题要实，奔着问题去、盯着问题改，把深层次问题挖出来、把隐蔽性问题找出来。比如，当前影响党建工作与业务工作深度融合的一个重要问题是思想认识问题。一些领导干部认为业务工作比较实、党建工作比较虚，存在重业务轻党建的思想倾向，因此在谋划和推进工作时就难以做到党建工作与业务工作深度融合，出现抓业务工作比较硬、抓党建工作比较软的状况。解决这一问题，就要加强思想引导，使领导干部深刻认识到，党建工作抓不好，业务工作也不可能抓好。同时，要严格落实党建工作责任制，促使各级党组织认真履行管党治党主体责任，聚精会神抓好党建工作。党组织书记要切实履行好党建工作第一责任人职责。再如，一些单位的党建工作存在表面化、形式化问题，浮于表面，难以真正与业务工作深度融合。针对这种情况，就要采取切实有效的举措，使党建工作不断取得实效。坚持问题导向，推动党建工作与业务工作深度融合，要求在找准问题的基础上，对问题整改实行台账式管理，明确责任主体、进度时限和工作措施，做到问题不解决不松劲、解决不彻底不放手，持续推进、久久为功。

夯实制度基础。坚持党建工作和业务工作一起谋划、一起部署、一起落实、一起检查，需要建立健全相关制度和机制。夯实制度基础是推动党建工作与业务工作深度融合的长远之计、根本之策。要加强制度建设，及时将党建工作与业务工作深度融合的成功经验和有效做法上升为制度，不断把党的政治优势、组织优势、密切联系群众优势转化为推动业务工作发展的优势。促进党建工作机制更加精准对接业务发展所需，做到业务工作开展到哪里、党建工作就延伸到哪里，把党的领导融入业务工作全过程，推动党建工作和业务工作深度融合抓在平常、融入日常，坚持同研究、同部署、同检查、同考核。此外，还要进一步完善党建考核评价体系，完善党建工作和业务工作联动考核评价机制，发挥考核的指挥棒作用，使党建工作与业务工作相互促进。

因此，在探究公共图书馆党建与业务工作深度融合的实践过程中，要充分考虑到这几个方面的做法：一是领导要重视。成功的党建与业务深度融合都得到了领导的高度重视和支持，领导将党建工作纳入组织发展战略，并提供必要的资源和支持，才能确保党建工作能够有效开展。

二是制度建设要保证。建立健全制度是成功的关键之一，通过建立党组织、完善党员发展、教育培训和管理制度，才能确保党建工作能够有序进行，并与业务工作深度融合。三是教育培训要落实。为党员提供专业知识和业务培训是成功案例的常见做法，通过组织党员培训班、学习交流会等形式，来提升党员的专业素养和业务能力，为业务深度融合提供支撑。四是党员服务活动常态化。成功案例中的党建工作通常与志愿者服务活动相结合，通过组织党员参与社区服务、公益活动等形式，来增强党员的责任感和使命感，同时提升组织的社会影响力。五是创新实践要运用。成功案例中的党建工作注重创新实践，通过探索新的服务模式、推动科技应用等方式，不断满足读者需求，推动组织的创新发展。六是宣传引导要加强。成功案例中的党建工作注重宣传引导，通过举办党建主题活动、开展宣传教育等方式，引导职工和读者关注党的理论和政策，提升文化素养和思想素质。

要实现图书馆党建与业务工作的深度融合，可以考虑以下几个做法：

一是制定党建工作规划，根据图书馆的实际情况，制定党建工作规划，明确党建工作的目标和任务。将党建工作纳入图书馆的发展战略和规划中，确保党建工作与业务工作相互促进、相互支持。二是加强党员队伍建设，加强对党员的培养和教育，提高党员的专业素养和业务能力。通过开展党员培训班、学习交流会等形式，提升党员的知识水平和服务能力。三是融入业务工作，将党建工作与图书馆的业务工作相结合，推动党建工作深度融入图书馆的各项工作中。例如，在图书馆的服务过程中，注重宣传党的理论和文化建设，引导读者关注党的思想和政策。四是强化创新实践，鼓励图书馆工作人员积极探索创新实践，推动业务工作的创新发展。通过引入先进的信息技术、开展数字化服务等方式，提高图书馆的服务质量和效率。五是加强宣传引导，通过举办党建主题的文化活动、开展宣传教育等方式，加强对党建工作的宣传引导。借助图书馆资源和平台，向读者传递党的理念和价值观，提升读者的思想素质和文化修养。六是深化与社区的合作，与社区开展深度合作，将党建工作与社区服务相结合。通过组织党员参与社区活动、开展志愿者服务等方式，提升图书馆在社区中的影响力和服务水平。

6 结语

新时期，公共图书馆的党建工作是经济全面发展的重要推动力，在开展党的建设工作中，图书馆要着眼于正确的思想政治，坚持党的全面领导，以政治理论研究为指导，全面提高党员的政治素养，坚持把党建工作与业务工作同部署、同推进。公共图书馆聚焦服务读者的主业，要将党建引领的优势切实转化为业务工作的强大动能，在业务工作推进过程中，可以开展党建为主题的活动、讲座、展览等，让党建引领业务发展，让业务融入党建发展。

党建工作与业务工作是相互依托、相互促进的关系。一方面，党建工作引领和推动业务工作，业务工作实绩检验党建工作成效。如果离开了业务工作，党建工作就会脱离实际，形成“两张皮”，失去针对性和目的性；另一方面，业务工作不可能孤立地进行，必须依靠党组织，通过积极开展思想政治工作，发挥党员的先锋模范作用，调动干部职工的积极性，协调理顺各方面的关系，解决矛盾，克服困难，才能保证业务工作的顺利完成。如果只谈党建工作不谈业务工作，那么党建工作就会流于形式、脱离实际；如果只谈业务不谈党建，搞不好，政治站位、政治方向就会出现偏差、跑偏方向。党建工作是魂，业务工作是核心。业务工作离不开党建工作，党建工作更不能没有业务工作，党建工作贯穿业务工作的方方面面。

公共图书馆要把党建工作和业务工作融为一体，如果只抓业务工作，不抓党建工作，不抓党员干部思想政治教育，业务工作就会大打折扣，将直接影响到党和国家的路线、方针、政策的贯彻落实，进而影响到经济社会的发展。必须把党建工作纳入重要议事日程，从思想上重视党建，从行动上抓党建，从业务上检验党建工作成效。公共图书馆要跳出传统思维，抓牢融合发展新机遇，把握共建共享新时机，促进书香社会建设，为广大读者收获更多的文化幸福，实现更深度、更高效的图书馆党建与业务的融合与发展。

新时代未成年人思想道德建设路径及对策研究
——基于湘西州图书馆的实践

唐刘晏　杨培　吴刚（湘西土家族苗族自治州图书馆）

摘要：本研究以新时代未成年人思想道德建设路径及对策研究为主题，通过对新时代未成年人思想道德建设现状的深入分析，突出了其中存在的问题。以湘西州图书馆为案例，详细探讨了图书馆在未成年人思想道德建设中的职能与实践，包括该图书馆的基本情况和实施的具体措施。最后，结合未成年人思想道德建设的政策、法律、社会保障等方面，提出图书馆在推动未成年人思想道德建设方面的建议，为未成年人思想道德建设提供了有益的探讨和借鉴。

1 新时代未成年人思想道德建设现状的分析

1.1 未成年人思想道德建设的现状分析

党的十八大以来，社会主义精神文明建设受到了以习近平同志为核心的党中央的高度重视，其中，未成年人思想道德建设工作更是重中之重，党中央围绕加强立德树人、以文化人等各项工作出一系列重要指示和战略要求。2019 年 10 月，中共中央、国务院印发的《新时代公民道德建设实施纲要》指出，青少年是国家的希望、民族的未来，要引导青少年把正确的道德认知、自觉的道德养成、积极的道德实践紧密结合起来，不断修身立德，打牢道德根基。

在党中央的引领下，各地方各有关部门深入学习贯彻习近平总书记关于未成年人思想道德建设的重要论述，积极构建家庭、学校、政府、社会共同协作的育人体系，取得了显著的成效。在学校教育方面，各级各类学校普遍加强了德育课程和相关实践活动，注重培养学生的爱国主义、集体主义和社会主义核心价值观。在家庭教育方面，传统教育观念逐渐转变，越来越多的家长意识到，孩子的品德教育比学习成绩更重要，开始注重培养孩子的独立性、自主性和责任感，鼓励孩子参加社会实践和志愿服务活动。在社会环境方面，政府加强了对网吧、游戏厅等娱乐场所的监管，同时借助主流媒体积极宣传先进人物和事迹，对未成年人进行正确引导。此外，各地的公共图书馆也开始关注到自身在未成年人思想道德建设中应该发挥的职能和作用，广泛开展了各类实践活动，探索推进未成年人思想道德建设稳步发展的新路径。中国关心下一代工作委员会联合中国社会科学院社会学研究所于 2021 年开展的“中国青少年思想道德状况调查”显示，我国青少年思想道德整体发展状况呈良好态势，绝大多数青少年具有强烈的爱国、爱党、爱社会主义的情感，社会道德认知水平较高，人生目的明确，人生态度积极健康向上，并能正确认识努力奋斗是实现人生价值、圆梦未来的最重要途径。在湘西州图书馆面向未成年人开展的活动中，参与者都表现出良好的精神面貌，提交的征集作品也都展现出积极健康的价值态度。例如，湘西州图书馆与当地学校联合开展的学雷锋手抄报 / 画征集展示活动，在短短一个月内就收到了 168 幅来自各年龄段的青少年的作品，获奖作品近百份，生动反映了新时代的未成年人思想道德建设的进步。

1.2 未成年人思想道德建设中存在的问题分析

从“中国青少年思想道德状况调查”反映的情况来看，当前我国的未成年人思想道德建设还存在两个明显短板。这两个短板也在湘西州图书馆的活动参与情况中有所体现。一是学校对学生社会主义核心价值观的教育效果不佳，超过半数的青少年做不到“熟记熟背”社会主义核心价值观三个层面内容，能说出社会主义核心价值观三个层面内容的小学生和初高中生均未达到一半，甚至还有一小部分完全不了解社会主义核心价值观的基本内容，这说明青少年的社会主义核心价值观教育需进一步加强。二是未成年人对党史国史基础知识掌握不牢。在湘西州图书馆“青少年党史学习月”活动中，大部分参与者在第一次的知识问答竞赛中都表现欠佳，缺乏对党史国史的了解，不利于未成年人爱国主义、集体主义和中国特色社会主义的教育。此外，一项调查还指出了未成年人个人理想功利性强、政治意识和集体主义观念薄弱的问题。

出现这些问题的原因依然可从学校、家庭、政府和社会四个方面进行分析。首先，学校德育教育形式化严重，忽视了青少年在成长过程中存在的阶段性差异，思想道德教育课程开展的方式过于单一。其次，随着未成年人年龄的增长，家庭教育对升学的关注度提高，相较于培养孩子的思想品德，家长往往更加重视学习成绩。再次，政府对未成年人活动场所的建设还需加强，对德育基地的建设与宣传不足。最后，社会环境尤其是学校周边环境，氛围营造欠缺，社会教育的力度较小。

2 图书馆在未成年人思想道德建设中的职能与实践——以湘西州图书馆为例

2.1 湘西州图书馆大致情况介绍

湘西州图书馆作为湘西地区文化事业的核心地点，不仅有丰富藏书、多样服务，也在全面推进公共文化建设、深化全民阅读活动方面发挥重要作用。湘西州图书馆不仅提供多样文献资源，还积极举办各类活动，为社区和学校奉献文化盛宴，为青少年和市民提供丰富的学习、娱乐和社交机会。

湘西州图书馆是服务社区的公共图书馆，重点服务市民，特别是青少年和学生，图书馆鼓励广大市民利用丰富的图书资源，养成良好的阅读习惯，推动普及全民阅读。不仅如此，图书馆还强调了服务社区的角色，通过开展各类文化活动，让社区居民能够充分参与到文化生活中，形成良好的邻里关系和社区凝聚力。

湘西州图书馆的服务范围涵盖了图书借阅、阅读咨询、学术研究、文献复制等多个方面。图书馆的藏书规模庞大，囊括了文学、历史、科技、艺术等多个领域，以及丰富的音像资料，满足了不同读者的多样需求。此外，湘西州图书馆还提供了电子资源、网络检索、数字化服务等现代化服务，为读者提供便捷的阅读体验。

2.2 具体措施

湘西州图书馆积极致力于通过多种具体措施推进未成年人思想道德建设，包括创设良好的学习、阅读环境、丰富的教育活动、数字资源与网络教育、合作与互动以及社会实践与志愿服务等方面。图书馆为未成年人的全面发展和正确的思想道德建设提供了有力支持，通过提供丰富多样的图书资源和举办相关教育活动，不仅满足了未成年人的学习需求，也在道德和价值观方面进行了引导和教育，助力青少年健康成长，为未成年人的思想道德建设奠定了坚实基础。

2.2.1 举办未成年人教育活动

湘西州图书馆定期举办各类未成年人教育活动，包括主题阅读、讲座、文化沙龙等。这些活动不仅注重知识的传授，更侧重于引导未成年人树立正确的世界观、人生观和价值观。湘西州图书馆为了推进未成年人思想道德建设，积极举办多样化的思想道德教育类活动，这些活动旨在通过文化、艺术、传统经典等方式引导未成年人树立正确的思想观念和道德观念，激发其社会责任感，传承优秀传统文化，这些丰富多彩的活动丰富了未成年人的课余生活，通过多样的方式引导他们树立正确的思想道德观，增强社会责任感，传承和发展优秀传统文化。具体活动见表 1 所示。

表 1　湘西州图书馆 2023 年思想教育类活动汇总

序号	活动名称	活动时间	活动效果
1	“新年辞旧岁·玉兔贺新春”春节民俗作品征集活动	2023 年 1 月 3 日—2023 年 1 月 31 日	过民俗作品征集，让未成年人了解传统文化，传承民俗习惯
2	“品传统经典 过文化大年”2023 年中华优秀传统文化系列主题活动	2023 年 1 月 16 日—2 月 12 日	重点介绍中华优秀传统文化，引导青少年尊崇传统价值观
3	“传递榜样力量·弘扬雷锋精神”学雷锋手抄报 / 画征集展示活动	2023 年 3 月 5 日—2023 年 3 月 31 日	通过展示榜样事迹，引导青少年学习雷锋精神，弘扬社会正气
4	“书香飘万家·晒晒我家阅读空间”活动	2023 年 4 月 17 日—2023 年 5 月 12 日	鼓励青少年展示他们的阅读空间，强调读书的重要性
5	湘西州档案馆、湘西州图书馆、湘西州民族文化馆联合开展 2023 年关爱青少年活动	2023 年 8 月 18 日	强调青少年成长过程中的关键信息，传递爱与关怀
6	“艺梦同绘·美好生活”少儿主题艺术展开幕式	2023 年 6 月 1 日	通过艺术作品展示，培养青少年的艺术修养和审美能力

续表

序号	活动名称	活动时间	活动效果
7	“翰墨飘香庆端午”线上知识竞赛	2023年6月15日—30日	通过线上知识竞赛，让未成年人了解端午文化，传播传统节日的意义
8	“跳上龙舟”线上有奖游戏活动	2023年6月20日—30日	以龙舟为载体，寓意勇往直前，传达团队合作的重要性
9	“重温红色经典——看剧照猜电影有奖竞猜活动”	2023年6月30日—7月10日	通过竞猜红色经典电影剧照，了解党史故事，激励未成年人崇尚英雄品质
10	“军强国安·致敬中国军人”建军节主题在线留言活动	2023年8月1日	通过留言活动，让青少年了解军人的奉献精神，珍视国家安全

2.2.2 创设适合未成年人的学习和阅读环境

湘西州图书馆特别设计了适合未成年人的学习和阅读环境，设立了少儿阅览区，配备了丰富多样的适合不同年龄段的青少年图书，以吸引未成年人前来阅读学习。这种独特的阅读环境创设让未成年人能够愉悦地接触到知识，培养他们持久的阅读兴趣，同时也营造了良好的社交氛围。

2.2.3 数字资源与网络教育

湘西州图书馆提供丰富的数字资源和网络教育机会，包括电子图书、在线课程等。通过这些方式，未成年人可以在图书馆获取多样化的知识，学习到不同领域的内容，拓宽视野，为他们的道德建设提供了多样化的资源基础，这种开放式的数字学习环境鼓励未成年人主动探索、学习。

2.2.4 合作与互动

湘西州图书馆积极与学校、家庭、社区以及其他教育机构合作，开展丰富多样的互动活动。定期举办家长讲座，邀请教育专家分享教育心得，帮助家长更好地关注和引导未成年人的成长。同时，湘西州图书馆还积极与学校展开合作，将阅读活动带入校园，共同营造浓厚的读书氛围，这种跨界合作让图书馆的阅读项目更贴近青少年群体，激发了他们对阅读的兴趣。

2.2.5 社会实践与志愿服务

湘西州图书馆积极鼓励未成年人参与社会实践和志愿服务活动。这些活动不仅使未成年人得以了解社会、关心社会，同时也促进了他们社会责任感和道德品质的提升。这种实践不仅能让未成年人更好地理解社会，也培养了他们的团队合作精神和领导能力。

湘西州图书馆是未成年人思想道德建设的关键阵地。它不仅提供知识，培养读者的审美品味和思考能力，还注重传播文明、道德、公益等方面的理念。图书馆通过举办诵读国学经典、雷锋精神征集展示、诗歌分享会等活动，促进读者对传统文化和社会主义核心价值观的认同与理解。

湘西州图书馆的丰富活动和服务内容展现了它作为公共文化机构的活力和责任感。它不仅仅是一个书籍收藏、借阅的场所，更是一个传播文化、促进社区交流、推动社会发展的重要力量。湘西州图书馆通过丰富多样的活动和服务，已经成为湘西地区不可或缺的文化瑰宝，这些具体措施构成了图书馆为推进未成年人思想道德建设所采取的多方位、多层次的努力，有效推动了未成年人思想道德建设的深入开展，为他们的健康成长提供了坚实的支撑和保障。

3 未成年人思想道德建设路径及对策探讨

3.1 未成年人思想道德建设的政策、法律、社会保障

3.1.1 未成年人思想道德建设的法律保障

随着我国加快建设法治社会，我国未成年人相关法律法规不断完善，为保护未成年人合法权益、加强未成年人思想道德建设提供了重要保障。《中华人民共和国未成年人保护法》和《中华人民共和国预防未成年人犯罪法》都规定了国家、社会、学校和家庭有对未成年人进行思想道德教育的义务，要求引导未成年人树立社会主义核心价值观、增强未成年的法律意识。2022年开始实施的《中华人民共和国家庭教育促进法》进一步明确了家庭思想道德教育的内容和要求，这意味着家庭中对未成年人德育的缺失将可能触犯法律。而针对学校中对未成年人的思想道德教育，我国教育部专门印发了《中小学德育工作指南》，针对中小学的不同学段分别提出了不同的德育目标，要求各地中小学结合课程设置、校园文化、校园活动、社会实践等方面加强未成年人理想信念教育、社会主义核心价值观教育等思想道德教育。

3.1.2 未成年人思想道德建设的政策保障

我国实行九年义务教育制度，为我国未成年人的思想道德建设奠定了政策和制度基础。早在2004年，党中央就基于国际国内形势的深刻变化指出，加强未成年人思想道德建设是一项重大而紧迫的战略任务，并提出了一系列重要举措。党的十八大以来，未成年人思想道德建设工作一直受到高度重视。2021年，国务院未成年人保护工作领导小组再次强调，要加强未成年人思想道德教育和思想道德引领。

3.1.3 未成年人思想道德建设的社会保障

前文分析指出，尽管我国政府已经加强了对未成年人出入娱乐场所的监管和在社会上对思想道德建设的宣传，我国目前的社会教育力度仍有待加强，需要多方主体共同参与，营造有利于未成年人思想道德建设的社会环境。具体而言，社会公众应加强对互联网、电视、广播等媒体的监督，限制对未成年人有不良影响内容的传播。同时，新媒体时代下的互联网意见领袖和内容创造者需要自觉地提供优质的文化产品和信息，传播正能量。此外，社区作为未成年人成

长环境的重要组成部分，应该着重加强对未成年人的社区关怀和服务，可以引入社会组织、志愿者的力量，积极开展未成年人思想道德建设实践活动，营造良好的社区环境。最后，公共图书馆、博物馆等公共文化场所应充分挖掘和发挥自身文化熏陶、教化的职能，针对未成年人的特质和需求完善场馆建设、开展相关活动，引导未成年人树立正确的价值观。

3.2 图书馆发挥未成年人思想道德建设作用的建议

公共图书馆作为社会主义精神文明建设的重要阵地，对于未成年人思想道德建设具有不可替代的作用。本部分将探讨公共图书馆在全国范围内如何充分发挥其作用，为未成年人思想道德建设提供学术建议。

3.2.1 多层次、多样化的教育活动

主题阅读活动：各图书馆可以定期举办面向未成年人不同年龄、不同兴趣领域的主题阅读活动，通过引导特定主题的阅读，加强培养未成年人的社会责任感和道德意识。

讲座和文化沙龙：图书馆应不定期举办讲座和文化沙龙，邀请学者专家深入探讨社会伦理、人生哲学等议题，引导未成年人树立正确的思想观。

国学经典诵读：组织未成年人参与国学经典诵读活动，让他们接触传统文化，培养道德品质和文化认同感。

3.2.2 创设适宜未成年人的学习和阅读环境

少儿阅览区设置：各图书馆应设立适宜未成年人的少儿阅览区，提供富有启发性的书籍，营造良好的阅读氛围。

数字资源与网络教育：图书馆应充分利用数字资源和网络教育平台，提供多样化的电子图书、在线课程，以现代化方式加强未成年人道德教育。

3.2.3 加强与学校、家庭、社区的合作与互动

课外阅读推广计划：图书馆与学校合作，制定课外阅读推广计划，鼓励未成年人广泛涉猎书籍，促进学校与图书馆资源的有机结合。

家长参与阅读：图书馆应定期举办面向家长的讲座，教育家长如何引导未成年人进行正确的阅读，以家庭共育的方式加强未成年人的道德建设。

社区共建：与社区合作，开展志愿者服务、社区教育活动，形成图书馆、学校、家庭和社区共同参与的格局，共同推动未成年人的思想道德建设。

3.2.4 鼓励社会实践和志愿服务

志愿服务项目：鼓励未成年人参与志愿服务，通过参与社会实践，培养社会责任感和团队协作能力。

社会实践机会：图书馆可为未成年人提供多样的社会实践机会，通过参与社区活动、环保活动等，锻炼他们的社会责任感和团队协作能力。

通过上述建议，全国范围内的公共图书馆能够更加有效地发挥其在未成年人思想道德建设中的角色，为塑造有道德担当的新一代贡献力量。

参考文献

[1] 王洪华，杨明，李勇．新时期未成年人思想道德建设的对策研究 [J]. 天津教育，2024(4).

[2] 杨雪梅．未成年人思想道德建设合力的形成路径研究——环境因素的视角 [J]. 现代教育科学，2022 (6).

第二章

公共图书馆阅读推广

书香满锑都，学习促党建
——冷水江市图书馆党建主题阅读典型案例

谢晓波　马俊（冷水江市图书馆）

1 背景和目的

“读书可以让人保持思想活力，让人得到智慧启发，让人滋养浩然之气。”习近平总书记如是说。为了深入贯彻落实党的十八大以来关于“开展全民阅读活动”的精神，扎实推进社会主义文化强国建设，建设学习型社会、学习型政党、学习型政府已经成为当务之急。近年来，我馆充分发挥党组织先锋引领作用，以打造党建主题阅读基地为目标，积极开展全民阅读工作，做到全民参与、全方位展开、全过程推进，取得良好社会效益。

2 运行机制

2.1 以党支部为向心力，激发团队凝聚力

学如弓弩，才如箭镞。图书馆工作人员作为传承文化的骨干力量，更应该身先士卒，带着责任感和使命感，把工作当成事业来做。纯洁党性原则，以信仰来引导思想。全体馆员以建设学习型团队为目标，认真开展内容丰富、形式多样的学习活动，营造浓厚的学习风气，切实提高党员干部素质。领导班子成员严格执行政治学习制度，做到每次学习有计划、有主题、有总结、见成效。专门安排场地建设党员活动室，按期开展党员冬训、民主生活会等活动，规范党建工作，纯洁党员思想；敬畏刚性纪律，以制度规范言行。完善了各项学习制度并严格规范奖惩，每周一下午进行全馆集体学习以及“三会一课”等，严格请销假制度。要求辅导、自学和中层干部轮流讲课等形式相结合，循序学习政治、专业、制度、礼仪等方面内容，并要有笔记、有心得、有实效，学习结果纳入年度考核；锤炼个性品质，以竞赛凝聚合力。定期开展党史知识、业务知识等竞赛活动，鞭策馆员提高思想素质和业务技能，培养人格韧性，提升馆员干事创业的激情，增强个人创造力、班子凝聚力、团队向心力，促进学习型团队的形成。

2.2 以理念革新为推手，拓展党建服务项目

党建服务是图书馆职能的重要方面，图书馆并不满足于现有的服务工作，走出阵地和传统、打造党建服务品牌是图书馆理念革新的必然要求。图书馆不断改进党建服务方式，拓宽服务领域，掌握党员干部的阅读倾向和阅读需求，更好地开展个性化服务。一是充分利用图书馆的馆

藏优势，关注社会热点问题，选择有理论深度的剖析性文献，为党员干部提供具有较强针对性、时效性的信息；二是把握党委、政府不同时期的工作重点及目标，确立信息开发的方向和侧重点，这是提供有效服务的根本所在；三是设置咨询服务岗，积极主动和人大、政协委员联系，了解他们的需求，解答咨询，提供有关文献信息的查找线索、查找途径或直接提供有关文献信息。图书馆不断发挥自身优势，深入做好特色服务，成为各级政府决策、党员干部能力提升的有力助手。

2.3 依托本土红色文化，提供多元立体阅读

锡矿山不仅是一座有着悠久开采历史的百年老矿山，而且是一块蕴藏着深厚文化底蕴的红色热土。为了推动文化旅游融合发展，加强爱国主义教育，冷水江市图书馆致力于弘扬本土红色文化，积极开展“学党史・忆先烈”主题红色研学活动。组织读者参观锡矿山革命英雄纪念碑、红军长征纪念碑、锡矿山展览馆、羊牯岭碉楼、军旅女作家谢冰莹故居等爱国教育基地。向党员和少年儿童宣讲锡矿山的革命传统、长征历程、党的一大等党史故事，还原书中景致、人物、事迹、历史背景，引导读者走进大自然、名胜古迹、展览馆、红色教育基地等，提供多元立体的阅读平台，让读者在行走中阅读，在阅读中行走，在参观中收获，乐于体验、爱上阅读，让红色基因薪火相传、生生不息。

2.4 扎根基层，为乡村振兴聚势聚力

为了满足广大农民朋友的阅读需求，2010 年以来，冷水江市图书馆在农家书屋、乡村学校、共享工程基层服务点建立了 40 个服务点和流动图书室。2020 年完成总分馆建设，全市 10 个乡镇街道办事处都建有分馆。长期开展“送书下乡”惠民活动，共计赠送图书 2 万余册。其中党建主题图书 3000 余册，宣传单 2 万余册，《红色经典文摘》1 万余册，编辑印发二次文献《信息之窗》200 期。先后集中组织了 11 期基层图书管理员培训班和 60 次下乡业务辅导，培训基层图书管理员 1200 多人次。同时我馆充当“红娘”，主动与国家图书馆少儿分馆、深圳市少年儿童图书馆、天津市少年儿童图书馆、北方民族大学取得联系，为三尖乡中心学校、刘小林农民图书馆、渣渡镇木瓜村（回民村）、中连乡中心小学等基层图书馆（室）募捐到价值 100 余万元的图书、书架和设备。多年来，乡村图书馆（室）的党建阅读推广活动有声有色，富有成效，覆盖 215 个行政村落的 20 多万人次。

2.5 以未成年人为突破口，召唤成人读者回归

信息时代背景下，成人读者忙于生计很少走进图书馆，相反，对孩子的阅读培养却要重视得多。在望子成龙的心态下，一个孩子可以直接影响到父辈和祖辈两代人的阅读兴趣，同时可以辐射到亲朋好友和同学邻里。做好了一个少儿读者的服务，就能吸引至少 10 个成人对图书馆的关注。为此，我们以少儿读者为突破口，从馆舍环境的装修布置、图书的选购、活动的策划上处处融入少儿元素，加大少儿图书的采购投入，加强与学校的协调合作，着力推广少儿阅读活动，通过孩子的参与带动父母阅读，吸引成人读者回归。我馆每年开展的少年儿童红色研

学活动以及重走长征路夏令营活动，父母都会陪伴孩子一起阅读，指导或辅助孩子一起表演情景剧、制作手抄报、徒步爬山。

2.6 创新服务载体，提升服务效能

如今，读者的阅读需求多元化，只有创新活动模式，才能吸引读者的关注和喜爱。我们充分利用微信公众号、抖音、微博等新媒体开展短视频创作等活动，把情景表演、说唱、二人转等艺术元素融入具体活动当中，寓教于乐。结合年度词汇和流行的网络语言，开展讲座和市民大讨论活动，如：雷锋幸福吗？雷锋是一个快乐的读书人，雷锋是一个追求时尚的普通人也是一个道德高尚的榜样等方面的讨论。根据市民关注的热点政治话题，喜爱的正能量电影，爱看的书籍等情况，量身定做，精心策划党建主题活动，让读者感受超值服务。只有得到读者的关注和认可，读书活动才能拥有强大的生命力。

2.7 互联网 + 平台，打造新媒体矩阵

大数据爆炸时代，“互联网 +”模式大行其道，推进数字阅读刻不容缓。我馆致力于从传统图书馆向数字图书馆方向迈进，依托大数据、人工智能、云计算等现代 5G 信息技术，搭建开放化、积木式、可生长的微服务技术架构及数字互动体验场景建设。在建党、建军、建国等重大节日，利用歌德电子借阅机、云图有声等数字设备开设“党建书苑”“红色留声墙”专栏，将党建创新与形象展示、政策宣传与知识服务融为一体，让党史在沉浸式教育中入脑入心，以此来打造有思想、有温度、有内涵的基层党建。

3 绩效评价

为了保障服务效益最大化，我馆出台了完善的全民阅读推广工作运营绩效评估办法，主要手段包括数据统计分析、数据通报及发布、评估改进措施。绩效评估的内容主要包括每月实际更换补充的图书量，自助办证、借书、还书，预约借书、查询等具体服务数据，经济投入与服务需求的满足度。不同服务点之差异性服务，如社区信息服务内容的提供、日常运转投入的节约控制等。

4 启示思考

4.1 革新观念，党员率先垂范

图书馆作为党建主题阅读推广的主阵地，首先每个图书馆人要树立终身学习的理念，学习是党员干部的一种政治责任和工作要求，是党员干部加强党性修养、提升精神境界的重要途径。党员干部要带头读书学习，图书馆人应该以文化保护和文化传承为己任，读经典、读名著、读法规、读时事，身体力行，践行学习精神。

4.2 创新方法，满足党干群需要

借助数字化阅读平台，通过各类线上渠道，把党建、党史学习触角渗透到每一位党员、员工以及市民。这样的创新学习方式方法，更加注重学习方式的多样性、主动性和灵活性，使得学习方法具有组织特色、贴近党员需求、易于群众接受。在掌中阅读逐渐成为主流阅读模式的当下，为喜爱读书的人们提供了更为便捷的党史学习平台。

4.3 整合资源，争取社会支持参与

整合各方资源、联合开展活动，这是我馆读书活动取得成功的一个重要因素。图书馆级别低，经费少，很难经常组织开展大规模活动。如何利用有效资源开展活动确实让人头痛，一个好汉三个帮，我们常常与行政机关、学校、社区、厂矿联合开展读书活动，扩大影响力，合作双赢。如果不是非常具有影响力和权威性的读书活动，很难组织甚至吸引大规模的人员参与。因此，我馆着力精细化活动开展，小到几个人、几十人。我们精心准备，做出成效，以求达到水滴石穿、聚沙成塔的效果，逐渐增加图书馆的影响力和辐射力。

4.4 广泛宣传，营造浓厚氛围

在广告策划上多动脑，在宣传经费上多投入，向报纸、电视、网络等各传媒开展全方位的宣传攻势，把每次活动的情况向市、省、国家级传媒报道，每次活动的海报、宣传单的设计、现场的布置等都要以追求宣传轰动效应为目标。同时，及时向市领导和读者发送消息，通报活动情况，让政府知道图书馆有所作为，让老百姓了解图书馆职能。读者是我们的坚强后盾，政府是我们的衣食父母，没有他们的支持，全民阅读工作寸步难行。只有读者满意了，全民阅读才算是真正落实到了实处。

浅谈未来公共图书馆存在的核心竞争力
——传承

薛芳（桃江县图书馆）

摘要：图书馆是通过搜集、整理、收藏各类信息资源载体，以供用户阅览、参考、利用的机构。具有保存人类文化遗产、开发信息资源、参与社会教育的职能。随着现代科学技术的发展、人们物质生活水平的提高，人们开始向往更高层次的精神需求。笔者认为，未来公共图书馆存在的核心竞争力就在于传承。这种因传承累积建立起来的强大的藏书体系，再辅以完善的图书馆网络建设及信息开发功能，可以满足各层次读者所需的精神需求。

1 引言

图书馆是通过搜集、整理、收藏各类信息资源载体，以供用户阅览、参考、利用的机构。胡述兆教授在《图书馆学导论》中对图书馆定义作了较为充分的论述：其一，“图书馆是人类智慧的总汇”；其二，“图书馆是用科学方法、采访、整理、保存各种印刷与非印刷的资料，以便读者利用的机构”。

图书馆传承的是前人智慧的结晶。先承后传，承，托着、接着，继承之意；传，传递、传授之意；图书馆人通过科学方法，采访、整理、保存这些前人智慧（承），然后以便读者利用（传）。正因为有这种传承的存在，图书馆一直未曾消失。笔者认为，未来公共图书馆存在的核心竞争力就在于传承。这种因传承累积建立起来的强大的藏书（信息资源）体系，再辅以完善的图书馆网络建设及信息开发功能，可以满足各层次读者所需的精神需求。这种传承的体现，一是文献信息载体媒介实体的传承；二是各公共图书馆藏书（信息资源载体）体系的传承；三是公共图书馆精神的传承。这种传承是取其精华、去其糟粕的传承。在传承的基础上发展，脱离了传承，公共图书馆的未来将无根。

2 文献信息载体媒介实体的传承

2.1 文字的传承是文献传承的基础

人类文明的起源是以文字的起源和发展为标志的。人类文明发展到一定阶段，符号逐渐演变产生文字，文字的累计，信息量的几何级增长，图书馆便产生了。

文字需要载体和媒介物质展现才能得以保留和传承。文字和文献的保存因其载体、媒介物质受各种自然条件及自身物理特性的影响，有了时间长短的限制，且文字、文献的传承还受当时社会发展（如书写、镌刻、印刷技术的影响）、政治环境（如社会的稳定）、人文环境（如人类文明程度）等综合因素的影响与制约。根据人类文化遗存实据，纵观人类文明史，太多的史实因文献消失或缺失文献记录而湮灭，越是上古的历史，我们越是含混不清。

华夏文明源远流长，其文字记载传承功不可没。目前世界公认的四大文明发源地：古印度、古巴比伦、古埃及、中国。只有中国的文化发源地不带“古”字，因为只有中国还在传承着我们自己的文化，而其他三种古文化因没有文字传承使得现代人不认识那些古文字而断根。

中国的汉字是独立起源的一种文字体系，经过了长期的、多元的磨合，不依附于任何一种外国文字而存在。从考古发掘出土的文字资料来看，三千多年前的殷商时期的甲骨文在当初已经发展成为一种较为成熟的记录符号，另外还出现了陶文、玉石文、金文等文字记录。根据目前已有资料研究，总体来说中国汉字的发展，前后经过了近6000年的变化，其演变过程是：甲骨文—金文—小篆—隶书—草书—楷书—行书。

2.2 图书馆是文献信息载体媒介实体传承的累积

图书馆是人类传承文化遗产智慧的总汇。因为有了人类，出于生产生活的需要，便产生了符号、文字。随着文字语言的成熟，用来记录这些符号、文字的载体——图书也就应运而生。对于图书馆的起源，埃尔默·约翰逊指出：“很难说准西方世界的第一座图书馆是在埃及还是在美索不达米亚。但可以肯定在公元前4000年至公元前3000年。当这些地区出现文明时，文字产生了‘图书’，当文字和文献积累到一定程度又需要保存时，一个图书馆就诞生了。”

图书馆是文献信息载体媒介实体传承的累积。随着社会的发展，人们生产活动的复杂化、高级化，随之文献的数量和种类也渐渐增多，需要有专门的机构来管理这些文献。中国在殷商时期，就出现了收藏、管理甲骨文献的机构和人员，可以说这是中国藏书机构的雏形。

图书馆作为一个使用科学方法采访、搜集、整理、保存各种信息资源载体，以便用户利用、传播的社会机构，克服了以往私人藏书存续时间短、规模小、文献知识脉络没有延续性的问题。它以收藏与贮存的信息资源载体为媒介，克服了口耳相传不能在不同时间和地点传播知识信息的缺陷，同时显现了信息资源载体在传播知识信息数量方面的优势。通过传承，它纵向继承、发展了人类的认知、横向架起了知识创造和知识利用的桥梁，把知识信息扩散到不同的用户，从而起到信息交流的作用。

3 各公共图书馆藏书（信息资源载体）体系的传承

图书馆最根本的特征是藏书（信息资源载体），有了一定量的藏书，它才叫作图书馆。图书馆藏书体系建设是指图书馆选择、加工和组织并为读者利用的一切信息资源载体之总和。我国自古就有藏书传统，中国古代的藏书体系比较完整。如在以宗法血缘关系为纽带的夏、商、周奴隶制国家时期，君主希望能得到鬼神、先公远祖等对社稷和军事活动的护佑，重要头等大事都需要预先进行占卜和举行专门的祭祀活动，这样甲骨卜辞的收藏、放置、保存，为图书馆的起源提供了必要条件。1899年考古挖掘发现了殷墟甲骨文，从所出土的15万片刻辞甲骨埋藏情况来看，有集中堆放的特点，且这些刻辞甲骨多见有凿孔，凿孔便于绳索穿编成册，这种

“窖藏”的收藏方式，我们有理由认为这是商代的图书馆雏形。

图书馆担负着保存人类文化典籍任务，通过文献信息媒介实体的传承搜集，成了保存人类文化遗产的宝库，是图书馆最初始的职能。《随书・经籍志》记载，“孔子观书周室，得虞、夏、商、周四代之典”，说明周朝继承了虞、夏、商、周四代典籍。图书馆的这项保存人类文化遗产的职能是实现开发信息资源、参与社会教育职能的物质基础和前提，没有这一职能，图书馆的开发信息资源、参与社会教育职能就不能充分发挥。正因为有图书馆的存在，有史以来的文化典籍才能流芳千古，为人们所借鉴、利用。

从符号到文字，文字到文献，文献到图书馆，从古代图书楼到近代图书馆、现代图书馆、数字图书馆、云图书馆……纵观图书馆的发展史，不同历史时期的图书馆，建制的目的、规模的大小、服务对象都有所不同。这是图书馆生存实践从封闭走向开放，也是图书馆功能从单一到多向，文化内涵不断丰富的过程。

作为文献典藏和服务知识信息机构，早期的图书馆功能较为单一，保存人类文化遗产是其主导性功能，服务社会的功能较弱。1949 年至 1957 年，我国图书馆事业完成了向社会主义图书馆事业的转变，建设了新图书馆和建立了相应的各图书馆藏书体系。这一时期的图书馆传承了浩如烟海的历史文化典籍，记录与见证了我国五千年文化传统，这是中华传统文化生生不息的保障，也是图书馆向社会大众传播中华优秀传统文化“滋养民族心灵，培育文化自信”的重要根基。各公共图书馆通过传承已有藏书体系，再根据社会主义物质文明和精神文明建设的需要，各个领域，多种途径，有计划、有重点地补充馆藏，加强地方文献资源的挖掘，逐步形成具有地方特色，适应当地读者阅读需求的藏书体系。同时各类系统图书馆网络体系不断充实完善，使得图书馆各类业务工作水平不断提高。

4 图书馆精神的传承

“图书馆精神”的传承会使得图书馆馆员充满自信的光辉。人都是有“精神”的，人的行动受其“精神”的影响，“精神”是主体能力的反映，精神决定其认知，认知决定其行动。人在明确自身认同后才能自觉地在实践中从事现实活动。图书馆因人类社会而产生及发展，其中图书馆人是图书馆存在及发展的实践主体。列宁曾经说：“图书馆馆员是图书馆事业的灵魂。”图书馆员是图书馆管理中最核心、最活跃的因素，“图书馆精神”的传承对于图书馆人尤为重要。

4.1 图书馆的生存需要图书馆精神的传承

图书馆自始有着搜集、整理、保护人类文化遗产，开发信息资源、传播文化知识、为用户提供服务的职能，这是社会上其他机构和经济实体所不能取代的。“图书馆精神”现实根源强调生存——图书馆存在。阮冈纳赞曾说：“图书馆是生长着的有机体。”生长指明了图书馆有其时代性，有机则意味着图书馆存在的多重维度。万物无亘古之理，任何图书馆的建筑和文献都不可能永恒和完整无缺地以一种形态亘古长留。随着时间的推移，人类社会的不断发展，文献载体终因自然使用的年限而消失，建筑也会倒塌，文献会因此而损毁、流散。但只要还有“图书馆活的灵魂”——“图书馆精神”在，图书馆人的初心使命在，它就长盛不衰，通过复制、完善和传承。“图书馆精神”使得图书馆人可以把损毁的文献内容进行修复、抄写或复制，重新收集流散在外的文献，从而让它们得以传世，使其知识和精神价值世代相传。

4.2 图书馆职业行为需要图书馆精神的传承

“图书馆精神”是个泛泛的话题，不同时期具有不同的视角。从个体精神到行业精神，从单一层次到多层次……已经形成了一个“图书馆精神”理论体系。

“图书馆精神”是图书馆的客观存在以及人们对图书馆主观认知融合后的产物，具有知行合一的特点。通过挖掘“图书馆精神”的内涵，我们可以从中找到图书馆的存在与实践、发展的内在关联。图书馆的存在是在图书馆可生存的前提下存在，图书馆可生存需要通过不断地图书馆实践来实现，图书馆实践促进图书馆发展。生存总是先满足自身最基本需求，在满足自身最基本需求的基础上谋划未来的生存，再通过不断地实践实现发展。“图书馆精神”内涵包含着图书馆员的整体价值观、文化信仰、职业伦理等精神层面的东西，它因图书馆的存在、实践、发展的转变而具有不同的特点。作为在图书馆行业“生存—实践—发展”进程中形成的观念认识，“图书馆精神”是引导图书馆人职业行为的职业（行业、事业）精神，是图书馆事业发展和图书馆人应该具有的职业理念和价值追求。有了“图书馆精神”动力，可以促使图书馆人责任意识形成，进而建构起个人职业信念。如果“图书馆精神”缺失，则会使馆员职业行为懈怠，阻碍图书馆事业的发展，因而“图书馆精神”榜样的传承是培育“图书馆精神”、缓解职业懈怠的有效措施。通过“图书馆精神”的传承，图书馆员可以在精神意识的反省下，对图书馆存在的危机进行反思，寻找实践过程中的不足，在探索图书馆存在的意义和图书馆发展方向的途径过程中，不断修正图书馆在实践发展中的核心价值观，牢牢把握图书馆职能的本质——对人类智慧的继承、收集、处理和传播，使图书馆的服务满足于各个时代的读者需要。这样体现着“图书馆精神”的传承，在图书馆“生存—实践—发展”过程中的统一，实现图书馆的有限生存向图书馆的无限生存的跃迁。

《中华人民共和国公共文化服务保障法》（2017 年 3 月 1 日起施行）规定，图书馆作为第一位置的“公共文化设施”，具有“丰富人民群众精神文化生活，传承中华优秀传统，弘扬社会主义核心价值观，增强文化自信，促进中国特色社会主义文化繁荣发展，提高全民族文明素质”的时代使命；《中华人民共和国公共图书馆法》（2018 年 1 月 1 日实施）第一条明确规定该法宗旨“为了促进公共图书馆事业发展，发挥公共图书馆功能，保障公民基本文化权益，提高公民科学文化素质和社会文明程度，传承人类文明，坚定文化自信。”“坚定文化自信”成为我国图书馆事业发展的新指引。新时代赋予图书馆新的使命，未来图书馆唯有在传承的基础上不忘初心，随着现代信息技术的发展及应用不断完善，进行图书馆理念与服务模式的变革，才不会被读者淘汰。

图书馆人应该如此认识图书馆：图书馆的工作对象是各种信息资源载体和用户；图书馆的工作过程是对各种信息资料载体的收集、整理、加工、利用、保存、传播与研究；图书馆活动的主要目的是服务用户、传播信息、创造价值和发展。“图书馆精神”则是指引图书馆人如何面对不同工作对象，通过图书馆工作实践不断改进工作程序，最终实现图书馆活动目的的内核所在。

综上所述，笔者认为未来公共图书馆存在的核心竞争力就在于传承——传承各类文献信息资源载体、传承藏书体系理念、传承图书馆精神。

参考文献

[1] 黄俊贵 . 关于图书馆的定义——与胡述兆教授讨论 [J]. 图书馆学研究 ,2003(04).

[2] 毛赣鸣 . 图书馆起源及上古文献传承 [J]. 河南科技学院学报 ,2016(11).

[3] 钟守真 . 中西图书馆起源之比较研究 [J]. 图书馆理论与实践 ,1992(04)

[4] 李春溪 . 高校图书馆文献信息检索探究 [M]. 重庆大学出版社 .2021.

[5] 翟羽佳 . “图书馆精神”新解——以生存哲学为进路 [J]. 图书馆 ,2022(09).

[6] 刘万国 . 老一代图书馆人的精神品格及其新时代传承 [J]. 大学图书馆学报 ,2022(01).

“双减”背景下图书馆少儿阅读推广

史彦（湖南省少年儿童图书馆）

摘要：随着国家实施“双减”政策，减轻学生课业负担和校外培训负担，图书馆作为少儿阅读的重要场所，面临着新的机遇和挑战。本文从图书馆学和阅读推广的角度，分析了“双减”背景下图书馆少儿阅读推广的现状、问题和需求，提出了图书馆少儿阅读推广的创新策略，包括优化图书馆少儿服务空间、丰富图书馆少儿资源配置、拓展图书馆少儿服务渠道、创新图书馆少儿活动形式、加强图书馆少儿合作伙伴等，旨在为图书馆少儿阅读推广提供参考和借鉴。

1 引言

阅读是人类获取知识、培养思维、提高素养的重要途径，也是终身学习的基础。少儿阶段是阅读习惯和兴趣的形成期，对于培养未来社会的主体具有重要意义。然而，近年来，我国少儿阅读面临着诸多困境，如阅读时间不足、阅读内容单一、阅读方式被动、阅读效果不佳等，这些问题与学生过重的课业负担和校外培训负担有着密切的关系。为了改变这一现状，中共中央办公厅、国务院办公厅于2021年7月印发《关于进一步减轻义务教育阶段学生作业负担和校外培训负担的意见》(以下简称“双减”)，即减轻学生课业负担和校外培训负担，为学生创造更多的自主学习和发展空间。

“双减”政策为图书馆的少儿阅读推广开辟了新的机遇和挑战。在这一政策的推动下，学生不但拥有了更多的课余时间和阅读兴趣，也对图书馆提供的少儿阅读服务抱有了更高的标准和期望。同时，图书馆也面临着一些问题，例如，如何满足学生多样化、个性化、高质量的阅读需求，如何与家庭、学校、社区等其他教育方建立有效的合作关系，如何利用现代信息技术提升少儿阅读服务的水平和品质等。因此，图书馆应该在“双减”背景下，创新和优化少儿阅读推广的策略和方式，以适应新时代的教育改革和社会发展。

2 “双减”背景下图书馆少儿阅读推广的现状、问题和需求

2.1 图书馆少儿阅读推广的现状

“双减”政策为图书馆少儿阅读推广创造了良好的社会环境和政策条件。一方面，学生课业负担和校外培训负担得到有效减轻，学生获得了更多的课余时间和精力，从而增强了对阅读的需求和兴趣；另一方面，国家对基础教育的改革和发展，突出培养学生的综合素养和创新能力，倡导素质教育和阅读教育，为图书馆少儿阅读推广提供了坚实的理论支撑和实践基础。在

这样的背景下，各地图书馆积极落实国家政策，加强了对少儿阅读推广的投入和支持。据不完全统计，目前我国已有超过3000家公共图书馆设立了专门针对少年儿童的部门或区域，提供专业化、个性化、多元化的阅读服务。各地图书馆还通过开展丰富多彩的少儿活动，如阅读节、阅读俱乐部、阅读讲座、阅读比赛、阅读营等，激发少年儿童的阅读兴趣和习惯，培养他们的阅读能力和素养。此外，各地图书馆还利用网络平台和移动终端，如网站、微信、微博、App等，拓展少儿阅读服务的渠道和范围，实现线上线下相结合、时空无限制的少儿阅读服务。

2.2 图书馆少儿阅读推广的问题

图书馆少儿服务空间不足，是影响少儿阅读的重要因素。《中国公共图书馆发展报告（2020）》显示，我国公共图书馆每千名人口拥有的服务空间平均为0.29平方米，远低于国际标准的1平方米。而专为少儿设置的服务空间更是十分稀缺。这使得图书馆少儿阅读环境不宜阅读，不利于少儿阅读兴趣和效果的培养。导致这一现状的原因主要有：图书馆对少儿服务的重视不够，缺少专业的少儿服务空间规划和设计；图书馆的经费不足，无法支持少儿服务空间的建设和改善；图书馆的管理制度不健全，无法保障少儿服务空间的使用和维护。

图书馆少儿资源配置不合理。《中国公共图书馆发展报告（2020）》显示，我国公共图书馆每千名人口拥有的纸质藏书量平均为2.7册，远低于国际标准的5册。其中，专门为少儿提供的纸质藏书量更是不足。这导致了图书馆少儿阅读资源的数量和质量不够满足少儿阅读的需求和喜好。造成这一问题的原因有：一是图书馆对少儿资源的采购和更新缺乏科学的标准和方法；二是图书馆对少儿资源的分类和组织缺乏统一的规范和系统；三是图书馆对少儿资源的开发和利用缺乏有效的手段和渠道。

图书馆少儿服务渠道不畅通。由于地域、经济、社会等因素的影响，我国图书馆在数量和分布上存在着不平衡和不充分的问题。一些偏远地区和贫困地区的孩子难以享受到公共图书馆的服务。即使在一些城市地区，由于交通、时间等因素的限制，也有很多孩子不能经常到图书馆去阅读。此外，一些学校和社区也缺乏与公共图书馆有效对接的机制和平台，导致孩子们无法充分利用公共图书馆的资源。

图书馆少儿活动形式不多样。具体表现在：一是活动形式单一。主要以讲座、讲故事、绘本展示等传统形式为主，缺乏创新性和趣味性，不能满足少儿多样化的阅读需求和兴趣。二是活动内容浅显。以传播基础知识、培养阅读习惯为主要目的，忽视了少儿的思维发展、情感培养、创造力提升等方面，不能深入挖掘少儿阅读的内涵和价值。三是活动方式呆板。以图书馆为主导、少儿为被动的方式进行，缺乏互动性和参与性，不能充分调动少儿的主观能动性和积极性。四是活动效果难以评估。缺乏有效的评估机制和标准，不能及时反馈活动的效果和问题，不能及时调整和改进活动的设计和实施。这些问题不仅影响了图书馆少儿服务的质量和水平，也影响了图书馆在“双减”背景下发挥其在少儿阅读推广中的作用。

2.3 图书馆少儿阅读推广的需求

2.3.1 空间需求

少儿在课余时间需要一个安静、舒适、有趣的阅读环境，能够激发他们的阅读兴趣和习惯。因此，图书馆应该优化少儿服务空间，打造适合不同年龄段和喜好的少儿的阅读区域，如亲子阅读区、绘本区、科普区、动漫区等。同时，图书馆应该提供多样化的座位和设施，如沙发、椅子、桌子、枕头、毯子等，让少儿能够自由选择自己喜欢的阅读姿势和方式。此外，图书馆应该利用灯光、音乐、装饰等元素，营造一个温馨、有趣、有创意的阅读氛围，增加少儿对图书馆的好感和归属感。

2.3.2 资源需求

一方面，少儿需要更多的优质阅读资源，包括不同类型、不同主题、不同难度的图书，以满足他们的个性化、多元化、层次化的阅读需求；另一方面，少儿也需要更多的数字化阅读资源，包括电子书、有声书、视频书等，以适应他们的网络化、移动化、互动化的阅读方式。因此，图书馆应该根据少儿的特点和需求，合理规划和更新图书馆资源，提高资源的质量和数量，增强资源的吸引力和影响力。

2.3.3 渠道要求

一方面，少儿需要更多的线上线下相结合的服务渠道，利用网络平台、移动设备等方式，方便少儿随时随地获取图书馆的资源和服务，同时也保持与图书馆实体空间的联系和互动；另一方面，少儿需要更多的个性化和多元化的服务渠道，根据不同年龄段、兴趣爱好、阅读水平等因素，为少儿提供更适合他们的资源和服务，同时也满足他们的多样化阅读需求。因此，图书馆应该根据少儿的特点和需求，不断创新和优化服务渠道，提高服务效率和质量，促进少儿阅读推广。

2.3.4 活动需求

少儿阅读活动的设计应该考虑以下三个方面：一是活动的趣味性和意义性，二是活动的适宜性和多样性，三是活动的互动性和指导性。首先，少儿阅读活动应该有趣、有意义、有挑战，而不是单调、枯燥、重复，这样才能激发少儿的好奇心、想象力和创造力，让他们在阅读中获得乐趣和价值。其次，少儿阅读活动应该适合少儿的年龄段和兴趣爱好，而不是过于简单或过于复杂、过于幼稚或过于成熟，这样才能满足少儿的个性化和差异化的需求，根据他们的发展特点和心理特征，制定合适的阅读方案。最后，少儿阅读活动应该有导师指导和同伴互动，而不是孤立无援或被动接受，这样才能为少儿提供有效的阅读帮助和建议，解决他们在阅读中遇到的问题和困惑，同时促进他们之间的交流和分享，建立良好的阅读社群和氛围。

3 图书馆少儿阅读推广的创新策略

3.1 优化图书馆少儿服务空间

图书馆少儿服务空间不仅是少儿阅读和学习的场所，也是少儿成长和发展的空间。设计和改造图书馆少儿服务空间，打造适合少儿阅读和学习的环境，提高空间利用率和吸引力，是摆在图书馆人面前的问题。根据少儿阅读特点和喜好，图书馆少儿服务空间应该具备以下几个方面的特征：一是空间功能分区明确，满足少儿不同年龄段、不同阅读需求和不同阅读方式的多样化选择。例如，可以将空间划分为绘本区、科普区、活动区等，每个区域都配备相应的图书、设备、家具和装饰，形成一个个有特色的小空间。二是空间布局合理，保证少儿阅读和学习的舒适性、安全性和便利性。例如，可以根据人流量、光线等因素，合理安排图书架、座位等设施的位置和方向，避免拥挤、干扰和危险。同时，也要考虑少儿的身高、体型等特点，选择合适的家具尺寸和材质，让少儿拥有舒适的阅读姿势和感受。三是空间氛围温馨，激发少儿阅读和学习的兴趣和乐趣。例如，可以利用色彩、灯光等元素，营造一个温暖、明亮、轻松的空间氛围，让少儿感受到图书馆是一个欢迎和尊重他们的地方。同时，也可以通过展示少儿作品、推荐优秀图书、举办各类活动等方式，增加空间的互动性和生动性，引导少儿主动参与阅读和学习。

3.2 丰富图书馆少儿资源配置

图书馆应该根据少儿的年龄、心理、认知和兴趣等特点，制定适合他们的资源配置标准和原则，保证资源的适宜性、多样性、时效性和可持续性。比如，图书馆应该为不同年龄段的少儿提供不同类型和难度的图书，包括绘本、科普图书、文学作品、历史书等，既能激发他们的阅读兴趣，又能培养他们的阅读能力。图书馆应该为不同兴趣和爱好的少儿提供不同主题和风格的图书，包括动漫、游戏、体育、艺术等，既能满足他们的阅读需求，又能促进他们的个性化发展。图书馆应该为不同认知水平和学习目标的少儿提供不同内容和形式的图书，包括教辅、参考、百科等，既能支持他们的学习进步，又能拓展他们的知识面。

图书馆应该根据市场供应、社会热点、教育改革等因素，制定优化少儿资源选择和采购的策略和方法，保证资源的优质性、前沿性、创新性和引领性。比如，图书馆应该定期调查和分析市场上少儿出版物和电子资源的质量、数量、价格等指标，以便及时发现并采购优秀的新作品和新资源。图书馆应该关注社会上的热门话题和事件，如环保、科技、人文等，并根据少儿的关注度和敏感度选择相关的图书和资源，以引导他们关注时代发展和社会问题。图书馆应该跟进教育部门的改革方向和要求，并根据新课程标准和新教材内容选择符合要求的图书和资源，以配合他们的学校教育。

图书馆应该根据自身条件、用户反馈、评价结果等信息，制定合理的少儿资源更新和淘汰机制和流程，保证资源的新颖性、有效性、安全性和合法性。比如，图书馆应该定期检查自身的纸质图书、电子资源、音像资料等的数量、质量、使用情况等数据，并根据实际情况进行增补或淘汰。图书馆应该及时收集和分析用户对于少儿资源的意见和建议，并根据用户满意度进行改进或调整。

3.3 拓展图书馆少儿服务渠道

图书馆少儿服务渠道的基本形式是线上线下相结合。线上服务通过建设图书馆网站、微信公众号、小程序等平台，为少儿提供图书目录检索、电子资源下载、在线阅读、预约借还、参与活动等功能，让少儿能够随时随地获取图书馆信息和资源。线下服务通过优化图书馆空间布局、增加少儿阅读区域、丰富少儿图书藏量和种类、开展多样化的阅读活动等方式，吸引少儿到图书馆实体空间来阅读和学习。线上线下相结合的服务渠道能够实现图书馆资源和服务的全方位覆盖，满足少儿不同场景和时间的阅读需求。

图书馆少儿服务渠道的重要途径是移动终端。移动终端包括智能手机、平板电脑等设备，是少儿获取信息和娱乐的主要工具。图书馆可以利用移动终端，开发适合少儿使用的 App 或小程序，提供图书推荐、在线阅读、互动游戏、知识问答等功能，增加少儿对图书馆的兴趣和参与度。此外，图书馆也可以利用移动终端，与少儿家长或教师建立联系，发送阅读指导、活动通知、借还提醒等信息，促进“家校图”之间的沟通和协作。

图书馆少儿服务渠道的有效拓展是社区合作。社区合作指的是图书馆与社区内的其他机构或组织，如学校、幼儿园、社区中心、商场等，建立合作关系，共同为社区内的少儿提供优质的阅读服务。社区合作可以扩大图书馆的服务范围和影响力，增加少儿接触图书馆资源和服务的机会。例如，图书馆可以与学校或幼儿园建立流通站点或分馆，定期向其提供新鲜的图书资源；图书馆也可以与社区中心或商场合作，在其空间内设立阅读角或举办阅读活动，吸引更多的少儿参与。

3.4 创新图书馆少儿活动形式

图书馆少儿活动应该遵循少儿的学习特点和能力，体现以少儿为中心的理念，关注少儿的主动性、创造性、探索性和合作性。图书馆少儿活动应该因材施教，根据不同年龄段的少儿的认知水平、心理特征、兴趣爱好等因素，设置合适的难度、内容、形式和目标，使少儿能够在活动中全面发展。图书馆少儿活动应该充分利用图书馆的资源优势，以图书为载体，促进图书与少儿的互动。图书馆少儿活动应该根据不同类型和主题的图书，设计和组织丰富多彩的阅读活动，如朗读、讲故事、绘本展示、读者分享、阅读竞赛等，使少儿能够在阅读中感受图书的魅力，拓宽视野，培养思维和想象力。图书馆少儿活动应该注重创新和多元化，以活动为平台，促进活动与社会的联系。图书馆少儿活动应该根据不同场合和时机，设计和组织多种形式的活动，如主题展览、文化节、讲座报告、亲子互动、志愿者服务等，使少儿能够在活动中了解社会现实，参与社会实践，培养社会责任感和公民意识。

3.5 加强图书馆少儿合作伙伴

图书馆要加强与家庭的合作，因为家庭是少儿最早和最重要的阅读环境。图书馆可以通过开展亲子阅读活动、提供家庭阅读指导、建立家庭阅读俱乐部等方式，增强家长对少儿阅读的重视和参与，培养家庭阅读氛围，促进家长和孩子共同成长。

图书馆要加强与学校的合作，因为学校是少儿主要的学习和社交场所。图书馆可以通过开展校园阅读活动、提供课程服务、建立校际联盟等方式，支持学校的教育目标和课程改革，拓宽少儿的知识视野和兴趣爱好，增进少儿之间的交流和互动。

图书馆要加强与社会团体的合作，因为社会团体是少儿接触社会和参与公共事务的平台。图书馆可以通过开展公益阅读活动、提供志愿者服务、建立社区网络等方式，引导少儿关注社会问题和民生需求，培养少儿的社会责任感和公民意识，激发少儿的创造力和行动力。

图书馆要加强与专业机构的合作，因为专业机构是少儿获取专业知识和技能的途径。图书馆可以通过开展专题讲座、提供专业咨询、建立资源共享等方式，利用专业机构的专业知识和技能，为少儿提供更丰富和更深入的阅读内容和服务，提升少儿的阅读能力和素养。

参考文献

[1] 侯习哲 . 教育“双减”政策下公共图书馆少儿阅读推广服务转型研究 [J]. 大学图书情报学刊 ,2022(5).

[2] 李百灵 . 开拓儿童阅读服务新路径 [N]. 中国文化报 ,2021-12-08,(002).

[3] 冯志会 . 公共图书馆少儿阅读推广服务转型创新探讨 [J]. 文化产业 ,2023(6).

文旅融合背景下少数民族地区少儿阅读推广的创新与实践

刘雨霖（湖南省少年儿童图书馆）

摘要：在文旅融合的新时代背景下，少数民族地区的少儿阅读推广工作面临着新的机遇和挑战。本论文旨在探讨少数民族地区少儿阅读推广的创新与实践，提出相关对策，促进少数民族地区少儿阅读水平的提升和文化传承。

1 引言

近年来，随着我国经济的快速发展和人民生活水平的提高，文化旅游逐渐成为人们休闲娱乐和学习文化知识的重要方式之一。与此同时，少数民族地区面临着少数民族文化传承和保护的问题。少儿阅读推广作为一项重要的文化工作，对于少数民族地区的文化传承和保护具有重要意义。本论文旨在探讨少数民族地区少儿阅读推广的创新与实践，提出相关对策，促进少数民族地区少儿阅读水平的提升和文化传承。

2 文化旅游融合对图书馆阅读推广的影响

在当前这个快速发展的社会，人们对阅读的追求和知识的汲取已经逐渐转变为注重高效率和快速度。传统的纸质介质，如文献和报纸，已经被电脑、手机等电子产品所取代，这是由于科技的发展所带来的变化。这种方式一方面节省了时间，但另一方面也使人们逐渐对电子阅读产生依赖。然而，在文化旅游融合的大背景下，图书馆阅读推广应积极利用互联网时代数字化技术的发展，以适应这个新时代的阅读需求。

2.1 拓展图书馆的服务空间

2018 年颁布实施的《中华人民共和国公共图书馆法》将阅读推广作为全民阅读的重要举措和图书馆的核心服务工作之一，并将其纳入法律保障体系。在这样的背景下，各地区的图书馆根据自身的地方优势和特色，结合实际需求，开展了形式多样、内容丰富的阅读推广活动，如全民阅读季、青少年读书会、社区图书月等。然而，在文化旅游融合的背景下，图书馆不仅应该在本馆内提供活动空间服务，还应与当地特色旅游景点相结合，以拓宽图书推广的渠道。例如，可以合作建立阅读小站、阅读屋、阅读亭等。在选择书籍时，可以考虑当地的民俗文化、民间故事等，让前来旅游的游客在欣赏风景的同时，也能够了解当地的民俗文化，来一场心灵的洗礼。

2.2 民俗文化特色阅读需求的增加

2.2.1 民众对于民俗文化特色阅读的需求增加

旅游是人们获得不同体验感受、不同文化和民俗的重要方式。而图书馆作为各地区的文献资源保障中心，正是为地方特色文献以及特色文化的传承和发展提供支撑的重要机构。

在文化旅游融合的背景下，民众对于民俗文化特色阅读的需求也随之增加。图书馆应当加强对这方面的收集和整理工作，建立专门的民俗文献馆藏，并积极推广这些特色文献。通过举办相关的讲座、展览和阅读活动，将民俗文化与阅读相结合，给读者带来更加丰富和有趣的阅读体验。这样一来，无论是当地居民还是游客，都能够通过图书馆的资源，深入了解并感受到当地独特的民俗文化。

文化旅游融合对图书馆阅读推广产生了积极的影响。拓展图书馆的服务空间和满足民众对民俗文化特色阅读的需求，将为人们带来更多元化、丰富而有意义的阅读体验。图书馆应积极适应时代的变化，利用数字化技术和合作机会，为读者提供丰富的阅读资源和独特的阅读体验。通过文化旅游融合，图书馆能够在传统阅读的基础上与旅游景点相互融合，使阅读成为旅途中不可或缺的一部分。

2.2.2 文化旅游融合为图书馆阅读推广提供了新的机遇

随着社会的发展，科技的进步，人们获取信息的方式发生了巨大的变化。电子产品逐渐取代了传统的纸质媒介，阅读也从实体书籍转向了数字化阅读。尽管这种方式带来了高效和便利，但也伴随着信息过载和碎片化阅读的问题。在这样的背景下，图书馆作为传统阅读的守护者和传承者，承担着重要的角色。

文化旅游融合为图书馆阅读推广提供了新的机遇。图书馆可以拓展自身的服务空间，与当地特色旅游景点合作，建立阅读小站、阅读屋、阅读亭等。这样的合作不仅丰富了旅游景点的文化内涵，也为游客提供了休憩和阅读的场所。在选择书籍时，图书馆可以根据当地的民俗文化、民间故事等，为读者提供更具地方特色和吸引力的阅读材料。例如，在古老的文化古镇中建立阅读亭，供游客阅读相关的地方历史文化书籍，让他们在欣赏古建筑的同时，也能深入了解当地的人文风情。

此外，民俗文化特色阅读的需求也逐渐增加。旅游者在体验不同文化和民俗的过程中，渴望了解更多相关的知识和故事。图书馆可以通过收集和整理当地的民俗文献，建立专门的馆藏，并通过讲座、展览和阅读活动的形式向读者推广。这样一来，读者不仅能够在旅游中感受到当地的风土人情，还能通过阅读深入了解其中的历史背景和文化内涵。

在文化旅游融合的推动下，图书馆的角色不仅是知识的传播者，更是文化的传承者和连接者。它们不仅提供了丰富的阅读资源，还为读者带来了身临其境的阅读体验。通过与旅游景点的合作，图书馆能够将阅读与旅游相结合，为读者打造更加丰富、多样化的文化体验。

总而言之，文化旅游融合对图书馆阅读推广产生了积极的影响。图书馆应积极适应时代的变化，利用数字化技术和合作机会，拓展服务空间，满足民众对民俗文化特色阅读的需求，为读者提供丰富多样的阅读体验。通过这样的努力，图书馆将继续在推动阅读事业发展、促进社会文明进步方面发挥重要作用。

3 少数民族地区少儿阅读推广的创新与实践

为了推动少数民族地区的少儿阅读推广工作，我们需要采取一系列的创新与实践措施。

（1）我们可以通过加强图书资源投入，提高图书馆设施和服务质量，开展多样化的阅读活动，提高少数民族地区的少儿阅读环境。在图书资源方面，政府可以提供资金支持，增加少数民族地区图书馆的藏书数量。同时，加强少数民族地区图书馆的设施建设，提供更加舒适、便民的阅读环境，例如增加休闲阅读区、提供电子阅览器等。在服务质量方面，培训图书馆工作人员，提高他们的专业素质和服务意识，为少儿提供更好的阅读指导和服务。

（2）我们可以通过举办阅读推广活动，提高少数民族地区少儿的阅读兴趣。政府和学校可以联合开展一系列的阅读活动，例如举办图书展览、阅读讲座和阅读比赛等。通过这些活动，可以让少数民族地区的少儿了解到更多有趣、有益的图书，并培养他们的阅读兴趣和习惯。

（3）政府和出版机构可以通过创作和出版少数民族地区的少儿图书，提高图书的质量和市场影响力。少数民族地区因其独特的地理环境和民族文化而吸引着大量的游客，这也为少数民族地区的少儿图书市场提供了机会。政府可以加大对少数民族地区的少儿图书创作和出版的支持力度，鼓励作家和出版机构创作和出版具有地方特色、富有民族文化内涵的图书，提高图书的质量和市场竞争力。

4 案例分析

桐庐县图书馆“公共图书进民宿”项目：助推游客文化情境感知。

2016年10月，桐庐县图书馆启动“公共图书进民宿”项目，开展“图书馆+民宿”服务创新活动。桐庐县图书馆以总分馆建设为平台，在12个乡镇建设独立的图书馆分馆，由分馆负责与民宿联系，选定富春江镇石舍村规模较大的7家民宿作为试点，根据不同民宿的主题配送特色图书。例如，为主打田园风的民宿配置轻松、休闲的轻阅读类图书；为以瑜伽健身为特色的民宿配送瑜伽锻炼、修身养性类图书。图书馆根据民宿要求提供图书，定期调拨图书，按年度对流通情况进行检查并反馈。民宿需要提供固定陈列书架以及图书流通所需要的设备，保证游客可以在民宿免费阅览藏书。“图书馆+民宿”的服务方式将图书馆的文化情景延伸到了民宿。民宿作为游客的休息场所，自身的文化氛围较弱，图书馆通过提供文献资源，在安静、舒适的民宿环境中加入书籍元素，给民宿增添文化意义。游客在放松休息时，触手可及的书籍与闲适的氛围会在潜移默化中影响游客的阅读行为，使其感受到民宿区别于酒店的文化情境，从而有一次良好的情感文化体验。显而易见的是，仅仅将图书资源“运”进民宿是不足以激发游客文化情境感知的，一个对人有着启发意义的文化情境不仅需要场景设计、空间布局营造出来的氛围空间，更需要深层次的文化阐释、文化交流与思想碰撞。桐庐县图书馆需要发挥主观能动性，一方面，对所选的图书进行充分的揭示与表达，例如编制配套的推荐书目、导读、文摘等，使图书的文化价值尽可能地外显；另一方面，寻找与民宿的契合点，例如挖掘民宿所在风景区的历史沿革、名人轶事，普及民宿本身的建筑文化，与民宿合作设计举办创意小活动等，助推游客文化情境感的提升。

5 结论

文旅融合背景下，少数民族地区的少儿阅读推广工作面临着新的机遇和挑战。为了促进少数民族地区少儿阅读水平的提升和文化传承，我们需要加强图书资源投入，提高图书馆设施和服务质量，开展多样化的阅读活动。同时，通过举办阅读推广活动和创作出版具有地方特色的少儿图书，提高少数民族地区少儿的阅读兴趣和图书质量。希望本论文能对少数民族地区少儿阅读推广的创新与实践提供一些思路和借鉴。

参考文献

[1] 张磊，周芸熠，尹士亮．图书馆＋景区（公园）：文旅融合背景下阅读推广的新模式[J].图书馆建设,2022(03).

[2] 刘筱熠．文旅融合背景下公共图书馆少儿阅读推广策略研究[J].兰台内外,2022(19).

[3] 凌玉芳，文化旅游融合发展背景下的公共图书馆阅读推广初探[J].参花（上）,2021(06).

[4] 刘莹莹，李桂华．文旅融合背景下公共图书馆服务创新路径研究[J].图书情报工作,2022(08).

[5] 王海燕，张武英．少儿本位服务理念下的公共图书馆少儿阅读推广活动研究[J].常州工学院学报,2020(04).

公共图书馆少儿阅读推广活动品牌化研究与实践
——以衡阳市图书馆"星空奇遇夜"活动为例

汪尧　邹雅娟（衡阳市图书馆）

摘要：本论文旨在研究公共图书馆少儿阅读推广活动品牌化的意义与实践方法。通过对相关理论的探讨和实际案例的分析，阐述品牌化对于提高少儿阅读兴趣和素养的重要性，并提出具体的品牌化策略和实施建议。

1 引言

随着社会对少儿阅读重视程度的不断提高，公共图书馆在少儿阅读推广中扮演着越来越重要的角色。如何打造具有影响力的阅读推广活动品牌，以吸引更多的少儿参与并从中受益，成了当前公共图书馆面临的重要课题。

自衡阳市图书馆新馆开放起始，即受到广大市民的高度瞩目，其热度不断攀升，已然成为大城衡阳崭新的文化地标以及网红打卡之地。其旨在创新图书馆服务模式，提供更为优质的服务，以吸引更多读者步入图书馆。为此，策划推出了"星空奇遇夜"亲子阅读活动品牌。该活动与杰出的阅读推广社会机构合作，达成资源整合，协同推进少儿阅读推广活动的品牌化演进。针对品牌化策略展开探究与实践摸索，以期为公共图书馆提供具有价值的建议与参照，助力图书馆更好地履行社会责任，培育少年儿童的阅读习惯与兴趣，推动全民阅读的深入拓展。

2 公共图书馆少儿阅读推广活动品牌化的理论基础

2.1 品牌的定义与作用

读者对于图书馆活动或服务的认知、感触与评价，是一种无形的资产，其象征着图书馆的形象、价值观以及声誉，也就是图书馆活动品牌。它可辅助读者甄别图书馆的活动或服务，能在诸多选项当中迅速做出抉择。一个优良的品牌形象能够传递出活动或服务的高品质和可靠性，增进读者的信任感。品牌能够同读者构建情感联结，引发共鸣，提升读者的忠诚度和参与意愿。优质品牌能够赋予图书馆竞争优势，吸引更多的读者并抵御行业态势的挑战。品牌具备附加值，能够为图书馆带来更高的效益以及长期的服务效能。

2.2 品牌化与少儿阅读推广的关系

一个独特且具有吸引力的活动品牌能够引发公众的关注，尤其是能吸引儿童与家长的参与。

活动品牌可借由精心谋划的标识、宣传口号以及活动形象，使活动更易被铭记与传播。好的品牌传递出专业、可靠及优质的形象，家长与孩子们更为乐意参与具有良好品牌声誉的阅读推广活动，他们笃信这些活动能够给予有价值的阅读体验。活动品牌能够营造出一种特定的氛围与社区感，孩子们或会对某一品牌的活动产生认同感，并踊跃参与其中，形成一种阅读社群，推动彼此之间的交流与互动。活动品牌一经构建形成，能够激发起孩子们的兴趣及参与渴望，致使他们更为情愿长期投身相关的阅读活动之中，培育出持久稳固的阅读习惯。经由品牌化之途径，公共图书馆得以凸显其自身特色及优势，与其他类似活动相区分，有益于在竞争激烈的环境中崭露头角，吸引更多的读者与资源。拥有优质品牌的公共图书馆更易和学校、社区组织、企业机构等构建长期稳定的合作关系，透过与合作伙伴的联动，扩大活动的影响力，共同推进少儿阅读的推广事宜。一个成功的品牌能够于社会层面产生积极的效应，推动阅读文化的传承与发展，能够成为社区和城市的文化标识，鼓励更多人重视阅读和知识的重要性。

3 公共图书馆少儿阅读推广活动品牌化的实践案例分析

3.1 案例介绍

"星空奇遇夜"是衡阳市图书馆以"图书馆 + 社会机构"合作模式打造的创新型亲子阅读活动品牌。旨在培养青少年的阅读习惯和提高其文化素养，通过一系列具有趣味性、互动性的活动环节，如布偶剧、海洋主题手工、亲子互动、阅读分享、图书寻宝、知识抢答、阅读绘本、亲子小游戏、戏剧表演等，吸引孩子们走进图书馆，爱上阅读。活动内容丰富，趣味性、互动性极强，能够拓宽孩子们的视野，增强协作、配合能力，培养阅读兴趣。该活动至今已成功举办九期，活动参与人数已有 626 人。在场地和活动人数的限制下，大量读者还在咨询预约下期活动，为品牌活动的持续发展提供了积极的社会效应。

3.2 案例分析与总结

衡阳市图书馆"星空奇遇夜"以星空与奇遇作为主题，激发起孩子们的好奇心与探索欲。此种独特的主题设计使该活动在众多阅读推广活动中鲜明凸显。比如第一期活动，有 20 组家庭参与其中，其活动内容令知识学习与趣味性得以兼备。通过布偶剧、海洋主题手工、亲子互动、阅读分享、图书寻宝等环节，一次次将现场氛围推向高潮。活动结束后，各家在图书馆大厅搭建帐篷，以书海为侣，与知识为邻，让书香浸润童心，为少年儿童提供了别具一格的阅读体验。凭借精心设计的活动名称、宣传推广文案以及读者参与活动后的口碑，塑造出独特的品牌形象，提升了活动的辨识度与吸引力。

衡阳市图书馆于活动进程中着重参与者的体验，持续对活动内容与形式予以改进。经由"图书馆 + 社会机构"的合作模式，实现资源整合，扩大其影响力与覆盖面。以第四期活动为例，在合作机构提供资源与技术支持的前提下，对报名方式进行优化，同时改进活动内容，有将近 70 名家长和孩子参与活动，活动人数增长近 50%。工作人员在活动中举行知识抢答活动，引领孩子们阅读《图书馆之夜》，进行亲子小游戏，并在戏剧表演《有故事的蘑菇》中让家长带领孩子们演绎经典童话故事。活动结束后，共同在帐篷里进行自由阅读，享受与书共眠的美好时光。活动期数的增加，依旧保持着新鲜感与吸引力，使品牌能够得以持续发展，获得孩子们和家长的积极反馈，提升品牌的口碑与忠诚度。

经由“星空奇遇夜”的案例剖析，我们能够归结出如下经验：“星空奇遇夜”以神秘的星空及充满冒险的奇遇为主题，成功捕获了孩子们的猎奇探索欲，此种独特的主题设计使活动于众多阅读推广活动中独具一格。精心筹划的活动内容，满足了孩子们多样化的兴趣需求，令他们在参与过程中充分感受到乐趣。活动借由精心设计与宣传成效，为“星空奇遇夜”塑造独特且鲜明的品牌形象，增强活动的辨识度，更易被记住。“图书馆 + 社会机构”的合作模式，有效整合社会资源，进一步拓展活动品牌影响力。家长和孩子们对于活动的积极反馈，诸如高度的参与度、愉悦的体验以及对活动内容的喜爱，证明了活动的成功与价值。构建微信社群，持续搜集反馈意见，对活动予以改进和创新，不断适应孩子们的需求及市场变化，保持活力与吸引力。

综上所述，“星空奇遇夜”凭借独特的主题、丰富的内容、鲜明的品牌形象、“图书馆 +X”的合作模式、良好参与的体验以及持续的创新，取得显著成效，为少儿阅读推广活动的品牌化发展提供了宝贵经验，对培养孩子阅读兴趣和习惯具有重要意义。

4 公共图书馆少儿阅读推广活动品牌化的策略

4.1 品牌定位与目标受众

在进行品牌定位抉择时，须明确少儿阅读推广活动的核心价值，如激发阅读兴趣、提升阅读能力、培育综合素养等。并依托图书馆的资源与优势，塑造独具特色的品牌，与其他同类活动相区分，凸显特色与差异化。依据当地的少儿人口结构、教育水平等因素，如幼儿园、小学、社区等来定位目标市场。借助品牌名称、标识、宣传语等元素，构建积极、活泼、有趣的品牌形象，以吸引少儿与家长的关注。

少儿阅读推广活动的目标受众可以大致分为少儿群体、家长和监护人、学校和教育机构，以及社区居民。对于少儿群体可根据不同年龄段的少儿特性，规划适宜的阅读推广活动，如绘本阅读、故事分享、角色扮演等。家长和监护人是少儿阅读的关键引导者和支持者，通过活动让他们知晓阅读的重要性，为其提供培养孩子阅读习惯的方法和资源。借由“图书馆 + 学校”“图书馆 + 社会机构”等合作模式，将阅读推广活动纳入学校的课程体系或课外活动之中。构建“图书馆 + 社区”的合作联动，把品牌活动推行至社区活动中，进一步拓展影响力，提升社会对少儿阅读的重视程度与参与度。

在品牌定位与目标受众的确定进程中，需充分洞悉市场需求及竞争环境，持续优化与调适策略，构筑完备的“图书馆 +X”合作链，提升品牌的知名度与影响力，吸引更多的少儿及家长投身阅读推广活动之中。

4.2 品牌名称与形象设计

少儿阅读推广活动品牌名称应具有趣味性，以吸引少儿注意力，可采用“小精灵”“探险家”等有趣的词汇。在注重趣味性之时，品牌名称亦需简洁易记，选取简洁明了的名称，以便少儿和家长记忆，如“阅芽”“悦读堡”等皆传达了与少儿阅读有关的信息。品牌名称亦可结合地方特色，思考与当地文化、特色或地标相关的名称，增添品牌的地域认同感，如“雏雁计划”“回雁读书会”等体现了雁城衡阳的文化地域特色。

少儿阅读推广活动的形象设计色彩上选择鲜明、活泼的色彩，如蓝色（代表知识、智慧）、绿色（代表成长、生机）或黄色（代表快乐、活力）等，不同的色彩选择会给活动参与者带来不同的心理感知。活动品牌设计可爱的吉祥物，可具象化地提升品牌认知度，它可以是动物、植物或抽象形象，象征着阅读与学习。创建一个独特的标识，可以是图形、字母组合或其他形式，确保其在各类宣传材料上具有较高的辨识度。设计吸引人的宣传海报，展示活动主题、时间与亮点，吸引少儿和家长的关注。在所有宣传材料、活动现场布置等方面，维持品牌名称、形象设计的一致性与连贯性。

品牌名称与形象设计于品牌化策略中乃是极为关键的一个环节，亦是活动参与者认知活动的首要印象，能够对活动的吸引力及影响力产生直接作用。

4.3 品牌内容与活动形式

优质的品牌内容需构建良好的品牌故事，一个有趣且富有教育意义的品牌故事，会与少儿读者产生情感共鸣。譬如衡阳市图书馆“星空奇遇夜”以绘本《图书馆之夜》作为主线，运用诗意语言、唯美画面表现以及极具想象力的图画书，为孩子们呈现了搭着帐篷夜宿图书馆的精彩场景与无限遐想。每当奇幻阅读之旅结束，孩子们皆会发觉自身对阅读产生了浓厚兴趣，他们期待着下一次的冒险。品牌故事不仅能够吸引孩子们的注意力，还能够传递品牌的核心价值，即通过阅读探索奇幻世界，培养想象力与探索精神。于实际推广活动中，可将品牌故事作为基础，设计相关的活动与游戏，例如“成为图书馆的一朵蘑菇”“亲子故事剧场”等，进一步增强孩子们对品牌的认同感与参与度。

于活动形式层面，提议安排专业的故事演讲人或志愿者，为孩子们述说精彩的故事，激发其阅读兴趣。举办各类阅读工作坊，如绘本制作、故事创作、角色扮演等，培育孩子们的创造力与表达能力。可依不同主题，如科学、历史、文学等，组织相应的阅读活动与讲座。鼓励家长与孩子共同参与阅读，促进亲子关系及家庭阅读氛围的形成。举行图书展览，展示各类优秀的儿童书籍，令孩子们有机会接触更多的优质读物。组织阅读竞赛，激发孩子们的竞争意识与阅读动力。邀请儿童文学作家至图书馆，与孩子们进行互动交流，分享创作经验与阅读心得。利用互联网平台，开展线上阅读挑战、电子书分享等活动，进一步拓展覆盖面与参与度。

借由品牌内容以及多样化的活动形式，公共图书馆得以塑造出具备特色与影响力的少儿阅读推广活动品牌，吸引更多的孩子关注阅读，并爱上阅读。诚然，具体的品牌内容及活动形式应依据图书馆的资源和受众需求进行定制与调整。

4.4 品牌传播与推广途径

可借助社交媒体平台，如微信、微博、抖音等，发布活动信息、图片、视频等内容，吸引家长与孩子的关注，以有趣的话题、互动活动等方式增进用户参与程度。联动“图书馆 +X”合作模式，拓展影响力，举办线下推广活动，例如阅读讲座、故事分享会、图书展览等。完备会员制度，激励家长和孩子注册借阅证，享受更多优惠与专属活动，经由会员的口碑传播，吸引更多人参与。塑造具有特色的阅读推广活动，如主题阅读月、读书俱乐部、亲子阅读活动等，吸引更多的目标受众。设计独特的品牌标识、宣传海报、活动周边等，聚焦品牌的辨识度与吸引力。培育志愿者，令其参与活动的组织与推广，志愿者的口碑传播可有效地扩大活动的影响力。讲述品牌背后的故事，令用户更为深入地了解品牌的理念与价值，增强品牌认同感。邀请知名作家、儿童文学专家、艺人等参与活动，借助其影响力与知名度吸引更多人关注。举办线上阅读挑战、征文比赛、绘画比赛等活动，增加用户的参与度与黏性。对活动效果进行数据分析，了解用户需求与反馈，持续优化活动内容与推广策略。

5 公共图书馆少儿阅读推广活动品牌化的实施建议

从组织管理与团队建设切入，构建明晰的组织架构及工作流程，以保障活动的高效运作。周期性开展团队培训，增进团队成员的专业素养与团队协作能力。设定激励机制，激励团队成员积极投身工作，参与活动的读者依据参与程度、阅读量等赋予积分，积累后用以兑换奖励。以“图书馆 +X”合作模式作为着力点，构筑长期联动合作网络，为活动提供资源技术保障，共同推动少儿阅读。整合内外部资源，优化资源配置，提升资源利用效率。建立完善的评估与反馈机制，拟定科学的评估指标体系，对活动效果予以全面评估。定期收集读者、家长以及合作伙伴的反馈意见，解析活动数据，为决策提供依据，实时改进活动。聚焦于活动的持续创新与发展，导入新技术、新方法，关注行业动态及读者需求，不断创新活动内容与形式，提升活动的吸引力和参与度。定期总结经验，探索品牌发展的新思路与新方向。上述建议可助力公共图书馆更优地实施少儿阅读推广活动的品牌化战略，为少儿阅读推广活动注入全新活力，助力孩子们于阅读中茁壮成长。

6 结论

总之，公共图书馆少儿阅读推广活动品牌化乃是一个持续演进与完备的进程。经由持续的探究与实践，我们将会不断探寻出更为行之有效的品牌化策略，为广大少儿提供更优质的阅读服务，培育他们的阅读兴趣与能力，推动他们的全面发展。

参考文献

[1] 鲍义雄 . 我国省级公共图书馆少儿阅读推广活动品牌化策略研究 [D]. 安徽大学 ,2022.
[2] 谢招发 . 福建省公共图书馆少儿阅读推广品牌建设研究 [D]. 福建师范大学 ,2022.

公共图书馆少儿阅读推广活动品牌建设和实践
——以衡阳市图书馆为案例

李后贤　何立群（衡阳市图书馆）

1 衡阳市图书馆少儿阅读推广活动品牌建设开展背景

自党的二十大以来，党中央、国务院相继发布了一系列关于加强公共文化服务体系建设的意见，对构建公共文化服务体系、推进文化惠民工程等方面作出了重要部署。公共图书馆作为公益性事业单位，是公共文化的重要组成部分，不仅肩负着“传承文明，服务社会”的重要职责，还承担着“满足人民日益增长的文化需求”的社会重任。少年儿童是祖国的未来、民族的希望，是文化自信和传承的种子，因此，少儿阅读推广及其活动品牌建设更是文化服务的关键所在。本文以衡阳市图书馆为例，介绍了其基本情况，分析了少儿阅读推广活动品牌建设的现状，并探讨了加强少儿阅读活动品牌建设的思路。

公共图书馆是向家长和少儿展示文化的一张名片，少儿阅读推广活动品牌在一定程度上体现了图书馆的整体形象，同时也承载了图书馆面向少儿群体推行的阅读推广服务的内涵与价值。因此，公共图书馆开展少儿阅读推广活动品牌建设可以借助品牌效应，有效提升自身的社会影响力和知名度。然而，从总体上看，目前我国关于公共图书馆少儿阅读推广活动品牌建设的相关研究文献数量较少，缺乏对活动品牌建设实践过程的系统性研究，这显然不利于我国公共图书馆在少儿阅读活动品牌建设研究领域的进一步发展和拓展。因此，以市级公共图书馆为研究对象，对其开展的少儿阅读推广活动品牌建设进行研究更具代表性和示范性价值。

2 衡阳市图书馆少儿阅读推广活动品牌建设介绍

2.1 现有少儿阅读推广活动品牌发展情况

衡阳市图书馆积极应对全民阅读的新形势与新挑战，于 2020 年 10 月抽调业务精英成立阅读推广部。该部门成为策划、组织和实施阅读推广活动的有力抓手，带动全馆各部门紧密贴合时代潮流，打造了一系列形式新颖、充满活力、广受社会各界好评的阅读品牌。

尽管衡阳市图书馆老馆受诸多现实因素影响，尚未具备独立的少儿阅览功能，只能开展少量少儿阅读相关活动。这也是众多地市县图书馆和儿童图书馆面临的困境，由于场地、设施、人员、经费等多方面限制，纵使有一身本领，也难以施展，导致少儿阅读推广活动进展缓慢。

然而，在搬迁新馆后，得益于全民阅读推广的时代背景和省市委大力发展文旅兴城的助力，少儿阅读推广活动品牌开始蓬勃发展。在场地设施、人才队伍、运营经费、社会力量支持等方面都较老馆有了大幅提升。先后创立了面向儿童的"雏雁计划""小小馆长训练营""'喜迎二十大·童心永向党'爱国诗篇朗诵文艺汇演""儿童剧本游""科学家的故事会"；针对亲子的"星空奇遇夜""国潮故事会""探险绘本""去风景里读书"；还有专门为少儿和儿童设立的"经典美文诵读大赛"等众多优秀的少儿阅读推广活动品牌。各类活动品牌作为一张张名片，为衡阳市图书馆的曝光度提高做出了重要支撑。2023 年全年线上线下共服务读者 300 万人次，外借图书 34 万余册次，同比增长 60%。全年线上线下活动 300 余场、逾 80 万人次参与，同比增长 80%。全年在各类媒体报道 140 余篇；本馆微信公众号、抖音号等发布推文、宣传稿、视频 400 余条。微信、抖音粉丝数量突破 15 万。

经过两年多的发展与沉淀，少儿阅读推广活动逐渐实现了服务品牌化和系列化，有效提升了少儿阅读服务的质量和数量，填补了针对少儿文化服务的空缺。一系列专项少儿阅读推广活动品牌，有力地支撑起了衡阳市图书馆，使其成为湘南地区公共文化服务，尤其是少儿文化服务的重要支柱。

2.2 雏雁计划

养成阅读习惯、享受阅读乐趣，对孩子们而言，是受益终身的启蒙教育。为了激发儿童的阅读兴趣，引导他们养成"爱读书、读好书、善读书"的良好习惯，我们策划了"雏雁计划"这一阅读品牌，每周举办两期。为扩大活动的服务对象，我们前期对市内较有名气的连锁幼儿园进行实地走访和调研，在和数家幼儿园达成活动共识后，于 2022 年 5 月初启动"雏雁计划"绘本阅读的系列活动，截至 2024 年 3 月底共举办 93 期。

"雏雁计划"精确地满足了学龄前儿童的绘本阅读需求，在通过老师现场绘本阅读讲解、引导孩子们自主选书阅读、现场体验 AR 互动设备、手工制作等活动，让更多的孩子走进图书馆、了解图书馆，从而小手拉大手地把家长也带进了图书馆。

2.3 小小馆长训练营

通过"小小馆长训练营"的一系列活动，让小馆长们对图书馆员这一职业有初步的了解和体验，提高他们的阅读兴趣，结交志同道合的朋友，丰富他们的寒假生活。开展更多元、更适合少儿群体的阅读推广活动，为打造书香雁城贡献衡图力量。

该活动面向 6 岁到 12 岁的小学阶段读者，在寒暑假期间通过微信公众号和现场报名的方式招募"小小馆员"培训班学员。培训内容为协助工作人员维持儿童阅览区借阅秩序，包括图书馆整架、上架和劝导读者不文明行为，为广大读者营造和谐文明的借阅学习环境等。训练营也是孩子们一次重要的社会实践活动，活动增强孩子们的语言表达能力和社交能力，培养孩子们团结协作、热爱劳动的精神，同时也让他们学会在以后的学习道路上如何更好地使用图书馆。

2.4 "喜迎二十大·童心永向党"爱国诗篇朗诵文艺汇演

为深入学习贯彻党的二十大精神，聚焦为党育人的根本任务，让孩子们更好地了解党的伟大历史，引导孩子们从小感恩党、听党话、跟党走，厚植爱党爱国爱社会主义情怀，衡阳市图书馆举办了“喜迎二十大·童心永向党”爱国诗篇朗诵文艺汇演。通过线上线下报名，邀请各小学参赛的方式，共有78名参赛选手，通过同台现场朗诵，决出比赛名次。

2.5 儿童剧本游

精彩纷呈的少儿剧本游活动，通过阅读解密、游戏互动、情景演绎等环节，带领小读者身临其境地体验剧本中的情节和推理过程。小读者们通过沉浸式的剧情场景，体验剧本中的情节和推理过程。他们用智慧和想象力，通过寻找线索和思考，成功解决一系列谜题。现场气氛热烈，每支寻宝队的少年们都充满了自信和活力。少儿剧本游是一种创新的阅读活动形式，能够让孩子们在娱乐中学习，增强他们对书籍和阅读的兴趣。不仅能够让孩子们体验到场景剧的乐趣，还能培养他们逻辑思维和解决问题的能力。通过参与这种富有趣味的游戏，孩子们能够锻炼分析和推理能力，培养合作和沟通技巧，同时增强对阅读的兴趣。

儿童剧本游近年受到了青少年热切的追捧，市图书馆加强和社会机构的合作，成功地把寻宝少年队的系列剧本游成功引进，通过多元化的活动形式让更多的孩子喜欢上图书馆。该系列现已举办10余场活动。

2.6 科学家的故事会

科学家精神是科技工作者在长期科学实践中积累的宝贵精神财富，是中国共产党人精神谱系的组成部分，承载着党的初心使命，呈现出党的鲜明品格。通过对科学家的故事讲述，能够增强学生的国家自豪感，激发学生对科学的兴趣和热爱，引导学生从小树立正确的科学价值观。该活动为了满足少儿读者对引领阅读的需求，通过绘本阅读、现场手工制作、现场问答等活动形式，让小小读者更有参与感和互动感。活动一经推出，家长们踊跃报名，活动不定期每月举行两次。

2.7 星空奇遇夜

以书本为伴，与知识为邻。帐篷里是温馨的家，帐篷外是浩瀚的书海。活动由共读《图书馆之夜》这本书开始，书中描绘的在图书馆中的奇遇夜让小读者们有很强的参与感，随着趣味化比赛活动的开始，现场的气氛逐渐进入高潮。最后的环节是奇妙夜小剧场，小读者们分组演绎如武松打虎、三借芭蕉扇、白雪公主等中外经典名著的桥段，最后通过现场互评产生奖项。搭帐篷夜宿图书馆会是每一个孩子非常难忘的体验。该亲子活动通常在周六晚上举行，每月一期。现已举办12期，场均服务人数过百，主要利用图书馆自身露天阅读空间与读者沙龙场地，项目开支预算由读者承担，图书馆提供场地和组织方案实施。

2.8 国潮故事会

国潮故事会一共有24个方案，对应的是12个中国传统节日和12个节气。国潮故事会在北京、深圳、广州等一、二线城市有着成功举办的经验，深受广大读者好评。衡阳市图书馆联合悠贝亲子图书馆引进该项目落地。故事会中穿插了传统故事领读、趣味知识抢答、手工制作等环节。该活动为馆企合作模式,利用强强联手,各自利用自身优势开展活动。目前已举办 9 期,服务人次 1200 余人。

2.9 探险绘本

在绘本活动中，少儿们可以展开一场奇妙的绘本探险之旅，踏入快乐又刺激的不同故事世界。在各个故事中，扮演不同角色，遇见不同风景。在绘本世界中，插上羽毛笔，装备好想象力和好奇心，在这个未知的世界中畅游每本绘本都是一个未知的故事，每一页都蕴藏着无限的想象力和冒险！该模式场地均在馆内创客空间或少儿服务区，联合各级幼儿园、小学联合举办，经费小,效果明显。但需长期多次举办,目前共举办 13 次,服务人次 2000 余人,合作单位 13 家,属于典型的小成本大效果活动。

2.10 去风景里读书

读万卷书,行万里路,方能遇见更好的自己。同学们在家长的陪伴下从“游”中“学”,从“景”中“读”，收获了快乐、开阔了视野、增长了见识，感受到波澜壮阔的雁城历史，体会到昔衰今盛的骄傲自豪，增强了合作互助的意识能力。相信在衡阳市图书馆的引导和支持下，未来会有更多的参与者加入伴读研学的队伍中，勇毅笃行酬壮志，踔厉奋进向未来！通过社会力量联合举办，如馆校联手方式，校方提供活动预算与场地，大大降低了图书馆经费预算，又能强强联手解决校方拓展学生课外文化服务的需求。共举办 6 期，服务人次 400 余人次。

2.11 经典美文诵读大赛

衡阳市图书馆联合全市 14 家公共图书馆及部分高校图书馆举办“经典美文诵读大赛”。主题为“自信自强守正创新”（第四届）。大赛采用线上线下相结合的方式进行，包括线上征集、海选、线下选拔赛、复赛、总决赛等环节，并根据选手年龄分为成人组、中学生组和小学生组。大赛设置了最佳人气奖（通过线上投票评选），并在线下比赛期间通过多个平台全程直播，宣传比赛盛况。四届比赛共有 95 万人次参与,影响力广泛,群众参与度高。举办方为市委宣传部、市文旅广体局，由衡阳市图书馆承办，各县市区分别举办选拔赛提供选手入围市赛，因此充分调动了市馆、县区馆联合举办大型活动的能力。大赛共举办四届，参赛人数遍及各级高校、初小学与社会达 4000 人次，相关省市新闻报道过百余篇，更有抖音、短视频流量过十万，仅第四届大赛网络平台在线直播就吸引了 101.27 万人次观看，社会反响热烈。

3 衡阳市图书馆少儿阅读推广活动品牌建设成绩

衡阳市图书馆紧贴时代旋律，开创了一系列形式新颖、充满活力、深受社会各界好评的阅读品牌。“图书馆 + 社会机构”项目荣获第七届湖南艺术节“三湘群星奖”,“石鼓书院大讲坛 · 国学讲座”荣获湖南省优秀理论栏目、全国终身学习品牌。2023 年衡阳市图书馆再次被国家文旅部评定为国家一级馆；被中国图书馆学会授予“全民阅读基地”称号，是湖南省唯一上榜的公共图书馆；被湖南省文旅厅公布为“湖南省文明旅游示范单位”；“潮玩 + 悦读”线下科普体验活动被科技部表彰为2023年全国科普日优秀活动；被湖南省图书馆学会表彰为2017—2022年度湖南省图书馆学会先进单位；市图书馆文化志愿服务分队获最佳“衡阳群众”志愿服务组织；获衡阳市二星文明单位。自1995年国家开始评估公共图书馆等级以来，衡阳市图书馆一直为一级馆。2023全年在各类国家、省市级媒体报道140余篇；本馆微信公众号、抖音号等发布推文、宣传稿、视频400余条。抖音、微信公众号关注互动人次共超100万，在线直播累计人次400万。

4 衡阳市图书馆少儿阅读推广活动品牌建设经验启示

以社会主义核心价值观为引领开展阅读活动。以弘扬中华优秀传统文化为目标创建阅读品牌。以创新文化传播途径为理念开拓阅读活动机制。衡阳市图书馆结合本地优秀传统文化开展活动，率先实行分龄分众的阅读推广模式，针对不同年龄层次、知识结构、职业背景的读者群体，打造了“学习书房”“星空奇遇夜”“我来推荐一本书”等十余个阅读品牌，引起广大市民强烈心理共鸣；实行项目化管理，各阅读品牌负责人带领各自项目齐头并进，形成阅读推广活动矩阵；注重多维度宣传，通过短视频、直播等互动方式宣传阅读活动，围绕阅读品牌开发文创奖品，在官方媒体频频亮相，央广网以《湖南衡阳：“雏雁计划”将阅读种子播撒在孩子心田》为题，进行重点报道；定期推出讲座、展演、读书分享、培训、图书漂流等阅读活动，在全市营造了“爱读书、读好书、善读书”的良好氛围；加大创新力度，以“潮玩＋悦读”“线上＋线下”“请进来＋走出去”相结合的方式，开展阅读活动2100余场，参与读者达320万人次，深受社会各界的好评。

衡阳市图书馆作为普通地级市公共图书馆成员与服务地市读者朋友的文化服务一线单位，在少儿阅读推广活动品牌建设的思路与经验，能为各位同行提供更实际、更贴切的参考和借鉴价值。在这承上启下的位置上，如何建设好少儿阅读推广活动品牌，衡阳市图书馆的少儿阅读推广活动品牌建设离不开内外多重因素的协同。

4.1 外在因素

（1）政策制度层面，党的二十大以来，党中央、国务院相继出台了一系列关于加强公共文化服务体系建设的意见，对构建公共文化服务体系、实施文化惠民工程等进行了重要部署，为图书馆的自身发展提供了坚实的大环境基础。中共湖南省第十一届委员会将衡阳确定为省域副中心城市，并支持衡阳建设现代产业强市。这使得657万衡阳人民多年的愿望成了省委省政府的决策意志，他们感到非常振奋、鼓舞和自豪。此外，湖南第三届旅发大会在衡阳举办，市委、市政府高度重视图书馆等公共文化的发展，积极推动文旅相关场所的改善和升级，提高了公共图书馆的经费和社会关注度。

（2）宣传报道方面，凭借新馆优越的场地设施和众多的阅读推广活动，将各类活动品牌化、持久化、周期化地开展下去，让市民形成品牌概念。通过新媒体平台如抖音、微信公众号等，将最好的一面频繁融入市民的生活，牢牢吸引读者的目光。

（3）社会力量方面，文化和旅游部发布的《“十四五”公共文化服务体系建设规划》提到：

“政府主导、社会力量广泛参与的公共文化服务供给机制更加成熟，来自基层群众的文化创造更加活跃，政府、市场、社会共同参与公共文化服务体系建设的格局更加健全。”社会力量与公共图书馆合作开展公共文化服务可以实现优势共享、资源互补，社会力量的丰富性有助于公共图书馆创新服务内容和形式、提高服务供给数量和品质、扩大服务的有效覆盖范围、提升服务效能，可以从经营成本、服务效率和机制灵活性等方面弥补公共图书馆的不足。

4.2 内在因素

（1）组织架构保障方面，公共图书馆自身组织架构的明确和责任的明晰，为阅读推广工作的有效实施提供了保障，确保了高效运行。馆领导班子专项分工负责推广活动的领导工作，以及相关领域的市级图书馆学会、意识形态、外部上下级交流等工作。这为公共图书馆内阅读推广这项综合性工作的有效开展提供了组织依据。

（2）人才保障方面，阅读推广具有一定的专业性要求。一个活动的前后需要各类人才的能力支持，包括组织活动的能力、对外沟通的能力、编写可行活动方案的能力、对外新闻报道、正确的意识形态和高站位的政治能力，以及统筹规划的领导能力。因此，衡阳市图书馆抽调各部门的业务骨干，吸纳各方面的人才，组建了阅读推广部。该部门人员职责明确，在人员配备、经费和业务独立性方面都得到了最大程度地保障，以确保阅读推广部的工作能够有效、快速地落实到位。

（3）制度保障方面，赋予阅读推广部在资金、奖励、人才激励等方面一定的高度自主独立性，从而充分调动人员的积极性。例如，在岗位晋升、奖励奖状、项目经费等方面，提供不同于普通业务经办的复杂审批手续。在重大活动时，可以简化审批流程，以实现特事特办，确保在合规的前提下，将阅读推广活动的胜利召开作为优先事项。

（4）思想保障方面，内外部因素始终只是阅读活动工作的物质基础，最关键的还是从事这项工作的人本身。不仅要在环境条件等方面加以保障，更要确保人员自身思想积极正确。如何调动人员的积极性、主观能动性、创造力和执行力，才是活动成功的关键因素。阅读推广部与传统业务部门不同，它是一个思维碰撞、集思广益、打破传统的场所。大家需要敢于发言、勇于创新，用不同的眼光看问题，毫无保留地提出自己的想法，才能使阅读推广活动不断获得新的动力。同时，站位要高，思想正确也是至关重要的。整个部门的思想“路径”要一致，以社会主义核心价值观为引领开展阅读活动；以弘扬中华优秀传统文化为目标创建阅读品牌；以创新文化传播途径为理念开拓阅读活动机制。紧跟党的二十大精神，抓住衡阳市“制造立市、文旅兴城”的发展战略，在国家全民阅读推广工作中发挥地市级公共图书馆的带头作用。

利用数字资源 协同合作 深耕亲子阅读

——湘潭市少年儿童图书馆青青故事会案例

沈婧（湘潭市少年儿童图书馆）

1 开展背景

湘潭是一代伟人毛泽东主席的家乡，是长株潭城市群“两型社会”建设综合配套改革试验区、长株潭国家自主创新示范区核心成员，辖湘潭县、湘乡市、韶山市等5个县市区，拥有湘潭高新区、湘潭经开区两个国家级园区和湘潭综合保税区，总面积5006平方公里，人口300万。湘潭市少年儿童图书馆作为三、四线城市的公共图书馆，2014年开启了湖南省首家公共图书馆绘本馆，为了更好地利用绘本资源开展亲子阅读，2015年青青故事会开始与读者见面，该活动是湘潭市图书馆（少儿馆）作为全国亲子阅读体验基地的常规活动，也是我市少年儿童主题读书活动、“全民阅读”系列推广活动和社会主义核心价值观教育实践活动之一。每周末上午，在湘潭市少年儿童图书馆三楼绘本馆举行，由阅读推广人、雨湖区小学语文教研工作室老师、三湘少年儿童阅读之星和文化志愿者们组成的领读者给小读者及其家长分享好故事、分享好书、交流阅读体验、开展绘本阅读相关活动。

2 主要内容

1. 精选优质数字绘本资源。为开展此项活动，馆内购买了用于播放PPT和音视频资料的多媒体一体机，音响和话筒等硬件设施设备；同时，与多家知名少儿出版社和数字内容提供商合作，筛选优质的数字绘本、有声绘本故事等，丰富馆藏资源，为开展青青故事会提供了坚实的内容基础，资源平台有云图有声、学习通、超星阅读、中华诗词库等。

2. 自建手绘红色数字资源。2022年、2023年寻访了湘潭城区、韶山、湘乡，长沙等地的红色文旅景点，以青少年的视角讲述关于信仰的故事，建成了手绘风格的“做红色少年走红色路线讲红色故事”H5地图，拍摄了系列短视频16期，丰富了红色馆藏资源，为开展青青故事会奠定了“红色经典名片”的内涵。

3. 线上线下协同开展。在湘潭市图书馆微信公众号、湘潭在线、大美湘潭等平台上发布活动信息，包括内容介绍、领读者简介、参加须知。

4. 鼓励亲子共读模式。定位亲子家庭，鼓励家长陪同孩子参与，增强亲子间的互动和沟通，营造和谐的家庭阅读氛围。

3 创新做法

3.1 打造绘本馆主题活动

为培养少年儿童关注中国文化，感受传统文化的魅力，打造“说说我们的节日”系列活动，如在元宵节等传统节日开展了富有节日气息和符合传统习俗的“元宵喜乐会”，向小读者们介绍元宵节的来历，动手包元宵，感受节日气氛，介绍元宵节相关的绘本。此外还推出了以二十四节气为主题的相关活动，让 70 后张口就来的二十四节气歌重回 00 后的口中，为亲子家庭讲述二十四节气的由来，推荐和节气相关的绘本，如《二十四节气》，开展主题活动，如谷雨饮茶日、立夏蛋上画画、秋忙会、处暑放河灯等和当时节气相关的活动。亲子故事会则是青青绘本馆的常规活动，讲述绘本里的好故事，发现绘本里的小游戏，挖掘绘本里的好剧本，充分利用绘本，让亲子家庭在活动中成为讲故事小达人、DIY 小达人、表演小达人，从小养成阅读习惯。

3.2 丰富小读者假期生活

暑假和寒假期间是少年儿童图书馆最忙碌的一段时间，也是小读者人数最多的时候，为此工作人员制定了假期安排表，把阅读时间进行规划，如上午十点之前让小读者们安静地看书，此为免打扰阶段；十点至十点半则为好书分享活动，让小读者把看到的好书告诉其他的小读者，在分享的过程中巩固了看书时的记忆，此为活跃读书气氛阶段；十一点以后利用数字阅读设备开展阅读活动，此为寓教于乐环节，利用假期，通过合理安排引导亲子家庭阅读相关的内容。

3.3 丰富阅读形式

利用数字资源，将数字阅读与纸本绘本阅读相结合，适当地引导亲子家庭利用数字阅读平台，丰富阅读形式。2015 年湘潭市少年儿童图书馆购置了超星阅读机，2016 年购置了哪吒看书阅读机，2023 年购置了 AR 互动百科大屏。从 2015 年 5 月份开始，工作人员开始结合数字资源开展数字阅读，让资深播音老师为小读者讲故事，让书里的人物动起来，让多彩的绘本图片放大在眼前，以亲子故事会、领读者故事会的形式开展活动。

3.4 联合社会力量

开展社会教育、开发智力资源、提供文化娱乐是公共图书馆的重要职能，在推广亲子阅读的过程中充分发挥公共图书馆的平台优势，联合社会力量开展推广阅读，与湘潭大学马克思主义学院、湖南科技大学“绘说”宝贝联盟讲师团、雨湖区小学语文名师工作室、立云中心小学达成长期合作关系，签约成立了湘潭大学马克思主义学院学生研学实践教育基地、立云中心小学教师研学基地，夯实了高质量的主讲人队伍。充分发挥公共图书馆均等化服务的发展要求，前往城市和农村的中小学校开展青青故事会，讲述绘本《图书馆狮子》，介绍图书馆礼仪，讲述绘本《我的情绪小怪兽》，关心儿童心理健康。

4 成效评价

至今，青青故事会已举办十年，三十万亲子家庭参与。通过数字阅读资源和纸本图书资源相结合，得到了湘潭文旅广体局、湘潭市妇联、湘潭教育局的大力支持，打造出“说说我们的节日”、亲子故事会、二十四节气故事会、十二生肖故事会、“阅分享阅快乐”中国原创绘本故事会等主题，策划了阅读打卡、诗词答题、飞花令、国学课堂大联欢、绘本剧等形式丰富的阅读活动。青青故事会还加入了“书香校园·经典诵读”系列活动、湘潭市少年儿童主题读书活动、“书香伴成长·认知图书馆”活动和小小图书管理员培训中。青青故事会作为湘潭市少年儿童主题读书活动的内容之一，在2016年的湖南省公共图书馆服务成果评奖中，湘潭市图书馆（少儿馆）“湘潭市少年主题读书活动”荣获一等奖，2018年湘潭市少年儿童主题读书活动获国家公共文化服务体系建设示范项目。得到了媒体的多次报道，包括湘潭在线、大美湘潭、湘潭文明网、湘潭都市频道等，获得了较好的社会反响。

5 经验启示

湘潭市少年儿童图书馆青青故事会以绘本阅读为切口，开展了成功的阅读推广实践，为其他图书馆提供了宝贵的经验启示。

（1）创新服务模式：筛选优质绘本数字资源，从可视、可听到可互动的硬件和软件升级，到听、说、读、写的融汇结合，创新活动方式，满足少儿读者的多元化绘本阅读需求。

（2）强化团队建设：高质量的主讲人队伍是活动成功的关键，湘潭市少年儿童图书馆高度重视我市优质的高校人才资源、语文教师资源，引进、培养和打造了一支高素质、专业化的服务团队。

（3）注重互动体验：通过互动式学习体验，结合新技术和互动形式，增强活动的吸引力和参与性，激发读者绘本阅读兴趣和参与热情，提升孩子们的阅读体验。

（4）发挥图书馆文化引领作用：图书馆充分发挥自身的文化引领作用，通过自建手绘风格的红色资源，传承和弘扬红色文化，进行社会主义核心价值观教育；同时扩大服务范围，提供均等化的绘本阅读服务。

湘潭市少年儿童图书馆青青故事会的案例，展现了图书馆在儿童绘本阅读领域的创新性和引领性，为图书馆事业的发展提供了有益的借鉴和启示。

少年儿童图书馆融合研学旅行与阅读推广研究

张杨（湖南省少年儿童图书馆）

摘要：本文旨在探讨在文旅融合背景下，如何通过将少年儿童图书馆与研学旅行、阅读推广相融合，促进少年儿童的综合素养发展。在旅游、文化等多个领域中，通过对文旅的含义和背景、少儿阅读和研学的重要性的讨论，文章分析了图书馆进行研学旅行的必要性、可行性和创新性。并就研学旅行与阅读的结合、阅读的多元化、阅读的差异化推广策略以及利用图书馆特有的文创产品促进阅读推广等问题进行了论述。同时，结合图书馆的历史和学校的底蕴，深入挖掘和总结了符合自身特点的研学旅行和阅读推广的模式。

1 引言

近年来，在经济发展和文化多元化的背景下，旅游与旅游业逐渐成为促进传统文化传承和创新的主要方式之一。青少年是民族的未来，他们的教育和成长具有重要意义。图书馆是我国民族地区的一支优秀队伍，也是一种重要资源。研学旅游是一种将理论知识与实践经验有机融合的教学方式，有助于提高大学生的创造性思维和综合素质。而普及阅读对于提高学生的阅读能力和兴趣也十分重要。因此，将研学旅游和普及阅读有机结合起来，可以更好地促进孩子们的全面发展。

本文研究了如何在旅游和文化环境中，将研学旅游和读书活动有机地结合在少儿图书馆中，以提供更多的阅读和学习经验给孩子们。研究内容包括深入探索少年儿童图书馆研学旅游的含义和意义，研究研学旅游和读书相结合的方式，剖析图书馆中的阅读促进功能，并提供行之有效的促进措施。同时，还通过实例测试了这种模式的实际效果。

2 图书馆研学旅行的必要性、可行性和创新性

2.1 必要性

国家统计局数据显示，我国的文化消费潜力与实际消费水平存在较大差距。实际的文化消费仅占潜力的30%，这表明我国文化供给和需求之间存在明显的矛盾。《关于进一步加强非物质文化遗产保护工作的意见》提出，各级文化遗产保护机构应以自身丰富的文化遗产为基础，充分展示国家对文化遗产的保护和利用，同时也展现市场对文化遗产的重视。教育部《关于进一步加强非物质文化遗产保护工作的意见》将研学旅游视为重要内容，这也反映了我国实施素质教育的新发展趋势。

2.1.1 弘扬中华优秀传统文化的职责

在我国，随着图书馆和博物馆等场馆的免费开放，越来越多的人走进图书馆并利用其资源。公共图书馆在满足用户需求的同时，也需要根据用户需求进行个性化的信息推送。针对青年人，公共图书馆应该教给他们正确的读书方式，并指导他们如何挑选有价值的资料，同时在其中进行宣传，帮助他们树立科学的世界观。通过深度阅读和研学之旅等多种形式的深入阅读，可以为广大青年人提供更好的服务，促进中华优秀文化的传承与发展。

2.1.2 图书馆业务工作的需要

图书馆的馆员应不断提高自身服务水平，积极开展二次文献开发、读者互动服务、文创产品开发等业务工作。在第 6 次国家县级及以下公共图书馆评定中，文化和旅游部首次将文创列入了省级公共图书馆评定等级的指标体系，这促使各大图书馆开始重视文创类事务。此外，还可以根据各个专业领域的特色，创新文创产品，以满足更多读者的需求。

2.1.3 图书馆转型变革的需求

当前，电子产品已经成为人们获取信息的主要方式，电子文献在图书馆中的比例越来越高。随着 RFID 射频识别技术的应用，图书馆的自助服务逐渐形成了特色。研学活动是图书馆的一种新型服务方式，它利用新技术开发馆藏资源，并最大限度地发挥其作用，符合公共图书馆发展的趋势。

2.2 可行性

2.2.1 读者资源因素

在旅游与旅游业融合的大环境下，公共图书馆可以通过丰富的馆藏，指派专门的馆员进行读书指导和学习，以发挥其在资源和人才方面的优势。例如，河南省图书馆拥有超过 100 多年的历史，收藏了 3430000 多个文献资源，其中包括古代文献 50 多万个，地方文献 20 多万个，族谱 3000 多个。图书馆的工作人员在古籍和地方文献方面具有丰富的经验，并能有效地进行文献的收集和利用。图书馆还开展了许多为青少年服务的实践活动，如少儿图书馆和阅览室。目前，已有 40000 多名儿童持有阅读许可证，并呈逐年增长趋势。相关调查数据显示，在河南省图书馆持有的儿童阅读许可证中，38% 的人表示有意愿，55% 的人对此非常感兴趣，许多儿童的父母也积极支持他们阅读。

2.2.2 社会需求因素

如今，青少年父母最关心的是他们子女的教育指导和全面素质教育。在中国，公立图书馆不断推动深度阅读学习，开展研学旅行和文化辅导，已成为越来越多青少年父母关注的话题。以公共图书馆为中心的“研学旅行”已经成为一种全新的旅游方式，其品牌效应、特色馆藏资源、优秀的馆员和深入的读书指导等特点将会得到越来越多人的认可，这也将给文化研学活动带来更大的发展前景。

2.3 创新性

在文旅融合的大环境下，公共图书馆将文化资源与创意设计、旅游、教育培训等相关行业相结合，开展了一系列的文化研学活动。这不仅发挥了公共图书馆馆藏资源的最大价值，也提升了旅游服务中的文化内容，并为文创产业的发展提供了新思路。此外，公共图书馆的文化研学活动能够为旅游业注入新的活力，进一步充实旅游服务的内涵。同时，公共图书馆采用的新型深度阅读指导方式也会对传统教育培训产业产生积极影响。对于大多数学生来说，通过“体验性”教学可以深化他们对书籍的认识，增强他们对中华优秀文化的认同感。通过文化、旅游和教育培训的交叉结合，公共图书馆拓展了自己的业务领域，展现了在文旅结合方面的创新和领先性。

3 少年儿童图书馆融合研学旅行与阅读推广的对策

3.1 研学旅行与阅读推广的整合

要实现研学旅游和普及读书的有机融合，需要建立明确、高效的融合策略，使两者相互补充，给孩子们提供全方位的知识体验。

将研究对象与书籍或读物进行整合，是一种有效的研究方法。对于参加研学旅游的同学，可以根据他们所处的地方和话题，为他们选择合适的读物和材料。这本教材不仅可以让学生在研学之前进行预习，而且在以后深入学习时也可以作为参考。这有助于学生们在实际操作中更深入地理解课程内容。

此外，将研学因素纳入读书推广中，也是其中的重要一环。在教学过程中，可以加入一些真实的案例、实验、探究性的提问等。例如，在举办读书讲座时，可以向学生们提问关于研学旅游的问题，并让他们自己去查找资料来解答。这样不仅可以激发学生的积极性，还可以拓宽他们的思考层次，使他们更有针对性和深度。

例如，本市少年儿童图书馆为了促进学生对生态环境的认知和阅读兴趣，精心策划了一次生态环境研学旅行，让孩子们在自然保护区进行生物多样性的考察和探索，同时提供与活动主题相关的科普读物和生态知识资料，以便在活动前后进行预习和深入学习。回到图书馆后，他们组织了一场生态环境阅读推广活动，邀请生态学专家分享相关知识，并推荐与活动主题相关的图书，引导孩子们通过阅读进一步加深对所见所学的理解。这一系列措施不仅让学生在实地考察中获得亲身体验，还通过阅读推广活动提供了更深入的学习机会。通过收集学生的反馈和活动效果评估，图书馆可以不断改进活动设计，促进学生在生态环境领域的全面发展。

3.2 创造多元化的阅读环境

将研学旅游与读书活动相结合，创造多种读书氛围，为孩子们带来更多的读书经验。首先，在图书馆内设立多个专题阅读角，集中展示相关的书籍、杂志和报纸等。每个角落都有自己独特的主题，比如科学探索、历史文化、自然环境等，能够引起孩子们的好奇心和探索精神。此外，建立一个有趣的书架，为读者创造出一个丰富多彩的阅读氛围。利用书籍封面展示、富有创意的插图和有趣的介绍，激发读者的阅读兴趣。这种陈列方式既符合现有的研究课题，又能通过实地学习提高学生对学习的兴趣。另外，在研学活动中设置读书休息区也是一个有益的尝试。在长时间的参观过程中，学生可能会感到疲劳，这时候就应该设立一个舒适的休息区，让他们在休闲的同时可以阅读书籍。这样不仅会丰富他们的休闲生活，还能创造出独特的阅读场景，提升阅读的乐趣。

例如，在自然环境主题阅读角，展示关于生态系统、动植物的书籍和杂志，让孩子们通过阅读了解自然界的奥秘。同时建立一个富有创意的书架，利用书籍封面展示、有趣的插图和介绍，激发了孩子们的阅读兴趣。此外，在休息区放置柔软的沙发和舒适的座椅，配备了各种丰富的图书，让学生可以在愉悦的氛围中阅读书籍，提升阅读的乐趣，丰富他们的休闲生活。

3.3 制定差异化推广策略

在将研学旅游和阅读推广结合起来的时候，要根据不同年龄、不同阅读水平和不同兴趣，设计出适合每位同学的差异化宣传方案，以强化宣传效果。首先，可以针对不同年龄段的同学进行有针对性地宣传。其次，在选择阅读材料时，要考虑到不同学生的阅读水平，选择适当难度的书籍。对于阅读能力较弱的学生，可以选择一些容易理解和有趣的书籍，帮助他们逐渐建立自信心。对于阅读水平较高的学生，则可以提供一些具有挑战性的内容，培养他们深入思考和自主探究能力。此外，针对不同的同学群体，可以采用多种形式的宣传。

例如，对于幼儿园和小学阶段的学生，选择生动有趣的绘本阅读，以图片和简单文字吸引他们的注意力。通过举办绘本分享会，以动画故事展示和手工制作的方式，让孩子们在欢乐的氛围中体验阅读乐趣。对于中学生，则举办深度研讨和读书交流活动，选择涵盖各个领域的书籍，以挑战和启发他们的思维。此外，针对不同兴趣爱好的学生，提供多种形式的宣传。为对科学感兴趣的学生推荐了一系列与理科相关的书籍，举办了实验室探秘活动；而对于历史爱好者，则安排了历史文化知识竞赛和历史人物传记阅读推广活动。通过这样的差异化推广策略，我们成功地激发了学生们的阅读兴趣，提高了宣传效果。

3.4 借助本馆特色文创用品助力阅读推广

利用具有独特特点的文创产品，可以设计更具吸引力的宣传活动，提高儿童的阅读积极性，达到宣传活动的目的。首先，设计适合图书资料的文化创意产品。根据图书馆的位置和特色，创造有特色的文创产品。这些产品可以是实用的物品，也能引发孩子们对阅读的兴趣，将阅读融入他们的日常生活。其次，在阅读过程中将文化创意材料与阅读材料结合。在进行读书促销时，可将这些文化艺术作品作为礼物或奖励发放。另外，在阅读过程中，也可以加入一些文化创意，增添阅读的趣味。在图书陈列区，例如阅读角和书架陈列，可以融合这些文化创意产品。设计有趣的文化艺术作品，不仅能让阅读更有情趣，还可以吸引孩子们驻足，加深他们与书籍的联系。在此基础上，将文化产品和阅读活动有机地结合起来，进行主题活动，将文化产品与阅读内容紧密结合，可以增加活动的互动性和吸引力。

例如，某市少年儿童图书馆为了助力阅读推广，设计了一系列海洋主题文创产品，并将其与阅读活动有机结合。首先，图书馆推出了以海洋生物、海滩景观等为设计灵感的文化创意产品，如海洋动物书签、海螺形状的书架摆件等。这些文创产品既具有实用性，又能引发孩子们对阅读的兴趣，将阅读融入他们的日常生活。其次，在阅读过程中，图书馆将这些文化创意材料与阅读材料结合起来。在阅读活动中，孩子们可以获得海洋主题的文化创意礼物或奖励，如海洋动物印花手帕、海底世界拼图等，激励他们更多地参与阅读。另外，在图书陈列区，图书馆设计了海洋主题的阅读角和书架陈列，配合文化创意产品，增添了阅读的趣味。在阅读角摆放了海洋生物形状的坐垫和海洋风格的灯饰，营造出海底世界的氛围，吸引孩子们驻足阅读。

4 总结

在旅游和文化融合的大环境下，将少儿图书馆的研学旅游与读书宣传结合起来，是提高少儿整体素养和阅读兴趣的重要举措。图书馆采用清晰的整合战略，创造了一个多样化的阅读氛围，并采用差异化的宣传策略，利用馆内特有的文创产品，提升孩子们的综合素质，激发他们的阅读兴趣，为他们带来更多学习和发展的机会。

参考文献

[1] 幸娅 . 基于地方文化的高校图书馆研学旅行服务开发及策略研究 [J]. 江苏科技信息 ,2023(14).

[2] 冯亚惠 , 杨萱 . 我国公共图书馆研学旅行服务研究述评 [J]. 图书馆研究 ,2023(02).

[3] 殷环环 . 文旅融合背景下高校图书馆研学旅行与阅读推广研究——以江南大学图书馆为例 [J]. 内蒙古科技与经济 ,2023(02).

[4] 纪洪权 . 文旅融合新形势下图书馆研学旅行服务研究 [J]. 内蒙古科技与经济 ,2021(23).

[5] 许迎霞 , 朱江 , 董晓鹏 . 文旅融合背景下公共图书馆研学旅行服务思考——以鞍山市图书馆研学基地活动为例 [J]. 图书馆工作与研究 ,2021(03).

[6] 王丽 . 公共图书馆研学旅行服务可行性研究 [J]. 江苏商论 ,2020(12).

[7] 芦晓红 . 图书馆研学旅行现状和发展研究 [J]. 图书馆工作与研究 ,2020(07).

新时代县级公共图书馆阅读推广实践与探索
——以常宁市图书馆为例

张理容（常宁市图书馆）

摘要：阅读推广是公共图书馆工作内容的重要组成部分，在倡导全民阅读，构建书香社会中发挥着举足轻重的作用。本文以常宁市图书馆为例，首先，介绍了县级公共图书馆开展阅读推广的现状，其次，阐述了常宁市图书馆近几年开展阅读推广活动实践经验，最后，对县级公共图书馆今后开展阅读推广工作作出一些思考和探索。

1 引言

2014 年以来，国务院连续六年在《政府工作报告》中明确提出“倡导全民阅读，建设书香社会”。党的十八大历史性地将“开展全民阅读活动”写入报告，习近平总书记指出“读书可以让人保持思想活力，让人得到智慧启发，让人滋养浩然之气”。可见，阅读对社会发展的重要性，不仅要深入到每个人的生活中，还要深入到社会的每个角落。而作为以传播知识、传承文明、服务社会为重要职责的图书馆，理应肩负着“倡导全民阅读，建设书香社会”的义务和使命，积极推广全民阅读，提高全民文化素养，促使社会文明发展，为建设社会主义文化强国作出新的贡献。本文以常宁市图书馆为例，对县级公共图书馆在开展阅读推广实践方面，作进一步思考和探索。

2 县级公共图书馆开展阅读推广现状

县级公共图书馆是县级文化服务的重要场所，也是县级文化建设的主要阵地，县级图书馆的事业发展对整个县的现代化进程、全民素质的提高、政治经济文化以及社会的协调发展具有重要的意义。公共图书馆作为阅读推广的核心力量，在推动全民阅读上具有绝对优势。但由于受到地方经费、馆藏资源、硬件设施、员工素质等因素影响，县级公共图书馆在开展阅读推广活动中，遇到不少限制。

2.1 经费投入不够，影响了阅读推广的开展

根据国家评估定级二级图书馆标准，要求图书馆建筑面积达 2500 平方米。很多县级公共图书馆实际面积远远达不到，且现面临的问题：一是场地不足，二是面积不足。如常宁市图书馆老馆于 2014 年拆除，至今未建馆舍，一直租房办公，外借室和办公室长期处于分开状态，未集中到同一地方，不便管理，还有两个 24 小时自助图书馆，分别建在两个不同的广场，由

于场地严重不足，在一定程度上影响了阅读推广活动的开展。同时受到馆舍面积制约，馆藏资源严重不足，藏书建设发展缓慢，根据国家二级图书馆标准，应有图书 25 万册，但由于馆内面积不足，目前馆内过刊图书、部分赠送及新购书籍没有地方摆放，打包放置在逸夫图书馆。这些问题的出现，都是因为地方政府对图书馆事业的发展不够重视，经费投入不够，导致县级公共图书馆的阅读推广工作难以全面开展。

2.2 馆藏资源不足，制约了阅读推广的开展

阅读推广活动的主要内容就是围绕阅读，而阅读离不开文献，开展活动更需要相应的文献资源支撑。由于地方财政不够重视，每年为当地公共图书馆投入的图书购置经费非常有限。以常宁市图书馆为例，从 2019 年起，地方财政每年给图书馆的图书购置经费为 25 万元，订购报刊 260 余种，在保证每年的报纸和期刊延续征订量后，用于购置图书的经费仅占当年图书购置费的 70% 左右，截至 2023 年底，常宁市常住人口为 78.76 万人，而新书的每年增加量不足 1 万册，全市人均年增新书量不到 0.012 册，无法满足市民的阅读量。再加上县级图书馆馆舍面积严重不足，基础设施落后，办公环境恶劣，导致馆藏资源承载量有限，这在很大程度上制约了图书馆阅读推广活动的开展。

2.3 阅读意识不强，限制了阅读推广的开展

近几年来，大部分农村的人员涌入到县城，而这些人大多数是老人和小孩，他们本身的整体文化水平相对较低，没有很强的阅读欲望，他们对图书馆不熟悉也不了解，更加不会主动走进图书馆借阅图书，也没有养成长期利用图书馆的习惯，甚至不知道图书馆在哪、图书馆有何作用等，撇开农村的人员来说，整个县城文化底蕴不够浓厚，市民文化素养不够高，阅读意识不够强，他们很难接受或参加阅读推广活动，这些限制了公共图书馆阅读推广活动的开展，也很难达到全民阅读的目的。

2.4 员工素质不高，阻碍了阅读推广的开展

县级公共图书馆工作人员整体素质不高，文化水平参差不齐，大部分员工是非图书馆专业毕业，有部分员工是跨系统调入，还有部分员工是当兵转业进入，这些人都没有进行过系统的图书馆专业学习，也不熟悉图书馆业务，综合文化素质不高，缺乏一定的进取心，缺少全心全意为读者服务的精神。同时，受到县级人事部门人员调配限制，有些县级公共图书馆十几年没有增加人员编制，拥有图书馆学专业的人员更是凤毛麟角，没有“新鲜血液”注入何谈生机。这些方面都严重阻碍了公共图书馆阅读推广的开展。

3 常宁市图书馆阅读推广实践

3.1 传承灯谜文化，尽享解谜乐趣

传统节日是中国传统文化的重要组成部分，同时也是中国传统文化的重要载体，大力弘扬

中华优秀传统文化对于吸引社会大众，塑造公共图书馆文化形象大有裨益。而猜灯谜作为我国传统的游戏活动，一直以来都深受广大群众的喜爱。自 2013 年以来，常宁市图书馆每年的正月十四都会举办元宵节有奖猜灯谜活动。每年设谜条 300—500 条，谜条内容涵盖人名、地名、成语、诗词等，凡猜对者都会获得相应的奖励。猜谜前邀请龙狮队、腰鼓队助阵，场面十分火爆壮观，吸引了大批猜谜爱好者前来参加猜谜活动。此项活动的开展，增长了全市人民的传统知识，丰富了全市人民的文化生活，渲染了全市文化气息，增添了全市节日氛围，对图书馆的阅读推广工作起到了很好的宣传作用。

3.2 世界读书日，引领阅读新风尚

常宁市图书馆每年以 4 月 23 日世界读书日为契机，开展一系列“倡导全民阅读、构建书香常宁”为主题的图书馆服务宣传活动。一是展板宣传。内容涵盖《中华人民共和国公共图书馆法》《全民阅读倡议书》“让阅读进校园”“关爱留守儿童”等内容，到广场、乡镇、学校共展出 5 场，参观人数近万人次。二是同新华书店、文苑书店、百花书店、城市书屋等举办图书展阅活动，向贫困儿童赠送购书卡。这个活动连续开展十余年，社会反响很大，解决了部分贫困儿童无钱购书的困难，同时也吸引了一大批市民特别是少年儿童加入阅读的行列。三是好书推荐。为倡导市民多读书、读好书、好读书，我馆对新购图书及时编印《新书通报》，并利用网站和微信公众平台及时向读者进行推介。四是送书到瑶寨、到敬老院、到拘留所、到留守儿童基地、上门为特殊人群服务等。让广大群众了解图书馆，走进图书馆，利用图书馆。五是在泉峰广场开展“滋养民族心灵培育文化自信”为主题的“4.23”全民阅读推广活动，联合学校，邀请学生在 24 小时图书馆开展优秀读物推介，分享《复兴文库》《孙子兵法》等读书感悟，合唱《少年中国说》《骄傲的少年》，传递读书热情，展现新时代青年爱读书、读好书、善读书的风貌，还开展线上“阅读王者”闯关挑战大赛、图书馆基础知识、信息素养能力培训、知识竞答、专题图片展览等活动，让阅读深入群众生活，进一步满足广大群众的精神文化需求，引领阅读新风尚，开创全民阅读新时代，推动阅读服务全覆盖。

3.3 开展少年儿童主题读书活动，推进全民阅读

依托湖南公共文旅云，综合运用全市各级图书馆的儿童阅读数字资源以及“少儿云书房”线上数字资源，以走进校园、走入社区的形式，培养全市少年儿童的阅读兴趣、阅读习惯、阅读能力，引导更多的人走进图书馆、了解图书馆，常宁市图书馆工作人员先后走进 4 个街道及乡镇、2 个社区、1 个分馆、14 所学校，推荐好书、畅销书，发放宣传单，制作宣传牌，在外借室、两个 24 小时图书馆悬挂宣传横幅、张贴宣传海报、印制宣传资料，让到馆读者人人知晓，吸引更多的少年儿童关注图书，走进图书馆。在组织好日常学习阅读活动的同时，也十分注重媒体阅读推广，充分利用微信群、朋友圈、抖音视频、公众平台等媒体形式广泛宣传，让更多的人享受到更多的文化资源，有效地推进了全民阅读的影响力。如常宁市图书馆走进常宁市宜阳办中心小学成功举办了“让读书成为习惯、让书香溢满校园”阅读推广活动。此次活动中向师生发放《全民阅读倡议书》2500 份，展出展板 25 块，得到了广大师生的一致好评，文化志

愿者图书馆服务分队 20 余名志愿者参加了此次活动。常宁新闻媒体和常宁电视台对此次阅读推广活动进行了报道。还有，常宁市图书馆分别走进常宁市八中、泉峰小学、学墙小学，走进社区、广场，开展“自古知兵非好战—中国古代兵书专题展”宣传推广活动。此次展览以图文展板形式展现国家图书馆馆藏珍本兵书 10 部，重点介绍兵书内容、古籍版本、作者逸事等内容，以帮助各位读者了解中国古代兵书的文献价值与中国古代兵学的辉煌成就，吸引了广大师生和市民观展，社会反响很好。

3.4 亲子共读，创建书香家庭

亲子共读，就是以书为媒，以阅读为纽带，让孩子和家长共同分享多种形式的阅读过程。通过共读，为父母创造与孩子沟通的机会，分享读书的感动和乐趣；通过共读，可以带给孩子欢喜、智慧、希望、勇气、热情和信心。常宁市图书馆举办了“书香润家风共读伴成长”亲子阅读主题推广活动，有 10 组家庭近 30 人参加了此次阅读活动。活动期间，亲子家庭一起宣读了《全民阅读倡议书》，激发了大家的读书热情。每组家庭亲身体验图书馆日常工作，图书上架、整理、分类等，让他们知道做好图书馆工作也是件不容易的事情。最后，每组家庭各选一本书，认真品读，一起分享读后感，让大家透过书香，获得知识与力量。此次活动的开展，得到了全市很多家庭的重视，开始积极行动起来，融入阅读中，一起品评好书，共享阅读好时光，营造了一个良好氛围的“书香之家”。读书使城市永葆活力，城市因阅读而美好。常宁市图书馆将积极举办户外读书会、好书分享会、亲子共读辅导等活动，搭建更高质量的阅读平台、培育更多阅读能人和志愿服务团队，在全市掀起读书热潮，让阅读之风吹遍城乡每一个角落，让全民阅读更有温度更有力量，让常宁更具“书香气息”！

4 对县级公共图书馆今后阅读推广的探索

阅读推广活动的目的是让全民享有平等的阅读权利，并养成阅读习惯，从而建设书香社会。近几年，常宁市图书馆虽然在开展阅读推广工作进行了有益探索与实践，并取得了较好的成效，但仍受到诸多因素制约，笔者认为，通过常宁市图书馆实例，在今后的工作中，除继续优化并开展好阅读推广工作外，将从以下几个方面进行探索。

4.1 加大资金投入力度，完善馆藏资源建设

文献资源是图书馆开展全民阅读推广的保障和基础。而增加县级图书馆的文献收藏量、配备基本的服务设施以及完善馆藏资源建设都离不开资金的投入。只有保障资金不短缺，才能保证阅读推广活动得以顺利开展。为了更好地倡导全民阅读，图书馆应积极争取上级和当地财政的支持，在人口集中的地方建 24 小时自助图书馆或城市书房、在社区建分馆、在乡镇建农家书屋等，弥补现有场地不足。与此同时，争取社会爱心人士、相关出版社、企业等为图书馆捐赠图书，丰富馆藏资源。在数字建设方面，实现图书馆服务数字化，并购买数字阅读机，建设图书馆网站、微信公众平台、手机 App 等媒体进行阅读推广工作，将每年所购的新书进行加工编目，录入图书馆管理系统，持续更新超星数字自助借阅机和云屏数字阅读机的数字资源，

实现自助借阅和通借通还，让读者可以通过电脑、手机、电子书阅读器等终端设备，免费登录使用电子自助借阅机以及阅读平台上的所有资源。这些文献资源为图书馆开展阅读推广工作奠定了坚实的物质基础。

4.2 提高员工综合素质，做好阅读推广工作

英国图书馆专家哈里森说："即使是世界第一流的图书馆，如果没有能够充分挖掘图书馆馆藏优势，有效率和训练有素的工作人员，也难以提供广泛有效的读者服务。"可见，工作人员在图书馆中的重要性。为了全面提升阅读推广活动的质量，图书馆应加强人才队伍的培养，提高员工的综合素质，做好阅读推广的引导者。首先，图书馆员工应当熟悉中图法，掌握图书分类、编目、加工，以便能够帮助读者在最短的时间内查阅相关资料，从而推动阅读推广活动的开展。其次，图书馆员工需要具备一定专业知识与专业技能，做好参考咨询工作，熟悉本馆文献资源、电子资源、数字资源等，熟练操作馆内数字化设备，不断提升自身的综合素质，提高工作效率与工作质量。最后，图书馆员工需定期进行图书馆学专业和业务知识的培训，实施"走出去，请进来"模式，通过相互学习经验，进一步完善自身的知识结构，同时，加强对计算机、经济管理及外语等各个专业知识的学习，进而发展成为一名复合型人才，使读者的不同需求得到充分满足，为公共图书馆的阅读推广工作奠定良好的基础。

4.3 拓宽多元化宣传渠道，营造良好阅读氛围

公共图书馆宣传工作的目的是提高社会及民众对图书馆的认知度，扩大图书馆的影响力。图书馆应本着以读者为中心的服务理念，拓宽多元化宣传渠道，才能更好地促进阅读推广工作的开展，营造良好的阅读氛围。随着互联网和多媒体技术的普及，图书馆不仅仅局限于传统的宣传模式，如张贴海报、悬挂横幅、发放传单等，这些传统宣传方式虽然取得了一定成效，但具有一定的局限性，并不能完全满足现代阅读推广的需求。而利用新媒体技术进行宣传成了未来图书馆开展阅读推广工作的必然趋势，如利用网站、微信公众平台、微博、手机 App、阅读 App、抖音等媒体，大力开展阅读推广活动，拓宽多元化宣传渠道，让广大读者通过宣传，走进图书馆、认识图书馆、了解图书馆、利用图书馆，并最终成为图书馆的忠实用户，让广大读者积极主动参与全民阅读活动，坚持读书，陶冶情操，增长知识，营造出"书香社会"的阅读氛围。

4.4 发挥政府职能作用，调动社会各界力量

图书馆本身力量薄弱，社会影响力有限，单靠自身力量很难全面开展阅读推广工作，这需要依靠政府的相关支持。而政府在阅读推广中起着很重要的主导作用，通过制定一系列激励措施，结合《中华人民共和国公共图书馆法》，发挥政府职能作用，充分调动社会各界力量，加大全民阅读推广力度，开创全民阅读新时代。如"南京市图书漂流文化驿站"是一个政府主导、社会力量广泛参与的阅读品牌，联合南京邮政分公司在报刊亭设置了首批 20 个图书漂流箱，市民可将家里闲置图书在就近的报刊亭以一对一交换的形式免费借阅；江阴市图书馆创新"图

书馆 + 咖啡馆”的合作方式，打造“三味书咖”城市阅读联盟模式。由此可见，图书馆应加强与咖啡馆、茶楼、饭店、花店、商场、医院、学校、银行、宾馆、小区等不同社会力量的合作，将阅读融入市民生活中，深入到社会中每个角落，让市民在生活中感知阅读，品味阅读，享受阅读，最终推动全民阅读社会化发展。

5 结语

“书香人生，止于至善；内以清心，外以明世。”县级公共图书馆应该坚持以人为本，创造良好的阅读环境，完善馆藏资源建设，转变传统阅读推广模式，利用各类媒体资源，提升阅读推广服务质量，充分调动社会各界力量，引导更多人参与到阅读活动中，最终实现全民阅读目标。

参考文献

[1] 王娟 . 全民阅读背景下公共图书馆地方文献的阅读推广 [J]. 教育现代化 ,2017(52).

[2] 祁自顺 . 大阅读时代公共图书馆全民阅读推广的实践与思考——以甘肃省图书馆为例 [J]. 情报探索 ,2016(12).

[3] 王兴华 . 县级公共图书馆阅读推广实践探索与思考——以高台县图书馆为例 [J]. 传媒论坛 ,2019(11).

[4] 刘书岐 , 庞志杰 , 王强 . 基层图书馆阅读推广活动案例及启示 [J]. 黑龙江史志 ,2014(22).

攸县图书馆农村儿童阅读活动品牌化实践
——以“艺体支教”为例

陈珏（攸县图书馆）

摘要：长期以来，农村公共文化资源不足，城乡文化差异较大，农村特别是偏远山区的留守儿童渴望关怀。为推动城乡公共文化服务均等化，攸县图书馆2019年以来大力开展“温情暖山水艺体乐边乡”艺体支教阅读推广活动。在活动具体实施环节中，图书馆确定了“以我为主，多方合作”的理念，联合文化馆、博物馆、青少年活动中心等单位协作开展工作，设计了形式多样、内容丰富、结合实事、契合传统的课程内容。同时，积极发挥网络的作用，向农村学生介绍各类线上文化资源，并配以适当的物资捐助，让农村偏远地区充分享受到文化服务。4年来，图书馆深入100余所乡村偏远学校，开展110余场阅读推广活动，既丰富了农村孩子的文化生活，缩小了城乡文化和教育差距，又拓展了图书馆阅读阵地，提升了图书馆服务质量，助推了乡村文化振兴。

1 引言

2018年，株洲地区成功创建国家公共文化服务体系示范区。为推动城乡公共文化服务均等化，实现城乡区域协调发展，攸县图书馆自2019年开始开展“温情暖山水艺体乐边乡”艺体支教阅读推广活动。截至2023年，攸县图书馆在全县17个乡镇（街道）的偏远学校和屋场开展了110余场阅读推广活动，惠及10多万少年儿童，掀起了阅读的高潮，拓展了公共文化服务阵地，扬起了乡村文化振兴的风帆。

2 开展背景

2018年，株洲市创建国家公共文化服务体系示范区，大力推进公共文化服务均等化。2019年，攸县全面铺开“门前三小”建设，在与基层群众沟通调研时，图书馆发现偏远农村孩子们的文化生活、素质教育存在一些问题亟须解决。

第一，留守儿童渴望关怀。攸县是劳务输出大县，根据民政部门的统计，攸县每年外出务工人员达20余万人，14岁以下的留守儿童达2.28万人。随着经济的发展，农村生活水平有了较大提高，经济状况得到了改善，但仍然无法改变城乡二元结构下，孩子长期和父母分离的现状。作为图书馆工作人员，在送书送文化下乡的走访过程中，发现这些孩子普遍感到空虚、缺乏关爱。

第二，农村文化资源不足。一方面，农村艺体教育资源有限。近些年来，国家出台了“乡村教师支持计划”等政策措施，与过去相比农村教育得到了显著改善。但是在实地走访中，我们发现农村孩子已经全面实现了“有学上”，但与“上好学”还有较大差距。以攸县网岭镇灯笼桥小学为例，该校一共有 4 名教师，这些教师除了负责 60 名学生一年级到四年级的所有文化课程之外，还要教授每周一节美术课与体育课，没有开设音乐课程。教师都并非专业的艺体老师，美术体育课程水平较低，影响孩子艺体素质的培养。另一方面，农村学校普遍缺乏充足的课外设施，学生放学后无课外书籍可读，无课外活动设施。面对这样的状况，让在外打工的学生家长深感担忧。

第三，乡村振兴的时代主题。党的十九大以来，乡村振兴成为时代主题。2020 年 10 月，习近平总书记指出：“要推动乡村文化振兴，加强农村思想道德建设和公共文化建设”“弘扬主旋律和社会正气，培育文明乡风、良好家风、淳朴民风，改善农民精神风貌，提高乡村社会文明程度，焕发乡村文明新气象”。

公共图书馆作为文化单位，对传播知识、推动乡村振兴、补足城乡差距、推动公共文化服务均等化、普惠化，有着义不容辞的责任，是推动区域协调发展的重要力量。2019 年，攸县图书馆立足本单位资源的优势，根据农村孩子的现状与需求，开创了“温情暖山水艺体乐边乡”艺体支教阅读推广项目。

3 主要内容及创新做法

如何弥合城乡公共文化差异，将城市的文化资源普惠农村孩子，继而推动乡村文化发展实现乡村振兴，是图书馆面临的课题。在不断地探索中，图书馆逐渐确立了“温情暖山水艺体乐边乡”主题，着重从以下几个方面开展了创新：

第一，汇聚力量，重视合作。“一人计短，多人技长。”在活动中，图书馆确定了“以我为主，多方合作”的理念，充分吸纳各方力量。在合作中，吸收其他单位的经验，在实践中，不断改进工作，最终形成了坚实的工作团队。

首先，图书馆成立阅读推广活动策划部，担任活动的“主力军”，主要负责活动策划、对外协调等，同时也直接担当阅读推广、艺体培训等具体工作；其次，联合文化馆、博物馆、青少年活动中心、业余体校等兄弟单位共同开展活动，汇集各单位美术、舞蹈、体育等方面的专业人才，充分发挥他们的专业技能。此外，图书馆还与本地区优秀教师、乡贤及退休老干部合作，扩大师资力量。这些老师都拥有丰富的教育经验，在课程设置等方面提供了宝贵的建议，是活动最重要的外援力量。最后，图书馆在寒暑假期间招募大学生志愿者，邀请他们客串担任讲师，利用这些年轻人，为我们的阅读推广活动增加活力。

第二，内容丰富，形式多样。在活动设计上，考虑到农村学生的特点与现有资源，开设了阅读课、绘本故事课、书法课、音乐课、体育课、美术课、科普课等课程。根据学生年龄、数量、学校条件等情况，及时调整活动内容，让学生享受到“定制化”服务。

针对有着一定语文基础的高年级学生安排阅读课程，着重培养他们阅读能力，帮助学生养成阅读习惯。针对低年级的学生，一般上绘本阅读课、美术课等，激发孩子阅读的兴趣及艺术想象力。同时，创新课程形式。与传统学校教育相区别，“艺体支教”不再局限于室内教学，“引领”孩子们走出教室，走上操场，甚至走近大自然，开展丰富多彩的户外课，让学生在轻松愉快的氛围之中，增加互动、获取知识。

第三，结合实事，契合传统。在活动设计中，注重穿插时事教育与传统文化的内容，让学生从小培养爱国主义情怀、主动成为中华传统文化的传承人。

2021 年正值中国共产党建党 100 周年，图书馆在宁家坪镇双凡留守儿童之家开展了《传承红色基因弘扬革命精神》的主题阅读推广活动，带领孩子们唱红歌、观看红色情景剧、手绘红色题材书签，赠送红色题材书籍，得到了当地孩子们的热烈欢迎。另外，弘扬传统文化是“艺体支教”的重要内容。每年教师节，还会举行拜师礼，老师为孩子正衣冠、点朱砂。孩子在传统礼仪的感召下，自觉传承中华民族尊师重道的美德。另外，在元宵节、端午节等中华传统节日时，老师会向孩子介绍传统节日的来由，与孩子共读传统节日的诗句，一起制作、品味传统节日美食，传承传统节日习俗。

第四，利用网络，结合潮流。考虑到图书馆工作人员和乡村广大中小学生的数量不相匹配，阅读推广活动的覆盖面积相对有限。图书馆致力于将优质文化资源送达更广泛的乡村孩子手中，因此在活动中，图书馆会向孩子们介绍网上图书馆、图书馆的微信公众号等各种网络平台，扫码就可以阅读书籍，观看线上展览、演出，真正打破了农村与城市数字阅读的门槛，让孩子随时随地享受丰富的线上资源。

第五，精神物质，有机结合。在前期调研中，我们发现大部分乡村中小学缺乏文体设施，或是设施已经陈旧。因此，每次阅读推广活动，除了给孩子们上课，图书馆还会捐赠图书、文具、音响、体育器材等设施。这个环节又和攸县图书馆的另一阅读推广品牌活动“图书漂流”挂钩，将有限的图书在各个乡村学校之间流动，提高了图书的利用率，让孩子们阅读到更多的书籍。

4 主要成效

“温情暖山水艺体乐边乡”艺体支教阅读推广活动取得了丰硕的成果，孩子们获得了生活的智慧，找到了发现“美”的眼睛；图书馆拓展了阅读阵地，提升了服务质量；城乡公共文化的差距得以缩小，推动了乡村文化走向振兴。

第一，更加丰富了农村孩子的文化生活。“艺体支教”一开始就立足“暖”和“乐”两个字。通过一堂堂生动有趣的课程，增进了工作人员与农村孩子的友谊，带给了孩子们关爱与快乐，真正温暖了他们的心灵，让他们享受到了更充实、更丰富、更高质量的文化生活，助力孩子们快乐成长。

第二，更加凸显了图书馆的社会职能。图书馆所有工作的目标都是为了更好地服务读者。通过活动，图书馆扩大了读者群体，让更多的乡村孩子爱上阅读，走进图书馆、走入农家书屋；与此同时，在这种全新的工作方式下，图书馆的工作范围从原有的一方馆舍扩大到了边远乡村，拓展了服务阵地，让乡村也能享受到图书馆的文化资源。在阅读推广活动中，图书馆的服务质量与服务水平也不断提升。

第三，更加促进了乡村的发展。创设“艺体支教”阅读推广活动以来，图书馆联合各单位共开展了110余场支教活动，深入了上百所乡村偏远学校。图书馆为缩小城乡之间的公共文化差距，推动农村发展作出了贡献。

5 经验启示

通过四年的实践，攸县图书馆在“温情暖山水艺体乐边乡”艺体支教阅读推广的小课堂上，取得了丰厚的经验。

启示一：小课堂也需深调查。“艺体支教”想法发端于馆员送书送文化下乡的实践，经过图书馆工作人员调研、走访农村偏远学校，和民政、教育部门、留守儿童、家长、教师多方沟通，才最终确立了活动的方案。每次开展活动之前，馆员也会提前实地走访，了解学校的条件、学生的构成，再具有针对性地调整授课形式及内容。在调查中不断丰富、细化活动内容，最终成了攸县图书馆的重点品牌推广项目。

启示二：小课堂也需苦功夫。一次阅读推广活动一般只有半天时间，但是要讲好这门课需要下苦功夫。老师们都提前做了大量准备工作，阅读心理学、教育学的资料，了解孩子们的心理特性，设计出最科学的课程内容。儿童阅读课上，老师向孩子介绍21天的习惯养成法，和孩子一起制作阅读习惯卡，提倡孩子养成抄写阅读笔记的习惯，再通过分角色朗读等生动有趣的形式让孩子们感受到阅读的乐趣。一次次阅读推广活动，其实是对馆员业务能力的检验，更是馆员提升自我的机会。

启示三：小课堂也需大关爱。在阅读推广活动中，馆员始终树立“一切为了孩子”的服务理念，用“爱”上好每一堂课，在课堂营造出一种积极友爱的氛围。比如在课堂上，农村孩子普遍不自信，老师通常会使用小奖品、小游戏，鼓励孩子们积极参与到课程中来，帮助孩子们克服害羞。通过老师与孩子们的积极互动，让乡村孩子逐渐克服自卑，开放乐观。

启示四：小课堂也需长坚持。过去也有一些公益项目组织带着“爱心”下乡，活动结束后志愿者们匆匆离开。正如有人指出，“问题不在于缺乏资源，而在于缺乏长效的机制”。创设“温情暖山水艺体乐边乡”艺体支教阅读推广活动的四年间，图书馆坚持不懈，联合博物馆等单位共开展了110余场支教活动，深入了上百所乡村偏远学校，让发展的成果普惠了乡村，乡村文化振兴真正成了现实。

南岳区图书馆“红色经典树信念”读书活动案例

周华平　谭雪平（南岳图书馆）

1 案例背景

为了大力弘扬爱国主义红色文化，进一步推动我区全民阅读活动的开展，帮助青少年树立坚定的理想信念、培养深厚的爱国情怀、锤炼良好的个人品质，践行社会主义核心价值观。近5年来，南岳图书馆在社会上大力推广“红色经典树信念”阅读，以多种方式和途径开展红色教育活动。据统计，截至2023年底，共有3万多青少年参与了“红色经典树信念”阅读活动，其中举办红歌赛16次、讲演红色故事50场、党史知识竞赛40次、沉浸式红色经典阅读指导400场；讲座、征文、展览、诵读、绘画等丰富多彩的常态红色文化教育活动256次；开展红色景点、革命圣地和英雄故居等红色文化实践研学活动24次。这些活动增进了青少年对革命历史的了解，提高了青少年思想道德修养和文化素养，培养了深厚爱国情怀，践行和传承了红色精神，取得了良好的育人效果。

2 主要做法及成效

2018年元月起，南岳图书馆以“庆祝新中国成立70周年”为契机，以“红色书籍”为载体，创新红色阅读推广形式，在馆内、分馆、农家书屋、新时代文明站及社会上相继开展了红色经典阅读推广。通过讲座、辅导及诵读、研学、交流座谈会、绘画、传唱、征文等形式开展了系列活动，有力地促进了红色文化的普及与传承。

2.1 开展爱国诗词知识讲座活动

2018年元月开始，就深挖红色文化内涵，在馆内及分馆松麓书堂冬令营活动中开展红色爱国诗词讲座课堂。教学内容丰富，从教屈原的《离骚》到杜牧的《泊秦淮》；从王船山的《悲风杂诗》到毛泽东的《沁园春·雪》，无不体现了当时当下的民族文化与精神——爱国主义。青少年们在学习“路漫漫其修远兮，吾将上下而求索”的千古名句后，培养了勇于追求真理精神；在吟诵杜牧的“商女不知亡国恨，隔江犹唱后庭花”中，了解了作者深刻揭示当时统治阶级的昏庸与自身的爱国主义情怀；在朗读毛泽东《沁园春·雪》中，了解了当代的无产阶级革命家们的革命情怀与爱国精神。正是由于这些诗歌中的精神极具感染力，给青少年营造了一个个场景，让其能够身处其中而潜移默化地形成鲜明的爱国主义情结。

2.2 开展经典美文诵读讲演活动

2019 年至 2023 年底，5 年来以红色经典美文为题材，在社会上开展了“庆祝新中国成立 70 周年”“庆祝建党百周年”、喜迎二十大“强国复兴有我”等红色经典诵读线上线下活动 82 场，吸引了全区 20000 多名青少年参加。活动丰富多彩，选手们以表演诵、诗配乐、才艺展等多种形式诠释着经典的含义，表达了对祖国的挚爱之情。5 年来，有 40 人在市经典美文诵读赛中获二、三等奖。

2.3 开展红色景点研学活动

为了更好地对青少年实施红色教育，2018 年至 2023 年底，开展了红色景点研学活动，带领青少年参观了红色基地船山故居，夏明翰、罗荣桓等故居，忠烈祠、橘子洲头等红色景点，让青少年在行走中阅读，在阅读中行走。通过这些活动，大家感受了忧国忧民的爱国主义情感，增强了内心的爱国情感和振兴祖国的责任感，纷纷表示将会更加努力读书工作，为建设、创造祖国辉煌的未来贡献自己的力量。

2.4 开展拓展关联相关活动。

15 年来，在清明节、端午节、中秋节、重阳节等传统节日里，用多种方法巧妙地运用那些具有关联性或启发性的知识点，开展了诗歌诵读、习俗知识抢答、情景剧手舞等活动，大家在诵读、答题中认知了传统节日的文化内涵，更增加了热爱祖国的情感；在建党节、建军节、国庆节等重大主题节日里，以红色经典为主题在馆内外开展了“阳光少年心向党”剪纸拼图等手工活动、故事歌谣汇等传唱活动、书籍图片线上线下展览活动、“我向党生日献礼”少儿书法绘画等系列活动。大家在剪纸拼图、书法绘画及歌唱等系列活动中激发了热爱祖国的情怀和民族自豪感；在世界读书日期间、周末的“种书香”“欣阅”读书会、春节文化惠民灯谜活动中积极地导入红色元素，让红色文化融入活动各个环节中，起到事半功倍的教学作用。

长年开展红色资料和故事的搜集活动，如青少年在参观红色教育基地后，要求根据参观的内容，搜集相关的红色资料和故事，写出自己的感想、画出里面人物、书写相关诗词、摘抄相关内容等。青少年在搜集红色资料的过程中，自觉地把自己的成长跟爱国、爱党结合起来，把红色教育转向了个人兴趣发展，养成了良好的道德情操。5 年来，共有 12 人的读书笔记在省市获一、二、三等奖。

3 经验启示

3.1 坚持开展活动，有力保障

（1）开展“红色经典”阅读活动，已成为我馆品牌服务的重要内容。长年来，我馆精心选择红色书目，购买了大量红色文献，在馆内举办了红色主题书籍展览活动，为开展阅读推广活动提供了文献保障，吸引许多市民及青少年纷纷前来图书馆借阅红色书籍等。

（2）建立了红色经典阅读群，每天早晚有老师发红色经典资料，进行红色经典美文、诗词的朗读、吟诵。活动得到了少儿家长及家庭教育指导中心的大力支持，目前线上打卡学习已分享到5200多期。

（3）在馆内组织读者点播观看省文化和旅游厅赠送的公共文化一体机、云屏数字阅读、超星电子阅读机中的红色文化视频、讲座等活动；在微信公众号设置“红色诗词库”栏目，供读者阅读学习；在南岳数字图书馆小程序设“红色诗词”数据库，里面有听书、讲座、荐书等栏目，大力推广红色文化。

（3）聘请全国诗词大赛一等奖老师在馆内常年教学诗词，提高少儿对古诗词的认识，从而让他们在阅读中感受诗词中的爱国主义精神。

3.2 坚持改革创新，与时俱进

坚持改革创新，与时俱进，是“红色经典树信念”活动的指导思想。如南岳图书馆每年抓住“庆祝新中国成立70周年”“建党100周年”“喜迎二十大”这些热点，打破传统服务形式，应用“与时俱进”理念对少儿工作不断创新活动内容和形式，设计策划以“红色经典”为主题的系列读书活动，既满足了少儿需求，又发挥出其教育职能，使读者们在活动过程中享受快乐，增强了爱国情怀，获益匪浅。

3.3 坚持持续开展，打造品牌

开展少儿阅读品牌推广活动，要坚持持续地开展，才能营造阅读氛围。如南岳图书馆“红色经典”项目自从2018年元年开展以来，为了让孩子们长期保持这种积极性，南岳图书馆和老师对阅读方案不断进行了完善，并不断融入新的元素，如探索出“+吟诵”国学系列；“+手工”绘画系列；“+灯谜”竞猜系列等活动；利用各种节日主题如七一、国庆节进行了“+讲座”“+传唱”“+研学”等系列活动，不断带给他们惊喜，让他们能在兴趣的牵引下翱翔于阅读的天空中。

3.4 坚持做好宣传，扩大影响

开展红色经典阅读推广活动除了要策划组织好之外，还要做好活动前和活动后的宣传工作。活动前，我们通过本馆网站、微信、“种书香”读书会群、欣阅读书会群、馆门口宣传画等多种形式做好活动前的宣传工作，力求“广而告之”。如南岳图书馆的海报每周五下午3点刚在读者会群发布，就被等候多时的读者家长秒杀报名。每一项活动结束，南岳图书馆马上形成文字信息和抖音视频，发布在本馆网站、微信、视频号和省市全国媒体上。这些举措扩大了活动的影响，《人民日报》、中国文明网、凤凰网、新湖南、红网时刻、湖南都市频道等新媒体多次进行了报道，提高了图书馆的知名度，扩大了影响。

3.5 坚持多元合作，共办共享

红色经典阅读推广是个系统的工程，是一项具有长期性和战略性的重要任务，要想在全社会营造良好的阅读氛围，需要全社会的共同参与和大力协作。南岳图书馆长年坚持加强与诗书画社、学校、社区、家庭教育指导中心及培训机构的合作，充分利用社会力量开展红色经典阅读推广，建立起馆校社会三位一体阅读模式，如长年与南岳诗书画社联合，参与《衡岳风骚》

红色诗词专栏的采风、编辑，定期举办红色诗词创作活动及阅读推广活动，大力普及红色诗词。

4 活动效果

5年来，“红色经典”主题活动时间长、参与人数多、活动范围广，并且结合了电视、网络等媒体的宣传报道，扩大了社会影响力。活动于2019年在湖南省委宣传部、省文明办、省文化和旅游厅等单位举办的“三湘读书月”活动中获“精彩案例”奖。在2022年的衡阳市经典美文诵读赛中，获一个二等奖、两个三等奖。在2023年省“书中故事我来游”摄影作品赛中获最佳组织奖、摄影一等奖，湖南都市频道进行了研学活动连线报道。在2023年中国新闻出版局举办的“我的书屋我的梦”比赛中，四人获全国优秀奖。目前，全区青少年在红色经典主题阅读推广活动中感受了爱国主义的熏陶、领悟了爱国主义精神，并从中吸取了精神力量，正激情飞扬、昂首阔步地迈上新的征程，为把祖国建设得更加美好而努力读书！

家庭教育新时代公共图书馆家庭阅读推广路径

周丽丽（湖南省少年儿童图书馆）

摘要：《中华人民共和国家庭教育促进法》开启了家庭教育新时代，也为公共图书馆家庭教育阅读推广提供了新契机。如何抓住这个契机，推动公共图书馆家庭阅读推广工作走向纵深？笔者通过研读《中华人民共和国家庭教育促进法》，比对法律条文，分析当前公共图书馆开展这项工作的优势和主要模式，得到公共图书馆家庭阅读推广的对策与创新思路。

1 引言

2022 年 1 月 1 日《中华人民共和国家庭教育促进法》实施，是我国教育领域具有里程碑意义的大事，家庭教育正式全面进入法治实施轨道，从“家事”上升到“国事”，从“单打独斗”上升到“社会协同”，整个教育生态系统都面临重构，开启了家庭教育新时代。

生活从阅读开始，家庭教育新时代，阅读的力量更加不可忽视，因为家庭阅读对于增进家庭幸福与社会和谐，培养德智体美劳全面发展的社会主义建设者和接班人起着积极作用。图书馆作为公共文化教育机构，大力开展家庭阅读推广，对于弘扬中华民族优良传统，引导全社会注重家庭、家教、家风具有无可比拟的现实意义。

2 家庭教育新时代赋能公共图书馆家庭阅读推广

2.1 国家支持、有法可依

《中华人民共和国家庭教育促进法》将促进家庭教育提升到国家战略层面。国务院、各级政府组织相关部门制定、修订全国家庭教育指导大纲、工作规范、评估规范、编写指导读本；统筹建设家庭教育信息化共享服务平台，开设家长学校和网络课程，开通服务热线，提供线上家庭教育指导服务；建立家庭教育指导服务专业队伍，加强对专业人员的培养，鼓励社会工作者、志愿者参与家庭教育指导服务工作；确定家庭教育指导机构，开展家庭教育研究、服务人员队伍建设和培训、公共服务产品研发、向有需求的家庭提供服务；采取政府补贴、奖励激励、购买服务等扶持措施培育家庭教育服务机构；教育、民政、卫生健康、市场监督管理等有关部门在各自职责范围内，依法指导和监督；将家庭教育纳入文明创建……法律条文十分详尽，涉及家庭教育全方位、全过程，政府机关社团全民参与，法律责任保障深入推进，为图书馆开展覆盖面更广、影响力更大的家庭阅读推广提供了前所未有的机遇。

2.2 社会协同、形成合力

《中华人民共和国家庭教育促进法》囊括了公安、民政、司法行政、人力资源和社会保障、文化和旅游、教育、卫生健康、市场监督管理、广播电视、体育、新闻出版、网信等国家机关、企业事业单位、群团组织、社会组织在内，协同推进覆盖城乡的家庭教育指导服务体系建设，并按照职责分工承担家庭教育工作的日常事务。其中第四十六条明确指出：“图书馆、博物馆、文化馆、纪念馆、美术馆、科技馆、体育场馆、青少年宫、儿童活动中心等公共文化服务机构和爱国主义教育基地每年应当定期开展公益性家庭教育宣传、家庭教育指导服务和实践活动，开发家庭教育类公共文化服务产品。”强大的社会协同机制和明确的目标，为图书馆外引内联开展形式更新颖、联动性更强的家庭阅读推广创造了有利条件。

2.3 家庭教育、指引赋能

自“双减”政策和《中华人民共和国家庭教育促进法》相继颁布实施以来，孩子和家长一下子从繁重的作业和校外培训中解放出来，教育回归本质，素质教育重新成为家长新关切，同时也给不少家长带来教育焦虑。图书馆是没有围墙的学校，开展图书馆家庭阅读推广，有利于家庭教育指引和赋能。指引，是通过法律的方式告诉未成年人监护人如何当好一个合格的家长，引导家长按照科学方法和理念教育孩子。赋能，是家长遇到困难和问题时，可以向图书馆等公共服务体系获取相应的帮助，学习到相关的知识，然后来提升自己的教育能力。

3 公共图书馆家庭阅读推广模式

3.1 亲子模式

亲子模式是当前公共图书馆最常见、发展势头最好的家庭阅读推广模式。这种模式以家庭为单位，阅读为纽带，用爱与陪伴的方式激发儿童阅读兴趣和习惯。图书馆员在阅读推广过程中，多以阅读分享为主，一般会设计问答、互动环节，强化阅读内容和重点，增加阅读的趣味性，培养阅读专注力，也会注入视频、游戏、手工、绘画、表演等多种元素寓教于乐。孩子们在家长爱的陪伴下，更加乐意阅读，更加喜欢阅读，也更容易享受阅读的乐趣。家长在陪伴阅读的过程中，丰富了育儿知识，增强了阅读引导能力，同时享受了亲子时光。

3.2 线上推广模式

近年来新兴的推广模式，以 2020 年以来湖南省少年儿童图书馆开展的“新语听书争霸赛”、《童心献祖国，中秋话非遗》、“阅读让人宁静，书香给人自信”——展览矩阵、“21 天阅读习惯养成计划”、“4.23 魔法乐读节”、一起玩科普网上直播、“书中故事我来讲亲子故事坊”等线上活动为例。主题突出、内容丰富，包括防疫抗疫、红色文化、传统文化、文学经典、科普知识等，形式多样，包括听书、打卡、答题、闯关、展览、直播等。从某种意义上说，新冠疫情提速了我国公共图书馆线上家庭阅读推广的发展，为了防疫，公共图书馆逐渐将线下阅读推广活动转移到线上，充分利用自己的网站、微信、微博、QQ 群等，挖掘数字化资源潜力，开展线上家庭阅读推广服务。较传统线下推广模式，线上模式虽然没有那么精准，但具有传播速度更快、传播力更强，覆盖面更广、不受时空限制等优点。

3.3 馆、校、社合作推广模式

图书馆联合学校、社区、图书出版、新闻媒体、婴幼服务、志愿团体等机关社团开展家庭阅读推广。如在学校、社区建立图书流通点，送去图书，派馆员去校园、社区，或者邀请老师、学生、家长、社区家庭来图书馆双向开展家庭阅读宣传推广活动。图书馆引进出版社来馆举办新书发布会，选择婴幼服务机构来馆分享绘本阅读体验，邀请知名作家来馆举办儿童文学名师讲堂，邀请志愿者来馆进行亲子阅读、青春伴读等社会实践。邀请新闻媒体记者来图书馆家庭阅读分享活动现场，采写新闻报道。图书馆与学校、机关社团合作推广模式丰富了家庭阅读推广的内容、形式，使其更加多元化。

4 图书馆家庭阅读推广对策与创新

4.1 扩大公共图书馆的社会认知度

第十八次全国国民阅读调查报告显示，我国城镇成年居民对公共图书馆的知晓率仅为29.9%，这表明我国公共图书馆的社会认知度非常低，多年来限制了公共图书馆事业的发展。因此，公共图书馆要以《中华人民共和国家庭教育促进法》为契机，树立行业参政、议政意识，做好参谋智库工作，积极参与国家和各级政府相关研究课题和项目，发挥自身文献资源优势，全面系统搜集、整理家庭教育参考文献，为制定家庭教育指导大纲和读本提供文献保障。同时，在家庭教育信息化共享服务平台和家庭教育指导服务体系建设中找准定位，努力发挥传承中华文明、提高国民素质、推动经济社会发展等方面的积极作用，进一步提高图书馆的行业影响力和社会认知度。

4.2 强化图书馆家庭阅读推广工作

将家庭阅读推广列为图书馆重点工作，成立课题组，根据国家制定的家庭教育指导大纲和读本、家庭教育指导服务工作规范和评估规范，制定相应的家庭阅读推广工作长效保障机制。组织优化图书馆资源和人员开展这项工作，从文献采选到借阅服务，从阅读推广活动组织策划到实施，从编制家庭阅读指导书目到阅读宣传推广，最后到家庭阅读推广工作的反馈和考评，协作协同形成完整工作闭环，共同推动家庭阅读推广工作走向纵深。

4.3 抓住阅读关键期

阅读不是与生俱来的，良好的阅读习惯是后天培养的，儿童阅读习惯养成关键期有三个：3—5 岁，儿童开始由看图发展到识字，这是孩子的阅读启蒙敏感期；5—7 岁，孩子进入大量识字的阶段；8—12 岁，进入自由流畅阅读的阶段，抓住儿童阅读关键期，能够培养孩子良好的阅读习惯，让孩子受益终生。当下，虽然我国对亲子阅读家庭教育的价值认知已初步形成，但是不少年轻的家长却不知正确开展亲子阅读家庭教育。公共图书馆作为公益阅读指导机构，舒适的阅读环境、丰富的阅读资源、多元的阅读体验以及专业的图书馆服务，为民众阅读提供了得天独厚的条件。针对 3—12 岁的读者群，公共图书馆可以分龄创设图书分区，摆放各具特色的儿童书架桌椅及图书设施，定制儿童化阅读场景，营造适合不同年龄段儿童的阅读氛围，也可编制分级阅读书目，还可以组织形式多样的亲子阅读活动，从而激发孩子的阅读兴趣，让孩子爱上阅读。

4.4 推广对象创新

《联合国教科文组织公共图书馆宣言（1994）》指出："每一个人都有平等享受公共图书馆服务的权利，而不受年龄、种族、性别、宗教信仰、国籍、语言或社会地位的限制。对因故不能享用常规服务和资料的用户，例如少数民族用户、残疾用户、医院病人或监狱囚犯，必须向其提供特殊服务和资料。"《中华人民共和国家庭教育促进法》也提出了对留守未成年人和困境未成年人两种家庭的特殊关爱和服务。当前公共图书馆开展的家庭阅读推广研究和实践中，针对特殊人群和特殊家庭的服务比较少，今后要锚定特殊人群和特殊家庭，建档立卡为他们提供针对性、个性化的家庭阅读指导和服务。

4.5 推广内容创新

家庭阅读推广应倡导广泛阅读、兴趣阅读、自由阅读、特色阅读的"亲子+"泛阅读观念，内容可围绕《中华人民共和国家庭教育促进法》这条主线，从国家战略层面上以立德树人为根本任务，培育和践行社会主义核心价值观，弘扬中华优秀传统文化、革命文化、社会主义先进文化，促进未成年人健康成长为导向。从社会层面以培养家国情怀、良好道德品质、树立正确成才观劳动观、促进身心健康、增强其自我保护意识和能力为任务。从家庭层面要注重未成年人身心发展规律、人格尊严、家庭教育特点、科学的家庭教育观念和方法为重点。公共图书馆应立足这三个层面，组织亲子阅读推广活动，通过导读、分享、互动、交流等方式，建立开放式阅读思维，传递正确价值观。并结合家庭阅读中各类对象、各个年龄段、各个主题编制家庭阅读推荐书目，通过媒介助推发力传播优质阅读资源，使优质特色读物走入家长视线，助推国内优质原创读物与丰富特色亲子阅读实践的双赢。

4.6 推广形式创新

加强公共图书馆行业联动，打造公共图书馆家庭阅读推广行业品牌。可以由中国图书馆学会或分会组织、策划全国性的家庭阅读推广品牌活动，也可以由某个图书馆发起特色家庭阅读推广创意活动，全国图书馆联动助力。如 4・23 世界读书日、5・15 国际家庭日、全国家庭教育宣传周、六一儿童节、全民读书月等重要节日。加强跨界融合，比如文化、教育、旅游联合开展研学阅读活动，图书和出版机构新书发布会、图书品鉴会。同时，注入现代前沿科技元素，积极探索"线上+线下""图书+数字+电子+智慧阅读"相融合的家庭阅读推广模式。

4.7 加强家庭阅读指导

第一，公共图书馆应积极参与上级政府家庭教育指导机构的统筹、专业指导和培训，以便快速及时获得关于家庭教育相关政策性信息，有针对性地开展家庭阅读推广。第二，通过家庭教育指导机构、社区家长学校、文明家庭建设等多种渠道获得需要家庭阅读服务的信息，然后与各个家庭保持及时有效沟通，将开放时间以及具体的家庭阅读推广计划都提前通知他们，以便对方能更好地安排自己的时间，提高家庭的参与热情和阅读兴趣，从而有效推广家庭阅读。第三，建立家庭阅读反馈机制，指派专人负责及时收集家庭阅读反馈信息，一方面帮助疏导家庭阅读实践中遇到的问题，合理规划与推荐课外阅读书目；建立与家长的互联机制，帮助家长学习亲子阅读技能、提高亲子阅读信心；另一方面及时修正家庭阅读推广方案，为家庭阅读提供有的放矢的高效图书馆服务。

参考文献

[1] 唐红 . 公共图书馆家庭阅读推广的问题及对策 [J]. 图书馆学刊 .2015(09).

[2] 向瑞芳 . 公共图书馆与家庭阅读推广 [J]. 中文信息 .2017(06).

生命周期视域下公共图书馆阅读推广高质量发展
——以株洲市图书馆为例

郑娜静（株洲市图书馆）

摘要：现如今，公共图书馆在优化内部传播驱动的同时，也加大外部社交媒体的宣传力度，开展的阅读推广活动也发生着巨大改变，从以往的线下活动为主，到如今线上线下同步开展，甚至全程线上开展，且利用线上的低成本、形式多样性、广泛性等优势，激发新生代读者的潜在阅读需求。本研究基于“生命周期”的理论，从读者“阅读生命周期”的角度出发，动态性地看待阅读推广活动，从而构建一种动态发展的阅读推广模式，为我国公共图书馆阅读推广服务的可持续发展提供发展思路。

1 引言

2020 年 10 月，中央宣传部印发《关于促进全民阅读工作的意见》，继续将全民阅读作为文化强国的重要举措，深入推进全民阅读。自 2006 年开展“全民阅读”活动以来，全民综合阅读率稳步提升，2021 年在第十八次全民阅读普查中综合阅读率达到 81.3%。作为文化强国的重要措施，为了保障这一举措，推动《中华人民共和国公共图书馆法》新版的落地实施，并继续落实“全民阅读”工作的推进。公共图书馆作为阅读推广的前沿阵地，在阅读推广活动上采取多样化的活动形式，丰富的活动内容，来拓展阅读阵地。伴随着新媒体、互联网的发展，催生了更加丰富多元的阅读推广方式，借助新媒体渠道、数字资源服务商，公共图书馆也提供了更多的阅读资源。

近些年，在国家相关政策的大力推动下，国内公共图书馆也开展了多种多样的阅读推广服务，并取得了不错的效果。但在当前环境下，受到社会多方面的影响，读者的阅读习惯、阅读方式与阅读需求都发生巨大改变。第十八次全国国民阅读调查发现电子阅读接触率为 79.4%，远远超过非电子阅读，在阅读媒介上纸质阅读方式已不再成为阅读主流，在阅读方式上，深阅读以及听书的模式正在逐步增长，且听书介质日趋多元化。新技术带来的巨变也为公共图书馆的阅读推广带来新的挑战。

随着时代的发展，大数据、新媒体、社会信息化、创新创业等新技术新环境的影响，读者的阅读需求和阅读习惯都发生了巨大的变化，碎片化、数字化、社会化、实用性、功利性和体验式已成为当代读者的主要阅读特征。这些变化为图书馆的阅读推广服务带来了新的挑战。为了满足新阅读环境下读者的需求，国内各大高校图书馆纷纷开展形式多样的阅读推广创新活动，例如微博、微信导读、真人图书馆、名人推荐、在线书评、影视作品展览、微拍、游戏、话剧、竞赛等。这些形式新颖的阅读推广活动，极大地吸引了新一代读者的阅读兴趣，达到了良好的宣传效果。然而，笔者认为国内各公共图书馆的阅读推广活动表面上百花齐放，但其最大的问题是活动焦点过于集中在激发读者阅读兴趣上，却忽略了所开展活动的系统性和深入性。读者在阅读的过程中遇到了什么困难？产生了什么感悟？存在什么困惑？这些问题在阅读推广的过程中没能得到很好地解决。读者的阅读过程是一个动态的发展过程，阅读推广活动也应该从读者发展的角度动态地看待问题。因此，本文以"以读者发展为中心"的阅读推广理念为理论基础，从读者"阅读生命周期"的角度出发，构建了一种动态发展的阅读推广模式，将阅读推广服务嵌入"读者阅读动机—阅读思考—阅读分享—创新实践"的整个阅读生命周期，最终形成一个全流程的发展体系，为我国公共图书馆阅读推广服务的可持续发展提供发展思路。

2 理论来源

2.1 读者发展

"读者发展"的概念，由英国约克郡开卷公司的雷切尔·冯·里尔在1995年最先提出。它被定义为一项以读者阅读需求为中心的实践活动，将读者群体和他们的阅读体验作为工作着力点，主张积极介入读者的阅读行为，增强读者阅读信心、提升阅读愉悦感、扩展读者阅读选择、提供阅读体验分享，从而将阅读行为提升为一种创造性的活动。从树立阅读意识、培养阅读能力，到养成良性的阅读习惯并从中不断提升和分享阅读体验，是一个由浅入深、层层递进的读者发展过程，也是建立在阅读关怀基础上阅读干预行为的努力方向。随着读者发展事业的深入实践，开卷公司的汤姆·弗雷斯特对"读者发展"重新做了阐释，认为它是读者文化能力的发展，旨在拓宽阅读视野、传播阅读经验的同时为读者自身带来改变，激发读者阅读新作品的自信和趣味，实现读者自我的文化提升。国内的学者则结合工作实际对于读者发展有了更细化的认知，把图书馆读者发展工作生动地分解为"要不要读""读什么""怎么去阅读"以及"读后感的释放"四项内容；还有学者在此基础上又增加了读者阅读需求调研和构建阅读观念体系等要素，进一步丰富了业界对于读者发展内涵的解读。

读者发展的实质，是以读者为中心的阅读推广工作。无论在欧美还是中国，围绕着读者发展观所开展的工作，都为读者带来了显著的文化改变。在国外，英国作为读者发展理念的发源地，为读者发展的实现路径提出了"读者中心"的方法论，建立起读者和馆员发展的培训体系，并在读者发展理论的指导下发起全国范围内的"读者发展运动"，对于其他地区和机构的读者发展事业都具有重要的指导意义。其中，由开卷公司所领衔的国家级读者发展项目"分枝"借由图书馆员培训计划来宣传推广读者发展的服务理念，并在苏格兰借由构筑"读者发展网络"项目壮大读者发展的参与者阵营，还有威尔士开展的"延伸"、以专业性为特质的书目推荐计划"触碰"等诸多项目都令英国各类各级图书馆的服务和运行模式重新洗牌，将"读者发展"的理念日益渗透英国公众意识乃至国家意志层面的发展战略中。"阅读社""阅读时间"等机构同样是读者发展工作的先驱者，通过引领国家阅读年、夏季阅读挑战、快阅读以及区域性读者发展计划的多元化项目，致力于读者发展理论和实践的推广。而北欧、美国等地的"希望之书""阅读起跑线”“一城一书”等项目也令读者发展的精神对本土的图书馆服务产生了深远影响。在中国，全国性的国民阅读推广处于发展初期，读者发展活动尚缺乏系统、有机的生长土壤。即便如此，很多高校图书馆已逐渐对读者发展工作给予重视，立足于自身实际投入读者发展项目的开拓创新中。比如北京大学图书馆专门设立“阅读推广小组”负责读者发展工作，清华大学图书馆以及南京师范大学图书馆利用新媒体进行阅读推广，还有上海交通大学图书馆的鲜悦、同济大学图书馆的“立体阅读”以及天津大学的“知学读书会”都是国内以读者发展为活动依据的成功案例。

2.2 生命周期

“生命周期”原为生物学术语，是指一个生物体从出生到死亡所经历的各个阶段和整个过程。这一概念后经扩展，成为在社会学、管理学、心理学、传播学、图情档学等学科中广泛使用的研究方法，即把研究对象从产生到死亡的整个过程划分成一个个前后相继，甚至周而复始的阶段来加以研究。前关于生命周期理论应用在图情档学科中的研究主要涉及以下 3 个方面：（1）科研服务研究。澳大利亚新南威尔士大学（University of New South Wales, UNSW）图书馆学术服务组（Aca-demic Services Unit, ASU）根据多年经验创建了科研服务模型，发现研究成果影响力具有生命周期性，即该过程包括决策成果的出版策略、妥善管理与维护研究成果、评估与展示成果影响力等阶段；毕丽萍等认为应依据高校图书馆微信公众号不同生命周期阶段的产品特点，对高校图书馆微信服务进行针对性优化；叶兰构建了面向研究成果影响力生命周期的图书馆科研评价服务体系。（2）信息资源管理研究。数字图书馆联盟（Digital Library Federation, DLF）曾发布电子资源管理倡议（Electronic Resources Management Initiative, ERMI），从生命周期角度出发将电子资源管理分为产品试用与考虑、采购、安装与使用、维护与评估四个阶段；胡晓庆提出档案数据在信息生命周期规律下应包括档案数据的形成、组织、存储、开发利用、销毁等环节；丁宁等认为科学数据生命周期管理涵盖计划制定、数据收集、描述与归档、处理与分析、保存、共享及使用几个核心阶段。（3）用户阅读研究。主要聚焦于新兴阅读结构和阅读要素中读者信息需求和阅读行为的深层探讨，如黄琳等基于生命周期观点，以“静静读书”书吧为研究对象，通过收集数据分析读者阅读交互参与动机、表达偏好、体验特征和交互偏好等方面特点。

2.3 阅读推广

阅读推广对于国际图书馆学来说仍然是热门主题，我国图书馆界关于阅读推广的研究至少没有落后于西方图书馆学。我国虽在阅读推广上研究起步稍晚，但也在不同的领域有较好的推广成果，如天津图书馆阅读推广项目以馆内阅读推广活动为基础，打造特色品牌项目，构建立体阅读推广体系，引入社会力量参与，为图书馆发展注入新活力。

3 株洲市图书馆阅读推广实践

截至 2021 年底，市图书馆总藏量达到 92.6 万册，注册读者 16 万人，年接待读者突破 130

万大关，借还书籍150万余册。作为株洲市最为繁忙的公共文化场所之一，株洲市图书馆是促进全民阅读、提升市民文化素养、涵养城市文化精神、以知识驱动创新的重要阵地。近年来株洲市坚持“传承文明服务社会”,深入开展“书香株洲”全民阅读活动,引领新时代“悦”读风尚，在阅读推广活动与效果上打造了全国多个“第一”，阅读指数连续在全省14个地州市中排名前列，先后荣获全民阅读先进单位，“三湘读书月”组织奖、全国阅读推广优秀项目，受到中宣部和新闻出版总署嘉奖。株洲市图书馆在湖南省率先构建以“市图书馆为中心馆，9个县市区图书馆为总馆，75个分馆、流通点和14座24小时智能书屋”为框架的“总分馆”服务模式，每个分馆和流通点均设置了自助借还机、数字资源阅读机、图书一体机等设备，打造适合阅读及阅读推广的示范性场所。总分馆之间实现了“通借通还”和“十统一”管理模式，被业界专家称之为总分馆服务的“株洲模式”。

3.1 阅读推广前期

3.1.1 组织保障

组织保障是指为了保障阅读推广的稳定正常地开展及长久地运转而设立专门的机构和聘用专业管理人员的组织体系。一般来讲组织保障包含以下两个方面：一是领导保障，领导保障力表现在上级领导或主管部门对阅读推广活动重视程度的相关措施。如《全民阅读促进条例》是国家广播电视总局自2017年起颁布并实施的全国性政策保障性条例；广东省、浙江省出台有地方级的全民阅读保障性条例和规定。株洲市图书馆在每年的“4·23”读书月启动会上，均有部门主管及馆领导参与，并且邀请知名作家参与，提升活动的知名度及传播力度。图书馆阅读推广依赖于实体馆舍或开放空间，依附于空间，对推广活动及内容做相应的活动规划，包括流程内容、形式、目标群体等。除主要领导参加外，还会有知名作家参与，如在近两年邀请知名作家余华、余秋雨等参与活动开幕式。二是人员保障，人员保障是阅读推广的专业推广队伍组成。株洲市图书馆有独立的阅读推广部门，由4—5名馆员组成，从历年的活动看，株洲市图书馆以阅读推广部人员作为主要推广队伍，并临时抽调其他部门拥有丰富经验的馆员参与推广活动，整个活动参与馆员人数在15人以上，表现对阅读推广的重视。在阅读推广中创造多元新颖的活动，吸引更多的读者参与。

3.1.2 合作保障

合作保障指阅读推广活动的发起单位或主办单位除图书馆外的机构或部门。在株洲市图书馆的历年活动中主要合作保障有两方面。一是馆内各部门合作保障，主要是市图书馆在阅读推广活动中馆内各部门针对活动宣传策划、资源等而共同合作举办活动，从而增加活动吸引力，提升活动影响力。在历年的读者推广活动中，读者服务部负责读者服务工作、统筹阅读推广期间书籍借还工作，阅读推广部负责读者服务宣传工作、策划活动内容及流程，数字资源部负责数字资源保障工作、线上发布阅读推广信息、参与策划线上推广活动。馆内各部门合作不仅提升馆内部门工作协同效率，更加促进馆员的工作能力提高与专业素养的提升。二是馆外机构合作，借助株洲市总分馆发展的“株洲模式”，由株洲市图书馆发起，各县（市）区、街道（社区）、民间图书馆、农家书屋、各机关事业单位等作为分馆、流通点，株洲市阅读联合会作为公益性阅读组织，播散全民阅读的“种子”，并帮助各类型读书会开展活动，构建了“大阅读”格局，实现了“市区有总馆、县城有分馆、乡镇有网点、农村有书屋”的目标，有效延展阅读活动推广范围与影响区域。如在“4·23”读书月期间，在较大的社区内举办活动，拓展活动影响力，并在读书月之后与社区合作，能够设立长久的24小时智能书屋、农家书房、社区等便民阅读中心。通过开展的系列实践活动证明，图书馆主动寻求宽领域跨界合作，馆内馆外共同为阅读推广提供合作保障能有效提升活动质量与效果，也为推动株洲市全民阅读资源整合与共享起到了积极作用。

3.2 阅读推广中期

3.2.1 阅读推广活动时间与地点

阅读推广活动时间主要从微观和宏观两方面进行考察。微观是指阅读推广活动的持续时间，宏观则是阅读推广活动的连续性，即阅读推广活动在本区域内已连续举办的次数。株洲市图书馆的阅读推广活动以“4·23世界读书日”为基准，每年在这个时间节点作为起始时间，在暑期举办“少儿故事大王”比赛，吸引儿童的参与，每月举办“株洲书房爱阅荟”，每期一个主题丰富阅读推广主题。每年一次的“神农大讲坛”线上线下同步开展。近些年来，互联网的发展，也使得阅读推广活动突破物理空间的限制，除了传统的图书馆阅览室、农家书屋、株洲书房等物理空间举办的推广活动，互联网等线上活动也如火如荼，借助“株洲图书馆”小程序、“移动图书馆”等活动平台，微博微信等社交平台，为读者营造阅读、交流、游戏、互动、评价于一体的阅读活动情境。从近年的活动效果看，阅读推广知名度和影响力在不断扩大，读者获得感与满意度也得到提升。株洲市图书馆的社会认知度和辐射力逐渐地扩大，为营造良好的书香社会氛围发挥作用。

3.2.2 活动对象

株洲市图书馆属于公共图书馆，其服务读者对象为全体社会公众，在近年来的活动举办中，参与的读者年龄范围也越来越广，从最开始的大学生群体，到如今中年人、老年人、少年儿童也在父母的影响下参与读书活动。此外，针对不同的群体，株洲市图书馆也在活动中推荐不同的阅读书籍，推广不同的活动内容，比如针对儿童提供儿童故事类书籍，儿童父母、孕妇群体提供育儿和教育书籍。在线上还推出“阅读挑战赛”“征文比赛”等活动内容，线上平台对接微信等社交平台，挑战赛排名更可分享朋友圈，邀请朋友一起参与线上活动。考虑到特殊群体的问题，株洲市图书馆，还将阅读推广活动扩展到更多群体，如残障人士和特殊老年群体，举办更加多元的活动，场地也更加贴近这些特殊群体。

3.2.3 活动形式及内容

形式与内容是阅读推广活动中期的关键组成部分，千篇一律且无新意的阅读活动可能会逐渐消磨读者参与的积极性，进而将降低对图书馆资源的使用和服务的评价，因此图书馆在形式和内容的设计上应满足读者的阅读偏好和信息需求，以读者喜闻乐见的形式举行，丰富读者的活动参与体验。一般来讲，随着数字化、网络化、信息化的普及与应用，图书馆的读者服务与阅读推广形式逐步多元且富有创意化。按照不同的分类方法，有线上活动和线下活动形式、书籍类活动和报刊类活动、阅览类活动和讲座类活动、游戏类活动和实操类活动等。依据不同的形式，各馆根据所藏资源特色、发展规划与读者需求，设计和举行的活动内容更是数不胜数。比如“儿童故事大王”“读书挑战赛”“一本好书”等深受读者欢迎。

3.3 阅读推广后期

3.3.1 活动总结

活动总结是指在阅读推广活动整体或部分项目结束后由图书馆对其活动相关数据进行记录与实时反馈。随着阅读推广活动的不断风靡并得到图书馆的高度重视，其活动流程逐步规范，总结工作也由最初的馆员主观性口头叙述发展到包含主观描述与客观数据的更规范的报告书等形式，但活动总结中的数据规模仍属于小样本和小数据，侧重对当前活动的总结与概括，尚无法对阅读推广进行有效预测与指导。根据时间期限，有单项活动总结、月度总结、学期总结、年度总结等，总结内容一般涉及活动前期准备情况，包括投入的人力、物力、财力等，活动举办过程的持续时间、地点、活动主题、形式和内容、活动参与人数、文献资源利用率、电子资源访问量以及阅读推广活动荣获的奖励与荣誉等。在历年活动结束后，株洲市图书馆都会根据活动人流量，图书借阅等情况评估活动开展效果，并集思广益、发挥集体智慧，从多个角度寻找推广活动的不足，在后续的活动中加以改进。

3.3.2 活动评估

活动评估通常是指借助定量和定性结合的方法对阅读推广进行评估定级，在总结此次活动现状的同时也能指引未来方向，促进阅读推广活动科学化管理，因此正确进行活动评估对于图书馆的长远发展、阅读推广的良性升级与提升读者满意度来说具有重要意义。但由于活动评估需要在相关理论指导下与本馆阅读推广活动的实际情况相结合，构建合适的评价标准与细化的评价指标体系，并使用图书馆统计分析等相关方法去操作，因此其对活动规范性与人员专业水准要求较高。此次调查中的高校图书馆均未对阅读推广进行科学系统的评估，这一现象值得持续关注并作出积极探索和有益尝试。

4 经验与教训

4.1 打造专业队伍，提高自身软硬实力

针对阅读推广中的问题，主要是做好以下几方面 ：一是强化认识阅读推广工作，将其纳入常规业务工作中，加快相关政策文件的制定与专项活动资金的落实 ；不仅要设立专业的部门及配备具有专业素养和相关学科背景的阅读推广人，构建起以专职阅读推广人为主，兼职阅读推

广志愿者为辅的人员保障体系，其中兼职志愿者不应局限于图书馆馆员群体，还应积极吸纳高校大学生、离退休干部、社会人士等多元群体加入，对其进行基础的阅读推广技能培训，以制度化方式不断完善和保障兼职志愿者机制，并通过“引进来＋走出去”的方式，邀请知名阅读推广学者和专家定期为阅读推广部门做知识讲解与技能培训，鼓励并支持馆员参加继续教育与阅读推广培育，不断完善自我，建设更多更好的全民阅读服务设施。二是进一步提高和完善好图书馆总分馆服务的“株洲模式”，推动更多机关、学校、企业等其他各类型图书馆（室）向社会公开开放。要利用好长株潭图书馆联盟的资源，实现资源的共建共享。加大推广 e 约柜、24 小时智能书屋等智能终端设备的建设，进一步加大“e 约柜”的布点力度，打造家门口的阅读服务点。三是打破有界的服务范围。不仅服务无界化，而要在有界的领域中实现突破，创新服务，打造新型的阅读空间，主动寻求在馆外跨地区、跨行业、跨系统间的合作，不断推出具有时尚、现代、自助等元素的“株洲书房”，利用闲置的资源和空间，打造出更多更好、深受老百姓喜欢的城市书房，力争使每一处城市书房都成为一个“网红打卡点”。

4.2 完善阅读推广服务，提升品牌影响力

倡导和推动全民阅读工作，已连续 9 年被写入《政府工作报告》。随着《中华人民共和国公共文化服务保障法》《中华人民共和国公共图书馆法》等法律法规的相继出台，全民阅读工作正朝着规范化、常态化方向发展，亟需从以下几方面加强：一是发挥阅读联合会的作用。充分发挥株洲市阅读联合会的桥梁和纽带作用，组织开展各类读书活动，进一步提高和扩大影响，推动全民阅读的高质量发展。二是建立全民阅读激励机制。开展最美阅读组织、阅读推广人、最美书店评选，探索建立全民阅读激励机制。建立和完善全民阅读考评激励机制，将全民阅读纳入各级各单位考核指标。三是组建阅读推广团队。全民阅读离不开阅读推广人及阅读推广活动，要组织培训具有株洲特色的全民阅读推广人和团队，充分发挥他们在全民阅读中的作用，组织开展各种形式的全民阅读推广活动。同时，通过购买服务等方式，激发社会力量参与全民阅读活力，使全民阅读活动深入基层、深入群众，迸发出生机和活力。四是开展优质阅读推广活动。要做大做强株洲读书月、神农大讲坛、湘江边的旧书摊、神农系列、少儿故事大王大奖赛等具有株洲特色的全民阅读服务品牌，同时，也要推出一批新的阅读品牌，让品牌去影响人、感染人，提升全民阅读服务品牌的影响力和辐射面。

4.3 鼓励社会力量参与，扩大全民阅读宣传力

从图书馆服务角度来说，公共图书馆作为“第三空间”的功能在现代社会日益受到关注，公共图书馆也被认为是市民生活中的“第二起居室”。一是提高全民阅读的参与性。全民阅读工作要贴近生活、贴近实际、贴近群众，要走进社区、学校、军营、机关、企业等，把服务和活动送入社会各个角落，真正使全民阅读进入寻常百姓家，让更多的人参与全民阅读、爱上阅读。二是提升全民阅读指数排名。要通过各种形式，提升全民阅读的人次和频率，注重线上与线下结合，服务与活动结合，真正让现有的资源“活”起来，加强与读者互动的黏性，真正使阅读成为每个人的生活习惯。三是加大数字阅读的推广力度。数字阅读是传统阅读的一种有效

补充，要做好引导和宣传，将图书馆等机构购置的一些优质的电子书、电子报纸、电子期刊、视频、听书、学术论文等数字资源，及时地传递到老百姓手上，满足老百姓对知识的渴求。四是加大对全民阅读工作的宣传。要借助传统媒体和新媒体，利用自身优势，开展形式多样、群众喜闻乐见的全民阅读工作宣传，使全民阅读工作深入人心，成为每个人的自觉行动。

5 总结

公共图书馆作为公共阅读文化体系的“基地”之一，是公共文化服务的重要内容，是文化惠民的重要表现，有着承担全民阅读推广的任务与使命，全民阅读工作任重而道远、永远在路上，要开展主题鲜明、内容丰富、形式多样的阅读推广活动。若要提升其阅读推广的服务水平，助力建设“书香株洲”，则有必要从全新的动态视角出发，描述与剖析不同生命周期视域下的高校图书馆阅读推广发展现状，并依据不同阶段的活动特征制定相应的改进策略。

参考文献

[1] 中国新闻出版研究院全国国民阅读调查课题组.第十八次全国国民阅读调查主要发现[J].新阅读,2021(05).

[2] 张婷婷.大学生数字化学术阅读行为研究[D].扬州大学,2019.

[3] 李杉杉,高莹莹,邓稳健.从“阅读生命周期”的角度构建全流程的阅读推广模式[J].大学图书馆学报,2021(01).

[4] 杜宗明.高校图书馆“读者发展”平台的构建刍议——以徐州医学院图书馆为例[J].晋图学刊,2016(03).

[5] 马国泉.新时期新名词大辞典[M].中国广播电视出版社,1992.

[6]Drummond R.RIMS revisited: the evolution of the research impact measurement service at UNSW library [J].Australian Academic & Research Libraries,2014(4).

[7] 毕丽萍,叶继元.高校馆微信服务现状与策略——以产品生命周期理论为视角[J].图书馆论坛,2020(02).

[8] 叶兰.面向研究成果影响力生命周期的科研评价服务体系构建研究[J]图书馆建设,2019(01).

[9] 李洪.基于生命周期的电子资源管理系统的分析与设计[J].图书馆理论与实践,2012(04).

[10] 胡晓庆.信息生命周期理论视角下的档案数据治理策略研究[J].山西档案,2020(06).

[11] 丁宁,马浩琴.国外高校科学数据生命周期管理模型比较研究及借鉴[J].图书情报工作,2013(06).

[12] 范并思.论图书馆阅读推广的理论体系[J].图书馆建设,2018(04).

公共图书馆少儿阅读推广的悬浮困境与纾解策略
——基于史密斯模型视域

施衍如（湖南省少年儿童图书馆）

摘要： 少儿阅读推广是图书馆服务的重要组成部分，对于培养少儿阅读兴趣、提高阅读能力具有重要意义。然而，受制于诸多因素影响，许多图书馆的少儿阅读推广实践存在“悬浮”困境，并未取得预期效果。这种现象表现为阅读推广制度与措施未能有效落地、推广活动与少儿的实际需求脱节、执行机构与目标群体之间缺乏有效沟通等。为了深入探究这一现象，本文引入史密斯模型作为分析框架，从理想化政策、执行机构、目标群体和环境因素四个维度出发，对图书馆少儿阅读推广的悬浮困境进行剖析，并提出针对性的纾解策略。

1 引言

阅读被誉为知识传播的桥梁，特别是对于少儿来说，阅读不仅是积累知识的途径，更是培养想象力、创造力和批判性思维的重要方式。图书馆作为推广阅读的重要阵地，其少儿阅读推广活动理应受到高度重视。然而，在实际操作中，不少图书馆少儿阅读推广活动却呈现出“悬浮”的现象。“悬浮”，多被用于形容行政权力、机制安排、治理要素尚未完全落地的情形。李胜利、杜煊伟（2023）认为“悬浮”作为学术概念颇具中国文论特色，对其梳理可以成为中国人文社科理论体系建构的一种尝试。越接近现实主义一极，越应力争在局部细节与整体风貌上避免“悬浮”现象，走向“沉潜”的现实主义。白志华（2023）指出“悬浮”的社会组织难以在社会治理中有效发挥“社会协同”功能。在图书馆少儿阅读推广语境中，“悬浮”可理解为图书馆的少儿阅读推广相关政策、制度、措施、项目、活动等停留在表面，未能真正触及实施对象（少年儿童群体）的实际需求，未能产生预期的价值。如阅读推广政策未能有效转化为实际操作；推广措施、活动与少儿的真实阅读需求之间存在距离；图书馆与少年儿童群体之间缺乏有效的互动和沟通等。针对图书馆少儿阅读推广的悬浮困境，本文选择史密斯模型作为分析框架，旨在全面审视图书馆少儿阅读推广过程中的各种要素及其相互关系。史密斯模型强调政策执行过程中的四个核心要素，即理想化的政策、执行机构、目标群体、环境因素。史密斯模型最大的贡献就在于提出了政策执行的四个核心要素（分析维度），基于史密斯模型的分析框架，可以深入剖析图书馆少儿阅读推广实践中的“悬浮”困境，揭示其背后的复杂成因，并提出有效的纾解策略，对于推动图书馆少儿阅读推广实践具有重要的参考和启示意义。

2 分析工具

2.1 史密斯政策执行模型框架

史密斯政策执行模型是政治学家戴维·史密斯在 1973 年提出的一种理论，用于解释政策制定与实施之间的关系。该模型认为，政策执行的成功与否，受到理想化的政策、执行机构、目标群体和环境因素等多种因素的影响。史密斯政策执行模型框架，如表 1 所示。

表 1　史密斯政策执行模型框架

要素	子项	解释
理想化的政策	目标的明确性	政策目标应该清晰、具体，以便执行机构和目标群体能够理解和遵循
	手段的有效性	政策手段要能够实现目标，并减少不必要的成本和风险
	操作的可行性	政策操作方式应考虑到执行机构和目标群体的实际情况和能力，以确保顺利实施
执行机构	制定实施计划	制定明确的实施计划，包括目标、措施、时间表和资源分配
	分配资源	合理分配人力、物力、财力等资源，以确保政策顺利实施
	监督执行情况	监督政策的执行情况，及时发现和解决问题
目标群体	对政策的认知和理解	目标群体需要了解并理解政策的目标、措施和要求，以确保政策顺利实施
	对政策的反应和参与度	目标群体对政策的反应和参与度直接影响着政策的实施效果
环境因素	社会环境	社会环境的变化可能会对政策的实施产生积极或消极的影响
	经济环境	经济环境的变化会影响政策的实施效果

史密斯政策执行模型的创新在于其整体性视角，它认为政策执行涉及多个关键要素：理想化的政策、执行机构、目标群体及环境因素。该模型强调，理想化的政策是执行的根本要素；执行机构的决策和行动是政策转化的实施主体；目标群体的需求和反应直接影响政策实施效果；环境因素如社会、经济条件的变化对政策执行也有重要影响。在政策执行过程中，必须全面考虑这些要素，以确保政策的有效实施。这种全面的分析框架使模型更具现实解释力，有助于更好地理解和优化政策执行过程。

2.2 史密斯模型的适用性

史密斯模型全面、动态地分析思想，有助于深入地理解图书馆少儿阅读推广实践中的悬浮困境。首先，史密斯模型关注“理想化的政策”。在图书馆少儿阅读推广实践中，“理想化的政策”指的是为提升阅读推广效果而制定的目标、制度等政策。通过分析政策是否足够明确、有效和可行，可以发现推广政策方面的问题。其次，史密斯模型强调“执行机构”的作用。在图书馆少儿阅读推广中，执行机构即图书馆自身。通过考察图书馆在资源分配、人员配备、活动策划等方面的表现,可以发现图书馆组织能力方面存在的不足。再次,史密斯模型关注“目标群体”。在图书馆少儿阅读推广中，目标群体主要是少年儿童及其家长、教师等。通过对少年儿童及其家长、教师的认知、态度和参与度等进行分析，可以发现图书馆少儿阅读推广的目标群体的特殊性。此外，史密斯模型还关注社会、经济等环境因素是如何影响图书馆少儿阅读推广实践的。因此，通过该模型，可以全面、动态地分析图书馆少儿阅读推广实践中的悬浮困境，为探索相应的解决方案提供指导。

3 基于史密斯模型框架的图书馆少儿阅读推广悬浮困境

3.1 理想化政策的困囿：目标与现实的落差

在图书馆服务体系中，少儿阅读推广是培育未来一代阅读兴趣和习惯的关键环节。理想化的政策作为指导这一实践的重要基石，其内容直接影响到推广活动的成效。不过，现实操作中，理想化政策与目标实现之间往往存在显著的落差，这背后涉及多方面的因素。

（1）政策明确性的挑战。政策的明确性是指导实践活动的关键。在少儿阅读推广中，政策需要清晰、具体地描述推广的目标、措施和预期效果。然而，现实中，许多政策往往过于笼统，缺乏具体的执行细则。这种不明确性不仅导致图书馆员在执行时难以把握方向，还可能引发对政策理解的歧义，从而影响推广效果。此外，政策制定者对于少儿阅读需求和心理特征的了解不足，也是导致政策明确性不足的重要原因。少儿群体具有独特的阅读兴趣和习惯，政策应针对这些特点进行制定，然而现实往往并非总是如此。这种与目标群体的脱节，使得政策难以真正满足少儿的阅读需求，从而影响其指导性。

（2）政策有效性的问题。政策的有效性是衡量其成功与否的关键。在图书馆少儿阅读推广中，政策的有效性常常受到多种因素的制约。一方面，政策执行手段的不合理或不可行，导致政策难以达到预期效果。例如，一些政策过于强调数量而忽视质量，导致推广活动虽然频繁但效果不佳。另一方面，政策宣传和推广的不到位也是制约政策有效性的重要因素。图书馆作为推广主体，其宣传策略、渠道和力度都会直接影响政策的知晓率和参与度。如果图书馆未能充分利用各种渠道进行有效宣传，那么即使政策本身再完善，也难以发挥其应有的作用。

（3）政策可行性的困境。政策的可行性是确保其实施顺利的核心。但是，在图书馆少儿阅读推广中，政策的可行性常常面临诸多困境。比如政策制定者可能未能充分考虑到实际操作中的复杂性、动态性。一言以蔽之，少儿阅读推广涉及多个利益相关者和环节，需要政策制定者具备全局观和前瞻性。然而，现实中往往存在政策制定与执行脱节的情况，导致政策在实际操作中难以顺利实施。这些因素都使得理想化的政策无法有效指导实践工作，从而造成图书馆少儿阅读推广的悬浮困境。

3.2 执行机构的困局：能力与资源的制约

图书馆作为少儿阅读推广活动的执行机构，其能力和资源的配备直接影响着阅读推广的效果。但是，在图书馆少儿阅读推广实践中，作为执行机构的图书馆常常面临着能力、资源等方面的制约。

（1）活动组织能力制约。图书馆在策划少儿阅读推广活动时，往往缺乏新颖性和创意性。很多活动仍然停留在传统的读书会、讲座等形式上，缺乏对当前少儿兴趣点和流行文化的深入了解和把握。此外，个别图书馆在活动主题的选择上也较为保守，缺乏与时俱进的精神，导致活动吸引力不足，难以激发少儿群体及其家长的参与热情。

（2）资源分配的局限性。一些图书馆在资源分配方面常常面临人力不足、物力匮乏、财力紧张等困局。一方面，由于人员编制有限，图书馆可能难以配备足够专门馆员来负责少儿阅读推广活动；另一方面，物力资源、财力的不足也限制了活动的规模和形式，让图书馆在资源分配上捉襟见肘，难以保证活动的持续性和深入性。

（3）管理与监督的缺失。在图书馆少儿阅读推广实践中，信息不对称和管理不力的问题常常导致活动执行过程中的混乱和低效。由于缺乏完善的监督机制和及时的信息反馈，图书馆往往难以准确掌握活动的实施情况，难以及时发现和解决问题。这种管理和监督的缺失不仅影响了少儿阅读推广的质量，更在一定程度上削弱了图书馆作为执行机构的公信力和影响力。

3.3 目标群体的特殊性：认知与参与度的挑战

在图书馆的阅读推广活动中，少儿作为一个特定的目标群体，其特殊性不容忽视。一方面，少儿群体的认知能力和阅读兴趣呈现出动态的发展态势，与成人存在显著差异。因此，为了满足少儿的阅读需求，图书馆需要提供精细化的阅读服务和内容。从认知能力的角度来看，少儿的大脑发育尚未成熟，他们的思维方式和认知结构与成人存在明显的差异。学前儿童主要依赖直观形象和具体经验进行认知，而小学生则开始发展抽象思维和逻辑思维能力。这种认知能力的发展变化，要求图书馆在提供阅读材料时，必须充分考虑到不同年龄段少儿的认知特点。从阅读兴趣的角度来看，少儿的兴趣爱好和阅读偏好也随着年龄和成长环境的变化而不断变化。然而，当前许多图书馆在少儿阅读推广活动中未能充分意识到这一点，其提供的阅读材料和服务较为单一，缺乏对不同年龄段少儿特点的深入研究和个性化设计。这不仅影响了少儿参与阅读推广活动的积极性和效果，也制约了图书馆在培养少儿阅读兴趣和能力方面的作用发挥。另一方面，少儿在阅读过程中往往需要成人的引导和陪伴。家长和教师的阅读态度和阅读行为对少儿的阅读兴趣和习惯具有深远的影响。但是，部分家长、教师对图书馆的认知度不高，他们可能不了解图书馆提供的丰富资源和专业服务，从而无法充分利用图书馆资源来培养少儿的阅读兴趣和能力。这种认知度的不足不仅影响了家长、教师对图书馆的认知和利用，也间接制约了图书馆在少儿阅读推广方面的作用发挥。因此，图书馆还需要加强对家长、教师的宣传和推广工作，提升他们对图书馆的认知度和利用率。

3.4 环境因素的制约：社会、经济等因素的交织影响

环境因素是图书馆少儿阅读推广活动开展的重要外部条件，它包括社会环境、经济环境等多个方面，它们相互交织，共同影响着少儿阅读推广的深入开展。一方面，社会文化环境作为

影响推广活动的重要因素，其影响机制具有深远性。家庭是孩子成长的摇篮，父母的教育观念对孩子的发展起着决定性作用。当前，受应试教育的影响，许多家庭对孩子的教育期望主要集中在学业成绩上，课外阅读往往被视为次要或可有可无的部分。这种观念的存在，不仅限制了孩子接触多元文化的机会，也在一定程度上制约了少儿阅读推广的深入进行。此外，随着科技的进步，电子产品和网络信息的普及，孩子们接触信息的渠道和方式发生了翻天覆地的变化。然而，这也带来了信息筛选和甄别的挑战。网络上的内容质量参差不齐，低质甚至有害的信息充斥其中，这无疑给少儿的阅读兴趣和阅读习惯的培养带来了极大的困扰。另一方面，经济环境对少儿阅读推广的影响。图书馆作为公共文化服务的重要机构，其资金来源主要依赖于政府拨款和社会捐赠。然受地区经济发展水平、政府文化投入政策等多种因素的影响，图书馆在资金上的支持力度存在显著差异。在一些经济欠发达或文化教育投入不足的地区，图书馆往往面临着资金紧张、人员配备不足等问题，这使得开展高质量的少儿阅读推广活动变得困难重重。资金的匮乏不仅限制了活动的规模和频率，更影响了活动内容的丰富性和创新性，从而难以吸引孩子们的参与。

4 基于史密斯模型框架的图书馆少儿阅读推广纾解策略

4.1 明确与强化理想化的政策

解决图书馆少儿阅读推广中的政策困囿，需要从政策制定、执行和评估等多个方面进行综合施策。通过明确政策导向、优化政策执行手段、增强政策可行性等措施，有效提升图书馆少儿阅读推广的效果和质量，为培育未来一代的阅读兴趣和习惯奠定坚实基础。

（1）强化政策针对性。图书馆政策制定者应深入了解少儿阅读需求和心理特征，确保政策内容能够真正满足少儿的阅读需求。同时，政策应清晰、具体地描述推广的目标、措施和预期效果，为图书馆员执行提供明确的指导。如为每项推广活动制定详细的执行计划，包括活动时间、地点、内容、参与对象、预期效果等；提供操作手册或培训材料，指导图书馆员如何组织活动、选择阅读材料、与少儿互动等。

（2）提升政策有效性。①图书馆政策制定要平衡数量与质量的关系，综合考虑相关活动的数量、频次和质量，确保每项活动都能吸引少儿的参与兴趣。②图书馆应加大政策宣传力度，利用多种渠道进行有效宣传，提高政策的知晓率和参与度。例如图书馆要结合线上平台和线下渠道，形成全方位的推广网络；要结合世界读书日、儿童节等重要时间节点，举办少儿阅读推广政策宣传活动，吸引更多关注和参与。③可以建立政策评估机制，定期对政策执行效果进行评估，以便及时发现问题并进行改进。④图书馆还要建立政策反馈机制，定期收集图书馆和少儿对政策的反馈意见，以便及时调整和完善政策内容。

（3）增强政策可行性。①充分考虑实际操作难度和资源限制。在政策制定过程中，图书馆要与馆员、学校、社区等相关方进行充分沟通，了解实际操作中的难点和需求；要结合图书馆的预算、人员、设施等实际情况，制定切实可行的推广计划。②政策制定者应充分考虑实际操作中的复杂性和动态性，确保政策具有足够的灵活性和适应性。③可以建立政策协调机制，加强政策制定者与执行者之间的沟通与合作，确保政策制定与执行之间的顺畅衔接。

4.2 优化图书馆的推广能力与资源配置

执行机构在纾解悬浮困境中扮演着关键角色，通过优化图书馆少儿阅读推广能力与资源配置，可以提升推广效率。第一，提升阅读推广能力。通过深入了解少儿阅读市场的发展趋势和竞争态势，图书馆可以及时调整自己的推广策略，持续提升少儿阅读推广能力。一个清晰、具体的推广目标能够为整个推广活动指明方向，确保所有努力都聚焦于实现这一目标；市场调研则可以帮助图书馆更准确地把握少儿读者的真实需求和兴趣点，从而制定出更具针对性和吸引力的推广策略。例如，上海嘉定区图书馆以吸引更多青少年走进图书馆为目标，根据市场调研结果，调整图书馆空间结构，构建“小创客学堂”，并运用“乐高构建”“科学素养启蒙课程”等富有创意和趣味性的推广方式，激发了少儿的科普阅读兴趣和参与热情，提升了图书馆的阅读推广能力。第二，优化资源配置。针对资源分配的局限性问题，图书馆应优化资源配置策略，提升利用效率。在人力方面，图书馆需要建立专业的推广团队，这些团队成员应具备儿童教育、阅读推广等方面的专业知识，能够策划和组织高质量的推广活动。同时，图书馆还应加强对团队成员的培训和教育，不断提升他们的专业能力和创新意识。在物力和财力方面，图书馆应积极争取政府和社会各界的支持与投入，拓宽资金来源渠道，改善硬件设施和软件服务条件。同时，有条件的地区还要建立馆际资源共享机制，实现馆际间资源的互通有无和优势互补。第三，完善管理机制。为确保推广活动的有效实施和质量保障，图书馆应完善管理机制，通过建立完善的组织架构、明确岗位职责和工作流程、强化监督评估等方式，确保活动的有序进行。如为每个岗位制定详细的职责说明，确保每个人都清楚自己的工作内容和责任范围；制定规范的工作流程，确保阅读推广活动的各个环节都能按照既定的顺序和标准进行；引入第三方评估机构对推广活动进行评估和监督，以确保图书馆少儿阅读推广效果等。

4.3 增强目标群体的认知与参与度

目标群体的认知和理解是政策执行成功的关键。针对少儿及其家长、教师，图书馆要采取多种措施来增强他们对阅读推广活动的认知度和参与度。第一，图书馆要通过多渠道吸引少儿参与。一方面，图书馆可以通过加强与家长和教师的合作与沟通，让家长和教师更加深入地参与到少儿的阅读过程中来，共同促进少儿的阅读发展。例如，上海市闵行区虹桥镇图书馆通过举办“送您一朵小红花”亲子故事会，不仅提升了家长的阅读指导能力，还在潜意识中强化了阅读在孩子成长中的重要作用，从而影响了他们的教育选择和行为。另一方面，图书馆可以增加阅读推广活动的曝光度和影响力，吸引更多的目标群体参与。在信息时代，图书馆既要善于利用各种传播媒介和平台，如图书馆网站、社交媒体等，将阅读推广活动的信息快速、准确地传递给目标群体，又要通过与媒体、教育机构等社会组织的合作，扩大活动的影响力和覆盖面。第二，图书馆应关注少儿群体的需求和反应，根据他们的实际情况和兴趣来调整推广策略。图书馆在少儿阅读推广活动中，应充分考虑到不同年龄段少儿的身心发展特点和学习需求，提供差异化、个性化的阅读资源和活动。针对学龄前儿童，图书馆可以通过亲子阅读活动，促进家长与孩子之间的情感交流，培养孩子的阅读兴趣和习惯；对于小学生，图书馆可以设计富有趣味性和挑战性的阅读任务，激发他们的探索欲望和创新精神。这种以儿童为中心的阅读推广理念，有助于图书馆在阅读推广活动中取得更好的效果。此外，图书馆还可以通过问卷调查、访谈等方式收集目标群体的反馈意见，以便更好地满足他们的需求。总之，图书馆在推广阅读活动时，需要密切关注少儿的兴趣变化，及时调整阅读材料和活动内容，以激发他们的阅读兴趣。第三，图书馆还可以通过激励机制来提高目标群体的参与度。从行为心理学的角度来看，奖励可以激发个体的内在动机，促使个体更加积极地参与到活动中。因此，图书馆可以设立阅读奖励制度，对积极参与阅读活动的少儿进行表彰和奖励，这不仅可以增强少儿的自信心和成就感，还可以在他们的同伴和家长中形成良好的示范效应。

4.4 适应并利用环境因素的变化

图书馆在推广少儿阅读时，应密切关注社会、经济等环境因素的变化，并采取相应的措施来应对这些变化。第一，从社会环境的角度来看，图书馆少儿阅读推广活动既是一项文化教育活动，又是一种社会价值观的塑造和传播过程。在这个过程中，图书馆应积极营造良好的阅读氛围和支持环境，这不仅仅是在物理空间上设置专门的儿童阅读区、提供舒适的阅读环境和图书资源，更重要的是在心理层面和社会文化层面为少儿创造一个认同阅读、享受阅读的文化环境。此外，图书馆要与社区、学校等机构合作，共同打造阅读文化品牌，形成社会共识，以进一步强化阅读在少儿成长中的重要作用。第二，经济环境对少儿阅读的影响同样不容忽视。家庭经济条件在很大程度上决定了少儿能否获得充足的阅读资源和良好的阅读环境。图书馆作为公益性质的文化机构，有责任也有能力通过多种方式为家庭经济困难的少儿提供阅读支持。与企业或机构的合作可以为这些孩子提供更多的阅读资源和经济援助；而阅读援助项目的开展，则能够在更广泛的层面上促进阅读公平，让每一个孩子都有机会享受到阅读的乐趣和益处。第三，在数字化时代，新技术对传统阅读方式的影响日益显著。图书馆在推广少儿阅读时，需要积极拥抱新技术，将数字化阅读设备和技术引入到推广活动中，为少儿提供更加多样化、便捷的阅读体验。同时，图书馆还要对数字化阅读可能带来的负面影响保持警惕，加强对少儿的引导和教育，帮助他们建立正确的阅读观念和良好的阅读习惯。

参考文献

[1] 李胜利，杜煊伟．作为文论术语的“悬浮”概念再梳理 [J]. 中国电视，2023(07).

[2] 白志华．社会组织“悬浮”社区的治理进路：从脱嵌到嵌入 [J]. 青海社会科学 ,2023(01).

[3] 程瑞．未成年人阅读推广政策实施状况、问题及对策研究 [J]. 中国青年研究 ,2015(08).

[4] 高春玲，胡雅悦．辽宁地区图书馆少儿阅读推广典型案例及分析 [J]. 图书馆学刊 ,2020(12).

[5] 刘蓉．关于少儿图书馆阅读推广活动有关问题的思考 [J]. 科技创新导报 ,2019(20).

[6] 王海燕，张武英．少儿本位服务理念下的公共图书馆少儿阅读推广活动研究 [J]. 常州工学院学报 ,2020(04).

[7] 张乐乐，赵微．儿童阅读影响因素的新模型探讨——阅读成分模型 [J]. 现代特殊教育 ,2020(24).

[8] 司杨．公共图书馆少儿阅读推广中的文化环境研究 [J]. 河南图书馆学刊 ,2019(08).

[9] 徐娜．公共图书馆少儿阅读推广路径研究——以宁夏回族自治区图书馆为例 [J]. 图书馆理论与实践 ,2018(11).

[10] 李德娇．图书馆少儿阅读推广策略研究 [J]. 河南图书馆学刊 ,2020(03).

[11] 周青．建立未成年人阅读推广活动长效机制策略研究——以江西省图书馆为例 [J]. 图书馆研究 ,2022(02).

[12] 胡永鹏，宋永健．论儿童本位阅读与图书分级阅读 [J]. 少年儿童研究 ,2019(02).

[13] 宋卫，吴黎，吴松桦，等．以公共图书馆为枢纽的未成年人阅读生态研究 [J]. 国家图书馆学刊 ,2021(04).

[14] 聂爱萍．数字时代儿童阅读问题与对策 [J]. 中国出版 ,2022(06).

以少年儿童为对象的传统文化阅读推广探析
——以衡阳市图书馆为例

洪亚（衡阳市图书馆）

摘要：公共图书馆作为公益性社会文化机构，身负向少年儿童读者普及和推广中国传统文化的社会责任。当前“全民阅读活动”全面推广，建设“学习型社会”深入推进，加强少年儿童中国传统文化教育，培塑他们正确人生观、价值观，是公共图书馆的重要责任和义务。本文以衡阳市图书馆为例，分析了近几年衡阳市图书馆开展中国传统文化阅读推广活动中存在的问题不足，提出了针对性对策措施。

1 引言

中华优秀传统文化积淀着中华民族最深沉的精神追求，印刻着最独特的精神标识，蕴含着最优质的基因禀赋。2024 年全国“两会”不久前胜利闭幕，“全民阅读”连续第 11 次被写入政府工作报告。公共图书馆是公认的阅读“圣地”，馆藏丰富中国传统文化阅读资源，具备开展中国传统文化阅读推广活动的天然条件和浓厚氛围。通过将传统文化与全面阅读深入有机结合，开展形式多样的青少年阅读推广活动，引导青少年在阅读中提升对中国传统文化的认识，增强对中国文化传承的认知，激发对传统文化了解和阅读的兴趣，可以有效发掘公共图书馆在传统文化阅读推广方面强大的生命力和创造力，从而大力推进公共图书馆阅读与服务模式的转型和创新。

2 开展少儿传统文化阅读推广活动的重要意义

随着全民阅读理念深入人心，传统文化的重要性也逐渐被越来越多的人认识到，少年儿童作为传统文化传承和发展的希望，通过阅读促进其对传统文化的重视意义重大。

（一）传统文化阅读活动有利于培养少儿读者阅读习惯和阅读兴趣。青少年正处于阅读兴趣和阅读习惯培养的重要阶段，公共图书馆结合中国传统文化，开展新颖有趣的传统文化阅读活动，吸引少儿读者参加，通过优秀传统文化中的精华激发孩子的想象力，帮助孩子构建精神世界，培养孩子的创造力，也能够提高孩子的注意力集中能力，引导孩子享受阅读带来的乐趣，通过阅读兴趣培养引导孩子形成良好的阅读习惯，为将来的学习生活奠定坚实的基础。

（二）传统文化阅读有利于提升少儿读者综合素质。随着教育水平的不断提高，少年儿童教育理念越来越侧重于培养少儿的综合素养，少儿阶段是培养孩子良好的学习习惯、思维能力、社会交际能力，形成少儿阅读综合素养的关键时期。结合中国传统文化进行少儿阅读推广，有利于开拓少儿读者的视野，提升人文修养和综合素质，帮助青少年更加积极自觉地追寻人生的价值和意义。

（三）传统文化阅读有利于激发少儿读者文化自信，增强文化传承意识。义务教育阶段的升学压力和“双减”政策一定程度上对少儿阅读造成了一定的影响。优秀传统文化饱含先辈智慧，凝聚民族经典，公共图书馆开展传统文化阅读活动能够拓展少儿阅读的内涵，让青少年通过参加传统文化活动，了解先人先哲的文明智慧，发现优秀传统文化中的积极因素，加深对中华民族历史发展历程的理解，引领青少年从中汲取营养，培养健全人格，形成正确的“三观”，进一步培养少儿社会责任感、民族自豪感，树立文化自信。

3 少儿传统文化阅读活动开展存在的问题及不足（以衡阳市图书馆为例）

2022 年 1 月衡阳市图书馆（新馆）试开放以来，设有儿童阅览区和青少年借阅区，专门为未成年人提供相关文献资源借阅和阅读，根据年龄区分细化服务对象，为不同认知阶段的未成年人提供分类分级阅读服务推广服务，开展百余场少儿阅读活动，尤其在少儿传统文化阅读推广方面重点着力，推出了数个少儿传统文化阅读服务项目，以满足未成年人的传统文化阅读需求，帮助他们正确认知世界，传承中华优秀传统文化，取得了一定成效，也存在一些不足，主要表现在以下四个方面：

（一）传统文化阅读推广活动形式单一。在一段时期内，衡阳市图书馆对传统文化的阅读推广活动内容多集中于国学经典、古诗文经典，推广形式主要集中在诵读、诗词吟唱、讲座和读书会、演讲比赛等。虽取得一定成效，但活动形式和内容缺乏一定的创新性和趣味性，未结合当下少年儿童对传统文化阅读需求的变化，导致活动对青少年读者来说缺少吸引力，使得部分少儿读者对活动参与度不高，活动未达到预期效果。

（二）传统文化阅读推广人员专业性有待提高。衡阳市图书馆现有馆员共四十余人，大部分馆员的学科背景单一且未具备传统文化推广相关工作经验，缺乏组织策划少儿传统文化阅读推广活动的能力，再加上未成年人及家长对公共图书馆的阅读推广活动的要求越来越高，推出的一部分少儿阅读活动品质未能达到家长们的期望，影响了少儿读者参与传统文化阅读推广活动的积极性。

（三）活动宣传工作不到位。在衡阳市图书馆 2023 年举办的十几场“国潮故事会”“图书馆里的中国节日”等活动中，在宣传渠道上，仅通过图书馆微信公众号及少儿读者阅读群发布活动通知，这种被动式的宣传方式极大地限制了活动信息的传播范围，导致活动参与人数未达到预期。在宣传形式上，衡阳市图书馆的阅读推广活动宣传仍以图文稿件为主，单一的宣传形式在一定程度上限制了活动的传播力度和覆盖面。

（四）未建立活动反馈机制跟踪活动效果。衡阳市图书馆在少儿阅读活动开展结束后未针对参加活动的读者建立相应的活动效果反馈机制，仅通过活动后期的单方面工作总结进行活动效果跟进，无法真实了解读者参与感受，最终导致活动组织者与参与者脱节，无法对活动效果进行全方位有效评价，且部分反馈内容因某些原因无法得到及时地解决和处理，影响了读者反馈的积极性，影响了部分少儿阅读推广活动的持续开展。

4 公共图书馆少儿传统文化阅读推广对策的实施

（一）打造传统文化阅读活动品牌，创新传统文化阅读活动开展形式。公共图书馆作为中国优秀传统文化知识的聚集地，是民族文明和文化的传承者，承担着开展少儿教育、宣传文化的重要责任，是推广少儿阅读服务和传承传统文化的重要场所。在新的时代背景下，公共图书馆应突破传统阅读活动的固有模式，结合青少年的阅读特性和年龄特点，举办相关的阅读推广活动，创新性地打造一批形式新颖内容有趣的传统文化阅读品牌，如南京图书馆的“二十四节气”快乐阅读打卡活动，山西省少年儿童图书馆开展的民俗文化冬令营、国学系列讲座，衡阳市图书馆针对青少年读者开展的“国潮故事会”等系列活动，在当地青少年读者中形成了一定的口碑，整个活动过程寓教于乐，潜移默化地用中国传统文化浸润儿童审美，在激发少儿阅读兴趣，培养少儿自主阅读积极性的同时，在少儿的心中播下传统文化的种子，为以后的中国优秀传统文化传承奠定良好的基础。

（二）提升图书馆员综合素质，培养专业阅读推广人才。公共图书馆的专业阅读推广人员缺乏问题一直存在，尤其随着退休潮的来临，近几年公共图书馆面临老馆员退休高峰期，一大批新的馆员刚进入图书馆，处于新老馆员相互磨合时期，对公共图书馆阅读推广工作带来一定的挑战。公共图书馆可从以下三个方面丰富图书馆阅读推广服务人才队伍建设。一是结合各公共图书馆馆员学科背景构成及目前阅读推广活动的需求，有针对性地招聘了一批学科背景丰富的优秀人才，参与到青少年阅读推广服务中去。二是邀请传统文化传承人、传统文化推广人参与少儿阅读推广活动策划甚至全过程，提升少儿阅读活动的含“传”量。三是开展少儿阅读推广专项培训，举办阅读推广人交流会，培育一批高素质的导读志愿者和具备良好推广能力的馆员，有效提升阅读推广人员的专业素养和服务能力，发挥馆员在传统文化阅读推广中的主体作用。

（三）加强宣传引导，增加传统文化阅读活动的影响力。在新媒体快速发展的时代，阅读推广活动的可持续发展离不开有效的宣传，为了提升活动的影响力和知名度，吸引更多读者参与活动，公共图书馆应着力抓好宣传阵地建设，加大线上线下宣传力度，营造浓厚阅读氛围。一方面，公共图书馆创新传统文化阅读宣传推广技术，为少儿阅读推广和宣扬传统文化提供更多的途径，例如可以采用视频号、公众号、抖音号等形式开展少儿阅读推广、传统文化宣传。通过评论互动，分享阅读心得体会，传递阅读的收获和阅读带来的乐趣，提高少儿阅读推广与文化传承的有效性。另一方面，通过图书馆微博、微信公众号等平台提前做好活动预告，扩大活动知晓面，各渠道动员读者参与，向读者进行有针对性地阅读推广服务宣传，满足读者个性化的服务需求，完成从活动预约到参与、到互动、到反馈的活动全过程。活动结束后及时将活动相关报道及活动视频推送出炉，运用抖音、快手、小红书等多元宣传载体，全面、广泛、及时地宣传报道阅读活动，扩大活动的影响力。

（四）建立活动评价反馈机制跟踪少儿传统文化阅读推广活动效果。随着全民阅读工作已经上升为国家文化战略，公共图书馆的少儿阅读推广活动也已成为图书馆服务评估的重要指标和创新发力点。作为阅读推广活动的最后一环，活动效果评价是体现阅读推广活动成效的重要依据，对阅读推广活动进行客观的评价判断，可以为阅读推广活动的发展前景提供可靠依据。公共图书馆针对少儿群体的传统文化阅读推广活动，可以从活动创意、前期宣传、读者参与度、活动实施情况、活动报道、持续开展情况、品牌效应打造、读者反馈评价等环节入手，建立明确的少儿传统文化阅读活动评价反馈机制，贯穿形成阅读推广模式闭环，从而总结经验，规范流程，促进以后活动更好地开展。评估制度的建立有利于提升阅读推广活动组织者的效益意识，引导高质量的少儿传统文化阅读推广活动持续开展。

5 总结

图书馆是国家文化发展水平的重要标志，是滋养民族心灵、培育文化自信的重要场所。在大力宣传、弘扬中华优秀传统文化的背景下，公共图书馆通过打造传统文化服务品牌，创新传统文化阅读推广模式和技术，提升阅读推广人员的专业素养，加强阅读活动前期宣传与后期跟进，将中国传统文化和少儿阅读相结合实行推广，加强对少儿阅读和文化传承的关注，让少年儿童对中国传统文化历史发展历程更加了解，使得少儿成长得到更全面的发展的同时，中国传统经典文化得到持续地传承。

参考文献

[1] 孙媛媛，张玲，于静等．高校图书馆中华传统文化立体阅读推广探究——以北京师范大学图书馆“二十四节气”阅读推广为例 [J]. 图书情报工作 ,2020(09).

[2] 曾蓉．高校图书馆阅读推广之探索与思考 [J]. 兰台内外 ,2021(29).

[3] 谢招发．福建省公共图书馆少儿阅读推广品牌建设研究 [D]. 福建师范大学 ,2022.

[4] 张绍能．坚定文化自信推动优秀传统文化走向辉煌 [J]. 福建省社会主义学院学报 ,2018(01).

阅读·悦心·约未来——渔书计划

儿童阅读推广实践

罗芳　黄易勤（辰溪县图书馆）

1 项目背景

随着我国经济社会的向前发展，人民的生活水平和生活质量不断得到提高，全民阅读已成为我国社会主义精神文明建设的关键一环。2023年政府工作报告指出，丰富人民群众精神文化生活，深化群众性精神文明创建，加强和创新互联网内容建设，实施文化惠民工程，深入推进全民阅读，支持文化产业发展。这是自2014年开始，全民阅读连续第十次被写入政府工作报告，阅读不仅是文化传承的重要手段，更是学生适应未来发展的基础能力和学习成长的内在需要。近年来，随着我国全民阅读的不断推进和深化，青少年阅读受到各方面关注和重视。2017年辰溪县图书馆创建“阅读·悦心·约未来——渔书计划”志愿服务项目，通过馆校合作的方式，充分融合公共图书馆与学校在推动未成年人参与全民阅读活动中的不同作用，用科学的阅读方法和相对固定的流程形式，带动中小学生养成阅读习惯，完善中小学生思想知识体系的塑造，推动中小学生健康成长，为我国培养社会主义建设者和接班人奠定坚实的思想基础。

2 项目设计

辰溪县图书馆“阅读·悦心·约未来——渔书计划”项目借鉴国内外先进教育经验，结合儿童阅读相关领域研究成果，选择有童趣的、符合未成年人认知水平的读物为载体，通过“共读一本书”的互动式分享阅读方式，增强阅读体验感，培养青少年养成良好阅读习惯。辰溪县图书馆的志愿者以“授之以渔”的理念，深入合作学校，对专业组专业老师进行阅读理念、阅读技巧、阅读分享等方面的培训，通过“以一带面”的活动方式，不仅将推荐的图书带给青少年，更重要的是帮助未成年人提升阅读兴趣、增强语言表达能力、养成良好的阅读习惯，带动更多的孩子爱上阅读，使阅读成为一种习惯，伴随着孩子的成长。

3 项目内容

“渔书计划”之所以受到学生、家长和学校的欢迎，主要具有以下四个特点：一是打造“1+1”活动模式。即：“1”是1本书，志愿者与学生、家长共读一本图书，让孩子、家长在亲子共读中互动起来，不仅能增进感情，还能加强相互之间的沟通、交流，统一教育理念；“+”是10

天打卡，定期 10 天阅读完整本书，每天阅读其中一部分，将阅读感受写下来，在家长或者老师的帮助下上传至指导老师志愿者群或者阅读小程序，由志愿者点评、引导学生继续阅读，用打卡的形式分享阅读心路历程；“1”是一次“思享会”，思考、分享、交流主题班会，开展互动式讨论,共同分享阅读所得。二是给孩子表达交流的机会。项目的高潮部分在会后的“思享会”上，在阅读结束后，项目指导志愿者与班级同学一起，引导孩子们一起交流在阅读这本书后的收获、感悟，思考在阅读中的收获。指导老师通过互动环节，提高孩子们参与度，提升孩子的阅读兴趣，通过举一反三，让孩子们更深层次地了解书籍给我们的启迪与意义。三是带动老师参与志愿服务。发展校园内具有一定业务水平的专业老师成为志愿者,发动志愿者在一所学校、一个班级开展阅读推广服务，利用新闻媒体等平台进行宣传推广，吸引更多学校积极参与。四是关注留守儿童。辰溪县山区学校很多，我们带着“渔书计划”的阅读理念深入偏远农村学校开展阅读推广活动，让农村留守儿童参与到阅读活动中来，为留守儿童创建阅读条件，提供阅读图书，激发阅读兴趣。

4 项目要点

4.1 项目的创新性

在结合国内外先进教育理念，充分了解儿童心理发展特点的基础上，项目团队提出“1+1”阅读理念，让未成年人积极分享自己的阅读感受，并通过拓展活动加深对读本的理解，此举有助于培养未成年人的阅读兴趣，促进未成年人认知发展。团队成员来自图书馆、小学教育、儿童心理学等各个专业，她们热爱儿童，具有良好的专业素养，为阅读活动提供技术支持。

4.2 项目的可推广性

2017 年—2024 年图书馆累计投入购书经费 12 万余元，新增项目图书 60 余种、3300 余册，项目图书以学校为流动服务点，每学期在各学校进行流动借阅。目前团队足迹已经遍布我县实验中学、博雅实验学校、孝坪镇白云小学、龙腾幼儿园、桥头乡中心小学、锦滨镇中心学校、大水田乡中学、辰阳镇熊首山小学、辰阳镇明德小学、芙蓉学校、思源学校、育才学校等全县 10 余所城乡中小学校推广实施,通过新闻媒体、电视台、网站、微信公众号等平台进行宣传推广，吸引更多学校积极参与，截至目前共开展 40 余场次，服务学生达 30000 余人。参与项目的未成年人收获了丰富的阅读体验，并在语言表达、艺术表现等能力上发生可喜变化。随着项目的持续推广，得到社会的一致认可，越来越多的学校积极响应加入项目。

4.3 项目的可持续性

“渔书计划”的主要方式是馆校合作，其主要流程如下：

首先选定阅读班级、书目，由图书馆负责购买图书。县图书馆准备好活动图书，来学校一个班级进行一次与学生面对面的交流，通过图书的书名猜想、作者介绍等环节做好新书发布，把兴趣提升，引导学生多方面了解图书，激发学生的阅读兴趣。图书由图书馆负责购买，首先在读物的审核把控上得到专业的品控；其次可以增加图书馆的馆藏量，最重要的还是能减轻学校和学生的负担，避免不必要的负面影响。其次在学生拿到图书后，一是由老师布置好阅读任务，初步暂定阅读时间为十天左右，老师以实际阅读情况再做调整，采取精读、细读模式。二是每天阅读图书时，要求家长拍一张和孩子共同阅读的照片，增加亲子互动环节，既培养了孩子的阅读兴趣，又增进亲子间感情。学生写好当天的阅读笔记，上传至阅读小打卡小程序里，完成当天的阅读任务，直至看完全书。三是完成初读后，老师安排一节课的时间，开展一次学生分享会。由学生主导分享，在学生中选出两个小主持人，一起分享大家看完这本书后的阅读感受，畅所欲言，增强学生自主性，鼓励他们勇于发出自己的声音。四是由志愿者老师带领学生对阅读图书再一次进行分享，并采用思维导图的方式分析书中的故事，让学生对阅读的图书有更深层次的剖析，达到精读的目的。最后，在经过一系列的阅读后，让学生用创意写作的方式来记录阅读感想。

实施相关活动在当今这个“得语文者得天下”的环境中能够更好地培养读者的阅读兴趣，引导广大中小学生多读书、读好书、形成读书热情，营造浓厚的书香氛围，弘扬中华优秀传统文化。

5 成效与影响

“阅读·悦心·约未来——渔书计划”于2017年4月由辰溪县图书馆创办，阅读推广团队秉持着投身教育事业的热忱，多年来不断砥砺前行，如今已经植根基层，形成了一定的社会影响力。志愿者团队从最开始的7、8个人已经扩展到现在的140余人。2018年辰溪县被列为全国新时代文明实践中心首批试点县，“渔书计划”志愿服务项目被列为我县重点志愿服务项目。项目开展至今，受助学生的阅读理解、写作、语言表达能力普遍得到提高，其中张子夏、胡一扬、龚妍婧三位同学分别荣获三湘少年儿童“阅读之星优秀个人”称号、肖乐辰同学荣获三湘少年儿童“阅读之星”称号，有力助推辰溪县全民阅读活动的开展。近年来项目志愿者老师分别荣获辰溪县“优秀志愿者”、怀化市“学雷锋标兵”等荣誉称号，辰溪县图书馆分别荣获“湖南省文明窗口单位”、“湖南省巾帼文明岗”、怀化市级示范性“青年之家”称号、“怀化市亲子阅读示范基地”、“怀化市先进社会科学普及基地”、“怀化市普法宣传先进集体”、“怀化市巾帼文明岗”、“辰溪县科普教育基地”等荣誉。2019年，辰溪县图书馆“阅读·悦心·约未来——渔书计划”入选“全国文化和旅游志愿服务行动计划”新时代文明实践中心志愿服务《春雨工程》项目。2022年项目荣获湖南省文化和旅游厅“最佳文旅志愿服务项目”。

6 经验启示

6.1 加强统筹管理，建立资源共享机制

在贯彻落实馆校合作时需要加强对中小学校相关资源以及辰溪县图书馆相关资源进行统筹管理，以学生实际阅读需求为工作的出发点和落脚点，切实建立阅读资源共享机制。县图书馆结合相关中小学校实际情况完成对馆校合作阅读活动计划的实际制定工作，共同落实组织管理

以及保障措施相关问题，有效整合图书阅读资源，提升馆校间阅读资源之间的沟通协调能力。

6.2 强化技术支持，提升数字化服务能力

随着数字化技术逐步深入人民的生产生活，图书馆与相关中小学校在进行馆校合作时需要建立区域校园数字化阅读综合服务平台，通过数字技术的运用，提高相关中小学校的数字化阅读整体水平，完成馆校合作数字化发展，实现相关资源的数字化整合工作，进一步完成对学生实际阅读需求的满足。

6.3 拓宽合作模式，丰富馆校合作内容

通过建立新型合作方式，在原先的单方主导以及政府主导方式中加入总分馆制相结合的馆校合作方式，进一步推进图书馆以及相关中小学校的合作交流，促进二者之间完成资源整合工作。同时加强对社会力量的利用，丰富馆校合作的外延和内容，建立良好的阅读服务机制，加强学生进行课外阅读的兴趣，切实有效地完成馆校合作在公共图书馆阅读推广活动中作用的发挥。

“强化馆校合作，深入推进全民阅读”，我们希望通过星星之火点燃更多孩子的阅读之光，也希望通过丰富多彩的阅读推广活动提升兴趣、拓展思维，享受阅读带来的快乐和收益。

7 远景展望

我们以阅读推广活动“渔书计划”为介体，大力推进全民阅读，引领学习阅读经典，营造书香校园的氛围，丰富学生的课外阅读，让学生在读书中感受学习的快乐，体验成长的乐趣，并不断提升自我阅读品位，为精神打底，为人生奠基。

高尔基先生曾说：“书籍是人类进步的阶梯。”作为图书馆人，我们更希望能够通过书籍这把阶梯，引领更多的人登上文化的殿堂。

“主题串讲”导读活动是助力儿童“读好书”的有效途径
——湖南省少年儿童图书馆“悦阅读书会”案例

黄雅雅（湖南省少年儿童图书馆）

1 活动背景及目的

“悦阅读书会”成立的背景来源于对本馆读者阅读习惯和阅读需求以及阅读实效的反思和探究。

通过分析馆内借阅排行、发放阅读调查问卷以及日常阅读推广活动中的观察和反馈，发现大多数儿童读者在少儿图书馆的借阅呈现以下状态：一是对于书籍的选择盲目。凭借个人感受，没有明确目标，同时受外界影响较大。二是阅读时大多比较随意，停不下和静不了，处于翻阅和随意浏览的状态。这样的阅读方式导致孩子对于书本的了解表层化、碎片化。由于阅读时间短，对一本书没有完整的概念；又由于不熟悉图书的排列，难以找到想要的书，形成了选择困难；由于缺乏指引，更不懂触类旁通地查找图书，对通过阅读逐步形成知识体系带来了阻力。然而，有部分家长也缺乏时间、能力为孩子推荐选择优质的图书。

培养儿童“好读书、读好书”是图书馆工作职责。好读书重在培养儿童的阅读习惯；读好书则重在帮助儿童选择书，读高品质的书。对于图书馆而言，引导小读者爱上阅读，如何使用图书馆，如何选好书和读好书，是服务儿童的馆员应该追求的目标。基于此，2020 年开始，我馆逐步整合优化馆内“读书会”的形式和内容，针对 3—12 岁少年儿童群体策划以推介优质图书为主要目标的“悦阅读书会”系列活动，活动秉持“常态化、分龄化、专业化、亲子化”的宗旨，打造具有针对性、形式多样、内容丰富、覆盖学龄前后孩子的导读活动，倡导少年儿童以及亲子家庭走进图书馆，在参与活动的过程中激发孩子的阅读兴趣、培养良好的阅读习惯、引导读者从泛读到精读转变，提高阅读的实效性。

2 活动内容

读书会以“甄选精品图书、细分层次对象、名师讲解导读、活动辅助落实”为主要目标，并通过多种形式和内容，成体系、按步骤地逐一策划活动，安排环节，使之与既定目标配套，让小读者在图书馆获得阅读的专业引导，逐步形成爱读书和读好书的习惯。活动以“主题串讲”为导读方式，通常是围绕一本书或一个知识点，如历史事件、人物、文化习俗、科学原理等，搜集相关资料，包括文字、图片、视频，并将资料按照一定的逻辑顺序组织成立体全面的导读内容，再通过讲解，帮助读者深入理解该主题，将零散的知识点整合成有系统、有条理的知识体系，提高阅读实效性。

具体按照以下步骤来实施：

2.1 读名著

根据教育部的小学课外阅读推荐书目以及教育专家推荐的书目，选择导读的内容都是名著名篇，书目包括《假如给我三天光明》《鲁滨逊漂流记》《爱的教育》《海底两万里》《小飞侠彼得潘》《格列佛游记》等。活动中不是枯燥的导读，而是利用图片、动画和游戏相结合的方式详细解读名著，引导读者生动直观地快速汲取名著精华。由浅至深地进入“知识共享”环节，学习名人名言、阅读方法、经典片段。了解历史上的伟人们是如何进行阅读和学习的。再经过“线上线下互动”环节进行趣学知识、互动模拟、文学作答，让整个活动有趣不枯燥，达到深度阅读的目的。

2.2 读主题

读书会还采取分主题分系列的更加有针对性的阅读推荐，如共和国脊梁系列丛书品读会、“家国家园”系列绘本品读会、中国传统节日系列丛书品读会、“世界读书日”主题读书会等等，书目涉及科学家故事、湖湘文化、传统节日等方面。读书会现场，讲读老师会随堂教授阅读方法和技巧，帮助孩子建立正确的阅读思维。活动中设置了小组畅谈环节，引导读者分享自己的阅读体验，锻炼表达和交流的能力。每次品读会都会提前发放读书会专用阅读记录卡，在共读的过程中引导孩子随时记录相关知识点，养成良好阅读习惯。极大帮助了在家不会自主阅读的孩子，收获阅读的乐趣，提高阅读的兴趣。

2.3 名师指导

儿童文学名师讲坛的举办就是为本馆青少年儿童和家长提供更加专业的阅读指导，活动开办至今，多名儿童文学作家、知名阅读推广人、优秀出版社编辑纷纷应邀开讲。其中包括汤素兰、邓湘子、阿甲、李少白、李蓉梅、张冬、李一慢、杨巧等。儿童文学名师讲坛的内容既有专家指导同时又涵盖了儿童文学的各个方面，包括童话、寓言、诗歌、小说等，从根源处引导青少年儿童接触最有价值的高品质童书读物，通过名师生动的案例分享和深入浅出的讲解，帮助孩子和家长理解儿童文学的魅力，并掌握如何引导孩子阅读、写作和欣赏文学作品的方法，对激发阅读热情有相当大的助力。讲坛目前开展八期活动，活动影响力覆盖面大，通过线下活动招募和线上直播的形式相结合，参与服务人数达 37 万余人。

2.4 亲子共读

众所周知，家长是孩子的第一任老师，对于儿童的早期阅读，父母的参与起着举足轻重的作用。“悦阅读书会”系列活动，其内容设计很多环节都是围绕亲子互动共读进行的。特别是针对学龄前幼儿开展的故事会，一直倡导亲子家庭共同参与，鼓励父母陪伴孩子共同完成故事延伸活动，如做手工、绘画、舞台表演等。通过亲子共读，让家长意识到早期阅读的重要性，也可以帮助家长掌握引导儿童阅读的方法和技巧。

3 活动成效与影响

2020 年—2024 年，四年的时间共开展各类读书会活动近 200 场，线下参与人数 4 万余人，线上参与 30 多万人次。每场活动名额都被“秒杀”，人员参与出席率几乎达到 100%，深受本地小读者及家长的好评，并在业界也获得一定成绩，荣获第七届湖南艺术节“三湘群星奖”，负责活动的馆员获得 2021 年“最美文旅志愿者”称号和 2023 年湖南省文化和旅游行业精神文明建设“百名最美文旅人”奖项。

活动开展四年以来，不但有良好社会效益和服务效能，同时也有一些工作实践经验，在这里进行分析与解读。

3.1 活动主题定位与品牌塑造为活动的系统化打下基础

“悦阅读书会”最大特色是以点带面的串讲贯穿整个活动，以一个人物或者一个故事、一个事件为出发点，围绕这个中心将相关知识点集合，通过每场活动的讲读增加儿童读者的知识体系构建。推介的书籍通常选择社会关注度高的阅读热点或者平时读者阅读兴趣较低的书籍，当中有科学家的故事、传统文化系列、经典名著系列等。深入挖掘所选书籍的各个部分，将其中多个知识点串起来整合，把看似不相关的部分立体、多面、多点地连接起来。通过视频解读、阅读思维导图、小组讨论交流、合作阅读小报等形式，在活动中生动地呈现。如在共和国脊梁系列丛书品读会中，我们在讲读科学家故事的基础上，加入了大量相关科普知识的导入，例如在《一粒种子改变世界：袁隆平的故事》活动中，引导孩子通过观看视频的形式了解中国水稻发展简史，一颗水稻的长成需要多长时间？杂交水稻是什么？袁隆平爷爷是怎样找到野生败株？培育过程中又遇到哪些困难等科普知识点，并在讲读过后，引导孩子将所学知识进行自由创作，现场设计杜绝浪费创意倡议书。之后的屠呦呦、竺可桢、钱学森、何泽慧等众多科学家故事的读书会活动中，同样采用这样以点带面的串联导读方式，延伸活动与阅读相得益彰，通过每场活动的积累，为参与活动的孩子构建了一个内容丰富且全面的知识体系。

3.2 根据教育部权威指导书目进行推荐导读，辅助学校相关阅读课的开展与实行

教育部权威指导书目是由教育部组织专家精心挑选，具有广泛代表性和权威性的阅读书目。这些书目涵盖了文学、历史、哲学、科学等多个领域，旨在帮助学生了解不同学科的知识，培养他们的思维能力和人文素养。这些书目的推荐具有高度的参考价值，有助于学生找到适合自己的阅读材料，提高阅读兴趣和阅读能力，但通常这些书目都很难引起青少年儿童阅读兴趣，因此我们在名著导读活动中，会将书中复杂的内容进行简化，并采取生动且多样化的导读方式，使读者在阅读时更加轻松和愉悦。

3.3 分级阅读策略与选择运用增强了导读的品质和实效

分级阅读是少儿阅读推广的基本策略。所谓分级阅读，就是按照少年儿童不同年龄段的智

力和心理发育程度，为儿童制订科学的阅读计划，为不同孩子提供有针对性的导读。少儿阅读推广施行分级阅读的目的就是帮助少儿获得最大的阅读成就感和喜悦感，激发其阅读兴趣，培养良好的阅读习惯，提高阅读能力。

我们把馆内小读者分为两个年龄层：学龄前 3—6 岁、学龄后 7—12 岁。读书会在安排和策划上尽量兼顾不同年龄的孩子，主题、内容、方式方法各有区别和侧重。在低幼故事会专场中会增加视频、儿歌和游戏环节，少儿故事会则增加思考、提问、记录阅读笔记等环节。

例如在专为学龄前 3—6 岁低幼儿童设计的故事会“书中故事我来讲”绘本讲读活动中，针对这个年龄段的儿童识字量少，认知薄弱，专注力低的特征，一场活动的导读主要目标就是带领他们去完整地阅读一个绘本故事。在导读书籍的选择上，都是选择色彩鲜艳、充满童趣、符合这个年龄段儿童认知水平的绘本作为讲读主题，内容涵盖节日节气、语言发展、品格塑造、情感表达、社会交往等方面，结合歌谣学唱、创意绘画、亲子表演等延伸活动，让孩子们在轻松自由的阅读氛围中掌握新知识、培养阅读习惯。活动每月两期，每期参与人数 60 人，4 年多时间持续开展 100 多期活动，服务受众近 2 万人次。除此之外，活动还开启了线上版块，常年面向读者征集绘本故事讲读音频，并将优秀作品在本馆微信公众号、微博分享和推广，通过这种方式，吸引更多孩子和家庭参与到我们的活动当中。

3.4 多种宣传渠道与氛围营造增加了参与度

每场活动都利用多渠道、多媒体对活动进行宣传，每期活动有预告、有报道，有活动回顾，为进一步推广少儿阅读开辟了新路径。活动前期，利用大厅海报宣传栏、少图官方网站、微信公众号、长沙市中小学生实践平台等同步宣传，确保读者能在第一时间获取活动信息。活动结束后，由参与馆员撰写活动报道，配合活动图片，发布到微信公众号，让更多没能参与的读者深入了解活动内容。很多慕名而来的读者都是通过各个宣传渠道了解到活动并参与进来，微信活动群人数日益攀升。

“悦阅读书会”系列活动短短几年的推广实践，我们看到了显著的效果：入馆的儿童读者对于阅读的热情明显提高，参加我们的读书会后主动寻找并开始阅读多类型读物，通过系统性地阅读，知识结构更加完整。活动的持续开展，促进了家长阅读辅导能力的提升，帮助他们参与到孩子的阅读过程当中来，正视孩子的阅读需求，提供有益的阅读建议不再盲目。我们将进一步创新阅读推广活动，承担起图书馆培养儿童“好读书、读好书”的重要职责，不断提高自己的专业素养和服务意识，帮助青少年儿童和家长选择高品质的书籍、提供专业的导读和更好的阅读服务。

浅析公共图书馆学前儿童绘本阅读推广延伸路径

常潇潇（岳阳市图书馆）

摘要：全民阅读与家庭教育激情相拥，绘本阅读再现对学前儿童全方位发展的独特价值。本文分析了公共图书馆学前儿童绘本阅读的现状，剖析了影响 3—6 岁学前儿童绘本阅读效果的相关因素，在此基础上结合部分公共图书馆在学前儿童绘本推广活动中的实践，继而对学前儿童绘本阅读推广路径进行延伸，在构建情境、注重实效、发展“共育”、探究“趣味”四个方面提出若干建议，从规范空间上固本强基，从质量管控上保驾护航，从发展社会参与上多方培元，从地域品牌打造上增色添彩。

1 引言

根据教育部发布的《2023 年全国教育事业发展基本情况》，全国共有学前教育在园幼儿 4092.98 万人。学前教育为学龄前儿童提供早期教育，对儿童的发展产生着至关重要的影响。当前儿童学前教育的一项重要内容是绘本阅读。学前绘本作为学前教育中一个重要的载体，可以促进学前儿童的语言发展、情感培养、知识积累以及认知应用，受到了家、园、社的广泛关注。特别是在全民阅读纵深推进的社会背景下，随着《中华人民共和国家庭教育促进法》的进一步贯彻落实，公共图书馆充分发挥开发智力资源与进行社会教育这一社会职能，开展了一系列关于学前儿童绘本阅读推广服务的实践探索，守护儿童健康成长。

2 公共图书馆学前儿童绘本阅读现状

2.1 资金少，馆藏绘本后劲不足

各地财政拨款不平衡导致市、县两级公共图书馆发展不均衡，尤其是疫情过后，经济欠发达地区的市、县级公共图书馆财政拨款严重小于全省市、县级公共图书馆财政拨款的平均值，再具体到各公共图书馆的馆藏量，湖南省市级公共图书馆馆藏量最大值达到 224 万册，最小值停留在 16.89 万册，县级公共图书馆馆藏量最大值达到 122 万册，最小值仅有 3.81 万册，最后分配到各公共图书馆的学前儿童绘本馆藏量上，加之学前儿童绘本的市场价普遍高于其他各类图书，由此推出，这些财政拨款落后地区的公共图书馆投入学前儿童绘本上的采购资金就会严重压缩，学前儿童绘本长时间得不到更新，绘本馆藏量严重不达标。

2.2 场地旧，阅读环境整改不力

经济欠发达地区的部分县级公共图书馆达不到国家公共图书馆建设最低标准，儿童阅览室

老破小，受财力不景气，思想不重视等诸多因素的影响整改不到位。有的公共图书馆空间拥挤，儿童阅览室设置在阴暗潮湿的半地下室；有的公共图书馆临街，儿童阅览室声音嘈杂；有的公共图书馆儿童阅览室的布置俨然一间小教室，物资仅有必备的普通课桌椅。更有甚者，有些公共图书馆功能布局上没有设置单独的儿童阅览室，与成人读者共用阅览室。

2.3 效率低，绘本导读员不达标

首先，公共图书馆面临专业人员严重匮乏的现实问题，湖南省 57 个县级公共图书馆馆员不足 10 人，15 个县级公共图书馆馆员不足 5 人，难以满足绘本阅读服务岗位的要求。其次，公共图书馆普遍存在馆员结构老龄化，从而忽视对馆员绘本阅读服务的专业知识培训，同样也对到馆儿童的绘本阅读效率产生直接影响。在儿童绘本阅读过程当中，服务人员无法对儿童进行正确引导，造成绘本阅读服务效率较低。

2.4 层次浅，模式固化特色不显

目前，大部分公共图书馆学前绘本阅读推广服务仍然处于浅探索阶段。一方面，欠缺完善的数字化反馈与评价体系。在开展绘本阅读推广服务的实践中，往往重“关注”“识别”，而轻“回应”，回应避重就轻，轻描淡写，不能从专业、动态管理等多个维度对学龄前家庭进行回应。另一方面，没有形成学前绘本阅读推广的领军品牌，阅读推广局限于千篇一律的“活动开始公众号发预告—活动现场拍照留存—活动完结公众号发报道”这种流水线循环模式。

3 学前儿童绘本阅读影响因素

3.1 阅读环境的影响

一个舒适的阅读环境可以使得读者愿意花费更多的时间来阅读，提高阅读效果。同理，阅读环境也是影响儿童绘本阅读心理活动的重要因素，从而直接作用于儿童绘本的阅读效果。温馨的阅读环境能够促进儿童的阅读兴趣和习惯的养成。阅读环境中的物、人以及发生的事都会对儿童绘本阅读的心理活动产生影响。如：一套舒适的低龄阅读桌椅能自然地提升学前儿童专注力，一曲温馨的开场音乐能让儿童踏歌而行身心愉悦地进入阅读状态，一个充满交流的公共空间能让学前儿童更好地理解和消化所读的书籍。

3.2 绘本自身内容的影响

绘本内容和品质会对学前儿童的心理活动产生直接影响。儿童自主辨认绘本的主要依据是个人兴趣和绘本的制作效果，这就需要家、园、社各方从良莠不齐的绘本市场，挑选出与学前儿童相匹配的绘本。从绘本自身的内容来说，不仅具有生动的图画和有趣的故事，更要有自己的情感与内涵；从绘本阅读所产生的实效来说，折射到学前儿童身上，应该是对儿童自主思考的激发，感同身受的共鸣，认知水平的提高。

3.3 领读者能力的影响

显而易见，一个优秀的领读者，对学前儿童绘本的高效阅读必不可少。也就是说领读者通过捕捉 3—6 岁学前儿童的身心发展特点和规律，即学前儿童拥有强模仿性以及肢体活动性并开始自觉控制和调节心理活动，逐步展现出独特个性这一特点展开领读。具体来说，在领读过程中，涉入肢体动作，唤起学前儿童的强模仿力活跃阅读氛围；传递温暖的语言，给予学前儿童积极的情感支持；恰当运用学前绘本中出现的小物品，引导学前儿童对绘本产生浓厚的兴趣；大胆猜想自己所“阅读”的故事，帮助学前儿童理解绘本故事情节；表演夸张的面部表情，引导儿童体验故事中的情感变化；巧妙设置问答环节，锻炼学前儿童的语言及情感表达能力。

4 学前儿童绘本阅读服务延伸路径

4.1 空间上偏重“适儿”，建构情境，行稳致远

高效的学前绘本阅读讲究天时、地利、人和。公共图书馆要针对 3—6 岁学前儿童的心理和生理特点布置专门的阅览室，打造特设的最具温情的儿童公共阅读空间。包括装潢设计的一桌一椅，一色一画，人文色彩的志愿服务、开闭场音乐、通借通还等，让阅读空间能够为学前儿童提供环境舒适、功能完善以及性能优越的阅读服务，从阅读空间的规范设置上固好阅读服务的本，从而提高绘本阅读的吸引力和学前儿童的专注力。

近年来，公共图书馆开展了一系列以“彩虹泡泡”“阅伴童年”等为头衔的“周末绘本”故事会，每周在特定的时间段、指定的绘本阅览活动室、固定的领读团队带领下开展绘本阅读推广，这是对绘本阅读推广服务的有益实践。接下来，公共图书馆是否可在情境构建的细节上作延伸，比如启动阅读家庭的报名优先权，累计参加活动的次数靠前及有固定的陪护人或者伴读者的家庭优先报名，构建稳定的“亲子共读”情境；又比如配合制作出不同情感色彩的背景音乐，打造常态化的“配乐阅读”情境，绘本故事在背景音乐的渲染下，更能增强学前儿童的情绪感染力和集中注意力。

4.2 内容上注重“致用”，化繁为简，学用结合

春藤说，绘本最厉害的地方，是不仅能帮助孩子爱上阅读，更会让孩子领略生活中的智慧，将绘本中的知识可以运用到生活的实际场景中。一个业务管理能力出彩的公共图书馆，必然会精挑细选盘活绘本资源。在预定的采购资金范围内从学前绘本的内容挑选上下功夫，在阅读推广活动的操控中从学前绘本的学以致用上出实招。

读好书，方能好读书、读书好。绘本市场有许多将民族传统文化与儿童的生活和学前儿童的心理情感有机地融为一体的好书，公共图书馆采编人员要做好长期采购计划，从绘本的内容质量和实用价值上严控标准。如：中国传统节日系列学前绘本之《打灯笼》《饺子和汤圆》《收起来》《小艾的端午节》《十四只老鼠赏月》《我的祖国》等，元宵节打灯笼、吃汤圆，端午节纪念屈原、吃粽子，中秋节赏月亮、吃月饼，以化繁为简的形式，用浅显的生活语言让孩子们明白节日的由来及习俗。

公共图书馆学前儿童绘本阅读推广狠抓质量的同时还需注重实效。如 :《回老家过年》的阅读推广活动中，领读员可以以高铁、飞机等学前儿童耳熟能详的交通方式为线索，带领孩子从视觉阅读上升到自身认知，使孩子意识到过年需要做一件意义重要的事情，人们现实生活的做法往往就是回老家和亲人团聚。

4.3 组织上讲究“共育”，资源汇集，处实效功

第七次全国县级以上公共图书馆评估定级期间，湖南省公共图书馆通过社会化合作方式建立的具有公共性、创意性、融合性等特点的新型阅读空间共有 981 个，由此可见，社会力量参与全民阅读已经成为构建全民阅读服务体系的重要组成部分，公共图书馆学前儿童的绘本阅读推广更离不开社会力量的“共育”。

从发展社会参与上培元，要建立与幼儿园绘本漂流的长久合作关系。2023 年，学前教育毛入园率 91.1%，且生师比为 13.32:1，幼儿园集中了 3—6 岁的学前儿童，受众汇聚，又拥有一支强大的学前教育专任教师团队，有着场地和师资的天然优势。公共图书馆学前绘本漂流入幼儿园的“绘本墙”“绘本角”，幼师再根据儿童的年龄特点和兴趣爱好制定合理的阅读计划，引导学前儿童养成良好的阅读习惯，这无疑是公共图书馆解决场地老破小和阅读服务专业人员少的又一外延路径。

培元加速则要拓宽合作面，建立与其他社会力量的合作关系。深圳市图书馆合作机构超过百家，其中与一些机构建立了长期伙伴关系。这种合作主体类型多样化的方式值得我们在“共育”路上借鉴，最大限度地整合一切可以利用的资源，有力地改善公共图书馆发展失衡与供给资源不足的现状，这些力量中的非公益性的企业、组织和机构为自身的转型升级，聚焦学前儿童“阅读障碍”，能够更好地处实学前儿童的阅读效功。

4.4 方法上探究“趣味”，奇趣横生，津津乐道

为取得更好的学前儿童绘本阅读引导效果，就需要“趣”与“味”来增色了。公共图书馆从学前绘本阅读推广方法上探究“趣”与“味”，不断实践与创新、不断沉淀与升华，提升内涵与质量，这是打造学前绘本阅读品牌的必由之路，也是提升公共图书馆社会影响力的重要举措。

先说“趣”，广东省少儿馆以“绘本制作”为主的高阶模式就引人深思，通过 DIY 做书，鼓励读者实现从“做一本书”到“认识一本书、阅读一本书”的过渡。相比公共图书馆传统的“流水式”阅读推广模式，创造有“趣”的学习环境，鼓励学前儿童尝试新事物，无疑更能培养儿童的自信心、想象力、创造力，达到学前绘本阅读的预期效果。

再道“味”，传承独具特色的地方文化，发掘本地优秀人文资源，构建和培育具有浓郁地域特色的图书馆文化，是现代图书馆社会责任的使然。学前绘本阅读推广品牌设计的终极目标，也就是让学前儿童找到“家里”书房的“味”。绘本《岳阳楼记》首发式上，成百上千的学前儿童化生成绘本故事中“小银鱼”，在岳阳楼前聆听历史上岳阳楼发生的小故事，“名楼 + 名人 + 名文”这不正是岳阳那股“味”吗？这种以绘本为主题的延伸实践活动，解读了岳阳楼在

中华文化中的重要地位和象征意义，让学前儿童增加了对地域文化的拥有感，从而明白为什么《岳阳楼记》能成为人们口中津津乐道的千古名篇。

5 结语

“全民阅读”是民族进步、繁荣昌盛不可或缺的精神文化形式，阅读推广势在必行。公共图书馆结合自身实际情况，推陈出新探索儿童绘本阅读推广延伸路径是大势所趋亦是使命使然。只有合力推进适儿化公共阅读空间提档升级，进一步构建科学合理的绘本阅读推广体系，充分利用社会资源支撑绘本阅读推广的长期发展，融合地域文化引领图书馆绘本阅读品牌建设，才能真正实现我国学前儿童绘本阅读推广服务事业的高质量发展、可持续发展。

参考文献

[1] 张国培．论儿童绘本中的传统文化教育 [J]. 文学教育（下）,2021(07).

[2] 黄银玲．试析学前儿童绘本阅读的心理活动特征及其影响因素 [J]. 儿童绘本，2024(03).

[3] 陆和建，李婷婷．我国社会力量参与公共图书馆全民阅读推广实践探索——以深圳图书馆为例 [J]. 图书馆界 ,2022(02).

[4] 陈菁，陈哲彦．绘本阅读与图书馆儿童读者服务——以吴翠红及其团队的儿童绘本阅读推广实践为中心 [J]. 图书馆杂志 ,2023(03).

[5] 郑晓光，林娟．浅谈公共图书馆地域特色文化的培育 [C]//全国中小型公共图书馆联合会，中国知网·中国知识资源总库编委会．全国中小型公共图书馆联合会 2014 年研讨会论文集．潍坊市图书馆 ;2014:5.

湖南省公共图书馆阅读推广品牌建设现状分析

梁文静（邵阳市松坡图书馆）

摘要：图书馆阅读推广品牌的建设与发展，为深入推进全民阅读提供文化凝聚力、精神推动力和价值引领力。[方法 / 过程] 文章运用文献分析法与网络调查法，分析湖南省公共图书馆阅读推广品牌建设现状，归纳公共图书馆阅读推广品牌建设特点与存在的问题。[结果 / 结论] 结合湖南情况，提出强化组织领导，促进馆际协同；灵活组配资源，助推均衡发展；完善考核指标，激发内生动力；提炼文化元素，包装品牌形象等。湖南省公共图书馆阅读推广品牌的价值不仅在于传播湖湘文化，而且在于其背后的文化内涵有助于滋养民族心灵，培育文化自信。

1 引言

党的十八大以来，以习近平同志为核心的党中央高度重视全民阅读工作。图书馆作为开展全民阅读的主阵地，阅读推广是图书馆表达其存在的理由、显示其社会价值的一种方式，服务内容包括阅读推广品牌的建设。阅读推广品牌的内涵是一个图书馆具有识别度、能够持续推广、彰显馆藏特色的形象文化。据第二十次全国国民阅读调查数据显示，我国成年国民对阅读活动的诉求较高。2022 年有 80.5% 的成年国民认为当地有关部门应当举办读书活动或读书节。由此可见，公共图书馆开展精彩纷呈的阅读推广活动，建设高质量发展的阅读推广品牌是迫在眉睫的责任与担当。

目前国内在图书馆阅读推广品牌上的相关研究主要集中在以下几个方面：一是创建阅读推广品牌。如刘容超提出图书馆创建推广活动的品牌要进行环境和目标受众分析，关注品牌构建方法和传播手段。黄百川以佛山市图书馆邻里图书馆项目为例，探讨阅读推广品牌建设创新。冯梅等人分析中国科学技术大学图书馆沉浸式的阅读推广活动，思考阅读推广品牌未来的建设。二是营销阅读推广品牌。如王华新、刘泉、王建民等人从营销视角出发探索阅读推广品牌发展路径。还有从超级 IP、乡村振兴、智慧环境等视角下讨论阅读推广品牌实践与发展。总之，图书馆阅读推广品牌现有研究成果比较丰富，北京、上海、广东、安徽等地区的图书馆得到较多的关注和研究，但是对湖南公共图书馆阅读推广品牌建设现状方面关注较少。湖南是华夏文明的重要发祥地之一，建设图书馆阅读推广品牌对于传播湖湘文化、打造最美潇湘文化阵地具有非常重要的作用。因此这是文章去补充和拓展的地方。

2 湖南省公共图书馆阅读推广品牌建设的基本情况

为分析湖南省公共图书馆阅读推广品牌建设现状，本文选取湖南图书馆、湖南省少年儿童图书馆和长沙图书馆作为典型案例。湖南图书馆是国家举办的省级综合性公共图书馆，是全国最早开始探索分龄分众阅读推广模式的公共图书馆之一，在打造分龄分众阅读推广品牌上有着优秀的工作经验，其中“湘图百姓课堂”是该馆根据自身特点和优势打造出的具有广泛社会影响的自有品牌项目。湖南省少年儿童图书馆是我国最早独立建制的省级少年儿童图书馆之一，在一定程度上代表湖南省内少年儿童图书馆发展的最高水平，成功打造“湘少有戏”文旅剧场，推出“书中故事我来讲”“父母课堂”等阅读推广品牌。长沙图书馆“青苗计划”作为“书香长沙”的品牌阅读活动，2019 年被湖南省新闻出版局授予“‘书香湖南’全民阅读品牌”荣誉称号，“声音图书馆”项目荣获第三届“书香湖南”全民阅读品牌。由此可见，这三家公共图书馆在阅读推广品牌建设上颇有成就，各具特色，值得深入研究。笔者通过直接访问图书馆官方网站、官方微信公众号及微博主页等网络平台收集数据，调查时间为 2023 年 10 月 8 日至 11 月 15 日。湖南图书馆、湖南省少年儿童图书馆和长沙图书馆阅读推广品牌概况见表 1 所示。

表 1 湖南省公共图书馆阅读推广品牌概况

图书馆	品牌名称	品牌标识	创建年份	活动时间	活动地点	活动形式	服务目标	品牌内容	创建形式	传播平台
湖南图书馆	湘图讲坛	文字	1980 年	不定期开展	馆内	讲座、视频展播	分享更高层次的公共文化资源	包括湖湘文化、文史艺术、经济金融、时事政治、科技科普、法律社会、教育培训等	图书馆主导，邀请主讲嘉宾	图书馆官网、微信公众号、微博、抖音
	湘图展览	文字	2008 年	不定期开展	馆内	展览	提高审美水平	包括湖湘书画、罗卫国书法、影视文化书法、文津图书、红色剧目等	多元主体共建	图书馆官网、微信公众号、微博、抖音
	湘图汉语角	中英文结合	2020 年	不定期开展	馆内、馆外	文旅研学、讲座、手工	激发全世界人民喜爱中文、学习中文的兴趣，将汉字艺术推向世界	包括非遗、京剧、民乐、中华传统节日等	图书馆主导，组织志愿者参与	图书馆官网、微信公众号、微博、抖音
	湘阅童年	文字	2013 年	不定期开展	馆内	视频展播、故事会	分享绘本故事	包括绘本故事、古诗音乐、科普知识、审美养育等	图书馆联合文化志愿者团队	微信公众号、B 站、QQ 群、微博、抖音
	湘阅一生	文字	2013 年	不定期开展	馆内	讲座	帮助老年人更好地融入数字社会等	包括电子设备基础使用、创享空间、瑜伽、爱育、花艺等	图书馆联合湖南大学电气与信息工程学院志愿者	微信公众号、微博、抖音

续表

图书馆	品牌名称	品牌标识	创建年份	活动时间	活动地点	活动形式	服务目标	品牌内容	创建形式	传播平台
湖南图书馆	湘图百姓课堂	文字	2011 年	每周二至周日，分春季班和秋季班	馆内	讲座、视频展播	旨在提高大众素养，丰富人民群众的文化生活	包括琴棋书画、健康生活、女性形象气质、摄影技能技巧、外语学习等	图书馆主导，邀请主讲嘉宾	图书馆官网、微信公众号、“学习强国”长沙学习平台、湘图官方 B 站、湖南图书馆数字阅读云平台、文旅湖南、微博、抖音、慕课
	新春文化庙会	文字	2007 年	每年春节期间	馆内、馆外	体验互动、讲座	拥抱东方之美，感知文化自信	包括古籍修复、雕版印刷、湘图文创等	图书馆联合龙湖长沙洋湖天街与火宫殿	微信公众号、微博、抖音
湖南省少年儿童图书馆	湘少有戏	文字	2023 年	不定期开展	馆内	体验式、讲座	探索文旅融合新路径	包括现代科技、美育熏陶等	湖南省少年儿童图书馆联合湖南儿童艺术剧院	图书馆官网、微信公众号、微博
	书中故事我来讲	文字	2019 年	不定期开展	馆内	体验式、讲座	提高少年儿童语言表达能力	主要包括主题绘本故事	图书馆主导，邀请主讲嘉宾	图书馆官网、微信公众号、微博
	传统文化学堂	文字	2020 年	不定期开展	馆内	故事会、体验互动	传播优秀传统文化	包括非遗、民俗文化等	图书馆主导，邀请主讲嘉宾	图书馆官网、微信公众号、微博
	父母课堂	文字	2022 年	不定期开展	馆内	讲座、体验互动	帮助父母对小孩更好地进行家庭教育	包括家庭教育、防校园欺凌策略等	图书馆主导，邀请主讲嘉宾	图书馆官网、微信公众号、微博

续表

图书馆	品牌名称	品牌标识	创建年份	活动时间	活动地点	活动形式	服务目标	品牌内容	创建形式	传播平台
长沙图书馆	青苗计划	图文结合	2016年	不定期开展	馆内	亲子手工	开发儿童的潜能，促进儿童语言、智力等方面的全面发展	包括亲子手工、早教、绘画、美育等	多元主体共建	长沙图书馆活动平台、微信公众号、微博、抖音
	悦享·新知	文字	2016年	不定期开展	馆内	讲座	普及日常文化知识	包括亲子沟通、中医药膳、时间管理、眼部保健、人际关系、心理学等	图书馆主导，邀请主讲老师	长沙图书馆活动平台、微信公众号、微博、抖音
	声音图书馆	文字	2013年	不定期开展	图书馆线上和线下朗读亭	数字阅读体验	通过声音语言展示长沙文化底蕴和城市风采	包括长沙地方文化特色的有声读物、音效库、声音作品等	图书馆主导，邀请知名主播	长沙图书馆活动平台、长株潭三馆的微信公众号、微博、抖音
	图书馆奇妙夜	文字	2020年	不定期开展	馆内	体验式	探寻文学、艺术、科技的融合之美	包括经典文学、戏剧表演、儿童绘本、VR数字阅读等	图书馆联合社会力量	长沙图书馆活动平台、微信公众号、微博、抖音
	读演剧场	文字	2021年	不定期开展	馆内	体验式	传播独具湖湘文化特色的地方文学和红色文献等	包括经典文学、艺术教育、文学表演、湖湘文化等	图书馆联合本土戏剧推广组织	长沙图书馆活动平台、微信公众号、微博、抖音

3 湖南省公共图书馆阅读推广品牌建设的特点

3.1 探索分龄分众阅读，满足多元需求

湖南图书馆、湖南省少年儿童图书馆和长沙图书馆都关注到读者多元化、个性化的文化服务需求，结合受众群体的年龄、性别、教育背景等因素，打造一系列分龄分众阅读推广品牌。在分龄上，如湖南图书馆主品牌“湘阅童年”延伸子品牌“湘湘图图故事会”，开设适合 1 至 3 岁孩子的“娃娃故事绘”和 3 至 6 岁孩子的“开心故事绘”；长沙图书馆开设适合 1 至 3 岁孩子的“青苗阅启蒙”项目，该项目入选“2023 年阅读推广典型案例”，还有分别适合 1 至 3 年级、2 至 3 年级、3 至 5 年级、4 至 6 年级的青苗计划阅读素养课。在分众上，如湖南图书馆“湘阅一生 · 助您上网”阅读推广品牌活动锁定老年读者为服务群体，教学内容都是一些老年读者在日常生活经常碰到的“难题”，如滴滴打车、微信聊天、医院挂号等，目前已经帮助到 2 万余名老年读者享受便捷生活的愉悦。以在湘国际友人为服务群体推出“湘图汉语角”，解决中外语言障碍问题。湖南省少年儿童图书馆针对很多父母倾诉不知如何开展家庭教育的难题，开设“父母课堂”，引导父母走进孩子的心房，用爱呵护孩子健康成长。

3.2 积极创新活动形式，培育潜在品牌

我们从被冠名“混搭创新”的品牌战略中观察品牌宽度的融合命题。将不同特点的活动形式和内容混搭在一起，会带给读者一种意想不到的创意惊喜和学习体验，给培育潜在品牌提供内容和话题能力。如湖南省少年儿童图书馆“湘少有戏”文旅剧场首演科技儿童舞台剧《气味王国历险记》，高科技赋能儿童剧，带给现场观众一场集视觉、听觉、嗅觉多维享受的艺术盛宴，受到家长和孩子们的喜爱和好评，在演出赢得口碑的同时有益于探索培育一系列文旅融合的阅读推广品牌。

长沙图书馆在创新活动形式上别出心裁，基于“剧本杀”游戏打造集“阅读 + 演绎 + 游戏”于一体的多维度沉浸阅读场景，在全国尚属首例。读者通过演绎原创文学剧本中的人物角色深度体会其内心故事与情感，“剧本阅读解谜体验”受到很多年轻人的热爱与追捧，是一个非常具有发展前途、寓教于乐的潜在品牌。还有结合亲子、手工、游戏、戏剧、VR 数字阅读等多种活动形式的图书馆奇妙夜，阅读新“夜”态重现“老长沙”的峥嵘岁月，呈现惠民、趣味、智能、高品质的文化新形象。长沙图书馆阅读推广活动分类情况见表 2 所示。

表 2　长沙图书馆阅读推广活动分类情况表

活动形式	讲座	培训	手工	观影	走读
品牌名称	湖湘有谱、法律大课堂、思贤讲坛、健康大讲堂、星城科学讲堂、声音图书馆、橘洲讲坛、人文长沙、青苗大课堂、阅读素养课、青苗国学馆	信息素养课堂、语言星球、阳光周末、走读世界、雅思口语实践、中华花艺、长图英语角、百师千课、童创汇	青苗绘之旅、“悦读吧”手工课堂、“小猪书匠”修复书籍有约了	暑期阅读实践·观影达人	阅见长沙
活动形式	展览	沙龙	创客类	品读会	辩论赛
品牌名称	中法环境月主题展	E言E语、多元文化之旅	设计革命、桌游极客俱乐部（包括剧本阅读解谜体验馆）、创客分享会、创战计、流动创客营、自造者工坊、小小创想家、创艺生	阅读心生活、少儿阅读引导训练营	《奋斗吧小奇葩》“读书百本辩论百场”
活动形式	读演剧场	阅读分享	社会实践	数字阅读	综合类
品牌名称	工坊活动	悦享·新知深阅读、悦享·新知读书会、悦享·新知新书分享会、“悦”读接力客、青苗分享会	小小典藏达人、小小管理员、小神厨	青少年数字阅读暨信息素养夏令营	图书馆奇妙夜

3.3 区域共享声音阅读，传递城市书香

长沙图书馆的“声音图书馆”从最初的单独探索，到联合株洲市图书馆、湘潭市图书馆共建共享，实现“有声阅读平台共享，有声阅读服务共通，有声文旅资源共建”，邀请长株潭读者参与有声经典文学共读体验，以情带声，以声带情，用声音传递城市书香。长株潭“声音图书馆”依托三地图书馆馆藏地方文献，建设长株潭文旅声音资源库，通过声音语言展示长株潭文化底蕴和城市风采，已开发《读书友岳麓》《听见老长沙》等有声阅读文创。读者访问声音图书馆打开有声经典阅读日记，就可以参加声音制作人培养计划，还有“一帧工坊”“分贝课堂”等新媒体信息素养课程帮助读者学习制作专属读书短视频，用声音线上展示和传播书香城市的

魅力。

3.4 开设线上品牌课程，扩大服务范围

湖南图书馆的“百姓课堂”由于现场报名火爆，每个学期都能看到一座难求的现象。湖南图书馆因此开设线上课程，固化品牌成果，提升办学效益，扩大服务范围，突破教室学员数量的限制，欢迎全国各地所有的网络学员观看学习。学员登录湖南图书馆数字阅读云平台、“学习强国”长沙学习平台和湘图官方 B 站即可免费收看线上课程。湖南图书馆集结 29 位志愿者老师，正在火热制作“百姓课堂”第五期慕课，包括琴棋书画、非遗技艺、篆刻插花、美食手工等内容，计划共同献上 33 门优质公益慕课，实现服务零距离，点亮百姓美好生活，让广大市民朋友随时随地享受学习的乐趣。

4 湖南省公共图书馆阅读推广品牌建设存在的问题

4.1 馆际协同不足

通过调查发现湖南省公共图书馆建设阅读推广品牌与社会各方力量建立合作居多，但是存在馆际协同不足的问题，屈指可数跨市协同的阅读推广品牌。目前馆际协同推出比较有社会影响力和美誉度的阅读推广品牌“声音图书馆”，合作对象局限在长沙图书馆、株洲市图书馆和湘潭市图书馆。湖南图书馆、湖南省少年儿童图书馆和长沙图书馆大部分阅读推广品牌活动的开展还局限在自家馆内。如湖南图书馆从 2007 年开始启动的“新春文化庙会”活动，在 2022 年春节期间首次走出馆门，联合龙湖长沙洋湖天街与火宫殿在洋湖天街拉开帷幕，焕发展现国潮魅力。然而湖南图书馆在 2023 年春节期间没有继续开展走出馆外的“新春文化庙会”活动，只是在馆内推出“日出新卯春暖兆福——二〇二三年新春典籍文化展”。湖南省少年儿童图书馆的“传统文化学堂”在 2020 年只举办 3 期，在 2021 年只举办 5 期，截至 2023 年 11 月 15 日才一共举办 14 期，相比较湖南图书馆“湘图讲坛”一年现场讲座 50 场左右，视频讲座 40 场左右，实在是有点差距，体现出公共图书馆区域协同与资源共享工作有待加强。

4.2 考核评价不足

根据《湖南省公共文化服务体系高质量发展五年行动计划（2021 年—2025 年）》（以下简称《计划》），湖南省公共文化服务体系高质量发展五年行动重点评价指标里的公共文化服务效能指标考核涉及当年度公共文化机构开展的活动总次数与常住人口之比（次 / 万人），突出存量与增量的分值权重关系，但是以参与人数来评判阅读推广工作成效的做法并不客观全面，对阅读推广品牌活动缺乏科学的评价体系，考核指标不够具体。根据《湖南省文化厅关于全面推进全省美术馆公共图书馆文化馆（站）免费开放工作的意见》要求“所有一级馆形成 2 个以上服务品牌”。公共图书馆服务品牌的组成部分包括阅读推广品牌，湖南省内一级公共图书馆基本有努力打造 2 个以上阅读推广品牌，但是上级主管部门因为无法准确考核各地公共图书馆阅读推广品牌建设质量和成效，所以也很难把考核后的奖励、责令改进与问责措施落到实处，容

易出现各地各级公共图书馆阅读推广品牌建设质量参差不齐，同时也不好管理的问题。

4.3 标识创意不足

据湖南省公共图书馆阅读推广品牌概况表，笔者发现湖南图书馆、湖南省少年儿童图书馆和长沙图书馆的大部分阅读推广品牌标识存在设计创意不足和表达形式单一的问题，没有很好地呈现新鲜活力的品牌形象。实际上品牌标识和阅读推广品牌内容并不是各自孤立而是互相联系的，两者互为表里，品牌标识是阅读推广品牌内容的存在形式，阅读推广品牌内容是品牌标识的存在价值，两者只有相辅相成，方能相得益彰。我们现在身处信息大爆炸时代，容易造成注意力稀缺，一个创意十足的品牌标识有益于立体丰富阅读推广品牌的鲜活形象，吸引大家的注意力，带动话题成功出圈。如“湘图汉语角”的品牌标识是中英文结合，直观体现中国睦邻友好外交，充分展现我国开放包容的文化自信；“青苗计划”的品牌标识是图文结合，形象设计是摊开的竹卷古书托起朝气蓬勃的青青幼苗，寓意幼苗扎根名为书籍的土壤，图书馆的浩瀚书海将给予幼苗不断成长的养分。

5 对湖南省公共图书馆阅读推广品牌建设现状的建议

5.1 强化组织领导，促进馆际协同

调查发现湖南省公共图书馆并未在统一的阅读推广目标下形成分工合作的发展模式，因此馆际在缺乏整体规划的情况下很难进一步实现阅读推广品牌的协同发展。为激发湖南省公共图书馆界协同发展动力，更好地满足市民文化需求，建议采取以下举措：一是强化组织领导，明确责任分工，有效统筹协调，确保工作顺利开展。湖南省文化和旅游厅负责领导和组织全省公共图书馆阅读推广品牌建设，湖南省图书馆学会全力配合上级工作，由县市区文旅广体局牵头，各地各级公共图书馆协同建设阅读推广品牌的模式。二是湖南省文化和旅游厅整体规划阅读推广品牌总目标，制定年度计划，明确总任务、阶段性要求，实现馆际协同创新阅读推广品牌一致性的目标。要有“湖南出品，必属精品”的决心，大道其光，步履铿锵，打破公共图书馆阅读推广品牌建设“各自为战”和局限馆内的壁垒。政府层面引导阅读推广品牌建设，激发各地各级公共图书馆协调联动、密切配合、分工合作的内生动力，推动原先分散的阅读推广品牌主题能够“聚散为点，连点成面”，促进湖南省公共图书馆阅读推广品牌整体建设靶向发力，精准实施，极大地发挥合作效能。

5.2 灵活组配资源，助推均衡发展

为加强公共图书馆区域协同与资源共享工作，减少馆际阅读推广品牌发展不平衡的现象，公共图书馆可以顺势协同背景，灵活组配资源，实施阅读推广品牌联合战略，用心用情用力培育品牌。品牌联合战略是指两个或更多品牌相互联合，相互借势，使品牌本身的各种资源因素达到有效地整合从而创造双赢的营销局面的战略。既坚持公共图书馆阅读推广品牌个体美，又追求馆际协同大同美。如阅读推广品牌建设成果颇多的湖南图书馆可以在全面了解自身馆藏资

源优势的基础上，以开放、共享、包容、共赢的态度，帮助对接相应资源匮乏的公共图书馆，馆际协同把阅读推广品牌做大做强做优，实现“各美其美，美人之美，美美与共，天下大同”，推动湖南公共图书馆无数个阅读推广品牌美竞相呈现，公共文化繁荣昌盛。同时也有助于湖南图书馆挖掘发现其他公共图书馆潜在的资源优势，提高合作深度，弥补自身资源劣势，创新发展阅读推广品牌。

5.3 完善考核指标，激发内生动力

据调查发现《计划》里的公共文化服务效能指标对公共图书馆阅读推广品牌的考核评价存在不足。虽然图书馆是阅读推广的主阵地，建设好阅读推广品牌是应有之义，但是完善考核指标，不仅对阅读推广品牌的良性发展具有积极作用，避免活动流于形式，而且激发工作人员建设阅读推广品牌的内生动力，倒逼机构主要负责人必须以高质量发展的理念建设阅读推广品牌。可以从图书馆、读者满意度、品牌内涵三方面构建公共图书馆阅读推广品牌考核评价体系，其中，图书馆包括馆藏资源、资源组配、运营成本、馆际协同等方面；读者满意度包括读者对阅读推广品牌的服务内容、服务方式、场景布置、设施设备、管理制度、运营模式、宣传渠道的满意情况，以及读者通过此次阅读推广品牌活动在技能获得、知识拓展、艺术审美等方面的满意情况；品牌内涵包括名称、定位、标识等。另外是合理设置阅读推广品牌考核指标分值，笔者认为图书馆、读者满意度、品牌内涵的分值可以依次占比 30%、40%、30%。因为“江山就是人民，人民就是江山”的政绩观同样适应于图书馆，所以人民群众的满意度作为衡量图书馆有没有建设好阅读推广品牌的重要标准。从图书馆、品牌内涵方面考核阅读推广品牌建设情况同样缺一不可，因此完善考核指标，有助于合理评价，彰显实际成效，更好地激发工作人员的内生动力。

5.4 提炼文化元素，包装品牌形象

为解决公共图书馆阅读推广品牌标识设计创意不足和表达形式单一的问题，可以借鉴故宫基于馆藏文物提炼文化元素，设计文艺的营销文案，结合传统美学与工艺，制作精品文创的方式去包装阅读推广品牌形象。如故宫口红的营销文案是“青绿出画入妆，繁花绽于唇间”，口红管身提取故宫博物院藏北宋王希孟《千里江山图》中绮丽色彩，编织如缎光彩的口红“外衣”，青绿至美，口红膏体纹样取故宫博物院藏湖色罗绣绣球飞碟纹单衬衣上的绣球底纹，寓意好事连连，喜乐绵绵。湖南省公共图书馆可以让湖湘文化赋能阅读推广品牌形象，将品牌传播思想与视觉感官体验相结合，厚植湖湘情怀，涵养湖南精神，用活泼生动的形象、喜闻乐见的故事建立起品牌与读者的情感纽带，提升读者对品牌形象的感性体验。让读者除了关注阅读推广品牌的包装形象外，更加注重品牌背后的文化价值，起到学习传承湖湘文化的作用。

6 结语

最后，文章依然存在一些局限：其一是只研究湖南省公共图书馆阅读推广品牌建设现状，相关建议不能保证推广到其他地区其他类型图书馆所能产生的效果，但是可以起到对其他地区其他类型图书馆经验交流的作用；其二是文章选取的典型案例只是湖南省发展较好的公共图书

馆，所以可能存在基层特别是农村公共图书馆建设阅读推广品牌工作中遇到的难题没有被挖掘出来，但是抓住公共图书馆建设阅读推广品牌的主要矛盾，破解主要矛盾难题，也许次要矛盾也就迎刃而解，基层公共图书馆的发展也会再上新台阶。

参考文献

[1] 蔡迎春，金欢．图书馆阅读推广案例赏析 [M]. 国家图书馆出版社，2019.

[2] 刘容超．活动品牌化：图书馆推广活动的品牌创建 [J]. 图书馆学刊，2017(12).

[3] 黄百川．公共图书馆阅读推广品牌建设创新与思考——以佛山市图书馆邻里图书馆项目为例 [J]. 图书馆，2021(05).

[4] 冯梅，丁菁梅，李琛等．沉浸体验式阅读推广活动品牌的建设实践与思考——以中国科学技术大学图书馆为例 [J]. 大学图书情报学刊，2023(01).

[5] 王新华，周建彩，王晓燕．"AIDA" 视角下的图书馆阅读推广品牌营销策略研究——以 "擎鹰" 阅读推广活动为例 [J]. 科技情报开发与经济，2015(23).

[6] 刘泉．基于 STV 三角模型的 "长江读书节" 阅读推广品牌营销研究 [D]. 华中师范大学，2021.

[7] 王建民．新媒体环境下图书馆阅读推广活动的项目策划与品牌营销 [J]. 河南图书馆学刊，2017(08).

[8] 俞承晨．超级 IP 视角下图书馆阅读推广的品牌意识——从故宫博物院的品牌推广得到的启示 [J]. 图书馆理论与实践，2019(11).

[9] 俞亚军，薛路．乡村振兴背景下公共图书馆打造 "一镇一品" 阅读推广服务品牌的嘉兴实践 [J]. 图书馆研究与工作，2020(03).

[10] 王丹，陈雅，谢紫悦．我国图书馆阅读推广品牌建设创新策略研究 [J]. 图书馆理论与实践，2023(02).

[11] 田丽华，王焕景，孙港．长三角公共图书馆阅读推广品牌建设现状与策略分析 [J]. 图书馆工作与研究，2023(S1).

[12] 李慧．安徽省本科院校图书馆阅读推广品牌建设的研究 [D]. 安徽大学，2020.

[13] 道格拉斯・霍尔特，道格拉斯・卡梅隆．文化战略：以创新的意识形态构建独特的文化品牌 [M]. 汪凯，译．北京：商务印书馆，2013.(Holt D B，Cameron D. Cultural strategy: creating a unique cultural brand with innovative ideology[M].Wang Kai,trans.Beijing:Commercial Press,2013.)

公共图书馆开展高质量全民阅读推广策略研究
——以株洲市图书馆为例

彭琳玲（株洲市图书馆）

摘要：公共图书馆全民阅读推广高质量发展，是助推社会发展的必然要求，也是公共图书馆实现自身发展的必要途径。本文从株洲市图书馆开展全民阅读推广的实际案例入手，分析总结了当前株洲市图书馆在全民阅读推广方面的有益探索，客观分析了其在全民阅读推广方面存在的不足，并重点从健全管理机制实现推广长效化、依托全媒矩阵实现宣传最大化、注重读者需求实现服务个性化、紧跟时代趋势实现路径创新化这四个方面，探讨了公共图书馆全民阅读推广实现高质量发展的优化策略，以期为相关工作者提供参考。

1 公共图书馆开展高质量全民阅读推广的意义

1.1 助推社会发展的必然要求

文化与经济是社会发展的“车之两轮”“鸟之两翼”，两者相辅相成。当前我国经济进入高质量发展阶段，经济的高质量发展离不开文化的支撑。国家高度重视，将“促进全民阅读，构建学习型社会”作为重要文化战略部署，自 2014 年起在每年的《政府工作报告》中作了不同表述和持续强调。公共图书馆作为公共文化服务机构，开展高质量的全民阅读推广活动，在普及科学文化知识、逐步消弭信息鸿沟、促进信息公平方面发挥重要作用，在促进公众阅读、培养社会阅读风尚、提升国民综合素质、促进文化繁荣发展方面作出重要贡献，有利于构建“学习型社会”、建设“书香国家”，涵育民族文化品格和国家创新思维，对促进社会和谐发展、实现中华民族伟大复兴有着重要意义。

1.2 实现自身发展的必要途径

文化自信、文化强国理念的提出，全民阅读、终身学习的倡导，公共文化服务体系建设不断得到重视，一系列图书馆相关法律法规的出台和实施，国家以强有力的方式助推全民阅读时代的到来。全民阅读的良好社会氛围为公共图书馆的发展繁荣开辟了道路、提供了契机。公共图书馆通过开展高质量的全民阅读推广活动，努力成为全民阅读的核心推动主体、关键引导力量和全民终身教育、继续教育的首选阵地，不仅能充分实现公共图书馆资源价值、更好发挥自身职能，还有利于打破图书馆逐渐边缘化的困境，增强大众的图书馆意识，提升图书馆知名度，更好承担传播信息、传承文化的重要使命。开展高质量的全民阅读推广是公共图书馆焕发生命活力的重要形式，对助推公共图书馆自身发展至关重要，因此，公共图书馆应主动作为，用心用情用力开展高质量的全民阅读推广。

2 株洲市图书馆全民阅读推广的有益探索

近年来，株洲市图书馆积极贯彻落实中央、省委宣传部关于促进全民阅读的决策部署和工作安排，始终以“传承文明，服务社会”为己任，为推动构建“书香株洲”、深入开展全民阅读推广工作，进行了积极有益的探索。

2.1 延伸服务触角

要实现促进全民阅读，意味着公共图书馆不能仅仅守着自己的“一亩三分地”，而要努力突破传统阵地服务的时空限制，将文化触角延伸到更广泛的区域，构建覆盖面更广、服务效能更强的公共文化服务体系。

株洲市图书馆逐步构建了“总馆 + 分馆 +24 小时智能书屋 + 民间书屋”的广域服务体系。目前，已建有市级总馆 1 个，市县区分馆 27 个，24 小时智能书屋 16 个，农家书屋和机关企业阅览室 106 个。以株洲市图书馆为总馆，将阅读活动和服务向市县区分馆延伸，以 24 小时智能书屋、农家书屋和机关企业阅览室为基层服务网点，实行全市通借通还，以图书流动车作为乡镇服务补充，实现区域之间、城乡之间的互联互通、资源共享，基本构建了大阅读服务格局。株洲市图书馆致力于打造“十分钟阅读圈”，通过公共文化服务体系建设推动优质公共文化资源和服务不断向基层倾斜和延伸，让全民阅读网络不断编实织密。

2.2 转变服务理念

随着信息化时代快速发展，越来越多人选择通过移动端获取信息，公共图书馆逐渐陷入淡出大众视野的窘境。在此现实背景下，若公共图书馆仍守着“以图书馆为中心”的被动式服务理念，将难逃被埋没的命运，也无法担当全民阅读推广的使命。因此，公共图书馆向着“以读者为中心”的服务理念转变势在必行。

株洲市图书馆积极转变服务理念,秉持“服务读者至上”的理念,紧紧围绕“我有什么”“我能做什么”开展工作，变“等客上门”为“送服务上门”。一是主动深入基层、深入群众，提升阅读推广的社会化水平。株洲市图书馆持续开展书香“七进”活动，广泛深入机关、企业、社区、学校、家庭、农村、军营等不同领域开展阅读推广，提升图书馆知名度的同时进一步厚植阅读土壤。二是送书上门，便捷阅读。株洲市图书馆首创特色数字化服务模式“e 线送书”，读者可通过网络平台自主选书采书，物流送书上门，年参与人数达 1 万多人次。三是主动推介，盘活馆藏优质资源。株洲市图书馆每月定期精选优秀书目、汇编阅读推荐榜单，以微信公众号推文的方式向读者推荐，帮助读者明确自身阅读需求，有效改善读者书海盲选的情况，引导大众读好书、好读书。

2.3 深耕品牌活动

实现阅读推广活动品牌化，有重点地对其进行宣传，简单集中、效果明显，有利于大众熟悉阅读活动、加深对活动亮点的印象，激发阅读持久力。

株洲市图书馆不断加强品牌引领，打造品牌效应。“神农悦读荟”“神农大讲坛”“神农雅集”“小神农绘本故事会”等系列日常品牌活动颇受好评，同时借助世界读书日、传统节日、特殊节日等时间节点开展“我们的节日”系列主题阅读活动。精心打造年度品牌活动，“株洲市少儿故事大王大奖赛”以活动促进少儿阅读，2014 年以来已连续举办九届，活动范围覆盖株洲四县五区，颇具影响力。“知识就是力量 · 读书改变人生”株洲读书月活动自创办以来，以阅读活动集中展示、书香集市、手工体验等多元形式每年为群众送上了文化盛宴。株洲市图书馆通过深耕品牌活动，助推读书活动常态化、读书活动节日化，为建设“书香株洲”发挥了积极作用。

2.4 丰富推广形式

在碎片化、泛娱乐化时代，要想吸引大众积极参与阅读、培养良好的阅读习惯，首先得激发大众的阅读兴趣。这就要求公共图书馆不断探索阅读推广新形式，以新颖的创意与构想扩大阅读推广活动的覆盖面和影响力。

株洲市图书馆在沉浸式阅读、游戏化阅读、“线上 + 线下”式阅读等方面进行了积极探索，以此激发读者阅读兴趣、提升推广质量，取得了良好成效。如：株洲市图书馆创造性地打造“阅读公交”，选取 1 路、2 路公交线各 2 辆公交车，提供书刊漂流、扫码听书、扫码下载数字资源等服务，市民乘坐“阅读公交”就如同置身于一座流动的图书馆中。株洲市图书馆联合云图数字有声图书馆开展线上趣味阅读活动，以形式创新激发读者阅读兴趣，如中秋节开展的“拯救嫦娥计划”线上活动以趣味性、操作性吸引了大批读者参与，在游戏中品味诗意中秋、学习传统文化。株洲市图书馆联合 FM984 株洲交通广播共同打造了《一本好书》栏目，目前已推出 46 期。通过车载电台向大众推荐好书，融合有声阅读和深度阅读，让书香陪伴每一段旅程，助推阅读生活化。

2.5 聚合多方力量

全民阅读推广是一项宏大的工程，公共图书馆资源有限、能力有限、辐射范围有限，还需聚合多方力量共同点燃全民阅读火焰。

株洲市图书馆充分调动社会各界的积极性、主动性和创造性，鼓励、动员和引导多方力量共同参与全民阅读推广工作。株洲市图书馆与数字技术机构深入开展数字资源合作，打造微信图书馆、数字图书馆，整合、扩充数字资源，为读者提供多种载体阅读形式；联合主流媒体开展阅读推广和宣传报道，扩大推广影响力；牵头成立“株洲市阅读联合会”，吾道读书协会、因诵结缘读书协会等四十多家民间读书组织蓬勃发展，举办书香共读、每日晨读、朗诵比赛等各类阅读活动达 3000 多场，做到了“周周有活动、天天有分享”，成为全民阅读推广的生力军。此外株洲市图书馆还联合多家实体书店开展作家签售、名家大咖见面分享会、图书漂流、儿童绘本故事会、亲子阅读、“你读书，我买单”等丰富多彩的活动，实现阅读普惠化。

3 株洲市图书馆全民阅读推广存在的不足

3.1 推广续航力不足

公共图书馆素来将开展形式多样的阅读推广活动作为日常工作的重中之重。然而，在落实和推广过程中，有的特色活动受人力和资金因素限制，无法实现常态化，缺乏可持续性，自然推广效益也没有得到充分发挥；而很多日常活动的内容又相对传统，如知识讲座、线下围读等活动无法对读者形成长久吸引力；朗诵会、与图书馆相关的知识竞赛一类活动对于读者知识技能储备要求较高，导致参加活动的门槛较高，辐射能力也有限；目前大部分活动以线下为主，在时间和地点上具有一定的局限性，难以形成以点带面的推广效果。

3.2 宣传影响力不强

全民阅读推广工作的自身性质决定了宣传不可或缺且尤为重要。然而，目前图书馆的宣传工作主要依托微信公众号推文的形式进行活动预告和回顾，宣传辐射范围仅仅只有关注图书馆公众号的核心用户，影响范围有限。部分具有规模的品牌活动虽然会联合传统媒体进行宣传推广，但在新媒体异军突起的时代，单一渠道的宣传犹如“石沉大海”或“泛起涟漪”，效果欠佳。甚至有时宣传出现疲软现象，并未做到次次宣传。如何吸引大众眼球，做好宣传这篇大文章，是公共图书馆阅读推广提质增效必须攻克的难题。

3.3 服务吸引力不够

科学技术的进步催生了多元化的信息获取途径，手机、平板、电子阅读器等移动端凭借海量信息、个性化推荐、操作便捷、突破时空界限等优点赢得了越来越多人尤其是年轻人的青睐。而图书馆书刊借阅、文献检索、阅读活动等服务虽然以深度阅读的形式吸引了较为核心的读者群体，提升了读者的实际阅读量，但因服务范围不够宽、服务群体不够细分，无法满足大众在阅读时间、阅读内容、信息交互三个层面的个性化需求，无法吸纳更多新的读者群体。阅读服务吸引力不够，读者自然就会缺乏参与的兴趣和动力。

4 关于公共图书馆全民阅读推广高质量发展的思考

4.1 健全管理机制，实现推广长效化

全民阅读推广作为图书馆日常工作开展的基础工程和公共文化体系建设的国家工程，必然是长期性的、持久性的工程。针对全民阅读推广范畴和特点建立具有规范性、有效性、创新性的项目管理制度，实现高效地管人和理事，有利于公共图书馆在稳定和动态变化相统一的过程中实现全民阅读推广长效化。

一是在组织架构方面，设立专门的阅读推广部门从事全民阅读推广工作。明确阅读推广部

门工作程序、职责权限、奖惩制度和相关要求，集中人力资源开展专项运营，按照正确的方向做正确的事，通过正确地做事来获取正确的结果。二是在团队建设方面，培养专业化的阅读推广人才队伍。着力培养一批懂策划、善运营、会宣传的人才，充分利用资源与服务等方面优势开展契合新时代大众需求的阅读推广活动。组建文化服务志愿者团队作为后备力量，积极投身阅读推广活动，确保活动顺利有序开展。还可以通过组织开展馆员业务培训、馆际业务交流学习提升馆员在阅读活动策划、组织、宣传、创新等方面的综合业务能力。三是在项目管理方面，实现专人专项和动态管理。明确项目负责人，全流程负责。定期召开项目推进工作会议，集思广益，在阅读活动形式、内容和宣传渠道上不断探索和创新；对项目进度、成本、质量等指标实时跟进；根据实际情况统筹协调部门人力物力，探索不同推广内容与形式，打造高质量的阅读推广项目，提升全民阅读推广水平。

4.2 依托全媒矩阵，实现宣传最大化

俗话说，“做了工作不宣传，约等于没做”。可见宣传是任何工作扩大效益的关键一环。依托全媒体矩阵，打造多元宣传渠道，将有利于公共图书馆实现宣传效益最大化，实现“一棵树摇动另一棵树，一朵云推动另一朵云，一个灵魂唤醒另一个灵魂”，营造全民阅读氛围，掀起全民阅读热潮。一是可以联合电视台和广播电台等主流媒体共同打造阅读专题栏目，在流量高峰时段播出，借助主流媒体庞大的受众基础和权威影响力，培养大众阅读习惯，引导大众爱上阅读、享受阅读；发动本地主流媒体围绕重大阅读品牌活动进行报道，提升阅读品牌活动的知名度，让更多人了解并参与其中。二是运营好网站、微博、微信公众号等官方信息门户，以图文和视频的方式对阅读推广活动进行宣传，预热宣传应突出活动特色和亮点，成效宣传应凸显活动氛围和细节，通过常态化宣传来巩固核心读者的黏合度。三是充分利用直播、短视频等新媒体，打造馆员 IP，紧跟大众需求，以音乐卡点、真人出镜、微剧情等紧跟大众潮流热点的形式，向大众展示和介绍公共图书馆的功能和服务，以创意、新意、诚意让更多的群体去了解和认同图书馆；通过直播开展可视化的沉浸式阅读、故事化的文献推介、交互式的好书推介等阅读推广活动，以更充分、更生动、更鲜活的推广方式吸引受众注意力，传播文化的同时让阅读推广深入人心，直接将“路人粉”开发为读者用户，让更多人成为阅读爱好者，成为公共图书馆的信息传播共同体和情感交流共同体。

4.3 注重读者需求，实现服务个性化

全民阅读推广的开展应紧密结合人民日益增长的文化需求。而公共图书馆面向的是社会范围内的广大读者，他们在阅读爱好、阅读习惯、阅读需求和知识水平等方面具有较大的差异性。只有抓住读者之间的“差异性”，才能有效增强每位读者与图书馆的黏合度。这就需要公共图书馆将读者个性化的阅读需求作为出发点和落脚点，精准地提供个性化服务。一是可以畅通读者的信息反馈渠道，通过留言簿、意见信箱、服务交流、“两微一端”后台留言窗、抖音用户评论区等多方收集读者需求，以此为重要指标开展针对性的阅读服务和推广活动，强化推广实效。二是可以依托互联网和大数据，根据读者数字阅读时长、阅读书目、导航窗搜索字条等痕

迹对广大读者的阅读兴趣、阅读习惯、阅读能力等信息进行收集、整理和分析，建立分众化体系，实现对读者阅读需求的精准定位和精细服务。公共图书馆要主动创造“我有你所需”，如根据读者需求丰富传统馆藏资源，加快馆藏资源数字化进程、采购新型数字资源，不断扩充数字资源库，建设立体化的阅读服务体系，让阅读偏好和阅读习惯不同的读者皆能得到满足；根据分众体系编制不同书目，实行个性化推送，为书与读者搭桥牵线，提升实际阅读率；开展大众喜闻乐见的阅读推广活动，充分调动读者参与阅读的主观能动性。

5 结语

促进全民阅读是功在当代、利在千秋的宏伟工程，需要公共图书馆久久为功，积极学习优秀发展经验，紧跟时代趋势，在动态研究中积极探索推广创新路径，开展高质量的阅读推广工作，推动全民阅读提质增效。

参考文献

[1] 王听波 . 湖北省公共图书馆全民阅读推广对策研究 [D]. 华中师范大学 ,2019.

[2] 刘旭青 , 刘培旺 , 柯平 , 朱旭凯 . 面向全民阅读的公共图书馆阅读推广评估标准研究 [J]. 国家图书馆学刊 ,2021(05).

[3] 关涛 . 浅论数字时代公共图书馆服务理念的转变 [J]. 四川图书馆学报 ,2009(01).

[4] 邹也静 . 公共图书馆凝聚社会力量推广全民阅读的项目化模式研究——以“广州公益阅读”为例 [J]. 图书馆研究与工作 ,2020(06).

公共图书馆少儿阅读推广活动品牌化研究和实践
——炎陵县国学亲子诵读会案例

戴诗颖　陈列（炎陵县图书馆）

文化是一个国家、一个民族的灵魂。文化兴国运兴，文化强民族强。炎陵县图书馆作为炎陵县文化战线的一面旗帜，一直坚持发挥图书馆是社会教育、文化传播、阅读推广主力军的作用，依托自身平台，开展各种各样的阅读推广活动。其中 2019 年创办炎陵本土阅读品牌——炎陵县国学亲子诵读会，连续六年公益讲堂，为读者传授国学知识，传承中华传统文化，丰富群众的文化生活，用文化惠及于民。

1 创办宗旨

炎陵县图书馆成立于 1979 年，现有 2 个自助图书馆、1 个城市书房、18 个分馆（城区 5 个分馆），藏书 21 万册。在文化和旅游部组织的公共图书馆评估中，炎陵县图书馆连续六次荣获“国家一级图书馆”称号。为更好地服务读者，弘扬中华传统文化，炎陵县图书馆以全民阅读为目标，探索中华传统文化经典领读之路为指引，通过“接地气”的本土阅读活动打造，为本县读者营造良好的阅读环境，提供适宜的阅读场地，推进炎陵县全民阅读工作的开展。

2 成立背景

2016 年—2018 年寒暑假期间，炎陵县图书馆和县妇联组织开展多场为期 7 至 10 日的稻花香读书会，由株洲市妇联志愿者授课，众多学生和家长积极参与，活动取得良好的反响。在读书会的影响下，创建炎陵本土的“读书会”的想法变得极为迫切。2019 年 6 月 16 日由图书馆、文联、妇联联合主办的以“经典国学”为内容，探索中华传统文化经典领读的炎陵县亲子国学诵读会（以下简称：诵读会）正式成立。

3 情况介绍

诵读会讲堂设于炎陵县图书馆少儿报告厅二楼，占地 300 平方米，有 2 间专业教室，1 个多功能厅，可容纳听众 300 名，同时在炎陵县霞阳镇大源村设有 1 个教学基地。主要活动内容有：国学讲座、游学、家长课堂、专家课堂。

3.1 国学讲座

国学讲座是免费为小学生和家长提供的传统文化教育公益学堂，其宗旨是传承国学，以培养小学生及家长的国学基础为重点。学制四年，每两年发一次结业证书，分为初级班结业证书与高级班结业证书，教材是由北京出版集团出版社、北京教育出版社出版的经典诵读十二册：《学庸论语》《孟子》《老子庄子选》《易经》《诗经》《唐诗三百首》《书礼春秋选》《古文选》《诗词歌曲选》《内经知要》《孝弟三百千》《格言选》。讲座形式是一三七法。即一周一堂课，一课学三门，七天诵读不间断，每门课程 30 分钟。国学班一共设置 7 个班，招生对象为 4 ~ 12 岁的少年儿童，家长不限年龄。目前年龄最小的学生 4 岁，年龄最大的家长 74 岁。截至 2023 年 12 月底，坚持开展公益讲座 1100 多场，先后培养学员 1000 余名。

3.2 游学

读万卷书不如行万里路，走进课堂，也需走出课堂。诵读会不定期组织家长和学生一起到名胜古迹、红色文化根据地，直观感受民族历史与民族情怀，如炎帝陵祭祖，在岳飞雕像前朗诵岳飞的《满江红》，到井冈山诵读毛泽东关于井冈山的诗词等，引导激发孩子的学习动力，增加同学之间、亲子之间的交流，让孩子多角度多视野地了解世界、感受优秀传统文化。

3.3 家长课堂

父母是孩子第一任老师，父母的教育意识与方法直接影响孩子的成长与最终走向。在平时讲座中，志愿老师发现了孩子的成长问题，为孩子的健康成长，诵读会同时还开办了家长课堂，不定期对家长普及家庭教育知识，教导家长如何通过观察、沟通，化解亲子之间的矛盾，营造良好的家庭教育氛围，构建良好的亲子关系。

3.4 专家讲座

为增强诵读会的影响力，由主办方特邀县内知名学者不定期为诵读会学员讲授《诗经》《易经》《尚书》等。

4 效果与影响

六年来，诵读会已成为炎陵县知名文化品牌，获得 2021 年株洲市“十佳阅读品牌”荣誉，开展的活动多次在《株洲日报》宣传报道。诵读会的国学《易经》课程和会长刘云慧老师分别获得 2022 年株洲市幸福邻里文体学院最受欢迎课程、最受欢迎讲师。

由于炎陵县图书馆“国学亲子诵读会”良好的品牌效果，引起了社会极大关注，其他县馆慕名前来学习观摩效仿。极大提升炎陵县图书馆的社会影响，得到了广大群众的认可，惠及了 1000 余个家庭。

5 思考

一路走来，炎陵县国学亲子诵读会已经成为炎陵县学员人数最多、组织架构最完善、开展公益活动最多、影响示范能力最强的社会公益组织，是炎陵县的一张文化品牌，而诵读会的成功举办，我们认为领导重视、社会协作、志愿奉献、平台创新是发展壮大的必然要素：

5.1 领导重视，搭建平台

诵读会成立时，县妇联、县文联主动要求加入，给予大力支持、宣传。2021 年的全民阅读启动仪式上，县文联、宣传部领导对诵读会的老师进行了表彰与奖励，对志愿老师的辛勤工作给予了高度的肯定与激励，进一步提高了志愿老师的积极性，增强社会荣誉感。成绩的取得，得益于县委宣传部、县政府的正确领导和悉心指导，多次邀请国学学员上台展示学习成果，参与县里大型文化活动。

5.2 社会协作，共同打造

图书馆是一个开放的学习场所，具有较好的学习环境，解决了诵读会场所与日常管理的问题，这只是硬件建设，面对长远持续发展，我们坚持“社会教育社会办”的原则，以多种形式寻求社会各方面的支持和赞助。外出游学所有费用就是靠社会各界支持来完成，如人社局周末免费提供食堂开展“包饺子”才艺展示活动、民营企业“熊妈妈”和学员们一起吟诗过清明节、炎陵中学连续两年合作举办“八月十五中秋节”游艺晚会。

5.3 志愿奉献，引领成长

队伍建设是事业健康发展的基础和根本保证。图书馆高度重视，不断完善志愿服务体系，规范管理制度，提高讲座水平。诵读会老师团队从最初的 6 人到今天已有 16 人，其中任课老师有 9 人。我们的老师不但有仁爱之心，更能在各自的领域占据鳌头，会长刘云慧老师是县人民医院工会主席，培养了博士女儿；县十佳杰出教师、县最美职工潘少荣老师；曾获株洲市优秀教师的李梅花、陈坚老师等，更荣幸的是原县政协副主席黄建林先生成了我们诵读会的顾问。所有的志愿老师都是没有任何报酬，左翎老师还出钱自驾车到乡镇为村里的孩子们授课，并将村里的孩子接到县城请吃美食，潘少荣老师坚持每周购买零食作为奖励鼓励孩子们，让孩子们在爱的阳光下成长。

5.4 自建平台，宣传国学

疫情三年，诵读会坚持网上打卡学习，2020 年炎陵县国学亲子诵读会微信公众号的建立，创建国学诵读公众号和视频号，将国学知识、家庭教育知识网上宣传，志愿团队发布推文和小视频 102 篇，上传了《易经》《诗经》诵读视频和与国学及家庭教育有关的文章。也是做到了国学讲座、游学活动、家庭课堂、微信公众号等线上线下联动，丰富了弘扬传统文化的学习渠道，让更多的家庭受益，加入经典诵读的队伍里来。

回首过往，原县政协黄建林副主席很有感慨地说：国学经典是孩子成长的根，是千百年来中华民族的魂，传承国学，功在当代，利在千秋，诵读会为炎陵县传承国学文化做了一件大实事，大好事。他用“三不”对亲子诵读会予以总结和勉励。一是不容易，在没有经费没有具体模式，凭着一份热情一份执着，把这个诵读会运作成今天的模样很不容易；二是不简单，有想法不难，有办法不难，关键在把想法执行下去，并做好，不但敢想，而且敢干，还干得好，这很不简单；三是不停步，国学诵读会办起来了，仅仅是万里长征的第一步，前面还会有许多激流许多险滩，还会面临许多困难，要把国学传承好，把诵读会继续下去，就要有不停步的精神，放眼长远，持之以恒。如今黄建林先生已经是我们国学亲子诵读会的顾问，又给我们的未来带来强有力支持。

千里之行，始于足下，诵读会全体同仁将永葆初心，殚精竭虑，一往无前地把诵读会品牌办实、办稳、办好，弘扬中华文化，坚定文化自信，为推进炎陵县全民阅读工作添砖加瓦。

第三章

公共图书馆资源建设

儿童图书馆特藏建设规划工作思路探讨

——以湖南省少年儿童图书馆为例

王振兴（湖南省少年儿童图书馆）

摘要：在特藏日益成为提升图书馆核心竞争力的趋势下，在湖南省少年儿童图书馆筹创特藏文献室的初期建设阶段内，文章通过厘清特藏定义、分析馆藏特点、制定工作规划、全面呈现了湖南省少年儿童图书馆未来特藏建设与服务的定位和工作路径，以期为业内特藏筹创工作提供一些实践依据和思考空间。

1 引言

在图书馆众多类型和不同载体的文献资源体系中，特藏文献兼具文种独特性、稀缺性和史料性等特点，是最能够体现图书馆特色化和个性化的资源。信息化、数字化的广泛应用深刻地影响着图书馆的资源建设工作的方法论。纸质文献资源及其征集采购渠道日趋固化和萎缩，加上同质化、内容质量等问题，具有史料价值的特藏文献资源将因其较强的时代特点和学术价值日益成为图书馆资源建设的发展趋势。在为下一代珍藏和传承优秀传统文化的时代使命下，儿童图书馆特藏文献的建设与服务，面临着新的机遇和挑战，如何在现有资源的基础上，进一步加强本馆特藏文献建设，提升图书馆的服务效能，以适应于本馆特色和地域文化特色发展规划。本文以湖南省少年儿童图书馆为例，对特藏文献建设规划与服务提出自己的思考和建议。

2 儿童图书馆特藏的定义

传统意义上的特藏一般指古籍与珍贵文献。在当今读者精神生活多元化、知识需求精专化环境下，特藏的定义与范畴随之延展。凡能彰显图书馆馆藏资源专题性、独有性、差异化、特色化的文献均可纳入特藏建设范畴。儿童图书馆特藏是指根据未成年人及家长、未成年人教育、科研、服务领域从业人员为主要读者的需求特点，在文献资源建设过程中有意识、有规划、有选择并逐步形成具有专题特色、具有地域或行业优势的馆藏资源体系。

3 特藏建设工作的意义

特藏文献作为儿童图书馆的独特性资源，已然成为图书馆核心竞争力发展的要素和基础。因地制宜地制定具有儿童图书馆特色的工作规划，对提升儿童图书馆在行业内核心竞争力、推动传统文化和地域文化的保护与传承具有较为深远的意义。

4 湖南省少年儿童图书馆特藏的特点

4.1 特藏结构

湖南省少年儿童图书馆自 2022 年筹建特藏文献室以来，将既富有儿童特色，又初具规模和体系的古旧儿童文献、中华连环画确定为本馆特藏，并通过全面清点保存本书库、调拨书库、向社会公开征集、旧书市场采购等途径集结特藏文献 9500 余种 18000 余册。

古旧儿童文献约 2500 种 3000 册；其中万有书库 1300 余种 1300 余册，全套缺本率小于 25%；8—9 品；单本参考平均价值 50 元—100 元；新中学文库 300 余种 300 余册，全套缺本率不详；8—9 品；单本参考平均价值 50 元—100 元；民国时期幼儿园、小学、中学课本合订本 500 余种 500 余册；6—8 品；参考价值待估。民国时期各类儿童期刊 60 余种 800 余册；6—8 品；参考价值待估。民国时期文学类其他散本 100 余种 100 余册，6—8 品；参考价值待估。

连环画约 7000 种，15000 余册。64 开本馆藏约 8000 种 18000 册，其他开本约 300 种 600 册；低幼连环画约 1000 种 3000 册。从藏量特点看，馆藏集中涵盖改革开放初期（1980 年—1986 年）所出版的连环画 6000 余种 12000 册，占该时期全国连环画总发行量的 50% 以上。从艺术特点看，馆藏所涵盖的艺术表现形式有单线白描、意笔线描、工笔重彩、水墨、素描、油画、水彩水粉、年画、版画、影视戏剧等 10 余种类；其中以影视类、线描类连环画藏量较为丰富；从题材特点看：具有一定规模的题材有现实题材（占总量 20%）、历史题材（30%）、儿童题材（10%）、中外名著（10%）；从价值特点看，馆藏基本涵盖了 20 世纪 80 年代初期大部分获奖作品和名家作品及缺本。从年代特点看，收藏 64 开的 20 世纪 80 年代初中期（中国连环画鼎盛期）7000 余种。收藏 64 开的 20 世纪 90 年代后 2000 多种及 1300 余种其他开本。

4.2 突出问题

第一，特藏书无手工台账记录，不便于实用检索和实施财产保障。第二，90% 以上连环画（1994 年以前入藏）未录入机读目录。虽经过手工分类，但未按现行《中国图书馆分类法》实施，（出现“A”“B”“D”“E”“H”“I”“J”“K”“N”“M”……16 种不同类目），分类依据一时无从考证，且分类缺乏统一规范（如：将分期出版的套书编入 2 种以上不同类目下的情况较为普遍。套书排架较为分散）对馆藏的实用检索带来不便。第三，10% 左右 90 年代中期以后连环画馆藏进入了机读目录，但分类缺乏统一规范（有的按题材内容编入不同基本大类、有的按艺术表现形式编入美术二级分类、有的编入低幼画册二级分类）。第四，特藏书普遍出现受潮、积尘、温差致变形等情况。第五，据调查，湖南省儿童图书馆原有连环画馆藏量十分丰富，现流失较严重。1981 年建馆初，一方面由省馆调拨过一批连环画（其中含相当部分建国初和“文革”时期）；另一方面于上海古旧书店购置过一批（其中含解放前版本）连环画，主要集中在二十世纪九十年代通过调拨书库捐赠与市县流通服务点。

4.3 结论与措施

首先，针对馆藏连环画无台账记录的情况，建议抽派人员集中在短时间内建立台账记录，并在台账的基础上进一步编辑《馆藏连环画特色主题复分书目》，形成特色馆藏建设的基本框架。

其次，针对馆藏优势和特点，对下一阶段馆藏建设进行准确定位：可以探讨如下几种方向作为重点发展目标：（1）委托第三方机构补全万有书库、新中学文库 2 部大部头特藏。（2）20 世纪 80 年代初中期是连环画发展史上的鼎盛期，馆藏拥有该时期全国发行总量的 50% 以上，可以考虑在此基础上，对该时期内连环画进行全方位补充完善。（3）影视版连环画 1000 余种，占该时期全国发行总量的 80% 以上，品类齐全，再版难度大，可作为补缺重点。（4）不完全统计，湘人、湘作、湘版的连环画有 300—500 种，可作为补缺重点。（5）儿童题材连环画（不含低幼读物、绘本）约 600—800 种，占总藏量近 10%，应作为补缺重点。（6）名家名作及获奖作品，市场价值和升值潜力大，是馆藏图书含金量最大的一类，可考虑作为补缺重点。

再次，对馆藏连环画进行重新分编。据《中国图书馆分类法》编委会有关调查统计，在我国儿童图书馆系统内，自行编制的“连环画分类法（表）”便有十几种。为此，由文化和旅游部和《中国图书馆分类法》编委会授权在《中国图书馆分类法》和《中国图书馆分类法（未成年人图书馆版）》基础上，编制了《中国少年儿童文献分类主题词表》，该书专门针对连环画的检索特点制定了更便捷的标准。比较适合湖南省少年儿童图书馆连环画的规范分类和应用。可据此制定《湖南省少年儿童图书馆馆藏连环画采编工作原则》，在此基础上重新组织人员进行分编。

此外，亟须增设专人、专区对馆藏进行抢救性保护，并购置图书保护用品，采取必要的基本保护措施。

最后，针对馆藏流失的历史问题，根据原集体调拨书库赠书记录顺藤摸瓜，并通过回购和置换的方式让流散馆藏回家。

5 湖南省少年儿童图书馆特藏建设总体规划

基于对湖南省少年儿童图书馆特藏文献的界定和分析，为使特藏建设工作路径更加明晰，该馆根据现有条件制定了符合馆情和发展规律的短中期规划，如下图所示。

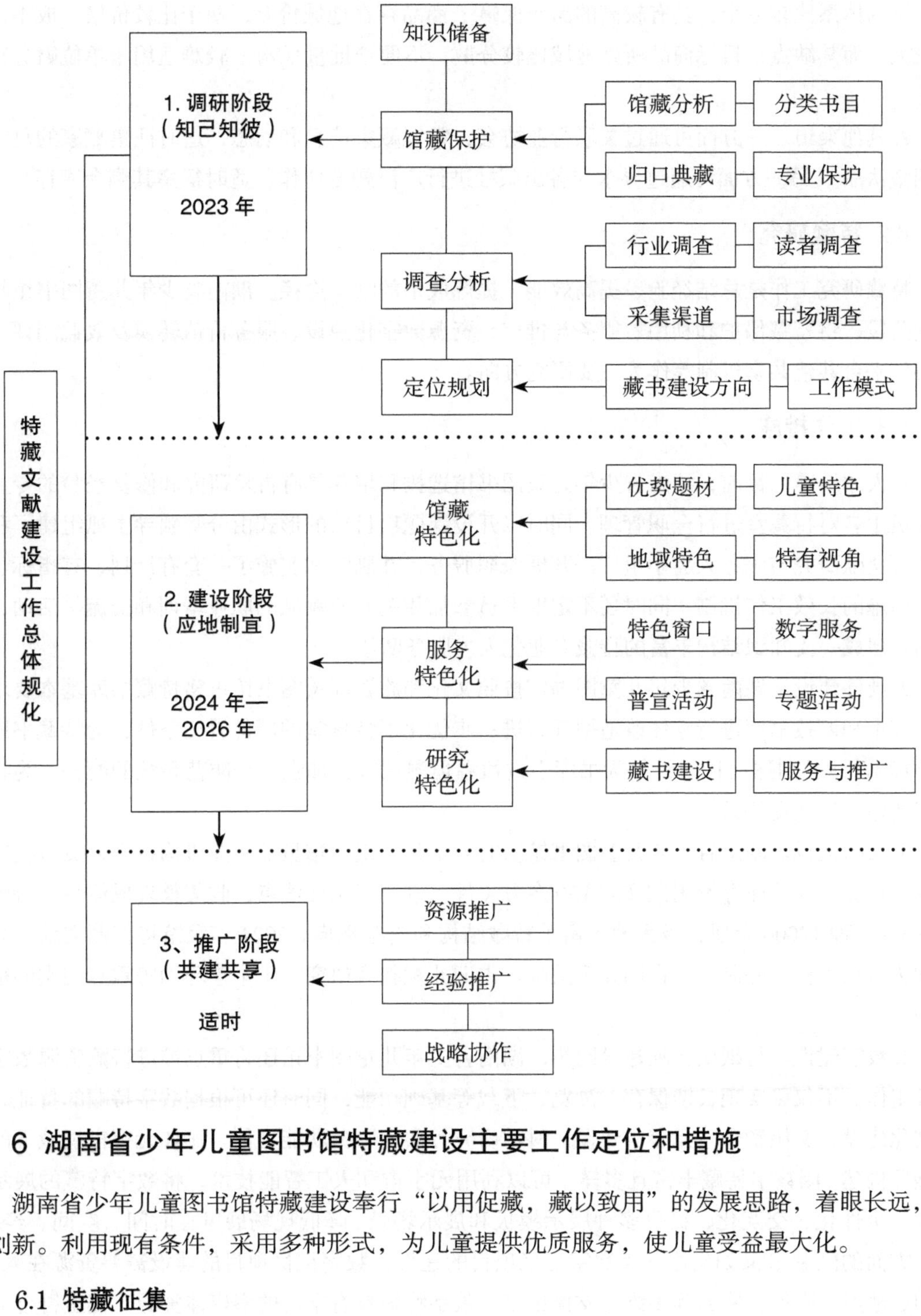

6 湖南省少年儿童图书馆特藏建设主要工作定位和措施

湖南省少年儿童图书馆特藏建设奉行“以用促藏，藏以致用”的发展思路，着眼长远，开拓创新。利用现有条件，采用多种形式，为儿童提供优质服务，使儿童受益最大化。

6.1 特藏征集

1. 主要渠道。在互联网时代，电商将是湖南省少年儿童图书馆连环画资源建设的主要采集渠道。调研显示，仅“中国收藏热线”“孔夫子旧书网”两大门户电商，目前在线销售的古旧儿童文献商品总量过亿。其优势是品类齐全、选择面广泛，可便捷地锁定目标商品；基于网店诚信制约体系比较健全，具有较高的品质保障；商品存在地域价差，便于比较价格，成本浮动性较大。而其缺点是目标商品所处地域比较分散，不便于批量采购；较难适用于单位财务审计程序。

2. 其他渠道。一方面可通过关联行业协会，掌握藏家信息和动态，适时征集藏家的复本和定期裁汰品；另一方面可通过寻求与各出版社进行广泛融合协作，适时征集其剩余库存。

6.2 特藏研究

特藏研究工作是总结经验、提高效能、提炼成果的唯一途径。湖南省少年儿童图书馆特藏筹创阶段，将特藏保护和利用、服务与推广、资源数字化建设、服务价值转换及效益测评、特藏协作平台共建共享机制等作为主要研究方向。

6.3 工作措施

1. 人才培养。目前，湖南省少年儿童图书馆选拔和培养具有古籍研究和修复经验的专业技术人员 1 名对特藏室进行全职管理。同时以开设课题项目组的形式由分管领导主抓组建了我馆的特藏文献研究与服务兴趣小组广泛开展兼职服务，并制定和实施了一套有计划、有指标、有激励措施的长效工作机制。同时还不定期派员参加相关专业领域的职业培训和交流等活动，从而初步建成一支知识结构丰富的特藏专业化人才服务队伍。

2. 硬件建设。湖南省少年儿童图书馆按照文化和旅游部《图书馆古籍特藏书库基本要求》，对保存本和调拨书库进行整体改造搬迁，进一步优化了特藏室的硬件设施条件，为特藏书库添置香樟木材质的书柜，同时计划为书库引进恒温恒湿系统，加强安全防范系统的配备，为特藏文献的保护创造良好条件。

3. 文献建设。湖南省少年儿童图书馆历时 4 个月，组织馆员及专业机构技术人员对我馆保存本、调拨书库等库存及闲散文献 150 余万（件）进行了全面清点，收集整理成体系的特藏文献 5000 余种 12000 余册，极大地丰富了特藏结构和资源规模。2024 年我馆将特藏文献资源建设列为重点工作。并制定了古旧儿童文献、古旧儿童教育研究、中华连环画等重点门类的征集计划。

4. 数字建设。与纸质文献建设同步，湖南省少年儿童图书馆还将重点推进特藏资源数字化转换工作。不仅可实现长期保存、浏览、下载等基础功能，同时还可根据数字特藏的特征，针对文化建设、文旅融合、元宇宙建设、科学研究等实现服务功能延伸。比如元宇宙视域下的虚拟展厅构建，因数字特藏丰富且多样，可以利用元宇宙和人工智能技术，将数字特藏的展示虚拟化、个性化、交互化，提供多种展示模板和展示场景，降低现场展览在时间、空间、经济、人工方面的限制；又如支撑各类数字记忆项目的建设，数字记忆项目的建设需要资源在人物、时间、地点、事件、物品等多维度支撑记忆，数字特藏具有丰富的多媒体资源，完全符合数字记忆项目的建设需求；还可以重点开展数字特藏的文创产品推广，如定期抽取本馆重要的数字特藏进行数字藏品发行，有效拓展数字特藏的受众面。

5. 读者服务。目前湖南省少年儿童图书馆针对普通读者，于 2023 年专门开辟了特藏文献室并面向广大读者进行预约阅览，同时通过主题阅读推广活动和陈列展示等形式促进阅读推广服务；下一步，该馆还将有计划有步骤地针对高级用户和互联网用户：提供力所能及的信息共享、科研支持等服务。并在条件允许的情况下，利用数字技术和新媒体等手段实现馆藏特色资源服务效益最大化。

6. 融合建设。湖南省少年儿童图书馆通过全面梳理馆藏资源、逐步发掘和开发特色馆藏体系，作为国家级文创试点单位，该馆于去年将文化创意研发素材资源库纳入特藏室的一项重点专题资源进行征集和研发，并已开始为湖南省少年儿童图书馆文创研发团队和关联协作机构提供了一系列较有深度和价值的服务。

7 结语

在社会业态融合的新趋向下，图书馆业内的差异化竞争或将逐渐加剧，特藏文献的价值亦将日益凸显。因此笔者认为，未来儿童图书馆（室）事业发展需要我们更加重视对具有湖南省少年儿童图书馆特色的特藏工作模式及实践经验的总结与发展，而实践工作的关键不在于起步时间和馆藏基础，而在于能够因势利导、因地制宜地可持续开展该项工作。

参考文献

［1］王纯．“特色馆藏”管见［J］．图书馆学研究，2002(6).

［2］常继红．特藏文献建设与服务的新思考［J］．名家名作，2023(19).

［3］王彦力，杨新涯，冉蔚然．图书馆数字特藏建设的紧迫性与发展路径研究 [J]. 中国图书馆学报，2023(06).

“业务外包”引进 助力采编腾飞

汤蕾（湖南省少年儿童图书馆）

摘要：起源于国外工业企业管理的业务外包，如今被图书馆借鉴，以编目外包和加工外包为抓手的图书馆业务外包是提升图书馆核心业务工作质量和效率的有效途径。

近几年来，随着《中华人民共和国公共图书馆法》的颁布实施，国家为保障公民权利不断加大对公共图书馆的投入，长期困扰图书馆人的经费问题在很大程度上都得到改善。湖南省少年儿童图书馆也不例外，作为一家独立建制40年的省级少年儿童图书馆，近年来购书经费增加至每年约300万元，使得需要采访编目的图书数量成倍增加，急需增加采编队伍力量，以加快新书分编和上架速度，然而受人员编制等的限制，专业采编人员却难以同步增长，为此，少儿馆不得不积极思考与探索，以逐步解决人力有限、大量图书积压待编、新书与读者见面周期长的尴尬局面，达到图书馆法对到书上架时间的要求。这时，业务外包开始进入我们的视线。

1 图书馆业务外包的起源及发展

1.1 图书馆业务外包的起源

业务外包，也称资源外包、资源外置或资源外取，是起源于20世纪80年代国外工业企业管理的一种管理方法，是企业基于合同，将非核心业务、次要的服务或辅助性功能或业务，外包给外部专业服务机构，达到降低成本、提高效率，增强企业整体效益和竞争力的经营管理方法。

1.2 图书馆业务外包的发展

图书馆业务外包是1993年开始在美国怀特州立大学图书馆实行，实行以来，虽然一直饱受关注和争议，但在人员基本不变而工作量成倍加大、工作质量要求更高的情况下，引进外援，实行业务外包成了不少国外图书馆的最终选择。20世纪90年代中叶，我国部分图书馆开始将非核心业务外包给外部企业；2006年《图书情报工作》杂志社组织探讨图书馆业务外包笔会，组织图书馆界同仁探讨业务外包的可行性，经过10多年的发展，2019年出现了首个如“山东槐荫区图书馆”这类全外包运营管理的公共图书馆，但更多的是将编目数据、图书加工、典藏流通、物业管理等非核心业务外包的图书馆。

2 湖南省少年儿童图书馆的业务外包

2.1 前期准备：流程再造

在不能增加专业人员的实际情况下，我们主动尝试将建馆伊始一直沿用的著录、分编、审校、加工（一人把一个关的）“一条龙”流水作业模式打破，将流程再造，新的流程是著录、分编的编目外包，审校、典藏为我馆业务人员把关的模式，重新编制了我馆的图书书目记录格式。

2.2 前期准备：轮岗互训

流程再造后，针对目前在岗的编目人员实行轮岗培训，通过每两个月一轮岗的学习适应，使每位编目人员基本掌握了从著录、分编到审校、典藏的全部流程后，调整为编目、加工等非核心业务外包，采访、审校等核心业务我馆业务人员把关的模式。

2.3 新流程实施

经过近半年的培训和适应，开启新流程，业务外包后，我馆每年的采购任务在专业人员由原定的 8 人因退休减至目前的 6 人，采编任务 60 万元增加到 160 万元，下书速度实现了飞跃，从开始的每周 1—2 批达到目前的每周 4—10 批，以每批 100 种计，我馆每年过去两三年才能完成的工作量能在一年内完成，在成倍地提升下库速度的同时，藏书建设的质量与以往持平，通过对到馆读者调查，显示读者对图书的满意率、借阅率与往日同期持平，新入藏图书到馆 15 个工作日内均能上架与读者见面。业务外包的引进极大地提升了工作效率，实现了馆内既定的目标。

2.4 业务外包带来新思变

编目工作中质量控制是编目外包实现目标的最重要的环节，没有严格管理的编目外包具有极高的风险，我们在业务外包的初始阶段也曾经历，图书快速下库给我们的兴奋时间还没持续多久，伴随而来的差错率居高不下的问题也同时滋生，远远超过了一直以来坚持的 1% 以内的评估要求。为此就如何规范编目质量，努力保持分类的一致性，提高加工质量、降低差错率成为我们工作的新重点，我们建立了编目工作记录本、审校工作记录本，下库小黑板、下库统计表等方式，通过每批每个流程留名的方式建立了可溯源通道，通过出现的差错反馈，不断追查到相关责任人，以查漏补缺，不断微调和完善规范编目、加工，努力提高分编的一致性和连贯性；其次建立纠错制度，采用了纠错登记本，对编审、加工错误分类逐项统计差错，在予以纠错的同时，定期针对出现的问题，分析并集体研讨成因和解决方案，找出成因后达成共识、形成统一步调的学习制度，使差错率很快降至 1% 之内，业务外包不仅带来了工作效率的大幅度提升，也由于初始的各种问题凸显使得我们在工作流程、工作方式上不断改变、不断完善，更加规范。

3 业务外包的不足

在业务外包中不容忽视的问题还有供应商提供的外包队伍管理问题。中标供应商派驻的分属不同公司的人员流动性大，导致每隔一段时间，人员时有变更，采编部门业务人员沦为外包队伍的专业训练员，往往刚刚训练甚至还不熟练就会要求更换人员，又需要图书馆派员周而复始地对其再次培训，三个月之内一个供应商换 6 ~ 8 次人员为普遍现象，更有甚者，隔几天就换。我们有三四个供应商，多的时候每月有 10 多次业务培训，编目人员的素质层次良莠不齐，一次培训往往难以达到预期的效果，我馆的少图法分类的要求更是难倒了绝大多数的未学过分类法的外包编目人员，为此，采编部门正常业务工作受到极大的掣肘，层出不穷花样翻新的错误往往多次刷新我们的认知，为此，采编部门多次群策群议，建立加工标准、编目标准、编目简表，制定了工作流程图，同时与供应商沟通协商，为维持人员一致性，在中标供应商聘请和派驻的外包公司中，共同选定了一家业务熟练、人员稳定的外包公司，所有供应商共同使用相同外包公司的办法，稳定了外包队伍。

图书业务外包，从一开始出现到至今仍然不时显现问题，在反复博弈阵痛的过程中，我们感受到业务外包成为我们采编工作腾飞的翅膀，成为图书馆工作的新助力，也在重新再造流程中自身得到了学习和成长，培养出了一批采、编、审全能型的年轻队伍，同时也为公共馆服务外包模式成功运行做了有益的尝试。

参考文献

[1] 刘淑华 . 图书馆业务外包及其发展趋势 [M]. 国家图书馆出版社 ,2015.

[2] 杨勇 . 论图书馆对企业经营管理方法的借鉴与吸收——图书馆业务外包初探 [J]. 图书馆论坛 ,2001(02).

[2] 吴金华 . 图书馆业务外包述评 [J]. 图书情报工作 ,2002(03).

公共图书馆少儿书刊选择

李坤坪（公共图书馆少儿书刊选择）

摘要：近年来，“毒教材”事件频发，极端民族主义、色情、暴力、恶意篡改历史等内容悄无声息地进入儿童书籍，造成了极大的社会关注与不良社会影响。因图书市场体量巨大，虽监管严格，却不乏漏网之鱼，本文简述了近年来中国少儿图书市场的发展以及少儿书刊的分类、如何了解优质少儿书刊的渠道、如何鉴别少儿书刊的优劣，以此为广大图书馆工作者提供选择优秀少儿书刊的经验。

1 引言

随着时代的发展与进步，各级图书馆已经成为越来越多读者选择的第二课堂，图书馆继而能更好地发挥社会教育与传播文化的职能，《公共图书馆宣言》也明确指出，公共图书馆面向少儿群体广泛开展阅读推广工作，不仅能够促进儿童早期阅读习惯的养成，而且对激发儿童想象力和创造力具有重大的指导意义。

但是近年来，“毒教材”事件频发，极端民族主义、色情、暴力、恶意篡改历史等内容悄无声息地进入儿童书籍，造成了极大的社会关注与不良社会影响，虽然经过一系列重拳出击，一些“毒教材”下架，责任人受到处分，但相关法律的不完善及其他原因，“毒教材”问题并没有完全解决。这也给图书馆人带来了警示，图书馆作为阅读推广前沿阵地，如何选择健康、正能量书籍引导读者阅读得更为重要。

2 我国儿童出版物现状及问题

2.1 少儿出版的“黄金十年”

从 2002 年开始，中国的少儿出版连续十年保持两位数以上的增长，被业界称为“黄金十年”。2010 年，少儿出版的市场规模达到 49.95 亿元，相较于 2006 年增长了近一倍。2012 年开始，由于网络阅读及电子书等新阅读模式的开启，少儿纸质图书出版增速放缓。据不完全统计，2012 年其增速从两位数降至 4.71%，2013 年实现 6.65% 的年度增长率。虽然跌至两位数以下，但面对整个图书市场的增长困境，少儿图书却依然呈现出逆势上扬的蓬勃态势。2014 年，少儿类图书的年度增长率再一次回归两位数，达到 10.24%。少儿出版进入中华人民共和国成立以来发展最快、整体规模最大的时期，已成为我国出版业成长性最好、活力最强的一个板块。

从近年来看，2021 年我国图书零售额规模为 986.8 亿元，其中少儿图书零售额规模占比

29.16%；2022 年我国图书零售额规模为 871 亿元，其中少儿图书零售额规模占比 28.60%。无论从品种上，还是规模上看，中国已成为当之无愧的少儿图书出版大国。

2.2 少儿出版物的问题

全国 580 多家出版社中，出版少儿图书的出版社已经达到了 530 多家，其中只有 30 多家是专业少儿出版社。儿童读物市场规模连续十多年快速扩张，给专业少儿社带来良好回报的同时，也吸引了越来越多的非专业少儿出版社的加入，这样的情况，表面上呈现出少儿出版行业迸发了勃勃生机，百花齐放，但内容参差不齐及恶意添加不良因素的少儿出版物，也让好奇而又缺乏辨别能力的少年儿童被影响。

儿童读物虽是儿童阅读，但为家长购买，因此，许多出版社从销售的角度考虑，会迎合家长的心理与期待，从而忽视对儿童心理、成长规律的尊重，导致儿童图书中成人思维的现象出现，同时，图书同质化显现的出现也是一种资源的浪费。

3 儿童读物的主要类型

3.1 从读者年龄划分

儿童出版物从年龄上看，一般可分为学前（0—6 岁）、小学初段（7—9 岁）、小学高段（10—12 岁）、初中（13—15 岁）四个阶段，或者将 0—6 岁细分为两个阶段，分别为低幼读物（0—3 岁）和幼儿读物（3—6 岁）。

3.2 从图书内容划分

从图书内容来划分，儿童图书并没有统一的标准，不过大致可分为低幼启蒙类（包括图书、卡片、挂图，多用来帮助婴幼儿认识事物，训练生活技能）。

绘本类（绘本类图书以图片为主，文字较少，当然也有少部分无字图书，但是绘本均以图为主来讲述故事，不过绘本类书籍一般页数较少，但价格相对较贵）。

儿童文学类（儿童文学类细分种类较多，如儿童诗歌、故事、童话、散文、小说、戏剧等，这类书籍较绘本文字及故事性有所增加，并需要小读者有一定阅历和理解能力）。

智力游戏类（这类书籍需要儿童有一定的思考能力、观察力与理解力，如迷宫类、棋类、手工类，找不同类等，这类书籍可以开发儿童智力与动手能力，也是亲子互动的较好选择）。

传统文化类（中华民族有着五千年的历史传承，一批批优秀的传统文化类书籍可供孩子们学习，《三字经》、《弟子规》、成语故事类、唐诗宋词类以及四大名著类等优秀文学作品都是极为经典的学习典范）。

科普类（科普类有着更多的知识性内容，大致可分为人体、地理、动物、植物、物理、化学、自然现象、历史等）。

艺术类（艺术类图书大致有音乐、美术、书法、舞蹈、戏剧等，这类书籍在培养儿童艺术素养的同时，也有注重艺术技巧和应试技巧）。

卡通动漫类（卡通动漫类书籍有单独纸质发行，也有与影视动画相结合类的，借由动画片及电影的影响力，还有根据游戏改编的书籍）。

少儿外语类（儿童外语类书籍一般为英语，也有少量其他语言类书籍）。

3.3 从出版方式划分

在出版界，经常把图书分为本版书、自费图书和合作图书三类。首先，本版书是出版社自主策划、组稿的图书，出版社与作者签订出版合同，约定作者的著作权转让给出版社。期限一般为 3 年、5 年或 10 年不等。相应地，出版社以稿酬的方式支付作者著作权转让费。出版社还要自行承担排版、设计、印装等过程中的一切费用。其次，自费图书是指作者（个人或单位）向出版社提供原始稿件和运作资金（含排版、设计、纸张、印装等所需经费），印刷出来的图书全部返还给作者，由作者送人或自行销售，这种情况一般是作者急需出版图书为晋级或评职称用。这类图书的内容比较专、范围较窄，市场销量不会很好，出版社并不看好其市场前景，但如果作者带来的资金能够支持其中花费的成本，并略有盈余，出版社也会认可这种自费出版的形式。最后，合作出版是指由文化公司或书商策划选题，并将已经排版设计好的稿件提交给出版社，出版社在内部走一个审稿的程序，并分配书号和封底的条码。由文化公司或书商支付印刷费用，印刷出来的图书由书商自主发行或与出版社联合发行；其中的主体是书商，图书总发行权在书商手中。

4 儿童读物的选择

4.1 了解儿童读物的信息渠道

4.1.1 出版社自媒体

出版社出版新书后一般会在一些渠道发布新书信息，具体来说有出版社官方网站、博客、微博、微信公众号、天猫商城等自有平台。儿童阅读推广需重点关注一些市场占有率排名比较靠前、实力雄厚的专业少儿出版社，如浙江少年儿童出版社、二十一世纪出版社、长江少年儿童出版社、湖南少年儿童出版社等，还有一些知名的民营童书出版公司，如海豚传媒、新经典文化、蒲公英童书馆、步印童书馆等。

4.1.2 网络公共媒体

出版社的图书信息仅靠自有的渠道传播是远远不够的，它们经常借助的网络公共媒体有抖音、快手、B 站、新浪、搜狐、网易、腾讯等门户网站的读书频道和亲子论坛、豆瓣网读书频道等。

4.1.3 传统纸媒体

一类是行业媒体，如《中华读书报》《中国出版传媒商报》，一类是报刊的读书版，如《光明日报·读书版》，或地区性报纸的读书版等。以上两类适合发布新书资讯或书评文章。还有一类是少儿报刊，如《中国儿童报》《中国少年报》《儿童文学》《童话世界》等；出版社的一些童书，尤其是绘本或儿童文学作品，适合在这类报刊部分转载或连载。

4.1.4 网上书店

网上的图书，读者看不见、摸不着，网上书店就需要把图书的信息尽可能全面地放到网上，便于读者了解内容，从而实现销售。因此，网上书店一方面是图书的销售渠道，同时也是宣传渠道。像当当网、亚马逊、京东网是出版社常称的“三大电商”，比较新的还有天猫商城、文轩网、博库网等，也都在线销售图书。

4.1.5 个人渠道

网络时代，信息是开放的。作者、编辑、阅读推广人都会通过抖音、快手、博客、微博、微信公众号等方式传播信息，许多粉丝过百万的博主虽不是图书馆行业从业者，但其“内功”深厚，推荐的图书也不乏经典，图书馆人及阅读推广人可以对这些作者加以关注，去粗取精，在保持信息渠道畅通的同时，从中选择优质且受欢迎的图书。

以上五种渠道，前三类基本是以出版社的身份进行宣传的渠道，“王婆卖瓜，自卖自夸”。因此，对于其信息要多加甄别。第四类网上书店，大部分是“以销售论英雄”但也不排除出版社的某些干预性做法，比如大量回购买榜，找人写好评等，或者通过与网上书店的某种协议获得比较明显的推广页面等。第五类，有些博主受利益等因素影响，推荐的图书也可能参差不齐。所以，对于网上书店的排名也要综合考虑，尤其要看评论是否是真实的，这和在淘宝上买东西是一样的，看评论要有“火眼金睛”，方能鉴别好坏。第五类个人渠道，作者、编辑自然也是以宣传自己的书为主，难免有夸大、溢美之词。所以，各图书馆人及阅读推广人也要具体问题具体分析，擦亮双眼，看其是发自真心的推荐，还是应某些利益或人情而为之。总而言之，任何信息都要多种渠道综合分析，不能信其一面之词。

4.2 鉴别儿童读物的优劣

首先，增强专业知识。不同类型的儿童读物有其自身独特的评价标准，对于儿童读物选择及阅读推广工作来说，要想鉴别儿童读物的优劣，增强专业知识，站在专家的肩膀上是一种捷径。目前来说，研究比较多的还是儿童文学领域和图画书领域。1923 年我国就出版了《儿童文学概论》一书，这么多年积累下来不少儿童文学的理论著作。国内设有儿童文学研究的高校有浙江师范大学、东北师范大学、北京师范大学、上海师范大学等。知名的儿童文学研究者有蒋风、朱自强、刘绪源、方卫平等。阅读儿童文学领域的著作，储备一些儿童文学的知识，可以帮助我们了解国内外优秀儿童文学作家和作品的信息，更好地鉴别优秀儿童文学作品，还能提高我们的欣赏水平。其次，考量作者的专业水平。任何出版物都有其作者，作者可以是个人，或者几个人，也可以是某个公司或者出版社。良好的口碑往往可以信赖，一些成名的作者、译者以及出版社，会对图书的内容严格把关，书中很少会出现不良内容，且书的内容一般积极向上，寓意健康，这类图书能给读者带来愉快的阅读体验，所以，这样的图书质量相对更有保障。再次，选择经典图书。无论国内或者外国出版的图书，均有许多历史悠久的名著或经典，如国内的四大名著、《诗经》《论语》，国外的《小王子》《童年》《悲惨世界》等，这类图书累积了大量的口碑，虽然经过无数次再版，但其影响力始终名列前茅，这也体现出图书的内涵与质量，需稍加注意的是有些名著在改编后的配图或许存在异议。最后，图书馆要形成图书审核推广机制。虽然图书的出版要经过三审三校，但不可否认还是有"毒教材"流入市面。所以，各级公共图书馆应形成自己的图书审核机制，在采编阶段，甚至下架阶段对书刊进行审核，对涉及政治、历史及外来文化的内容严格筛选，对暴力、色情等不良信息进行细致筛查，尽可能地将不良信息排除在外，将"净化"后的图书推向小读者。

4.3 选择合适的图书

优秀但不一定合适，这是我们图书馆工作者在选择书刊时非常难以抉择的问题。儿童时期的可塑性是最大的，也是进行教育的最佳时期，此阶段的儿童，好奇心重，乐于接受新鲜事物，所以，合适的书籍对儿童的成长，儿童性格兴趣的培养，有着至关重要的作用。作为图书馆，应建立分众、分级、分类的阅读推广体系，在选择儿童图书时，我们还应针对儿童特点选择合适的图书进行推荐，可以针对其性别、年龄、兴趣爱好、知识水平和理解能力进行推荐。

除了书籍的内容，还应注重阅读的质量与阅读的难度，有内涵的书籍往往能给孩子提供优质的精神食粮，能启发孩子的思维，阅读后的思考，可以让孩子受益匪浅。当然，阅读的难度也需要注意，难以理解或者深奥的阅读会使小朋友感到挫败跟无趣，因此，根据孩子的阅读能力推荐也是至关重要的，只有由浅入深，循序渐进，才能更好地发挥优秀图书的魅力。

4.4 重新发掘经典

好的图书，除了能寻找共鸣，分享美好，也是提升阅读质量、培养阅读习惯的重要抓手。连环画，俗称"小人书"，常采用图文结合的形式，在上世纪 50 年代至 90 年代，我国政府曾把连环画作为教育民众的一种重要方式，在这一时期，连环画作品充实着人民的文化生活，连环画不仅是青少年的重要课外读物，也是许多成年人文化娱乐的重要内容，近年来，连环画几乎销声匿迹，但连环画真的失去价值了吗？我认为答案是否定的，因为连环画的内容丰富，有红色故事、中外历史人物传记、中外历史故事、国内外名著改编、神话故事等，其内容内涵十分丰富。不同于绘本，连环画大多极具中国画风，传统艺术成分较高。许多孩子家长甚至祖辈的记忆中，都有着连环画的一席之地，所以，连环画的优势不单单是能给亲子阅读的开展增加趣味性，更能让青少年在阅读连环画的同时吸取"养分"。当然，除了连环画，还有许多经典也等待着图书馆人的发掘。

综上所述，现代图书馆人应该提高服务意识与专业技能，在图书选择时严把"质量"关，去粗取精，去伪存真，同时掌握科学的阅读方法，以极度负责的态度为广大少年儿童提供优质的阅读资源，正确引导少年儿童进行阅读，让孩子们在书海中自由奔跑，让孩子们在书海中快乐成长。

参考文献

[1] 谭媛，袁萍，马亚玲 . 图书馆管理与服务研究 [M]. 吉林大学出版社 ,2019.

[2] 韩丹 . 浅议公共图书馆少儿阅读指导工作 [J]. 学理论 ,2011(14).

[3] 郅惠 . 少儿读物变“毒物”, 阅读推广正当时——试谈公共图书馆在少儿阅读推广中的使命和作用 [J]. 卷宗 ,2013(12).

智慧图书馆时代公共图书馆采编工作的机遇与挑战

黄星亮（新化县图书馆）

摘要：智慧图书馆，作为图书馆事业的新阶段，其定义和特点体现了图书馆在信息化、智能化时代的转型与升级。智慧图书馆不仅仅是传统图书馆的数字化翻版，更是通过集成物联网、大数据、人工智能等先进技术，实现了图书馆服务的智能化、个性化和高效化。在智慧图书馆中，读者可以通过智能设备自助借阅、查询图书信息，享受个性化的阅读推荐服务。图书馆内部则通过智能管理系统，实现图书资源的优化配置和高效利用。此外，智慧图书馆还具备强大的数据分析能力，能够通过对读者行为、借阅数据等信息的分析，为图书馆管理和服务提供科学依据。

1 智慧图书馆时代的概述

智慧图书馆时代是一个将智能技术深度应用于图书馆建设与服务的时代。这个时代以物联网、云计算、大数据等先进技术为基础，通过整合图书馆用户、图书馆资源以及图书馆设备，实现了图书馆服务的智慧化升级。这不仅仅是一个物理空间，更是一个不受空间限制、能够被切实感知的概念。它利用智能技术改变了用户、图书馆和图书资源之间的交互方式，极大地提高了图书馆的信息反馈速度、管理水平以及服务的针对性和智慧性。在智慧图书馆时代，用户可以不受时间、空间以及使用方式的限制，随时随地获取知识信息。

正如著名图书馆学家阮冈纳赞所言："图书馆是一个生长着的有机体。"智慧图书馆时代的到来，正是图书馆这一有机体不断适应时代变迁、自我革新的生动体现。面对这一变革，图书馆界需要积极拥抱新技术、新理念，不断创新服务模式，以更好地服务于广大读者和社会的发展。

2 公共图书馆采编工作的现状

2.1 采编工作的基本流程与工作内容

以陕西省图书馆为例，陕西省图书馆是中国成立较早的公共图书馆之一，同时也是中国西部地区成立最早的公共图书馆。它成立于1909年8月，初名为陕西图书馆，经历了多次名称变更，如陕西省立第一中山图书馆、陕西省立第一图书馆，最终在1953年7月定名为陕西省图书馆。由于有近百年的历史，使之为采编工作发展最成熟的图书馆之一；该馆经常会进行图书馆新闻和活动的报道，与此期间，采编人员需要关注图书馆的最新动态和新闻，包括新书的上架、讲座的举办、展览的开展等，及时进行报道和宣传。采编人员可以策划一些专栏或专题，介绍图书馆的服务项目、阅读技巧、推荐好书等，帮助读者更好地利用图书馆资源，提高阅读体验。

在 2022 年，陕西省图书馆高新馆区成立，该馆关于采编工作作出了新的革新，进行科技查新服务的报道和推广，采编人员对此进行报道和推广，让更多的人了解和利用这一服务，采编工作需要围绕新闻线索的搜集整理、策划撰写、编辑校对、发布推广等核心环节展开。在陕西省图书馆这样的特定场景下，采编工作还需要结合图书馆的实际情况和需求，进行有针对性地报道和推广。

在智慧图书馆时代，公共图书馆的采编工作面临着前所未有的机遇与挑战。采编工作作为图书馆服务的基础，其流程涵盖了图书的采集、分类、编目、加工等多个环节。随着信息技术的飞速发展，采编工作的内涵和外延也在不断扩大。在采集环节，智慧图书馆可以利用大数据、云计算等技术手段，对读者的阅读偏好、借阅习惯等数据进行深度挖掘和分析，从而更加精准地选择符合读者需求的图书资源。据统计，某大型公共图书馆在引入智能推荐系统后，图书借阅率提升了 30%，充分证明了技术创新在采编工作中的重要作用。在分类和编目环节，智慧图书馆可以借助自然语言处理、机器学习等技术，实现图书资源的自动化分类和编目。这不仅大大提高了工作效率，还降低了人为错误的可能性。例如，某图书馆引入智能分类系统后，编目工作的准确率提升了 20%，极大地提高了图书资源的利用率，智慧图书馆可以利用数字化、网络化等技术手段，对图书资源进行深度加工和整合。例如，通过数字化扫描和 OCR 识别技术，将纸质图书转化为电子资源；通过建设数字化平台，实现图书资源的在线检索、借阅和下载等功能。这些措施不仅丰富了图书馆的服务内容，也提高了读者的阅读体验。智慧图书馆时代的公共图书馆采编工作，需要紧跟时代步伐，不断创新工作思路和方法。通过引入先进技术、优化工作流程、提高服务质量等措施，不断提升采编工作的效率和质量，为图书馆的转型升级和持续发展提供有力支撑。

2.2 当前采编工作面临的挑战与问题

技术更新换代的速度不断加快，给采编工作带来了极大的挑战。传统的采编流程往往依赖于人工操作，效率低下且容易出错。然而，在智慧图书馆时代，自动化、智能化的技术成为主流，如 RFID 技术、大数据分析等，这些技术的应用可以极大地提高采编工作的效率和准确性。然而，这也意味着采编人员需要不断学习和掌握新技术，以适应新的工作环境。信息安全与隐私保护成为采编工作的重要挑战。在智慧图书馆时代，图书馆的资源和服务更加开放和共享，但同时也面临着信息安全和隐私泄露的风险。采编工作作为图书馆资源建设的重要环节，必须高度重视信息安全和隐私保护工作。这要求采编人员不仅要具备专业的信息素养，还要熟悉相关的法律法规，确保图书馆资源的安全性和合规性。人才培养与队伍建设也是当前采编工作面临的重要问题。随着智慧图书馆的发展，采编工作的内涵和外延都在不断扩大，对人才的需求也越来越高。然而，目前图书馆界的人才培养和队伍建设还存在诸多不足，如人才结构不合理、人才流失严重等。这制约了采编工作的创新和发展，也影响了图书馆整体服务水平的提升。智慧图书馆时代公共图书馆采编工作面临的挑战与问题不容忽视。为了应对这些挑战和问题，图书馆需要加强技术创新与应用、提升读者服务质量与体验、加强信息安全与隐私保护以及加强人才培养与队伍建设等多方面的努力。只有这样，才能推动图书馆事业的持续发展，为读者提供更加优质、高效的服务。

3 智慧图书馆时代公共图书馆采编工作的机遇——以陕西省图书馆为例

随着信息技术的飞速发展，智慧图书馆的概念逐渐深入人心。在这样一个大背景下，公共图书馆的采编工作也迎来了前所未有的机遇。以陕西省图书馆为例，其在技术创新方面所取得的成果，为整个行业的进步提供了有益的参考。

3.1 技术创新带来的机遇

在智慧图书馆时代，陕西省图书馆充分利用了现代技术，如大数据、云计算、人工智能等，对传统的采编工作进行了全面的优化和升级。这不仅大大提高了工作效率，还使得图书馆的馆藏资源得到了更加合理、高效的利用。陕西省图书馆引入了先进的自动化采编系统，实现了对图书、期刊等文献资源的自动化识别、分类、编目和索引。这一系统的应用，极大地减轻了采编人员的工作负担，提高了工作效率，同时也减少了人为错误，提升了数据质量。借助大数据和人工智能技术，图书馆能够为读者提供更加精准、个性化的图书推荐服务，从而提升了读者的阅读体验和满意度。

3.2 陕西省图书馆的实践经验

在智慧图书馆时代，陕西省图书馆不仅在技术创新方面取得了显著成果，还在实践中积累了丰富的经验。这些经验对于其他公共图书馆来说具有重要的借鉴意义。陕西省图书馆始终坚持以读者为中心的服务理念，不断优化服务流程和提高服务质量。通过深入了解读者的需求和偏好，图书馆能够提供更加精准、个性化的服务，满足读者的多元化需求。为了进一步提升服务水平，陕西省图书馆积极与其他机构进行合作，如高校、科研机构等。通过合作，图书馆可以获取更多的优质资源和技术支持，实现资源共享和互利共赢。在智慧图书馆时代，采编人员的专业素质和综合能力显得尤为重要。陕西省图书馆注重人才培养和团队建设，通过定期的培训和学习交流，不断提升采编人员的专业水平和综合素质，为图书馆的发展提供有力的人才保障。

在智慧图书馆时代，技术创新为公共图书馆的采编工作带来了前所未有的机遇。陕西省图书馆通过充分利用现代技术、坚持以读者为中心、加强与其他机构的合作以及注重人才培养和团队建设等措施，为整个行业的进步提供了有益的参考。相信在未来的发展中，陕西省图书馆将继续发挥其在技术创新和实践经验方面的优势，为智慧图书馆时代的到来作出更大的贡献。

4 智慧图书馆时代公共图书馆采编工作的挑战

4.1 技术更新换代的挑战

在智慧图书馆时代，公共图书馆采编工作面临着技术更新换代的挑战。随着信息技术的飞速发展，图书馆采编工作所需的技术工具和平台也在不断更新换代。这种快速的技术变革要求图书馆采编人员必须不断学习和掌握新技术，以适应新的工作需求。然而，现实情况是，许多图书馆采编人员缺乏足够的技术素养和学习能力，难以跟上技术发展的步伐。这导致了图书馆在新技术应用方面的滞后，影响了采编工作的效率和质量。以数字化技术为例，近年来，随着数字化技术的快速发展，图书馆采编工作逐渐实现了数字化管理。然而，数字化技术的更新换代速度非常快，图书馆需要不断更新数字化设备和系统，以适应新的数字化需求。然而，由于资金和技术等方面的限制，许多图书馆难以跟上数字化技术的更新换代速度，导致数字化管理水平滞后，影响了采编工作的效率和质量。技术更新换代还带来了信息安全和隐私保护方面的挑战。随着新技术的不断应用，图书馆的信息安全和隐私保护面临着越来越大的风险。例如，数字化技术的应用使得图书馆的信息存储和传输面临着数据泄露和被黑客攻击等风险。因此，图书馆需要加强对新技术的安全管理和隐私保护，确保读者的信息安全和隐私不受侵犯。

面对技术更新换代的挑战，图书馆需要采取积极的应对策略。首先，图书馆需要加强对采编人员的技术培训和学习，提高他们的技术素养和学习能力，以适应新的技术变革。其次，图书馆需要加大资金投入，引进先进的数字化设备和系统，提高数字化管理水平。最后，图书馆需要加强对新技术的安全管理和隐私保护，确保读者的信息安全和隐私不受侵犯。只有这样，图书馆才能在智慧图书馆时代中抓住机遇，应对挑战，实现持续的发展。

4.2 信息安全与隐私保护的挑战

在智慧图书馆时代，公共图书馆采编工作面临着信息安全与隐私保护的严峻挑战。随着技术的快速发展，图书馆在采编工作中大量运用信息技术，如 RFID 技术、大数据分析等，这些技术虽然提高了工作效率，但同时也带来了信息安全问题。例如，图书馆读者的借阅记录、个人信息等敏感数据若未得到妥善保护，可能会遭受黑客攻击或数据泄露的风险。相关数据显示，近年来图书馆信息安全事件频发，给图书馆事业带来了不小的冲击。信息安全与隐私保护的挑战不仅源于技术层面，还与图书馆的管理制度和人员意识密切相关。图书馆需要建立完善的信息安全管理制度，明确各部门和人员的职责，加强信息安全培训，提高全体员工的信息安全意识。同时，图书馆还应引入先进的信息安全技术，如数据加密、访问控制等，确保读者信息的安全。

面对信息安全与隐私保护的挑战，图书馆需要不断创新发展路径和策略。例如，图书馆可以加强与信息技术企业的合作，共同研发适用于图书馆的信息安全技术和产品。此外，图书馆还可以借鉴其他行业的成功经验，如引入信息安全风险评估模型，对图书馆的信息安全进行定期评估，及时发现和防范潜在的安全风险。正如著名信息安全专家布鲁斯·施奈德所说："信息安全不是一种产品，而是一种过程。"图书馆在智慧图书馆时代需要持续关注信息安全与隐私保护的过程，不断完善信息安全管理体系和技术防范措施，确保图书馆事业在创新发展的同时，读者的信息安全和隐私权益得到充分保障。

5 智慧图书馆时代公共图书馆采编工作的未来展望

5.1 发展趋势与前景展望

随着智慧图书馆时代的深入发展，公共图书馆采编工作面临着前所未有的机遇与挑战。在发展趋势方面，智慧图书馆将更加注重技术创新与应用，推动采编工作的数字化转型。例如，通过引入自动化、智能化的采编系统，图书馆能够大幅提高采编效率，减少人力成本。同时，随着物联网、大数据等技术的不断发展，图书馆还能够实现对读者需求的精准分析，为读者提供更加个性化的服务。智慧图书馆时代的公共图书馆采编工作将更加注重与读者的互动与沟通。图书馆将利用社交媒体、移动应用等平台，与读者建立更加紧密地联系，及时了解读者的需求和反馈。同时，图书馆还将通过数据分析、用户画像等手段，深入挖掘读者的阅读兴趣和偏好，为读者推荐更加精准、个性化的图书资源。智慧图书馆时代的公共图书馆采编工作还将更加注重与其他文化机构的合作与共享。通过与其他图书馆、博物馆、档案馆等机构的合作，图书馆能够丰富自身的馆藏资源，提高服务质量。同时，通过共享资源和技术，图书馆还能够降低运营成本，提高运营效率。

展望未来，智慧图书馆时代的公共图书馆采编工作将呈现出以下几个发展趋势：一是数字化、网络化、智能化将成为主流；二是读者需求将更加多元化、个性化；三是图书馆与其他文化机构的合作将更加紧密、深入。面对这些发展趋势，图书馆需要不断创新思路和方法，加强技术创新与应用，提升读者服务质量与体验，加强信息安全与隐私保护，加强人才培养与队伍建设，以推动图书馆事业的持续发展。

5.2 创新发展路径与策略思考

在智慧图书馆时代，公共图书馆的采编工作面临着前所未有的机遇与挑战。为了抓住这些机遇并应对挑战，创新发展路径与策略思考显得尤为重要。图书馆需要积极拥抱技术创新，利用大数据、人工智能等先进技术优化采编流程，提高工作效率。例如，通过引入自动化采编系统，图书馆可以实现图书信息的快速录入和分类，减少人工操作，提高准确性。此外，图书馆还可以利用用户行为数据，分析读者的阅读偏好和需求，为采编工作提供数据支持。

在创新发展路径上，图书馆可以借鉴其他行业的成功经验，如电商平台的个性化推荐算法，为读者提供更加精准的图书推荐服务。同时，图书馆还可以开展跨界合作，与其他文化机构、教育机构等建立合作关系，共同开发优质资源，丰富馆藏内容。此外，图书馆还可以通过开展线上线下活动，吸引更多读者参与，提高图书馆的知名度和影响力。图书馆需要注重人才培养和队伍建设。通过定期培训和交流学习，提高采编人员的专业素质和技能水平，使他们能够适应智慧图书馆时代的发展需求。同时，图书馆还需要建立完善的人才激励机制，吸引更多优秀人才加入采编队伍，为图书馆的创新发展提供有力保障。

5.3 推动图书馆事业持续发展的思考与建议

在推动图书馆事业持续发展的道路上，我们需要深入思考并采取切实有效的建议。首先，图书馆应充分利用智慧图书馆时代的机遇，加强技术创新与应用。例如，通过引入先进的自动化设备和智能化管理系统，提高采编工作的效率和质量。据统计，采用自动化采编系统的图书馆，其新书到馆上架时间缩短了约 30%，这大大提升了图书馆的服务效率。此外，图书馆还应积极探索新技术，如人工智能、大数据等，以提供更加个性化、精准的服务。推动图书馆事业持续发展需要我们深入思考并采取切实有效的建议。通过加强技术创新与应用、提升读者服务质量与体验、加强信息安全与隐私保护以及加强人才培养与队伍建设等多方面的努力，我们相信图书馆事业将在新时代焕发出更加蓬勃的生机与活力。

参考文献

[1] 赵克楠 . 公共图书馆采编业务流程优化策略研究 [J]. 中文信息 ,2018(012).

[2] 阿孜古丽 , 阿西木 . 新时代公共图书馆采编工作的变化与对策 [J]. 中国航班 ,2019(16).

[3] 芦艺芹 . 公共图书馆采编业务发展的现实问题及优化路径 [J]. 山西财经大学学报 ,2018(S2).

智慧图书馆背景下采编工作研究与发展

曹琼（岳阳市岳阳楼区图书馆）

摘要：随着智慧图书馆时代的来临，公共图书馆采编工作正面临着前所未有的机遇与挑战。一方面，新技术的应用为图书馆采编工作提供了更多可能性，另一方面，也要求图书馆员不断更新知识结构，适应新的工作需求。本文旨在探讨智慧图书馆时代公共图书馆采编工作的机遇与挑战，并提出相应的应对策略。

1 引言

科技的迅速进步正在引领图书馆行业经历一场由传统模式向智慧化转型的深刻变革。在这个智慧图书馆的时代浪潮中，前沿科技如大数据、云计算、物联网和人工智能等已在图书馆的多个业务领域得到广泛应用，为图书馆的发展注入了强大的创新力量与变革动力。智慧图书馆将为图书馆界注入新的活力，带来新的愿景和新的希冀，也将为读者带来新的体验和新的收获，并有助于构建体现公益性、基本性、均等性和便利性的公共文化服务体系。公共图书馆的采编工作，作为图书馆业务的重要组成部分，亦处于前所未有的发展机遇与严峻挑战的交汇点。为了更好地把握这些机遇，并有效应对挑战，我们有必要对当前的发展形势进行深入细致地分析，并持以审慎的态度进行思考。

2 智慧图书馆时代公共图书馆采编工作的机遇

2.1 丰富多样的数据资源

在智慧图书馆的时代背景下，图书馆运用数字化和网络化的先进技术，成功实现了海量信息资源的集中存储与共享。这为图书馆的采编工作提供了丰富多样的数据资源，使图书馆能够广泛获取各类文献、数据、图片、视频等多媒体资源。这种丰富多样的馆藏资源不仅满足了读者日益多元化的需求，更为图书馆的采编工作拓展了更为广阔的舞台。

2.2 先进的信息技术手段

电子信息技术广泛应用，推动了公共图书馆采编工作方式的进一步创新，可以采编更多的电子图书资料、视频资料，从而使图书采编工作更加全面化和多元化。智慧图书馆积极运用大数据分析、数据挖掘以及自然语言处理等前沿信息技术手段，显著优化了采编工作流程。这些高科技工具为采编人员提供了坚实的技术支持，助力他们以更高效率对文献资源进行有序整理、精确分析和充分利用。特别是借助大数据分析，采编团队能够深入洞察读者的阅读偏好和需求，从而实施更为精准的文献资源采购与整理策略。这些先进技术的应用不仅大幅提升了工作效率，更在保障工作质量方面发挥了关键作用。

2.3 精准把握读者需求

在智慧图书馆的时代背景下，图书馆借助智能化的推荐系统以及用户画像分析等先进技术，能够精确掌握读者的阅读偏好和需求。通过网络技术，人们在线上就可以进行查阅，提升了公共图书馆的服务水平，让借阅者感觉更加便捷。这为图书馆的采编工作提供了明确且精确的指导，使图书馆能够有针对性地采购和整理资源，为读者提供更加个性化和贴心的服务。这种精准的服务模式不仅显著提升了读者的满意度，同时也进一步增强了图书馆在社会中的影响力。

2.4 协同化的工作模式

在智慧图书馆的时代背景下，图书馆与各类机构之间的合作日益密切，共同构建了协同化的工作模式。这种工作模式极大地拓展了采编工作的发展空间。图书馆通过与其他机构的合作，可以实现资源的共享和相互学习，进一步优化资源配置和提高利用效率。此外，协同化的工作模式还有助于加强图书馆与读者之间的互动和沟通，使图书馆的服务更加贴近读者的实际需求。这种合作模式不仅提高了图书馆的工作效率，而且为图书馆的可持续发展注入了新的动力。

2.5 不断创新的服务模式

在智慧图书馆的时代背景下，图书馆服务模式的持续创新显得尤为关键。为了满足读者日益多样化的需求，图书馆必须提供更为个性化和多元化的服务。这为采编工作带来了前所未有的挑战，同时也孕育着巨大的机遇。面对这一变革，采编人员应积极寻求新的服务路径，如线上活动的策划与实施、个性化阅读推荐的定制以及阅读指导的深化等，从而精准对接读者的需求变化。

图书馆的采编工作必须与位置服务和网络服务进一步地结合，通过收集对象的多样化整理收集的资料，向公共提供专业的服务。以提升工作效率和服务质量，进而为读者提供更加精致和高效的服务体验。这种对服务模式的持续创新，不仅显著提升了图书馆的整体服务水平，也极大地增强了图书馆在信息服务领域的竞争力，为图书馆的未来发展奠定了坚实的基础。

3 智慧图书馆时代公共图书馆采编工作的挑战

科技的持续进步使得智慧图书馆在现代图书馆体系中占据了重要地位。然而，随着这一变革的到来，公共图书馆在采编工作中遭遇了一系列挑战。本文旨在从技术革新与人才供给不足、数据质量的不稳定与信息安全风险、版权保护与知识产权的冲突、用户需求的多样化与服务创新的需求，以及跨界合作与资源整合的复杂性等多个维度，全面分析智慧图书馆时代公共图书馆采编工作所面临的挑战，并寻求有效的应对策略。

3.1 技术更新与人才短缺

采编人员的综合素质是图书馆采编工作所面临的重要问题，高素质的采编人员有利于图书馆工作效率的提高，随着信息技术的发展和公共图书馆的进步，对于采编工作人员有着更高的要求，其中，综合素质属于工作人员的重要衡量标准，随着经济和科技的发展，图书馆的采编工作与传统的工作内容发生了一定的转变。智慧图书馆运用了大数据分析、云计算、人工智能等尖端科技，显著提升了服务效率与便捷性。然而，这些技术的引入对采编人员提出了更高的要求。采编人员不仅需要拥有坚实的图书馆学基础，还需掌握与之相关的技术技能。但现实中，不少图书馆在人才培育和技术更新方面存在短板，导致采编人员难以跟上智慧图书馆的发展步伐。因此，图书馆应加大对采编人员的培训力度，提升他们的技术水平和应用能力，以满足智慧图书馆的发展需求。

3.2 数据质量参差不齐与信息安全风险

在智慧图书馆时代，图书馆的数据来源呈现出更加多样化和复杂化的特点，涵盖了纸质图书、电子图书、网络资源等多个方面。由于这些数据来源各异，其质量也存在较大的差异，这无疑给图书馆的采编工作带来了一定的挑战。

与此同时，随着信息化程度的不断提升，信息安全问题也愈发凸显。为了应对这一挑战，图书馆必须建立完善的数据质量管理和信息安全体系，以确保数据的准确性和安全性。具体而言，可以通过制定数据质量评估标准、加强数据审核和清洗等措施来提升数据质量；同时，通过加强信息安全防护、建立应急响应机制等手段来保障信息安全。通过这些措施的实施，图书馆可以更好地应对智慧图书馆时代带来的挑战，为读者提供更加优质、安全的服务。

3.3 版权保护与知识产权的挑战

在数字化和网络化日益盛行的时代背景下，版权保护与知识产权问题已变得尤为紧迫。图书馆作为重要的信息集散地，必须积极与版权方、作者等利益攸关方展开深入沟通与协作，致力于构建全面而高效的版权保护与知识产权管理体系。具体而言，可以通过缔结授权协议、加大版权宣传与教育力度等手段，切实维护版权与知识产权的合法权益；同时，借助先进技术手段，加强对数字化资源的版权保护，严防侵权行为的发生，从而确保图书馆在提供优质服务的同时，也充分尊重并保护知识产权。

3.4 用户需求多样性与服务创新

随着社会进步的步伐不断加快，用户需求亦呈现出日益多样化和个性化的特点。传统的采编工作模式已难以适应现代用户日益增长的需求。因此，图书馆亟需不断创新服务模式，以满足用户对于更加个性化和多样化服务的需求。例如，图书馆可以利用数据分析工具深入挖掘用户的需求和兴趣，为用户推荐更加精准的图书资源；同时，通过社交媒体等平台与用户保持密切互动，倾听用户的反馈和建议，持续优化服务质量。此外，图书馆还可以积极开展用户调研工作，建立用户画像，以更深入地了解用户需求，提供更加精准的服务。这些举措将有助于图书馆在现代社会中发挥更大的作用，满足用户不断增长和变化的需求。

3.5 跨界合作与资源整合

在智慧图书馆的新时代背景下，图书馆应积极寻求与其他领域的跨界合作，充分整合各类资源，以提供更加全面且深入的服务。具体来说，图书馆可以与高校、科研机构等学术单位携手合作，共同推进学术研究、文化传承等重要项目；此外，亦可以与企业界建立紧密的合作关系，引入丰富的商业资源，旨在为用户提供更加高效与便捷的服务体验。同时，图书馆亦需加强与其他类型图书馆间的交流合作，以形成资源共享、互利共赢的局面。通过这些跨界合作与资源整合的策略，图书馆不仅能够拓展其服务领域，还能显著提高服务质量，从而更好地满足用户多样化的需求。

4 应对策略与建议

随着智慧图书馆时代的到来，图书馆正面临着前所未有的挑战与机遇。为了有效应对这些挑战并把握机遇，我们提出以下应对策略与建议：

4.1 加强人才培养和技术更新

公共图书馆建设与发展依赖采编工作人员，编目工作在实践中至关重要，专业性强，规则变化时需组织学习。但多数公共图书馆未明确其重要性，未引导工作人员主动学习和培训，导致部分工作人员难以胜任，整体能力参差不齐。现在进入智慧图书馆时代，对采编人员的技能要求愈加精细和严格。为确保图书馆能够高效应对这一挑战，制定全面的培训计划显得尤为必要。该计划应涵盖信息素养、数据分析、人工智能等前沿技术领域，旨在提升采编人员的专业能力和技术运用水平。同时，积极引进具备相关专业背景和技能的优秀人才，将为图书馆的智慧化转型提供坚实的人才支撑。此外，图书馆还应与高校、研究机构等建立紧密的合作关系，共同研发和推广新技术，以推动智慧图书馆的不断发展和进步。

4.2 完善数据质量管理和信息安全体系

在处理海量数据时，智慧图书馆需对数据的质量与安全给予高度重视。为确保数据的精确性、完整性与安全性，图书馆需构建健全的数据质量管理体系及信息安全机制。通过制定详尽的数据采集、整理、存储与使用标准，并结合先进的数据加密与访问控制技术，图书馆能够显著降低信息安全风险，有效保障用户隐私与数据安全。

4.3 强化版权保护和知识产权管理

在智慧图书馆的新时代背景下，数字化资源的版权保护与知识产权管理显得尤为关键。图书馆人员要学习并建立知识产权相关知识体系，并提升知识产权保护意识，从图书馆立项开始就需要深入研究即将实施的智慧图书馆建设是否涉及相关知识产权问题，是否有可能产生对图书馆创新、创造有利的无形资产，从而指导合同的签署和相关招投标条款的制定。图书馆需积极与版权所有者、作者等相关利益方加强沟通与协作，确保建立健全的版权与知识产权管理体系。通过确立清晰、合理的版权保护政策与使用协议，我们旨在明确界定各方的权益与责任，以有效预防和遏制潜在的侵权行为。此外，借助水印技术、数字签名等高科技手段，我们将进一步强化对数字化资源的版权保障，同时提升广大读者对版权保护与知识产权重要性的认识。

4.4 优化服务模式和提升用户体验

智慧图书馆应以用户需求为核心，通过持续创新服务模式，提升用户的使用体验。要建立起以读者的需要为主要工作方向的采编观念，与读者之间进行有效的沟通互动，从而掌握不同年龄段对于不同书籍的阅读需要，图书馆可以建立起自己的网站或者网络平台来加强与读者之间的交流，通过读者留言与其意向进行资源的补充和扩展。借助智能化技术，例如智能推荐与智能问答等，图书馆可以为用户提供更加个性化与智能化的服务。同时，深入进行用户调研，精准分析用户需求，充分理解用户的真实意愿与反馈，持续优化服务内容与方式。此外，图书馆亦应积极与各类文化机构、社区等建立合作关系，开展丰富多彩的文化活动与阅读推广，以吸引更多用户的参与，进而提升图书馆的使用率与影响力。

4.5 推动跨界合作与创新发展

智慧图书馆，作为智慧城市建设不可或缺的一环，应积极探索与其他领域的跨界合作与创新发展之路。图书馆可主动与高校、科研机构及企业等建立稳固的合作关系，共同致力于智慧图书馆的技术研发和应用创新,以期推动该领域的持续发展。同时,图书馆还需加强与政府部门、文化机构等的沟通协作，积极争取政策支持和资源投入，为智慧图书馆的建设与发展提供有力保障。通过跨界合作与创新发展，智慧图书馆将在智慧城市建设中扮演更加重要的角色，为社会进步作出更为突出的贡献。

5 结论

随着智慧图书馆时代的到来，公共图书馆的采编工作迎来了前所未有的机遇与挑战。图书馆应深刻认识到，要牢牢把握这些机遇，积极应对挑战，方能在知识服务领域保持领先地位。为实现这一目标，图书馆应制定并实施一系列创新与发展策略，以推动采编工作的持续进步。

5.1 人才是推动创新的关键

图书馆必须加大对采编人员的教育和培训力度，以确保他们具备相应的专业素质和技术能力，从而能够熟练掌握智慧图书馆时代的尖端技术和管理策略。此外，图书馆亦需积极吸纳具有创新思维和实践经验的专业人才，以之为采编工作注入新的生机与活力。

5.2 数据质量管理和信息安全是图书馆智慧化转型的基础

图书馆必须构建一个健全的数据质量管理体系，以保障信息资源的精确性、全面性和时效性。此体系不仅深刻影响图书馆的自我进化，而且直接关系到读者获取和利用信息的效率与质量。一个成熟的数据质量管理机制能够显著提升图书馆的竞争力，更好地满足读者的需求，并进一步提高读者的满意度。为了达成这一目标，图书馆需要确立严格的标准和规范，加强信息的审核和质量控制，建立迅速响应的机制，并积极与读者保持沟通。综上所述，数据质量管理对图书馆具有举足轻重的意义，必须持续进行优化以满足读者不断变化的需求。

5.3 加强信息安全体系建设

在数字化时代，信息安全的重要性日益凸显，必须采取切实有效的技术手段和管理措施来防范潜在风险。其中，加密技术是保障信息机密性的重要手段，使用强密码并定期更换是确保加密效果的关键。此外，防火墙和入侵检测系统的部署能够实时监控网络流量，及时发现安全威胁，从而迅速做出响应。

为了全面提升信息安全水平，建立科学完善的信息安全政策和流程至关重要。这些政策和流程应明确信息处理和管理的具体要求，确保全体员工严格遵守。同时，定期开展信息安全培训和意识提升活动，有助于增强员工的安全意识和应对能力。

在此基础上，定期进行风险评估和审计也是必不可少的环节。通过风险评估，可以发现潜在的安全漏洞和风险点，进而制定针对性地防护措施。而审计则能够确保各项安全措施得到有效执行，及时发现并修复存在的安全隐患。

综上所述，通过综合运用多种手段，我们能够确保个人隐私和知识产权在数字化时代得到充分保护。同时，持续加强信息安全保护工作至关重要，我们将不断努力提升信息安全水平，确保信息得到充分保护。

5.4 注重版权保护和知识产权管理

图书馆在数字化浪潮中的重要性愈发显著，为保持信息生态的平衡与繁荣，图书馆与版权方、出版商和学术机构间的协同合作显得尤为关键。通过定期的沟通与建立稳固的伙伴关系，图书馆能够掌握行业最新动态，进而提供针对性的精准服务。同时，构建全面且有效的知识产权管理体系，涵盖周密的采编流程、详尽的版权信息数据库以及员工培训机制，是防止侵权行为发生的基石。图书馆还需对数字化资源实施严格的版权管理，确保其合法性及安全性。此外，作为知识与信息的汇聚之地，图书馆在推动知识创新和文化传承方面扮演着举足轻重的角色。通过推广阅读活动和文化交流，图书馆丰富了公众的精神生活，并为社会文化的进步和知识创新提供了有力支撑。综上所述，图书馆在维护信息生态环境中占据核心地位，通过协同合作、精细管理和坚实保障，为读者提供卓越服务，引领文化繁荣与进步。在智慧化转型的征途上，图书馆应敏锐把握机遇，积极应对挑战。通过加强人才培养、完善数据质量管理和信息安全体系、强化版权保护和知识产权管理等措施，推动采编工作的创新与发展。唯有如此，图书馆方能在知识服务领域保持领先地位，为读者提供更为优质、高效的服务。

6 展望

随着科技和信息社会的不断发展，智慧图书馆时代的采编工作将面临前所未有的机遇和挑战。作为知识传播和信息服务的核心机构，图书馆需要持续创新工作模式以满足读者多元化需求。未来，图书馆将深化与各类信息机构、出版商和学术机构的合作，共同推进采编工作的标准化、规范化和智能化。引入先进技术如自然语言处理、大数据分析和人工智能等，将显著提高采编工作的效率和质量，实现信息资源的快速获取、精准整理和传播，并满足读者的个性化需求。同时，图书馆需关注新兴信息形态如电子书、电子期刊、数字音视频等，并调整和优化采编工作流程。在智慧化转型中，图书馆应重视版权保护和知识产权管理，加强与相关机构的合作，确保维护良好的信息生态环境。综上所述，智慧图书馆时代的采编工作既有机遇也有挑战，图书馆应积极应对变革，提升创新能力和服务水平，为构建知识共享、智慧互联的未来社会贡献力量。通过加强人才培养、完善数据质量管理和信息安全体系、强化版权保护和知识产权管理等措施，图书馆将迎来更加辉煌的未来。

参考文献

[1] 王世伟 . 未来图书馆的新模式——智慧图书馆 [J]. 图书馆建设 ,2011,(12).

[2] 陈莹 . 网络环境下公共图书馆采编工作现状和发展趋势 [J]. 兰台世界 ,2022(07).

[3] 孟素芹 . 新时代公共图书馆采编工作中应用网络技术的研究 [J]. 兰台内外 ,2022(25).

[4] 郭状 . 网络环境下公共图书馆采编工作的现状和发展 [J]. 今古文创 ,2020(39).

[5] 高娃 . 论公共图书馆采编工作中遇到的问题及对策 [J]. 新闻传播 ,2021(01).

[6] 朱艳梅 . 网络环境下公共图书馆采编工作的现状和发展趋势分析 [J]. 科技视界 ,2019(11).

[7] 王宁 , 李阳华 . 探索知识产权在智慧图书馆建设中的作用 [J]. 科技与创新 ,2023(S1).

[8] 贺艳霞 . 探究公共图书馆采编工作中遇到的问题及对策 [J]. 办公室业务 ,2020,(23).

湘西州图书馆地方文献收藏保护与价值研究

康朝晖　王雪（湘西土家族苗族自治州图书馆）

摘要：文章介绍了湘西州图书馆地方文献的收藏现状，简要阐述了地方文献的地理特殊性和民族多样性，并分析了目前所藏地方文献的保护情况和其中存在的问题，同时结合现实情况，提出了地方文献收藏保护的优化策略，还着重探究了湘西州图书馆地方文献资源的历史传承价值、文化繁荣价值和社会效益价值，以期促进湘西州公共图书馆地方文献资源整理保护工作的开展和多方面价值的研究。

1 引言

地方文献是指图书馆收藏的有关描述某一特定地区及其居民等相关情况的图书，以及图书外的其他印刷品、地图、图画、照片和其他资料等。地方文献记录了特定地区的历史、文化、地理、语言、民俗、政治和经济发展的重要信息。这些文献是后人了解当地过去的重要线索，有助于人们熟悉本土的社会生态演变。公共图书馆是面向社会公众免费开放，收集、整理、保存文献信息并提供查询、借阅及相关服务，开展社会教育的公共文化设施。故而，公共图书馆有收集、整理和保护地方文献的天然职责，旨在为本地保存史料、传承文化、赓续文明。在新时代的今天，公共图书馆更要重视地方文献工作，做到丰富藏量，积极保护，充分利用，让地方文献“亮”出来、“活”起来、“传”下去。

2 湘西州图书馆地方文献收藏保护情况概述

2.1 湘西州图书馆地方文献收藏保护现状

湘西州图书馆自1956年创建以来就十分重视地方文献的收集、整理和保护工作，不仅开设了专门用于收藏保存地方文献的阅览室，而且安排了工作人员做专职工作。工作人员每年都会到湘西州各县市收集资料文献，以扩充丰富地方文献的藏量，加强对地方文献的保护。湘西州图书馆还设立了《古籍地方文献查阅制度》《古籍地方文献部工作职责》，为地方文献工作提供相应的制度保障，既方便读者咨询查阅，也便于工作人员整理保护文献。

据调查，湘西州图书馆地方文献阅览室现有面积约400平方米，室内有2面书架墙，6排书柜，4台玻璃展示柜，直观朴实地摆放着富有湘西民族地区特色的地方文献。湘西州图书馆地方文献数量大，种类多，包括地方志类《乾州厅志》（乾隆四年刻本，四卷，杨辅臣修）、《辰州府志》（乾隆三十年刻本，十二卷，席绍葆纂辑）、《凤凰厅续志》（光绪十八年刻本，十六卷，候晟、耿维中修，黄河清纂）、《保靖县交通志》等，这些地方志中包含典礼、学校、山川、屯防、选举、人物、交通志等各方面内容，充分翔实，为了解当地历史文化提供了便利。家谱族谱类有《龙氏族谱》《赵氏族谱》《石姓族谱》《江夏堂黄姓族谱》等，为了解当地姓氏源流演变和人口迁移发展提供了线索。医药类有《民族医药调查资料汇编》《湘西苗药汇编》《苗药便方谣》等。语言类有《土家语课本》《土家语言与文化》《苗语汉语的不同特点及其教学》《苗语东部方言土语比较》《保靖民间语言》等。音乐类有《中国湘西民俗旅游音乐选集》《土家族挤钹牌子》《土家族摆手歌舞》《沅歌澧曲》等。历史类有《苗族通史》《苗族历史与文化》《土家族百年实录》《湘西文史资料》等。

此外，湘西州图书馆还藏有黄永玉、毛光辉、吴正义等湘西籍本土画家的作品，也有《湘西州年鉴》《吉首年鉴》《中国共产党龙山县组织史》等党政文献，还有《湘西苗族建筑文化》《湘西土家族苗族自治州森林分布图册》《山羊养殖技术》《湘西名优特产集锦》《湖南少数民族图案集》等各类文献资料，还保存有“湖南龙山县洛塔公社人民战天斗地”“湘西土家族苗族自治州第五届人民代表大会第一次会议”“庆祝湘西土家族苗族自治州成立二十周年”等老照片。

2.2 湘西州图书馆地方文献的地理特殊性和民族多样性

湘西州位于武陵腹地，地处湖南省西北部，是湖南省的“西北门户”，与贵州、湖北、重庆三省市接壤，素为“湘、鄂、渝、黔咽喉”之地。此地多山地丘陵，独特的地理环境孕育了别样的历史文化。湘西州图书馆所藏的《湘西苗族调查报告》详细记载了湘西苗族同胞生存的地理环境，《湘西风土志》介绍了湘西的山川地貌和河流水系，《苗防备览》中舆图卷、村寨卷、险要卷和道路卷都说明了湘西的地理环境特点。此外，《苗疆屯防实录》《湖南苗防屯政考》《楚黔防苗》等资料，都鲜明地反映了该地的地理环境和特征。

湘西州是湖南省唯一的少数民族自治州，这里是苗族、土家族、侗族等 43 个民族的聚居地，其中以苗族和土家族两个少数民族为主。历代以来，多民族在这里繁衍生息，社会得到丰富发展，产生的文化也在此地生生不息。湘西州图书馆有不少地方文献记载了苗族和土家族的历史源流、民风民俗、文化遗产等相关内容，例如《苗族数纱》记载的是苗族数纱艺术的历史渊源、文化内涵、艺术特征等，《土家织锦》介绍了土家织锦的历史、特点和精神等，《盘瓠与辛女》刊印了泸溪非物质文化遗产踏虎凿花的独具一格的图案，《土司制度与彭氏土司历史文献资料辑录》《金石铭文中的历史记忆：永顺土司历史地位研究》《溪州老司城》等资料整理研究了永顺土司王朝历史。

由此可见，湘西州图书馆馆藏地方文献从人文、历史、地理、经济、政治、旅游、医药、语言等不同方面强烈地反映了湘西州的地理特殊性和民族多样性。

3 湘西州图书馆地方文献收藏保护现实问题

3.1 应用资金不足

据调查，湘西州图书馆比较缺乏收集保护地方文献的专项资金。一方面是由于湘西州财政收入情况本就不理想，在全省 GDP 排名长期倒数，政府即使想保护和发展地方文化，也是心有余而力不足。二是因为湘西州图书馆是一类公益文化事业性质单位，无法进行立竿见影的经济创收，政府在财政倾斜上有所考虑也是可以理解的。政府财政资金短缺，加上倾向性不够，导致湘西州图书馆地方文献工作面临着资金严重不足的问题，地方文献工作难以取得较大的进展。

3.2 专业人员不够

湘西州图书馆虽然设有地方文献专职岗位，但岗位数量少，目前只有两名在职人员，其中一名颇有经验的同志，还由于工作调动原因暂时离岗。新进人员尚处于对地方文献工作的梳理过程中，不能独当一面，无法独自承担收集文献的重任。湘西州图书馆地方文献收藏较为庞大，人手不够导致文献整理、分类、保护工作的进展缓慢。地方文献的保护需要工作人员具备专业知识和技能，包括文献修复、鉴定、数字化等方面。工作人员缺乏相关专业知识和技能，将无法有效地进行文献保护工作。地方文献的保护需要科学的管理和规范的操作流程。如果工作人员缺乏科学管理意识和规范操作能力，可能导致文献的保护措施不到位，容易出现损坏、遗失等问题。

3.3 保护措施不力

湘西州图书馆每年都会到各县市收集地方文献，也会接收不少文献捐赠。由于资金不足、人员不够、精力有限，湘西州图书馆多是通过向县市图书馆征集的方式获取资源，这限制了文献收集的时间、地点和内容，不能获得一手资料。湘西土家族和苗族都有自己的民族语言，但没有民族文字，很多文化艺术都靠口口相传的形式流传至今，由于没有专业人员到各县市去寻找和记录口传文献，导致宝贵的文化信息悄然遗失在历史的进程中。此外，湘西州图书馆对收集到的地方文献，仅仅采取录入图书查询系统，摆放至书架的处理方式，这只起到了简单收藏保存的作用，并没有过多关注内容的价值。最后，湘西州图书馆地方文献并没有进行数字化处理，不仅无法做到对文献的积极保护利用，也没能为读者提供应有的便利。

4 湘西州图书馆地方文献收藏保护优化策略

4.1 争取专项资金

我们面对地方文献工作资金不足的问题，不能只靠着政府的财政拨款而坐以待毙，应主动争取资金，为更好地开展地方文献工作提供经济基础。一方面，我们需要积极向文旅广电局等上级部门如实反映，也可以学习泸溪县图书馆争取如株洲等市的对口支援项目，将争取到的资金用于购买保护文献的硬件设备和收集整理口传文献资料等地方文献工作；另一方面，湘西州图书馆地方文献藏量丰富，种类齐全，针对其中拥有较高价值的部分，例如苗药、地方志、传统文化、非遗等可以申请项目课题，以课题的形式争取专项资金，既起到了保护地方文献的作用，又能充分挖掘其中的价值。

4.2 丰富人才队伍

针对地方文献阅览室目前只有一名工作人员在岗的问题，首先，工作人员应尽快熟悉规章制度和工作流程，了解清楚所藏文献种类数量，便于为前来查询资料的读者提供帮助。工作人员不仅要坚持学习图书馆相关业务知识，更要花时间精力掌握湘西地方文献的特色，思考如何做好地方文献工作。同时，湘西州图书馆要鼓励工作人员外出学习，加强与凤凰县图书馆、泸溪县图书馆、长沙县图书馆等兄弟馆之间的交流，积极参加省级或国家级理论知识、业务知识培训，提升工作人员的能力，培养专业的地方文献人才。当然，在条件允许的情况下，招考中国少数民族语言文学、古典文献学等专业的人员将更有利于开展地方文献工作。

4.3 加大保护力度

我们应从多方面、多维度思考地方文献工作。一是拓宽收集渠道，让地方文献“走”进来。收集地方文献是图书馆的本职工作，工作人员要对湘西本土作家新出版的作品、政府机构发行的公开文件、编纂的工作年鉴等予以关注，及时收集保存。工作人员还应深入基层，到社区、村寨走访调查，收集整理有价值的家谱族谱和口传文献。再有，可通过微信公众号、小红书、抖音等新媒体平台，发布征集地方文献信息，鼓励社会人士向图书馆捐赠资源，让社会集体参与到地方文献工作。二是开展主题活动，让地方文献“走”出去。图书馆对地方文献进行收集保护利用，归根结底是为人民群众服务。我们应面向广大民众，积极开展地方文献主题活动，如图书照片展览、知识讲座等，让人们了解地方文献的基本情况和价值，调动全民参与地方文献工作的积极性。三是地方文献数字化，让地方文献“活”起来。在数据化新时代的大环境中，地方文献数字化是必然趋势，既有效保存了地方文献内容，也能实现资源的最大共享，真正让地方文献不再尘封，达到“活”起来的目的。

5 湘西州图书馆地方文献价值研究

5.1 历史传承价值

湘西州图书馆地方文献有着深厚的历史传承价值。首先，这些文献记录了湘西州地区丰富多彩的历史，包括文化、社会、经济等方面的信息。通过研究这些文献，我们可以深入了解湘西州的发展轨迹，探讨其独特的文化传统和地方特色。从《楚俗研究》《湘西原始宗教艺术研究》记载的原始宗教信仰，到《喊礼——湘西神秘婚丧礼俗考察记》《湘西民俗文化》《湘西傩文化之谜》记载的关于湘西婚丧嫁娶、祭祀祖先、庆祝节日和傩巫文化的民俗风俗，都反映了湘西历史的精彩丰富。地方文献是湘西州历史记忆的载体，记录了过去的风云变幻、人物传奇，以及地方社会的演变。这对于后人了解先辈的生活经历、艰辛奋斗具有重要意义。通过研究地方文献，可以唤起人们对家乡历史的认同感和归属感。此外，湘西州图书馆地方文献还有助于保护和传承本地的文化遗产。这些文献记录了传统的习俗、语言、艺术等方面的信息，有助于维护和传承地方独有的文化元素，促进文化的多样性和丰富性。

5.2 文化繁荣价值

湘西州图书馆所收藏的地方文献对于文化的繁荣具有重要的价值。首先，这些文献记录了湘西州丰富多彩的文化传统，包括民间故事、传统习俗、宗教信仰等。例如《溪州铜柱铭文》《湘西溪州铜柱与土家族历史源流》《百苗图疏证》《苗族舞蹈》等都有助于保护和传承本地的独特文化，使其在当今社会得以继续传播和发展。其次，地方文献可以成为文化创意产业的重要资源。通过挖掘这些文献中的素材，人们可以创作出具有地方特色的文学作品、艺术品等，推动文化创意产业的繁荣发展。例如，湘西山谷居民文化传播公司、摇滚乐队素乐团等所创作的作品都受到湘西本土文化的滋养。这不仅有利于地方经济的增长，还能够为当地居民提供更多的文化娱乐选择。

此外，湘西州图书馆还存有与其他地区的交往与互动，有助于促进文化交流与对话，为不同文化之间的交流搭建桥梁。不仅有《韶山市政协十周年》《郴县文史资料》，甚至还有《泸州文史资料选辑》，通过分享和传播这些文献，可以促进文化的多元共存，推动文化的跨界融合。

5.3 社会效益价值

湘西州图书馆地方文献也有显著的社会效益价值，集中体现在乡村振兴、文旅融合、经济发展三个方面。

就乡村振兴而言，地方文献中蕴含的大量历史文化知识和乡土文化元素，可为乡村振兴尤其是文化振兴工作提供丰富的素材。通过将地方文献引入乡村振兴范围，可以增强乡村居民的乡土认同感和文化素养，培养他们对家乡历史和文化的热爱和尊重。

就文旅融合而言，地方文献在乡村振兴和文旅融合中发挥着重要的桥梁作用。一方面，地方文献可以为乡村旅游提供独特的历史文化资源，丰富旅游内容，提升乡村旅游的品质和吸引力；另一方面，乡村旅游的发展也为地方文献的传承和保护提供了实践平台，促进地方文献与旅游的深度融合。

就经济发展来看，通过将地方文献融入乡村振兴和文旅融合中，可以促进当地社会经济的发展。一方面，地方文献为乡村旅游提供了独特的资源，推动了乡村旅游的发展，带动了当地经济的增长；另一方面，地方文献的保护和传承也需要大量的人力、物力和财力支持，创造了就业机会，促进了当地经济的发展。

6 结语

湘西州图书馆对于地方文献的收藏和保护，为保护和传承当地历史文化作出了重要的贡献。然而，仍存在一些问题和挑战，如资金不足、人才短缺等。未来需加大投入，提高收藏和保护工作的水平，确保地方文献的完整性和持续性。目前对于地方文献价值认识、开发和利用也存在不足，需要提高认识，拓展应用领域，充分挖掘潜在价值。

参考文献

[1] 郑燕．数字人文视域下图书馆地方特色文献资源价值挖掘研究 [J]. 河南图书馆学刊 ,2023(4).

[2] 宁阳．地方文献中优秀传统文化价值的挖掘与弘扬推广研究——以湖南图书馆为例 [J]. 高校图书馆工作 ,2022(4).

[3] 福慧 , 徐瓔．甘肃省博物馆藏古藏文文献的收藏、保护利用与价值研究 [J]. 天水师范学院学报 ,2023(3).

[4] 张净．传承吉林特色文化——论地方文献的保护与推广 [J]. 吉林省教育学院学报 ,2021(5).

[5] 汤建容．武陵山区地方文献的价值、内容及其保护研究 [J]. 黑龙江史志 , 2014 (13).

第四章

公共图书馆管理与建设

建设图书馆总分馆 提升公共文化服务效能

宁建平（攸县图书馆）

摘要：在全国高度重视公共文化服务效能建设、大力打造“全民阅读、书香中国”的背景下，攸县统筹农家书屋、村服务中心等建设项目，通过科学规划、应用数字技术、示范带动等举措，建成图书馆总分馆134个；同时，给予“菜单”式文化产品供给，规范管理，借助社会力量监督，使图书馆分馆的运营健康有序。图书馆分馆的建成，前移了文化阵地，让全民阅读氛围更浓、公共文化服务效能提升、人民幸福指数提高，有力地推动了新农村建设。

1 建设背景

党的十八大以来，党中央提出要加快推进文化惠民工程，推动公共文化服务设施向社会免费开放。习近平总书记指出，要大力繁荣发展文化事业，以基层特别是农村为重点，深入实施重点文化惠民工程，进一步提高公共文化服务能力，促进基本公共文化服务标准化、均等化。

湖南省文化和旅游厅为提升公共文化服务能力，加强了公共文化服务体系建设，出台了现代公共文化服务体系建设三年行动计划、高质量发展五年行动计划；开展了图书馆文化馆总分馆建设试点工作，着力推广全民阅读，大力建设“书香湖南”。

株洲市于2018年成功创建国家公共文化服务体系示范区后，提出要全面打造“15分钟公共文化服务圈”，在株洲市各县（区）全面铺开了图书馆文化馆总分馆、“门前三小”（小书屋、小广场、小讲堂）文化服务点建设，努力提升公共文化服务效能。

2 建设情况

在全国高度重视公共文化服务效能建设、大力打造“全民阅读、书香中国”的背景下，攸县通过统筹农家书屋、村服务中心等建设项目，创新公共阅读空间建设，通过争项，获得省文旅厅开展的图书馆总分馆试点县“名额”。经过四年探索和实践，攸县建成图书馆文化馆总分馆134个（其中示范性分馆16个），实现总分馆在乡镇文化站的全覆盖，总分馆占比全县行政村45%，基本形成覆盖县、乡、村、组的总分馆体系，有力保障了群众文化权益。目前，各分馆运营有序，效果良好。高桥图书馆分馆获“全国示范农家书屋”称号；新市镇丁家垅村图书馆分馆获“全省示范农家书屋”称号。2020年，湖南公共文旅云在“十三五”湖南公共文旅服务巡礼栏目中以《县级文化馆图书馆总分馆制建设篇——攸县试点建设》为题进行了专题报道。

3 主要做法

3.1 统筹安排，“建”而有序

建设总分馆，资金、技术、人力都是难题。在多方论证和调研实践后，我们认真“谋”划，分批推进，稳妥地解决了分馆“建”设难题。

1. 科学规划“建”。建设分馆时，与分馆建设所在地（行政村）签订《攸县图书馆总分馆建设合作协议书》，明确所在地责任。所在地（行政村）提供配套设施、运作经费、承担日常管理工作；图书馆提供电子图书借阅机、部分图书，统一布局、统一标识、统一分类编目。

2. 整合资源“建”。建设中，择优筛选区域位置好、群众文化氛围浓、场地宽敞的地方，指导他们盘活农家书屋、村综合服务中心、村老年活动中心、闲置的村小学校等资产，降低建设费用。在建设 130 个图书馆分馆中，采购图书、配置借还系统、添置设施设备总花费达 130 万元以上。为解决资金难题，图书馆采取盘活馆内资源“挤”一点、采购图书时“赊”一点、争取外力“支持”一点。如在建设过程中，争取省文旅厅安排总分馆专项资金 20 万元、争取北京韬奋文化发展公司捐赠图书 2 万余册，做到建设标准不减、建设进度不变。

3. 应用新技术“建”。在图书馆总分馆建设中，充分利用“互联网 +”，将大数据技术应用到总分馆的建设、服务和管理中，实现全县文献资源统一采购和配置，提升数字资源及智慧服务的一体化水平，实现智慧技术的下沉。通过与湖南超星文化公司联姻，建立统一借还系统，利用“互联网”连接总馆借还接口，使所有分馆实现通借通还。同时，为解决分馆文献资源缺乏问题，我们在部分分馆配置电子图书、电子阅报机、自助借阅机等。

4. 示范带动“建”。根据分馆建设的重视程度和利用率，我们筛选高桥、洞井、皇图岭、丁家垅等 6 个示范性分馆，对他们给予人、财、物方面强力支持，委派馆内骨干担任示范分馆馆长；采取“走出去”的方式，学习外地分馆建设经验，助推分馆高标准运作。如建设皇图岭分馆时，多次派人到醴陵市星海名筑分馆取经，学习其运营经验。同时，我们还利用分馆挂牌契机举行阅读推广活动，吸引当地群众来分馆借阅图书。如洞井分馆开业时，洞井居委会举行洞井社区群众文艺活动组织揭牌仪式，县有关部门、镇政府及社区 500 余人齐聚洞井社区广场。通过活动，吸引读者来分馆读书、看书、借书，也让读者感受图书馆分馆带来的便利，从而推动分馆建设进入“快车道”。

3.2“菜单”式供给，“用”之不竭

在图书馆总分馆运营使用中，我们坚持多样性、便利性的原则，创新文化产品供给方式，引领群众成为文化“主角”；激发了分馆活力，解决了分馆使用难题。

1. 服务多元化。公益“送”文化。为了将公共文化资源向农村农民延伸、向弱势群体和普通百姓倾斜，县图书馆会同新华书店，根据各分馆的阅读需要和动态考核结果，及时补充图书。到目前为止，各分馆平均藏书达到 4000 册，有的分馆藏书甚至达到了 10000 册。同时，各分馆在醒目位置公示免费开放项目、开放时间、联系方式。通过这些举措，确保了公共文化服务

的均等性、便利性，上门“种”文化。聘请图书骨干担任辅导员，前移培训阵地到各分馆和村组屋场。近三年来，举办培训班 40 多期，培训图书指导员 2000 余名，较好地提升了文化服务规范化、标准化水平。

2. 打造活动品牌。开展活动是激发分馆活力的重要手段，也是增强文化凝聚力、彰显文化影响力的有效途径。图书馆总馆利用“4·23 世界读书日”、“六一”儿童节、中秋节、国庆节、春节等节庆假日举办各种阅读推广活动；还联合文化馆、博物馆、业余体校及司法局等单位，深入各分馆开展送图书、送培训、送科普。同时，图书馆总馆根据各分馆借阅和活动情况，开展图书放“漂”活动，自 2012 年在攸县东北街小学启动图书漂流以来，已连续举办十二届“图书漂流”文化志愿服务活动，放“漂”图书 10 余万册。

3. 自我“做”文化。分馆建设时，我们要求各分馆选定德高望重、有能力、热心肠的志愿者担任图书管理员，要求分馆每年举办 2 期以上读者活动，并将分馆运行和管理纳入村（镇）年度考核范畴。通过这些措施，既培养了百姓的文化自觉和自信，又延伸了文化服务和文化管理手臂，实现了从“办”图书向“管”图书的华丽转身。

3.3 多“方”并举，“管”之有度

分馆建成后，“管”理非常关键。为此，我们一方面发挥地方优势，因地制宜解决管护的经费问题；一方面建章立制，借助社会力量进行监督，较好地解决了分馆“管”理难题。

1. 开展图书志愿服务。一方面招募图书志愿者。通过发布招募令、建立志愿者数据库，确保了图书服务能力。如高桥图书馆分馆，筛选一批热心文化事业、高度负责的人员担任图书管理志愿者，志愿者还进行排班管理，保证了分馆生命力。一方面由学生担任志愿者。图书馆温馨的环境，吸引了许多爱读书的学生参与志愿服务，图书馆及其分馆成了学生们参与社会的实践基地。寒暑假、双休日，图书志愿者服务较好地解决了分馆人员紧张的局面。

2. 建立长效管理机制。各地利用自身优势，因地制宜解决图书馆分馆的活动费用和管护问题。如洞井、丁家垅分馆由村委会安排人员负责日常管理；网岭镇分馆则通过转让文化服务点附属设施（转让商店经营权）来拓宽经费来源，解决管理经费问题，确保了图书馆分馆的正常运转和功能发挥。

3. 实行“阳光”监督。出台了图书馆分馆工作考核细则，及时上墙公示分馆管理人员职责、服务项目、服务时间。同时，我们还建立群众反馈机制，在各分馆设立意见簿、意见箱，不定期召开读者座谈会，“动态”管理分馆；年终，还组织分馆人员进行公开述职，相互“打分”进行评先评优，考核情况将作为下年度的扶持依据。

4 建设成效

图书馆分馆的建设，前移了文化阵地，推动了新农村建设，为打造“书香攸县”建设奠定了基础。

4.1 全民阅读氛围更浓

各分馆每年都更新图书、举办 2 期以上阅读推广活动，使分馆越来越具有“吸”引力，吸引着更多的人走出牌桌、走进图书馆各分馆。经统计，2021—2023 年，各分馆开展活动 1000 余场次，惠及群众 20 万人；图书馆分馆每年借还图书册次超过 30 万册，流通人次达 20 万人次。阅读，正逐步成为市民的一种生活方式。

4.2 公共文化服务效能提升

图书馆分馆建设全面铺开以来，通过合理设点布局，统一建设标准，建立健全各项管理制度，实现了公共文化服务的均等化、标准化、规范化。与此同时，我们还分片区组织图书管理员开展业务培训，进一步提升了工作人员的业务水平。

4.3 人民幸福指数提高

图书馆分馆正成为宣传、文化、司法、民政等各部门开展“送文化”“种文化”的重要场所，也让市民在家门口就享受到更多的文化服务。同时，许多分馆环境优美，成了当地的文化“名片”，是村民谈心说事的理想场所，利于市民舒缓压力，促进了良好社会风气的形成。

多元合作与公共图书馆的可持续发展
——衡阳市图书馆多元合作实践案例

邹雅娟　汪尧（衡阳市图书馆）

摘要：本文以衡阳市图书馆为例，探讨了多元合作在公共图书馆可持续发展中的作用。通过对衡阳市图书馆与社会机构多方合作的实践案例分析，阐述了多元合作在资源共享、服务创新、读者参与等方面的优势。实践结果表明，多元合作不仅有助于提升图书馆的服务质量和社会影响力，还为图书馆的可持续发展提供了有力支持。同时，为其他公共图书馆开展类似合作提供了有益的参考。

1 引言

2024年，政府工作报告中提出，深化全民阅读活动，全民阅读的受重视程度逐步增强。“深化全民阅读活动”已是建设社会主义文化强国的一项重要举措。

各级公共图书馆作为全民阅读体系中重要一环，在推动书香中国建设目标中有着不可替代的作用。衡阳市图书馆新馆开放以来，已成为衡阳市城市的文化地标。走进图书馆，已成为市民文化生活的象征。在文化发展新时代背景下，如何通过多元合作，为城市发展和市民生活提供更丰富的阅读服务和推广创新力量？成为衡阳市图书馆全力推进高品质阅读新的尝试和探索点。

2 多元合作驱动下的图书馆可持续发展

图书馆在多元合作驱动下，激发创新活力，满足读者多样化的需求，推出更多新颖的服务项目，开创不一样的阅读空间。在与社会民间优秀的阅读推广机构交流合作中，提升自身团队素质，促进不同文化的融合，做到资源共享，互惠互利，紧跟时代步伐，也能使其更好地满足社会需求。建立良好的合作伙伴关系，共同推动图书馆事业的发展。

2.1 理解与满足读者需求

家庭阅读，是全民阅读的重要组成形式。进入全面阅读时代以后，家庭对阅读的形式、内容都提出了更高的要求，居民的阅读活动逐渐呈现出多元趋势。衡阳市图书馆作为国家一级图书馆、全国文明图书馆，以“服务读者”为己任，通过不断进行文化推广的方式鼓励公众参与阅读。2022年至今，经过馆员的不断探索思考，如何利用图书馆的现有资源，解决人员不足、经费不足等问题，找到了本地优秀的阅读推广服务机构，进行多元合作，激活公共图书馆现有资源、放大阅读价值，通过问卷调查、读者访谈、数据分析、建立读者活动社群等方式，深入了解读者的兴趣、需求和期望，对读者提出的意见和建议，及时做出改进和调整。

2.2 探索合作新模式

衡阳市图书馆与当地阅读推广服务机构合作，采用“图书馆＋社会机构”的合作模式，建立长期稳定的合作关系，实现资源的优化配置，降低运营成本。整合当地文化资源，如人文、地理、历史、红色元素等，提炼本土文化特色融入为抓手，联动图书馆多元合作优势互补，激发创新思维，从不同层面满足不同年龄层读者的需求。摸索跨行业领域合作的可能性，建立联盟，形成资源共享、优势互补的合作网络。深入社区，与学校、研究机构合作，产学研相结合，提供个性化的服务。以求适应社会发展，紧跟时代步伐，更好地服务社会。

3 多形式全面推进儿童与青少年阅读素养

衡阳市图书馆履行儿童与青少年活动职责，打造儿童与青少年阅读等活动品牌；与政府部门、中小学校、幼儿园、志愿者团体等社会机构关系，整合资源，构建合作平台，联合开展儿童与青少年活动，积极拓展馆外服务空间，突出服务特色和活动特色。

3.1 打造丰富多元的绘本故事会

童年是培养孩子阅读习惯的重要时期，大量接触优秀绘本对孩子的气质、性格、观念有着潜移默化的影响——可以说，一个被书香浸润的童年，将让孩子受益一生。衡阳市图书馆开展丰富多元的绘本故事会，在绘本阅读基础上系统地构建阅读推广策略，力求达到全方位、多角度推广绘本阅读的效果。绘本故事会根据不同绘本主题精心设计内容，利用情景剧、手指偶、视频等元素，让绘本故事展现更为生动有趣。

3.1.1 科普故事会系列

与街道合作，本馆主办，街道文化站、社工站承办。以“科教兴国”为主题，选择三本科学图画书《呼吸》《石头》《网》作为切入点，由浅入深地探讨生命现象，感受到生命的伟大。故事会带领孩子和大人一起用好奇的眼睛洞察世界，采用颇具趣味的互动和探讨，加深孩子对生命和事物的理解，发现生活中的寻常事物充满惊喜和不可思议。

科普故事会既适合学龄前儿童，也适合小学生及家长。无论在形式、内容，还是活动的丰富程度上，都培养了孩子的科学认知能力、创造力等，更是将“科教兴国”主题活动推进社区、延伸到每个家庭，意义非凡！

3.1.2 红色经典故事会系列

在教育部等八部门发布《全国青少年学生读书行动实施方案》指导下，以“红色引领培根铸魂”为主题，依托 2023 年中国儿童中心第三届“童阅中国”原创好童书 100 本上榜童书，开展丰富多元的红色绘本主题活动。为加强中华传统经典、红色经典和当代经典阅读，引导青少年学生热爱中华文化、增强文化自信。红色绘本的创作以儿童乐于欣赏的方式，通过丰富多元的亲子阅读活动，激发孩子们的爱国情怀。

3.1.3 图书馆里的中国节故事会系列

阅读与文化生活息息相关，衡阳市图书馆以传统节日为主题，将节日童谣、原创故事、游戏、国潮体验等内容融入活动中，体验节日礼仪、饮食、民俗风情等文化，在情境中感受中国传统节日的文化内涵，唤醒人们尤其是少年儿童的民族自信心和自豪感，让读者感受图书馆里的浓浓中国节，充沛了读者的精神文化生活。

3.2 塑造图书馆特色品牌形象

让读者喜欢图书馆，定期参与读者活动的关键，是从图书馆品牌形象的塑造开始。在多元合作方式里明确品牌定位，例如专业领域、特定读者群体等；展现品牌活动设计的独特风格，包括活动布局、标识设计等。

3.2.1 星空奇遇夜

“星空奇遇夜”是衡阳市图书馆的特色品牌少儿活动，深受读者欢迎。此活动邀请 6 岁以上的亲子家庭带上生活用品，在图书馆共度一个奇妙的夜晚。它由绘本《图书馆之夜》的故事引入，从家庭读者来到图书馆签到开始，在工作人员的带领下，依次参加精心设计的游戏热身环节、绘本故事引读、亲子游戏、戏剧表演等体验活动。通过共读、游戏、表演等形式，深度挖掘阅读的乐趣，让读者通过“星空奇遇夜”活动，走进图书馆，用不一样的阅读方式体验阅读的快乐。

3.2.2 去风景里读书

为深入贯彻落实党的二十大精神和习近平总书记关于公共文化建设重要论述精神，衡阳市图书馆遵循“以文促旅，以旅彰文”城市旅游和文化融合发展之路，推动全民阅读和湖湘文化薪火传承。以“儿童友好、共育未来”“读万卷书、行万里路”的理念，通过听故事、游古迹、赏风景的形式，让孩子们探寻城市古迹、聆听历史钟声、用一颗热爱家乡的心，去感知湘楚文化三湘四水的厚重。衡阳市图书馆联合湖南华侨城，开展来雁塔亲子研学活动，以绘本《湘江北去》为线索，让家庭读者从书里走进湖湘文化真实场地，身处古迹中，感受大雁文化的源远流长。

3.2.3 儿童剧本游

衡阳市图书馆打造儿童剧本游特色活动，与衡阳悠贝亲子图书馆共同合作，以《大中华寻宝记》书籍为剧本内容，开展儿童剧本游活动。通过儿童剧本游的形式，培养儿童读者的语言能力、逻辑推理能力、团队协作能力，让读者在沉浸式体验的过程中以欢乐氛围带来知识拓展、好奇心的激发，以缜密的推理，丰富的历史地理知识，带来惊险刺激的沉浸式阅读体验。

3.2.4 4·23 世界读书日

4月23日作为图书馆一个重要的节日，衡阳市图书馆联合专业阅读推广机构举办“世界读书日”大型主题品牌活动，邀请知名作者来到现场，以书籍为媒介，通过舞台剧、诗歌朗诵、家庭表演等形式，呈现书中故事情节，放大书本的价值。大型阅读活动的举办让更多读者感受到阅读带来的美好和乐趣。

4 强强联合，多元合作服务效益显著

4.1 合作成果

衡阳市图书馆认真贯彻落实中央宣传部、中央文明办、文化和旅游部等十部委关于“全民阅读活动”的精神，通过多元合作模式，联合社会力量，利用“世界读书日”“图书馆服务宣传周”“科技周”“儿童节”“全国科普日”等，开展多种形式的主题阅读活动，提高读者对图书馆文化传播职能的认知度，吸引他们充分利用图书馆，引导他们参与图书馆举办的各种文化教育活动，促进社会的和谐发展。

4.2 积极适应新馆转型

衡阳市图书馆面对新馆后的人力不足，调整业务重点，读者服务工作不断创出亮点，借阅量创出新高，服务效益大幅提升，多样化服务精彩纷呈，丰富的馆藏文献、励志的图书推荐、多彩的阅读活动，多方位满足读者多元化、个性化、知识性的需求，打造了一个孕育希望和智慧的阅读平台。

4.3 多元合作的积极影响

通过多元合作模式吸引了不同背景的读者，拓宽衡阳市图书馆的服务范围，也增加了读者数量和活动参与度。合作带来的不同思维和经验的交流，有助于激发创新想法和实践。长期稳定的多元合作关系有助于衡阳市图书馆的可持续发展，同时，也促进文化薪火相传，提升公民素质水平，推动社会不断发展带来积极的影响。

5 发展启示

5.1 高质量发展思考

作为中国图书馆学会授予的“全民阅读基地”，在推动全民阅读高质量发展历程中，衡阳市图馆2024年继续深入推进更高质量阅读品牌活动，让读者的体验更好，不断满足读者对精神文化需求的提升；进一步加强与社会阅读力量的合作，强化民间阅读推广天然作用，鼓励社会组织提供高质量推广方案，共同发挥阅读推广人的力量。

5.2 文旅融合项目探索

2024 年以衡阳举办第三届湖南旅游发展大会为契机，衡阳市图书馆将高度重视文旅融合发展，以文塑旅、以旅彰文，在文旅互融过程中，让雁城读者感受到更好的阅读推广服务。2024 年，持续打造阅读精品品牌活动《去风景里读书》，让更多读者经由阅读看家乡，感受雁城文化的深厚底蕴；让家庭读者在丰富多元的阅读活动中，带来高质量的亲子陪伴，和良好的家风传承。

5.3 进一步的多元化合作

推进全民阅读，需要全社会力量参与进来。在阅读推广多元化发展趋势下，衡阳市图书馆积极践行“儿童友好城市发展理念”，于 2023 年 11 月与衡阳市妇联、衡阳市妇儿工委办携手在三家分馆（雁峰区雁归来分馆、石鼓区帝景山庄分馆、高新区棕榈园分馆）打造衡阳市第一批儿童友好阅读空间，市图书馆将通过“儿童友好阅读活动”进一步整合多元力量提高城市阅读空间的儿童友好性。

参考文献

[1] 沈靖然 . 让城市氤氲浓浓书香 [N]. 人民日报 ,2023-5-26(5).

[2] 张磊 . 推动全民阅读策略分析 [J]. 甘肃科技 ,2018(18).

[3] 本刊编辑部 . 用阅读成就青少年精彩未来 [J]. 天津教育 ,2023(12).

[4] 刘蓓蓓 , 少儿图书线下营销如何变 [N]. 中国新闻出版广电报 ,2023-05-30(01).

[5] 本刊编辑部 . 实施“典耀中华”主题读书行动助力建设教育强国 [J]. 天津教育 ,2024-01-01(01).

欠发达地区 24 小时自助书屋高质量发展思考

——以衡阳地区为例

胡从启（衡阳市图书馆）

摘要：近期，衡阳市图书馆学会在全市公共图书馆开展了 24 小时自助服务调研，调研采用问卷调查的方式进行，全面系统地掌握了全市 24 小时自助书屋的分布、管理、运行情况。衡阳的现状折射了我国欠发达地区 24 小时自助书屋的普遍状况。提出欠发达地区 24 小时自助书屋高质量发展思考：馆长的重视程度决定了 24 小时自助书屋发展质量的高低；学术研究是高质量发展的“金钥匙”；提升服务效益要“精耕细作”；要有开放思维，善于利用社会资源；加强宣传工作。

1 引言

《“十三五”时期全国公共图书馆事业发展规划》指出：鼓励地方建设自助图书服务空间，因地制宜设置自助图书设备，开展办证、阅览、外借等 24 小时图书馆服务。衡阳市公共图书馆 24 小时自助服务开展情况如何？服务效益怎样？还存在哪些不足？带着这些疑问，在“十四五”规划建设关键之际，衡阳市图书馆学会在全市公共图书馆范围内开展了 24 小时自助书屋调研。总结经验，找出不足，并对欠发达地区 24 小时自助书屋高质量发展提出对策建议。

2 调研基本情况

本次调研采用问卷调查的方式进行，分为《衡阳市公共图书馆 24 小时自助服务调研（图书馆卷）》（以下简称《图书馆卷》）和《衡阳市公共图书馆 24 小时自助服务调研（读者卷）》（以下简称《读者卷》）。线上调研与线下现场调研相结合。

《图书馆卷》由全市各公共图书馆馆长填写，包含 24 小时自助书屋基本情况、服务效益、建设资金及运行经费来源、经验分享及建设、管理、服务中存在的问题等四个方面，细化成 24 个问题。

《读者卷》由各基层公共图书馆发动读者填写，包含读者利用 24 小时自助书屋的情况、电子图书及数字资源的使用、对 24 小时自助书屋的藏书数量及质量的评价、对 24 小时自助书屋的环境、管理、服务、设备设施的评价、存在的问题及建议等五个方面，细化成 25 个问题，从读者的角度来感知服务效能。《读者卷》共收到 592 份问卷，无明显逻辑错误的问卷列为有效问卷，同时考虑到样本调查的统计学要求，规定只有对同一个县级公共图书馆的调查问卷数量达到40份以上方予以采纳，最终共筛选出577份有效调查问卷，有效率为97%。问卷调查内容多角度、多维度，问卷调查对象有在校学生、公务员、事业单位职工、自谋职业、企业员工及其他行业从业人员，保证了调研结果的完整性、真实性和准确性。

2.1 全市24小时自助书屋基本情况

衡阳市各公共图书馆从2017年开始建设24小时自助书屋，全市已建成16间投入使用（见表1）。每间书屋面积为30平方米左右，城区24小时书屋由市图书馆和各城区分馆合作建设，城区分馆负责管理和运营。为了让衡阳市城区的24小时自助书屋更具特色，打造品牌效应，2017年6月，衡阳市图书馆面向社会为24小时自助书屋征名，引起了社会的广泛关注，市民踊跃参加。短期内便征集到100余个名称，其中“雁城市民书屋”脱颖而出。评委们认为“书屋”能够带来家庭的温馨感，而“城市”是当下文化建设的关键词，“雁城市民书屋”很好地描绘了衡阳市城区24小时自助图书馆的特点，因此最终选定该名称作为衡阳市城区24小时自助书屋的正式名称。“雁城市民书屋”统一设计风格，已经成为衡阳市的一张名片，为历史文化名城增添了书香气息。

表1 衡阳市公共图书馆24小时自助书屋概况

单位名称	24小时自助书屋数量	第一间24小时自助书屋开放时间	是否已与总馆实现通借通还	是否配备了电子图书借阅机
衡阳市图书馆	4	2017	是	是
常宁市图书馆	2	2017	是	是
衡南县图书馆	1	2020	是	是
衡山县图书馆	1	2019	是	是
衡阳县图书馆	1	2019	是	否
耒阳市图书馆	5	2017	否	否
南岳区图书馆	1	2020	是	是
祁东县图书馆	1	2019	是	是

因财政体制原因，县级公共图书馆承担本行政区内24小时自助书屋建设，市图书馆提供业务指导。其中耒阳市图书馆最早建设24小时自助书屋，已经建成5间，是县区馆中数量最多的。全市每间自助书屋都有专人管理，24小时免费提供服务。大部分书屋配备了电子图书借阅机，读者下载借阅电子资源扫码即得。分布在全市各地24小时书屋的建成，对于保障市民基本文化权利、推进全民阅读、建设书香衡阳、创建全国文明城市起到重要的推动作用。

衡阳市24小时自助书屋建设坚持高起点、高标准，具有高度智慧的特点。采用全景落地玻璃窗，内外通透，颇具现代风格。读者可以通过身份证、读者证、刷脸多种方式进入，书屋配置了智能门禁系统、自助借还设备、自助办证设备、电子书借阅机、无线Wi-Fi、智能光控、智能温控、智能安全监测设备、远程设备控制、自动统计系统、阅览桌椅等设施设备，可为读者提供 24 小时自助办证、借还书、检索、电子书刊下载、阅读等服务。

2.2 24 小时自助书屋服务效益

衡阳市 24 小时自助书屋，为读者创造了一种自由、自主、开放的阅读环境。城区 24 小时自助书屋纳入市图书馆总分馆体系，与市图书馆及各个城区分馆实行通借通还。投入使用的 24 小时自助书屋服务效益增长明显。以位于太阳广场雁城市民书屋为例，该书屋面积 30 平方米，藏书 2500 册。以 2022 年 1 月 1 日—2022 年 12 月 31 日时间段进行统计，该书屋借书 16647 册次，还书 14968 册次，图书利用率 665%，远远高于传统图书馆的图书利用率，年服务读者 8 万余人次。寒暑假期间，每天 7：00—23：00 座无虚席，日均读者在 262 人次。读者高峰时段出现在晚上 7：00—10：00，节假日到馆人次更多。其中借阅时间段在传统图书馆闭馆时段内的占 65%。这些数据表明，24 小时自助书屋在满足读者工作上学之余的阅读需求、丰富读者文化生活等方面发挥了重要作用。衡阳市 24 小时自助书屋建设资金来源渠道多样化，50% 书屋建设资金来源于中央财政，30% 书屋建设资金来源于省财政，其余书屋建设资金来源于市财政、县（市、区）财政。每间自助书屋只需要投入 50 万元，却产出了相当于一个小型县级传统图书馆服务效益，服务成本大大降低。

2.3 24 小时自助书屋的管理

衡阳市每间 24 小时自助书屋实行“无人值守”，但都有专人管理，整理书架，打扫卫生，书籍定期更新。如果书屋内没有读者需要的非专业性图书，可以向管理员反映，下个月就会更新；在操作中遇到困难或者设备出现故障，拨打 24 小时服务电话，就能及时获得反馈或解决。如果图书未经正常借阅，会触发安全门报警，出门按钮无法解锁，同时触发摄像头进行抓拍。95% 的问卷调查对象对 24 小时自助书屋的藏书数量和质量表示满意，同时提出了加快图书更新频率、增设新书专柜等建议，90% 的问卷调查对象对 24 小时自助书屋的阅读环境、设施设备、管理、服务效能评价很好，他们认为时间灵活、操作简单、交通便利、离家（学校 / 单位）较近。

24 小时自助书屋作为一种创新的、为市民提供全天候免费使用的阅读空间，实现了图书馆在服务时间、空间和地域、资源、网络等功能上的延伸，解决了图书馆服务“最后一公里”的问题。衡阳市 24 小时自助书屋建设在各县市区已经开展，但相对于东部及沿海发达地区，无论是数量还是规模，差距都还很大，同市民的需求还有相当长的距离。各基层图书馆之间发展很不平衡。24 小时自助书屋存在下列问题：藏书品种少，图书更新慢；图书丢失、损坏时有发生；老年读者操作困难；有抽烟、嚼槟榔、睡觉、追打嬉闹等不文明现象（见表 2），管理和服务还有较大的提升空间。衡阳的现状折射了我国欠发达地区 24 小时自助书屋的普遍状况。

表 2 24 小时自助书屋存在不足

存在问题	自助书屋数量少	藏书品种少，图书更新慢	图书丢失、损坏	操作困难	存在不文明现象
反馈人数	288	115	46	29	29
百分比	50%	20%	8%	5%	5%

3 欠发达地区 24 小时自助书屋高质量发展的思考

3.1 馆长的重视程度决定了 24 小时自助书屋发展质量的高低

调研结果显示，50% 的问卷调查对象认为 24 小时自助书屋数量太少，不能满足大家的需求，衡山县和耒阳市的自助书屋运行经费还没有纳入财政预算，耒阳市和衡阳县的 24 小时自助书屋没有配置电子图书借阅机。24 小时自助书屋作为公共文化服务体系的组成部分，发展水平很大程度上取决于公共财政投入的力度，欠发达地区没有东部及沿海地区的资金充足，财政状况捉襟见肘。同一个城市，大家的条件都差不多，但地区之间发展很不平衡。说明馆长的重视程度决定了自助书屋的发展水平。基层图书馆馆长不能靠等，应该积极向政府争取更多的投入，乘势而上，扩大覆盖面。例如衡阳市城区的“雁城市民书屋”就是衡阳市图书馆长多次向政府提交报告才得到市政府支持的。衡阳市图书馆刘忠平担任馆长已达 20 余年时间，对图书馆事业保持高度热爱。无论是影响深远的“衡阳调研”，还是市图书馆的维修改造，以及市图书馆新馆建设，都是他积极奔走呼号的结果。他很好地诠释了中国图书馆人的创新精神、社会责任以及求真务实的作风。

3.2 学术研究是 24 小时自助书屋高质量发展的“金钥匙”

任何实践都需要理论的指导，尤其是科技含量较高的 24 小时自助书屋建设。早在 2011 年，东莞市就实现了 32 个镇（街）图书馆 24 小时自助服务全覆盖，市民在家门口就能就近使用到全天不间断的“零距离”图书借还服务。该馆极其重视学术研究，从 2006 年开始，每年设置图书馆内部科研项目，鼓励员工从事科研工作，这种学术氛围，成就了东莞图书馆的不断创新。24 小时自助书屋场地选址、资源建设、运营管理、信息技术的高速发展，都需要不断地学习和总结经验。如果仅凭感觉来进行 24 小时自助书屋的建设，是资源的极大浪费。例如南岳图书馆建设的 24 小时自助书屋，选址在该行政区的旅游景区红星村，表面上是文旅融合发展的典范，实际服务效能很不理想。个别县级图书馆所属的 24 小时自助书屋借还平台与馆内业务管理系统，不是一个公司的产品，时常出现系统故障。类似这样的问题，体现书屋建设前期调研不充分。欠发达地区的基层图书馆，图书馆专业的馆员少之又少。除了定期开展业务培训和业务竞赛来提高业务水平外，经常性开展学术研究能快速提高馆员的业务能力。基层图书馆要积极引导馆员开展学术研究尤其是实证性研究，评先评优的制度应提高学术研究分值。各级学会及分支机构、图书馆联盟开展的论文评奖活动，应对来自欠发达地区基层图书馆的学术论文予以倾斜。这是缩短发达地区和欠发达地区差距的一个重要途径，也是解决欠发达地区基层图书馆之间发展不平衡的有效措施。衡阳市图书馆学会每年开展一次主题论文征文活动，历年征文主题有“图书馆服务创新”“图书馆资源建设”“全媒体环境下的阅读推广”等。吸引了广大基层馆员积极参与，提升了馆员队伍的学术素养和学术水平，促进了图书馆事业的发展。

3.3 24 小时自助书屋服务效益的提升要“精耕细作”

服务效益的提升要从细节入手，“细节决定成败”，要以问题为导向，对图书馆来说，良好的服务效益，是赢得政府持续投入、社会广泛认同的前提。基层图书馆应变被动服务为主动服务，不断提高管理和服务水平。

3.3.1 24 小时自助书屋的管理要精细化

基层公共图书馆应对 24 小时自助书屋环境卫生、设施设备、整架、空调、灯光、安全、应急处理等方面制定详细的管理制度，并在实践中不断修订和完善。标识指引要清晰完善而又简单明了。对于无人值守的 24 小时自助书屋来说，安全问题应摆在首要位置。设置“未成年人要在监护人的陪同下进入，高血压、心脏病等患者在健康人的陪同下进入”等提示语。对于寻求帮助的读者，要耐心细致地解答。笔者曾在借阅部门工作 4 年，对读者的咨询与书籍的查找等方面提供了详细周到的服务，服务过程中，互相推荐图书，交流阅读心得，赢得了口碑，许多读者与笔者建立了良好的私人关系。对于那些破坏设施设备、损坏图书等行为，要文明制止，感化教育，而不是谩骂。对屡教不改或劝阻无效的读者，管理员可以给予其一个星期、一个月或一年刷卡无效的处罚，限制其使用权利。

3.3.2 24 小时自助书屋的设施设备要建立定期维护制度

个别 24 小时自助书屋存在自助借还设备故障率高、网络不稳定、系统稳定性差等问题，技术部门应制订相应的预案，常见故障要能快速解决。实践中证明，技术和设备都存在一定的风险，很难保证一套系统能全年 24 小时高安全性、高稳定性地运行。应制定设施设备的定期维护检查制度，运用网络实时监测等技术手段，发现异常，及时处理，确保系统稳定运行。

3.3.3 24 小时自助书屋图书资源更换应更科学

20% 的问卷调查对象反映 24 小时自助书屋藏书品种少，希望图书更新频率加快一些。24 小时自助书屋纳入总分馆体系，总分馆体系内各服务网点通借通还，形成了书籍的自然更新。因书屋建筑面积限制，可藏书籍在 2500 册左右，管理员要通过定期更换书籍等方式来弥补资源供给不足，更换图书要科学，要对书屋内馆藏文献资源利用状况进行分析，对读者阅读行为进行研究。寒暑假期间，适当提高适合青少年阅读书籍的复本数量。高质量的文献资源是吸引读者持续到馆的关键。

3.3.4 招募志愿者协助管理

调研结果显示，5% 的问卷调查对象反映老年读者不会操作，希望有人在现场提供服务，

8% 的问卷调查对象反映图书上的 RFID 标签有损坏的情况；个别读者不自律，存在盗书现象，图书丢失、损坏现象时有发生；5% 的问卷调查对象反映书屋内存在抽烟、嚼槟榔、睡觉、追打嬉闹等不文明的现象，招募文化志愿者在现场服务能弥补自助书屋管理员的不足。当前，衡阳市正在开展创建全国文明城市、“衡阳群众”志愿者品牌活动，制定了《衡阳市“衡阳群众”志愿者星级认证及激励管理办法(试行)》。该试行办法规定，志愿者累计服务达到规定的积分数，可按规定申请相应的星级认定。一至五星志愿者有相应的精神激励和物质奖励。基层图书馆应充分利用志愿者服务平台，在“衡阳群众”App 发布招募信息，组织志愿者在自助书屋内开展借阅指导、检索、文明劝导等服务，并定期开展文化志愿者辅导培训，提升服务水平。

3.3.5 开展图书推荐及阅读活动

自助书屋应定期开展图书推荐活动，每月推出 4—6 本最新图书或设置“馆员推荐”专架。在书屋内设置图书展示区，进行主题图书推荐，每次开展一个主题，如“家庭教育图书”“运动与健康”“我爱国学”“好看的儿童文学书”“演讲与口才”“我的家装我做主”等主题图书，每个主题图书推荐 10 本左右。或围绕某一个时段社会热点话题进行图书推荐，接地气的话题既能培养广大读者的阅读兴趣，又能促进读者之间的交流。每间 24 小时书屋都配备了 10 张左右的座椅，管理员可以引导读者在自助书屋闲暇时段自主开展小规模的读书分享活动。这些小而精致的活动能提升自助书屋的美誉度。

3.4 24 小时自助书屋高质量发展要善于利用社会资源

欠发达地区基层公共图书馆经费都很紧张，全部依靠自身投入实现服务体系全覆盖，是一件相当困难的事情。基层公共图书馆要有创新思维，寻求社会力量合作。

其一，大型工矿企业、园区管委会、街道社区、售楼中心等机构有空余的场地、有文化建设的需求，图书馆有丰富的馆藏文献资源，浓厚的书香氛围，庞大的读者群体，丰富多彩的阅读活动。基层图书馆应主动联系，积极沟通，充分论证。图书馆提供图书资源、自助借还设备及技术支持，合作方无偿提供场地并承担装修费用，双方签订协议，合作建设 24 小时自助书屋。

其二，加强馆校合作。例如衡阳市华新实验中学正在与市图书馆商讨合作建设 24 小时自助书屋，前期勘察和准备工作已完成，即将进入实施阶段。市妇女儿童中心，青少年宫等机构，双休日或寒暑假，有大量的青少年参加各种培训，学生在教室上课，家长只能坐在等候区玩手机，合作建设自助书屋成为可能。这种通过与社会力量合作，以合作促发展，以发展吸引更多合作的模式，将促进公共图书馆服务体系的快速发展，实现社会公共资源的效用最大化。

其三，开发利用现有的文化场所，或升级符合条件的分馆、馆外流通站。例如衡阳市图书馆石坳分馆是市图书馆和石坳社区合作建成的。该分馆地理位置好，从分馆开馆以来，周围居民很快就感受到了这所设在家门口的图书馆所带来的便利，它不仅让家长们在平日里有了阅读的好去处，也让社区的儿童深受感染，培养了良好的阅读习惯，每天自觉地来此看书。市图书馆正在争取经费，把该分馆升级为 24 小时自助图书馆。

3.5 加强宣传工作有利于 24 小时自助书屋高质量发展

调研结果显示，有 8% 的问卷调查对象不知道所在地区建立了 24 小时自助书屋。除了自助书屋数量偏少的客观原因，宣传力度还有很大的提升空间。宣传工作是一项极为重要的工作，广泛宣传图书馆的优秀事迹、活动动态，一方面可以提高图书馆在社会上的知名度，另一方面引导馆员以先进人物为榜样，弘扬正气，提高馆员的凝聚力。衡阳市图书馆近两年来不断加强宣传工作，讲好图书馆的故事。同湖南省文旅云、红网、衡阳日报、衡阳新闻网、衡阳电视台等新闻媒介保持着良好的合作关系，2022 年向他们发送《快来衡阳市图书馆，和“十二生肖”一起闹元宵》等 200 余篇新闻报道，扩大了图书馆的知名度。

除了传统媒体外，宣传渠道应加强新媒体技术的应用，新媒体传播速度快、互动性强。微信、微博、抖音等平台已渗入老百姓的生活，成为人们获取信息的主要渠道。基层公共图书馆员应加强学习，通过短视频、推文、直播等多种方式宣传推广图书馆。

4 结语

衡阳市公共图书馆 24 小时自助书屋建设已经初建成效，在创造阅读条件、方便读者阅读、激发阅读热情、丰富市民精神文化生活和完善公共图书馆服务体系等方面发挥了重要的作用。取得了一些成绩，积累了一些经验。党的二十大报告中指出“建设社会主义文化强国”，今后一段时期，各级党委和政府必将加大公共图书馆投入。欠发达地区公共图书馆应把握好这段机遇期，自我加压，学习借鉴东部及沿海发达地区的经验，加强业务建设，积极创新求变。欠发达地区 24 小时自助书屋高质量发展、公共图书馆服务体系全覆盖指日可待。

参考文献

[1] 栾海军，黄展炯，刘枭等 .24 小时自助图书馆空间布设适宜性评估理论与实践 [J]. 图书馆 ,2018(10).

[2] 赵晓华 . 总分馆体系下 24 小时自助图书馆及可持续发展思考——以嘉兴市图书馆为例 [J]. 图书馆研究与工作 ,2018(10).

[3] 王景发 . 图书馆 24 小时自助服务：诟病、误读和反思 [J]. 图书与情报 ,2015(6).

[4] 段宇锋，熊泽泉 . 温州城市书房现象 [J]. 图书馆杂志 ,2020(11).

公共图书馆新馆建设实践与探讨

——以衡阳市图书馆新馆建设为例

邓松涛　谭宇昊（衡阳市图书馆）

摘要：公共图书馆新馆建设是一项复杂的系统工程，涉及立项、规划、选址、设计、主体建设、内部装饰、功能布局、设备设施采购等系列工作，本文以衡阳市图书馆新馆建设为例，对新馆建设相关工作进行分析探讨。

近十年来，全国公共图书馆建设取得积极进展，据文化和旅游部公布的统计数据，2021年全国平均每万人拥有公共图书馆建筑面积135.5平方米，比2012年增长73.3%。湖南省14个市州，先后有长沙、邵阳、岳阳、衡阳、益阳、娄底等6个市图书馆新馆建成开放，占比42.9%。在代建制背景下，公共图书馆在新馆建设中如何发挥应有的作用、如何保证新馆建设有效促进图书馆事业发展，是学术界和广大公共图书馆工作者十分关注的课题。笔者认为，无论从过程还是结果来看，衡阳市图书馆新馆建设都是一次公共图书馆新馆建设的成功实践。本文对衡阳市图书馆新馆建设进行了梳理和分析，并就如何高质量建设公共图书馆新馆进行探讨。

1 新馆概述

1.1 总体概况

衡阳市图书馆新馆坐落于市区雁峰公园南侧原衡阳铁路工程学校内，新馆建在雁峰公园内，主体总建筑面积2.6万平方米，其中1至3层共1.8万平方米，地下车库及配套用房0.8万平方米，外围绿化面积1.46万平方米，总投资为2.3亿元。设计藏书100万册、阅览座席1200个。

建筑单体第一区域（南）为公共活动区，包括入口大厅、多功能报告厅、展览厅、24小时自助图书馆等；第二区域（中）为阅览研究区，主要包括各种阅览用房、研究室、培训室等；第三区域（北）为文献储存区，主要包括各类藏书区、业务用房、办公用房及职工餐厅等；地下区域设有大型停车场。

1.2 项目进展

衡阳市委市政府对市图书馆新馆建设项目高度重视。该项目为工程总承包项目，简称EPC（Engineering Procurement Construction，是指公司受业主委托，按照合同约定对工程建设项目的设计、采购、施工、试运行等实行全过程或若干阶段的承包）。于2013年12月17日正式立项，由衡阳市城市建设投资有限公司作为业主单位，衡阳市文化旅游广电体育局、衡阳市图书馆作为使用单位，实施“交钥匙”工程，2014 年 7 月开工，2021 年 12 月 24 日交付。

2 效应分析

2.1 社会效应

衡阳市图书馆新馆于 2022 年 1 月 1 日起试开放，开放前三天日均接待 1.3 万余人次，迅速成为市民打卡点。2022 年 4 月 23 日正式开放，截至 2022 年 12 月 31 日，日均到馆 2486 人次，全年线上线下服务 160 多万人次，图书外借 36 万余册次，开展线上线下读书活动 200 多场，43 万余人次参与。各权威媒体对新馆的报道 150 余篇。相比上年度，注册读者新增 2.7 万人，总流通人次增长 27.9%，参加活动人次增长 100%。承办湖南省图书馆学会公共文化专业委员会工作会议，接待省内图书馆界同仁参观 10 多次，省文旅厅和市四大家主要领导、分管领导多次来馆指导调研，称誉衡阳市图书馆新馆为“湖南最美图书馆”。

2023 年 1 月，衡阳市图书馆被湖南省文化和旅游厅公布为“湖南省文明旅游示范单位”。2023 年 2 月，被中国图书馆学会公布为“全民阅读基地”，这是全国图书馆界阅读推广工作最高荣誉之一。2023 年 5 月，文化和旅游部专家组来衡开展公共图书馆评估定级检查，对衡阳市图书馆给予高度评价，认为该馆新馆建设是“中部地区地市级图书馆建设的典范”，建设和服务中有不少创新点和示范点，希望进一步争创全国一流图书馆。2023 年 12 月，被文化和旅游部公布为“一级图书馆”。

2.2 亮点分析

衡阳市图书馆新馆开放以来，深受市民热捧，成为衡阳新的文化地标。之所以能产生良好的社会效应，并不仅仅是因为馆舍面积的增加，综合来看，主要有以下几个亮点：

2.2.1 定位准确

一是规模定位。根据服务人口数量、相关法规政策和行业标准，综合考虑发展态势，定位为中型馆，既保证为市民提供良好的环境，又避免盲目追求大馆舍面积而增加不必要的投资成本。二是功能定位。新馆功能定位为区域文献信息资源服务、全民阅读终身教育、区域图书馆网络、区域文化学术交流等“四个中心”，主要围绕资源丰富、技术先进的全媒体现代信息技术支撑体系；便捷高效、富含人性关怀的读者服务体系；协调高效、可持续发展的图书馆集群体系；多层次、多途径的全民终身学习体系；制度化、规范化、科学化的人才培养体系五大体系建设开展工作。三是发展定位。以“湖南一流、全国知名图书馆”为建设目标，符合衡阳作为国家区域重点城市、湖南省域副中心城市的定位。

2.2.2 选址适宜

新馆选址尤为关键，如果地理位置偏远、交通不便、人口疏少，将严重影响服务效能。衡阳市图书馆新馆位于回雁峰南麓老城区中心地段，整体融入回雁峰景区（国家 3A 级），环境优美、步步皆景，有潇湘八景之一的“平沙落雁”、衡阳八景之“雁峰烟雨”、雁峰寺、回雁阁、王船山出生地纪念馆、衡阳保卫战遗迹之一的五桂岭阵地、原衡阳铁工校苏联专家楼等，虽处在繁华市区，但是闹中取静，与文化空间、自然景观、人文景观形成共振，为读者提供了良好的“悦读空间”；交通便利，周边有 17 条公交线路；人口密度大，周边有 3 所小学、2 所中学和多个住宅小区；服务范围广，可完整辐射雁峰、珠晖、石鼓、蒸湘四城区。

2.2.3 主体建筑美观

图书馆是一座城市的文化地标，在主体建筑设计上要慎之又慎，既要美观大方，又要经济实用，如果单纯追求外观标新立异，将导致建设成本高、施工难度大、后期维护成本高且内部不实用等问题。在衡阳市图书馆新馆建筑设计过程中，先后否决了异形建筑和古代书院两种方案，最终确定为中式传统风格建筑，观赏性与适用性相结合，充分体现了图书馆“传承文明、服务社会”的重要意义。

从前期实际使用情况来看，当时也存在一个问题，就是新馆南大门外墙设计为玻璃外墙。玻璃外墙有两点硬伤：一是破损率较高。外墙接口处基本采用胶封固定工艺，长期风吹日晒雨淋胶体老化后必然出现漏水，而且胶体老化后造成应力变化，容易导致玻璃爆碎，后期维护成本很高；二是光污染严重。如果周边是住宅小区，很可能对居民生活带来困扰。此处玻璃外墙让对面小区居民饱受反光困扰，多次拨打 12345 市长热线投诉。为此，花费了较高的成本进行消除光污染整改。

2.2.4 功能布局科学

以高质量服务为出发点，根据行业标准、馆舍规模、读者需求、发展要求，综合考虑传统文化展示、现代技术应用等因素科学规划、合理布局。采用大开间、大通透设计，藏、借、阅、休闲为一体，突出了六大优点：一是设备先进。数字技术广泛运用，配备借阅检索、自助借还、智能听书、电子图书瀑布流、朗读亭等先进自动化设备。二是功能完善。设有公共活动区，包括读者大厅、多功能报告厅、展览厅、自助存包区、24 小时自助服务区等；借阅服务区包括报刊阅览、图书借阅、多媒体阅览、休闲阅览、自修、地方文献查阅、少儿服务、数字体验、电影放映、音乐鉴赏、文献研究、视障听障服务、培训等；文献储存区包括书库、业务用房、办公用房等；配套服务区包括职工餐厅、停车场、设备用房等。三是动静分开。阅读区与活动区、数字体验区分开，保证了活动开展不干扰读者阅读。四是人群分离。按年龄段划分区域，划分有青少年阅读区、儿童借阅区，不同特点的读者人群相互不影响。老年读者读书看报区域尽量安排在低层。为特殊读者设置了视听阅览区。五是彰显文化，设有旅游打卡点、衡阳诗词墙、历史文化墙等，为读者带来了文化传承积淀的体验感。六是通行便利。通道宽敞明亮、易识易行，设有电梯（扶梯），为特殊读者提供了盲道、无障碍卫生间、无障碍停车位等。

3 经验总结

新馆建设是一项复杂的系统工程，从立项、规划、选址、设计、主体建设，到功能布局、内部装饰、设备设施采购等，既要做到规模适当、经济适用、环保节约，又要做到符合国家相关政策的标准、功能完善，满足为读者提供良好环境的要求，并预留图书馆事业高质量发展的空间；既要展示公共图书馆的现代化特点，更要彰显本土地方文化特征，使之成为城市的地标建筑和对外展示的个性名片。这就要求项目的决策者、设计者、建设者、使用者立意高远、充分研究、细致谋划，立足本地历史文化底蕴、社会经济状况、地形地貌特征等，结合经济发展、人口增长以及城市总体规划，实事求是、定位准确，既保证建筑美观、布局合理、功能完善，又以发展的眼光做好规划设计，避免出现“建成即落伍”。从衡阳市图书馆新馆建设的全过程来看，主要有以下几点经验：

3.1 全程参与

当前依然有大量公共图书馆存在“重形式、重规模，轻功能”的问题。其原因是传统的设计方式多从设计者主观角度出发，未进行深入调研、沟通和解析，忽略了设计理念与图书馆工作实际需求及发展规划之间的联系，空间设置单一、功能布局不足，无法满足新时代下读者日益增长的精神文化需求。衡阳市图书馆新馆采取 EPC 工程总承包模式建设，这种建用分离的模式存在使用方对工程实施过程参与程度低、控制力度较低的缺点，很有可能因建设方与使用方沟通不够，对所建项目行业标准、工作需求、发展态势等方面了解不足，出现前期建设不尽如人意、后期变更难度大等问题。为有效提高建设品质，图书馆作为使用方，要发挥专业作用，主动参与、全程介入，遇到问题及时向上级部门汇报，积极推进项目进程。应成立专班，安排专业人员全程参与项目建设，从选址、设计、布局、施工、内外装修、设施设备采购等工作积极参与，提出专业性意见，建设过程中坚持原则，发现不适合行业标准、设计理念等问题及时提出中肯意见，调整设计方案，以免完工后增加整改成本。如在图书藏量、阅览座席上本馆做实做细，精准计算出书架、阅览桌椅各种规格、数量，摆放位置、间距并列出清单画出草图供项目部参考，为新馆开放做足准备。衡阳市图书馆 4800 万数字化项目原未纳入新馆建设预算，通过邀请国内一流专家对项目进行设计、论证，再从发展需求、基本概念、实施依据、建设内容、项目预算等方面向市政府主管部门、财政部门汇报，最终将项目纳入新馆建设预算。

3.2 专业推进

图书馆在其发展的历史中，形成四大基本功能，即文献的聚藏整理、知识的阅读学习、信息的搜寻获取和空间的设计休闲。图书馆的空间设计，需要将功能实现所需的各种知识体系作为设计依据：一是空间设计中融入了图书、文献、信息、知识、数据乃至卡片和目录柜等图书馆专业元素，同时又融入了地域文化、中华文化、世界文化、科技文化等与图书馆有联系的非图书馆专业元素；二是空间设计中既有图书馆文献聚藏、知识阅读与信息获取的典藏空间、学习空间、交流空间和展示空间，同时也融入了图书馆与社会耦合共为的空间安排，融入了突破图书馆专业边界的大文化的空间设计元素。衡阳市图书馆在新馆建设过程中，积极将上述知识体系与决策行为、设计行为及建成后的运行行为相结合，形成专业性指导意见推进工程建设，进一步提升了设计视野，提高了新馆建成后的服务广度、深度和厚度。

一是专业规划精细推进。拟好“战前部署”。先后组织人员赴广东、浙江、长沙等地考察调研，学他人之长，弥自身不足。定好“时间表、作战图”，积极向市委、市政府主要领导汇报，多次邀请分管市领导现场调度，相关部门环环相扣，无缝衔接，打好“攻坚战役”。做好“战后复盘”，新馆开放后，根据试运营情况，广泛征求意见，主动调整和优化运营策略，最大限度满足市民的需求。二是专业谋划争取立项。项目筹备阶段，认真研究《公共文化体育设施条例》《公共图书馆建设标准》《公共图书馆建设用地指标》等法规政策和行业标准，撰写专业筹建方案，提出了打造湖南一流、全国知名图书馆的建设目标，赢得市委、市政府高度重视、社会各界大力支持，实现了快速立项、最优选址。三是专业意见助力决策。选址过程中通过专业论证，先后否决两处候选地及异形建筑等设计方案，形成最佳方案。在新馆数字化项目建设方面，作为基层图书馆对现代化技术应用技术了解不全面，自身不具备专业能力，聘请专业团队编制项目设计方案、设备设施清单、项目预算并进行项目论证。新馆面积、藏书量、阅览席、设施设备规模及配置突出科学性、前瞻性，根据财政实力和实际需求尽可能按高标准设计。确保了为上级部门决策提供充分依据，在建成后超出了预期效果。四是专业团队精准发力。在新馆立项、选址、设计、施工、装修、搬迁及开放过程中，每个环节都打出提前量，明确工作任务，认真起草专项方案。特别是在“人”“财”两个关键点上精准发力，在新馆开放前完成 11 名专业人员公开招录，争取开馆经费 300 余万元，为顺利开馆运行打下良好基础。

3.3 以人为本

图书馆正面临转型——从以书为主体的图书馆向以人为主体的图书馆发展。2021 年，文化和旅游部发布《“十四五”公共文化服务体系建设规划》，指出要推进城乡公共文化服务体系一体建设，建设以人为中心的图书馆，建成与社会主义文化强国相适应的现代公共文化服务体系。公共图书馆在新馆建设过程中要坚持以人为本的设计理念，倡导人性化、个性化与多样性，根据规模和功能合理设计，科学规划，以达到规模适当、经济适用、环保节约的效果，在外观造型、室内装修和环境设计上，既注重布局合理、美观大方、功能实用，又要充分体现区域历史文化的氛围特点。衡阳市图书馆新馆建设中，组织人员赴发达地区图书馆学习考察，明确自身需求，总结经验取长补短。功能布局上，一切以读者如何便利使用图书馆为出发点，充分考虑不同功能分区、不同人群的特点和要求，将读者使用体验作为衡量阅览空间设计品质的标准。

3.4 加强沟通

始终本着友好合作的原则处理与业主方、设计方、监理方、施工方及设备供应商的关系，肯定他们对新馆建设所作的贡献，鼓励他们合作建设各方满意的现代化图书馆。项目建设中加强与各方的沟通，如新馆建设中设计变更、项目交接、工程扫尾要与市城建投、项目部对接沟通，双方通过有效沟通协调达到良好效果；在新馆运行方面向市政府主管部门、财政部门加强汇报，解决人、财、物的困境。从结果来看，衡阳市图书馆的专业意见大部分被吸纳，在设计和施工过程中根据这些意见做了多次调整，衡阳市图书馆团队也以负责和专业赢得了各方的尊重。

4 结语

馆舍是公共图书馆工作的物质基础，环境优美、布局合理、功能完善的馆舍，即能增强广大人民群众在满足文化需求过程中的体验感、获得感，也是公共图书馆事业高质量发展的根本物质保障。公共图书馆新馆建设涉及现代图书馆建设理念、图书馆建筑发展状况及趋势、建筑科学等多个方面的知识，在建设过程中需要具备战略眼光和务实精神，才能圆满、成功地完成建设工作。本文仅将衡阳市图书馆新馆建设过程进行了梳理、分析和总结，提出了一些粗浅看法，希望能为图书馆同仁在新馆建设中提供借鉴。新馆启用以来，受到了社会各界的关注和赞赏，衡阳市图书馆将牢记习近平总书记关于“希望全社会都参与到阅读中来，形成爱读书、读好书、善读书的浓厚氛围”的要求，关于“要提倡多读书，建设书香社会，不断提升人民思想境界、增强人民精神力量，中华民族的精神世界就能更加厚重深邃”的嘱托，牢牢抓住新馆启用的重大机遇，深刻理解和把握党的二十大报告中关于“深化全民阅读活动”“健全现代公共文化服务体系，创新实施文化惠民工程”要求，围绕打造“衡阳文献信息资源服务中心、全民阅读终身教育中心、区域图书馆网络中心、文化学术交流中心”，确立争创“全国一流”图书馆的高质量发展目标，实施科技提质、管理提质、服务提质、品牌提质工程，全力建设与衡阳区域中心城市相适应,与“百年老馆”历史地位相匹配,与“全新衡图”崭新面貌相衔接的“雁城新名片、城市新客厅、市民新书房”。

参考文献

[1] 董泽宇．基于读者行为模式的城市公共图书馆阅览空间设计策略研究 [D]. 西安建筑科技大学，2023.

[2] 王世伟．图书馆的空间设计与高质量发展 [J]. 图书馆杂志，2024(3).

[3] 吴建中．新时代图书馆的探索与转型——以新馆建设为例 [J]. 中国图书馆学报 .2022(05).

湖南省少年儿童图书馆绩效评价优化研究

龙宏佳　涂阳　罗思敏（湖南省少年儿童图书馆）

1 绪论

1.1 研究背景与意义

1.1.1 研究背景

文化是民族的血脉，是人民的精神家园，是国家强盛的重要支撑。坚持“两手抓、两手都要硬”，推动物质文明和精神文明协调发展，繁荣发展社会主义先进文化，是党和国家的战略方针。党的十八大以来，党中央高度重视文化建设，“十三五”规划纲要将全民阅读提升到国家战略高度，党的二十大更是明确了文化工作的方向，习近平总书记在二十大报告中指出，要建成与社会主义文化强国相适应的现代公共文化服务体系、形成人人参与、全民共享的公共文化服务发展局面。公共图书馆作为公共文化服务的重要组成部分，是教育、文化、包容和信息的有生力量，其肩负着加快构建现代公共文化服务体系、更好地保障人民群众基本文化权益的重要使命。

经济发展可以一时之力，文化涵养却非一日之功，发展公共图书馆事业，是一项十年百年的长期工程。自 2011 年全国公共图书馆免费开放以来，国家对公共图书馆的基础建设、管理运营等提供了强有力的财政支持，公共图书馆的职能和社会责任也在日新月异，承担着图书流通、信息检索、地方文化挖掘保护、阅读推广、参考咨询与科技查新甚至政企智库等职能，是社会知识文化供给的主阵地。但是我国公共图书馆数量大、种类多、发展不均衡、主要依赖财政供养吃“大锅饭”等现状，决定了公共图书馆亟须建立绩效评价机制对其进行管理和引导。由于公共图书馆的主要资金来源是财政拨款，而财政投入归根结底来自纳税人，因此其有义务确保这些资源得到有效使用，为社会提供更全面高效高质的服务，并接受监督，确保公共财政投入的安全，这也成为考察政府绩效的一个重要领域。

绩效管理已成为我国政府改革方向，绩效评价也是各项社会事业治理的重要任务。从 2011 年公共图书馆免费开放至今，相关部门出台多项政策，强调公共图书馆开展绩效评价的重要性和必要性。

从各项政策法规的发布历程可以看出，对于包括公共图书馆在内的公共文化服务行业的绩效评价，其发展经历了“事后评价—事中评价—全链条评价”的过程，指标体系也从资金执行率这样的财务指标向群众满意度这样的非财务指标发展。但尽管 2013 年财政部发布了绩效评价共性指标体系框架，近几年来，各图书馆也以此为基础在不同程度上进行了进一步探索，但是对绩效评价的具体实施形式，尤其是指标体系的框架和内容，仍然没有形成较为统一的认识。各公共图书馆在本级主管单位的要求下看似建立起了完善的评估标准，形成了“服务为先，读者至上”的绩效目标，实际过度强调“服务”作为公共图书馆“公益性”的价值体现，反而让从业人员形成“只顾服务，不顾效益”的低效工作习惯；目前通用的评价体系既没有明确图书馆的发展成果，也不能提高图书馆的服务效率，很多图书馆在现有的绩效评价体系下，只愿意承担容易“打高分”的图书流通、阅读推广工作，公共图书馆逐渐沦为公众纳凉解暑、自习的场所，使用图书馆文献及专业资源者寥寥无几，与欧美等发达国家的公共图书馆相比，我国公共图书馆的职能被严重弱化，与我国发展文化事业的方针战略严重脱节。

具体到评价指标来说，我国公共图书馆的绩效评价更依赖预算执行率等财务指标，对非财务指标评价不足；绩效评价指标设置未结合地方特色资源，丢失了各地方政府积极保护和开发地方特色文化资源、挖掘传承非物质文化遗产的初心；缺乏针对性的评价指标，全国绝大多数公共图书馆共用一套评价指标，但馆与馆之间条件及定位、目标使命差距很大，不结合本单位的实际情况和个性特点，如少年儿童图书馆、高校图书馆、名人图书馆等，无法真正衡量本单位的绩效和效益情况；绩效评价反馈和结果运用流于形式，绩效评价的结果只是作为检验本馆财务工作能力的指标之一，并没有对评价结果进行深刻的原因分析，更没有依据评价结果来完善下一年的发展规划。

公共图书馆绩效评价缺失，最直观的负面影响是既缺少体制内的绩效考评压力，也没有来自体制外的潜在竞争，因而缺乏奋发进取和改革创新的动力。目前我国公共图书馆凸显出发展动力不足、脱离市场竞争环境、服务积极性不高等问题，并已形成面向政府和公共资源的“内敛型”发展结构，财政资金低效无效、闲置沉淀、损失浪费的问题较为突出，不仅损害政府公信力和执行力，也与国家的文化发展目标与战略定位背道而驰。

本文所研究的湖南省少年儿童图书馆为一级图书馆，也是我国最早独立建制的少年儿童图书馆之一，其在绩效评价方面存在诸多问题，且是大多数公共图书馆普遍存在的问题，如绩效评价体系还不完善，绩效评价目标短期化、片面化、对战略规划的不重视、评价指标缺乏科学性和针对性等问题，最终导致财政资源的浪费，影响了该单位的社会综合效益。为解决上述问题，本文对湖南省少年儿童图书馆的绩效评价进行研究，以帮助该单位优化绩效评价体系，也为行业内其他公共图书馆提供借鉴和参考。

1.1.2 研究目的及意义

（1）理论意义

对我国政府来说，包括图书馆在内的公共产品的绩效评价一直都是难题。由于存在信息成本高、文化产品的影响难以测量、社会效益难以量化、评价指标体系边界不明确等技术性难题，目前我国公共图书馆绩效评价尚未形成权威系统的评价体系，其中关于少年儿童图书馆绩效评价的研究更是完全没有。因此本文以湖南省少年儿童图书馆为对象研究其绩效评价存在的问题，为其构建新的绩效评价体系，不仅可以完善对公共图书馆绩效评价的研究，还能为其他省市县级少年儿童图书馆提供一定的借鉴，为预期独立建制少年儿童图书馆的政府部门提供理论支持。

（2）实践意义

从现实角度来说，文化是一个国家前进的内核，公共图书馆作为提供公共文化服务的重要场所，保持良好的发展态势，既是政策要求，更是民心所向。就目前来说，湖南省少年儿童图书馆面临着发展困境和发展矛盾。一方面，在青少年教育越来越被重视的当下，将少年儿童的阅读教育功能从传统图书馆剥离成为趋势，各级少年儿童图书馆正逐步从本级图书馆中分立出来、独立建制。作为最早独立建制的老牌少年儿童图书馆之一，也是本省少年儿童图书馆的风向标，湖南省少年儿童图书馆肩负着引领全省少年儿童阅读的重任；另一方面，由于发展观念落后、管理水平低下等情况，湖南省少年儿童图书馆正逐渐丧失行业龙头地位。

因此，通过重新构建湖南省少年儿童图书馆的绩效评价体系来优化本馆的绩效管理水平，可以进而提高本单位内部控制水平和财务管理水平，以促进本馆建成更高水平、更具社会责任感和社会影响力的高品质少年儿童图书馆。

2 湖南省少年儿童图书馆绩效评价现状

2.1 湖南省少年儿童图书馆简介

2.1.1 湖南省少年儿童图书馆概况

湖南省少年儿童图书馆成立于 1981 年，是我国最早独立建制的省级少年儿童图书馆之一。近几年，湖南省少年儿童图书馆集体和工作人员获得省部级表彰奖励 12 项，获得市级表彰奖励 13 项。先后获得全国、全省全民阅读示范基地，全国少年儿童阅读年系列活动优秀组织奖、全省维护妇女儿童权益保护先进集体、“书香湖南”全民阅读品牌项目、省文化和旅游志愿服务示范项目，省教育厅“湖南省中小学生研学旅行实践教育基地”等荣誉。四十余年来，湖南省少年儿童图书馆也得到了各级领导和社会各界的关怀、支持和帮助，1992 年，时任中共中央总书记江泽民同志亲自题写了馆名。康克清、帅孟奇、刘英、郭建、田汉、蒯伯赞等革命老前辈不遗余力地为我馆建设多次呼吁。如今的湖南省少年儿童图书馆，馆舍面积达到 12000 余平方米，设有儿童绘本亲子阅读馆、综合借阅室、文学借阅室、儿童国学馆、儿童小剧场、外语阅览室、思贤自修室、特藏文献室、读者阅创空间等 10 多个服务窗口。

2.1.2 湖南省少年儿童图书馆 SWOT 分析

湖南省少年儿童图书馆（以下简称：湘少图）相较于其他综合性公共图书馆来说，优势在于专业专精于青少年儿童的阅读推广。近年来，我国公共文化服务体系建设明确要求对少年儿童群体给予重点保障，不断加大对少儿图书馆建设和服务的支持与保障力度。湖南省少年儿童图书馆办馆条件得到明显改善，人、财、物保障水平显著提升，馆藏资源多元化建设水平显著提高。相较于其他少年儿童图书馆来说，湘少图的优势在于作为我国最早独立建制的省级少年儿童图书馆之一，拥有丰富的阅读推广、图书馆管理经验，有利于发挥图书馆的教育职能，深入开展青少年阅读指导和服务工作。

湘少图的机会一方面在于目前政策法规的完善以及财政投入的增加。近年来越来越多政府部门高度重视图书馆尤其是少年儿童图书馆在阅读推广方面的作用，公共文化产业发展获得了多个部门的支持。另一方面青少年儿童对知识获取的欲望增加以及高素质父母对孩子阅读能力的要求提高，都是湘少图发展的机会。

湘少图的劣势主要在于两个方面。内部来说，人才激励机制缺失。湘少图薪酬低、薪酬分配机制不透明，难以吸引和留住优秀的专业人才；同时缺乏人才激励措施，难以调动馆员创新创业的激情，馆员进取心差。外部来说，由于图书馆的区域发展不平衡、总分馆建设不到位，读者获取知识和书本的时间成本高。

在激烈的市场化竞争的情境下，湘少图的挑战在于民间图书馆、绘本馆等阅读机构的冲击以及移动阅读、电子阅读削弱了湘少图的中介性和场所价值。

2.2 湖南省少年儿童图书馆预算执行情况

湖南省少年儿童图书馆作为财政全额拨款事业单位，其经费来源主要为财政拨款收入，所有人员经费、公用经费及专项经费均依靠财政拨款，其非税收入如国有资源出租出借收入等全额上缴财政，单位仅有一个借书证押金账户，无备用金账户，实行收支两条线管理。湘少图在预算编制时，必须按照财政所给的预算额度编制预算，并在上级主管单位编制预算时纳入其中。执行预算时，使用资金过程中，均需进行申报，由财政支付中心、主管部门与上级行政主管单位审批同意后方可使用。使用时，所有支付的财政资金，财政系统都会进行动态监控。

2.2.1 湖南省少年儿童图书馆财政收入分析

湘少图的收入来源主要是财政拨款收入，2019—2022 年具体情况如下表所示：

项目	2019 年	2020 年	2021 年	2022 年
财政拨款	1768.44	1997.31	1876.19	2556.59
其他收入	55.21	205.9	4.49	2.04
本年收入	1823.65	2203.21	1880.68	2558.63
使用非财政拨款结余	2.3	0	23.09	162.39
年初结转和结余	384.61	162.94	355.26	222.78
总计	2210.56	2366.15	2259.03	2943.8

根据上表所示，湘少图的收入总体呈上升趋势，其中 2020 年收入较高，主要是该年度往来确认了其他收入所致。2022 年湘少图财政拨款收入较上年增加了 36.26%，主要是国家加大对公共文化体系建设的扶持，增加了项目资金所致。

2.2.2 湖南省少年儿童图书馆财政支出分析

湘少图的支出是指图书馆为了运营发展所产生的资金的耗费及损失，主要支出包括工资福利支出、商品和服务支出、对个人和家庭的补助和资本性支出。具体支出情况见下表所示：

项目	2019	2020	2021	2022
工资福利支出	749.17	803.21	883.17	902.81
商品和服务支出	377.86	503.77	411.37	555.16
对个人和家庭的补助	99.25	107.49	250.83	85.85
资本性支出	750	513.71	342.77	544.16
合计	1976.28	1928.18	1888.14	2087.98

结合湘少图的收入可见，除了2022年，其他年份都是本年支出都大于本年收入，差异部分都是用年初结转和结余或非财政拨款结余补足。由此可见，湘少图每年面临的资金支付压力很大，如何在财政资金有限的情况下，最大限度实现预算收支平衡，提高资金使用效率是湘少图急需解决的问题。

2.3 湖南省少年儿童图书馆绩效评价问题分析

2.3.1 绩效评价目标与单位战略目标脱节

湖南省少年儿童图书馆以“建设特色鲜明的一流图书馆”为战略目标，要逐步实现这一战略目标，必须从全局和战略上谋划湘少图的改革与发展，制定发展规划、加强管理制度建设、优化人才培养方案、加强学科专业建设、提升科学研究水平，着力提高图书馆的综合竞争力。图书馆的预算绩效评价体系应与图书馆的战略目标紧密结合，将战略目标层层分解具体可执行的目标后，选取能够促进战略实现的相关指标进行预算绩效评价，比如人均论文及出版物增长率、读书活动场次、藏书年增长率、硕士学历馆员比例等，这样的预算绩效评价体系才能对图书馆的长远发展产生实际意义。而湖南省少年儿童图书馆目前的预算绩效评价体系只是简单地按照文旅厅设计的框架模式选取指标，只是应付式的指标，谈不上战略性视野。整个评价指标体系不完善，对图书馆发展极为重要的服务能力、科研水平、人才培养等几个方面的评价指标极少，因此，湖南省少年儿童图书馆目前的预算绩效评价体系对驱动其实现战略目标没有明显益处。

2.3.2 预算绩效评价指标体系不健全

目前湘少图的指标设计存在缺陷，主要体现在缺乏系统性和层次性，指标设计纯属应付任务，没有通过科学的方式形成系统。指标权重分配不科学，各个指标按照5 ~ 10分随机分配分数，以能够凑够100分为标准设计分数。同时打分主观，会影响打分的指标均删除，留下的指标均是能打满分或高分的指标；对于定性的指标来说，均向满分扣一点靠齐。

具体来说，指标体系存在以下问题：

一是财务维度指标单一，不能反映整体财务状况。目前湘少图整体绩效评价指标体系中，跟财务相关的指标只有预算执行率，对于图书馆资金充裕程度、图书馆事业预算使用情况、非税收入实现情况、湘少图财务运营情况等都没有评价指标。单一的财务评价指标，会对湘少图的运营产生误导，即财务工作以用完预算资金为主，对于资金是否能发挥最大效率、如何合理配置资金都没有考核。

二是顾客维度指标未结合本馆本地特色，缺乏针对性。目前湘少图的顾客维度指标仅有一些基础的公共图书馆通用的指标，如流通人次、外借册次等，没有针对本馆的特色来制定指标体系，更没有厘清湘少图需要为哪些公众服务、需要达成怎样的服务效能，没有针对这些特定的人群、特定的目标来设计评价指标。

三是内部运营维度指标细化不够，不能全面反映评价内容。此前内部运营维度指标设计很粗糙，没有涵盖内部运营的方方面面，考核主要只集中在业务部门，对行政、后勤保障、信息系统的考核没有涉及。

四是学习与成长维度指标定性指标多，主观性强。湘少图在学习与成长维度设计的指标，偏向于幸福度、满意度这样的定性指标，难以通过确切的数据准确衡量和考核湘少图的运行情况。

2.3.3 绩效评价结果反馈和运用不足

预算绩效评价工作结束后，对于评价的结果一定要进行反馈。所谓的“反馈”机制包含两部分：一是必须将结果反馈至各个部门且在全馆范围内公布，二是要将预算绩效评价结果在外部公开。当前，湘少图预算绩效评价结果缺少反馈机制，使得评价结果只停留在纸上，并不能为下一年度的预算安排提供实质上的参考，也就更谈不上促进湘少图战略目标的达成。一方面，湘少图现行的预算绩效评价只是简单地参照文旅厅和财政厅发布的要求填报，预算绩效评价结果只是反馈给了上级部门，并没有及时反馈给参与预算执行的各个部门和项目组，因此各部门和项目组并不完全了解当年度预算资金的使用情况，也就很难根据今年的预算绩效评价结果来有针对性地进行来年的预算申报，久而久之，各部门负责人会逐渐忽视预算绩效评价工作；另一方面，湘少图没有把预算绩效评价结果对全馆职工公开，因为缺乏反馈机制，湘少图的预算绩效评价结果只是一纸空谈，对来年的预算安排起不到指导作用，对湘少图的战略目标的达成也起不到促进作用。

3 湘少图绩效评价体系的构建

3.1 可行性分析和必要性分析

3.1.1 可行性分析

湖南省少年儿童图书馆是湖南省内最大的以少年儿童为主要服务对象的图书馆，以引领全省、全国少年儿童阅读及教育为特色，以“建设特色鲜明的一流图书馆”为战略目标，定位清晰、目标明确，这为构建绩效评价体系打下了基础。从内部环境来说，湘少图的会计核算体系比较健全，各类财务资料、财务数据齐全，财务管理比较规范，财务信息十分透明。财务部门员工均为科班出身，也有一定的功底和水平能够开展绩效评价，这为绩效评价体系的构建创建了条件。从外部环境来说，近年来政府越来越重视绩效评价相关问题，多次颁布绩效评价相关的制度。经过不断革新，绩效评价的规则、标准、内容都越来越完善，经过财政厅、文旅厅等部门的多次培训，单位班子、各部门对绩效评价的重要性越来越认识深刻，对于绩效评价体系的构建逐渐接受。

3.1.2 必要性分析

首先，目前湖南省少年儿童图书馆没有形成统一高效的绩效评价体系，绩效评价目标与单位战略目标脱节，而战略目标导向下的预算绩效评价体系，引入战略地图这一工具，以湘少图的战略目标为出发点，将战略目标按照平衡计分卡各个层面进行分解，形成每个层面的具体目标，最终构建湘少图的预算绩效评价指标体系。这样的预算绩效评价体系与湘少图的战略目标紧密相连，所有的评价指标最终都是为了促进湘少图战略目标的实现。其次，湘少图目前预算绩效评价指标体系不健全、财务维度指标单一、顾客维度指标缺乏针对性、内部运营维度指标不全面、学习与成长维度指标主观性强。而新的绩效评价体系下，指标全面且量化，可以更好地反映湘少图的情况。

最后，湘少图目前的绩效评价结果缺少反馈机制，而战略目标导向下的预算绩效评价体系可以清晰明了地知晓每个层面的目标，因此可以更加直观地将评价结果反馈给各部门和各项目组，各部门对照预算绩效评价结果和设定的目标，也能很清楚本部门、本项目今年的预算资金执行情况和存在问题，便于在来年的预算申报中做出调整。

3.2 根据战略目标绘制战略地图

3.2.1 确定评价体系构建原则

湘少图绩效评价体系的构建，需尽可能遵循 SMART 原则，让该方案目标明确，并可衡量，这样才能去评估方案对图书馆的具体影响。（1）Specific，明确而具体的，湘少图绩效评价应具体到特定的工作目标、具体的业务，这样才有助于财务部门、业务部门分别去执行实施。（2）Measurable，可以衡量的，指标是可以量化的，能够清晰描述行为、数据是可以获取的，本方案下对非财务目标尽量采用定量的指标，让绩效评价有可衡量的标准。（3）Attainable，可实现的，湘少图绩效评价体系具有可行性，是可以得到的而且是贴合实际的。（4）Relevant，有相关性的，湘少图绩效评价体系的构建直接指向提高财政资金使用效率、降低资源闲置和资金浪费带来的损失，因此是以结果为导向的。（5）Time-bound，有时限的，湘少图绩效评价体系从设计到实施是有截止日期的，它通过时间区间来衡量它对湘少图业务运营的具体影响。

3.2.2 绘制战略地图

（1）明确战略目标

湘少图围绕“建设特色鲜明的一流图书馆”的战略目标，以内涵发展、特色发展为方向，以开展全民阅读活动，建设以人为中心的图书馆，重视未成年人阅读习惯培养，推广亲子阅读理念与活动，实施青少年阅读素养提升计划为着力点，主动适应国家发展战略和地方经济发展的需要，为引领未成年人阅读提供有力保障。

（2）确定战略地图具体层面

湖南省少年儿童图书馆作为事业单位，主要是要在财政拨款的支持下完成社会服务、文化传播、馆校企合作三大任务。财政资金的来源说到底是社会公众，他们最终享受图书馆免费开放的成果。因此对于图书馆来说，为社会公众提供服务的好坏最终会影响战略目标的实现。在设计湘少图的战略地图时，应将客户层面置于战略目标之下，位于战略地图四个层面的最高层。内部业务流程是实现战略目标的必要路径，内部各个业务流程运行的顺畅与否决定着湘少图提供服务的水平，因此内部流程层面位于客户层面之下。学习与成长层面包括湘少图长远发展需要的人才建设、信息资本和馆藏资本，是湘少图内部业务流程有序运转的无形支柱。财务层面是对湘少图资金的统筹管理，是内部业务流程运转的有形支柱，两者共同置于战略地图的最底层，它们共同保障战略目标的实现。因此，湘少图战略地图各层面从上到下的顺序应该是客户层面、内部流程层面、学习与成长层面和财务层面。

（3）设计各个层面的具体目标

客户层面反映的是湘少图能给社会带来的贡献，作为公共文化服务机构，最重要的公共服务职能就是社会服务、文化传播和馆校企合作。社会服务方面，可以划分为三个具体目标，一是实施青少年阅读素养提升计划，二是重视未成年人阅读习惯培养，三是推广亲子阅读理念与活动。文化传播方面，可以分解为三个具体目标，一是深入推进全民阅读，二是优化文化资源配置，三是塑造青少年正确的世界观、人生观、价值观。馆校企合作方面，可分解为三个具体目标，一是深化馆企、校企合作，二是推动各平台协同育人，三是强化与学校等教育机构的跨界合作，注重多元化融合发展。

通过对湘少图组织结构和业务流程的分析，可将内部流程层面分为业务管理、后勤保障、信息管理三部分。结合湘少图 2023 年工作重点，业务管理的重心包括深化产学研融合、促进重点重大项目建设、提升活动内涵和质量；后勤保障的重心包括基础设施的建设和维护、平安图书馆的创建、完善资产管理，做好国有资产准入和退出机制；信息管理的重心在于推动湘少图智慧化转型、促进设施设备虚实结合、以人为本。

学习与成长层面是促进客户层面及内部流程层面实现目标的内生动力，分为人才建设、馆藏资本和信息资本三个方面考虑。人才建设主要考虑做好职工培训、实施阅读推广人培育计划、开展人才培养模式改革；开展人才培养模式改革主要考虑提高馆藏质量、促进馆藏文献资源多元复合、共享共建；信息资本方面主要是构建信息化平台。

财务层面从资金的角度来讨论影响湘少图战略目标实现的因素，主要关注资源配置和预算执行，目标主要是提高资金利用效率、控制财务风险、提高执行率。

（4）绘制战略地图

综合以上论述，整理出湖南省少年儿童图书馆的战略地图，如下图所示：

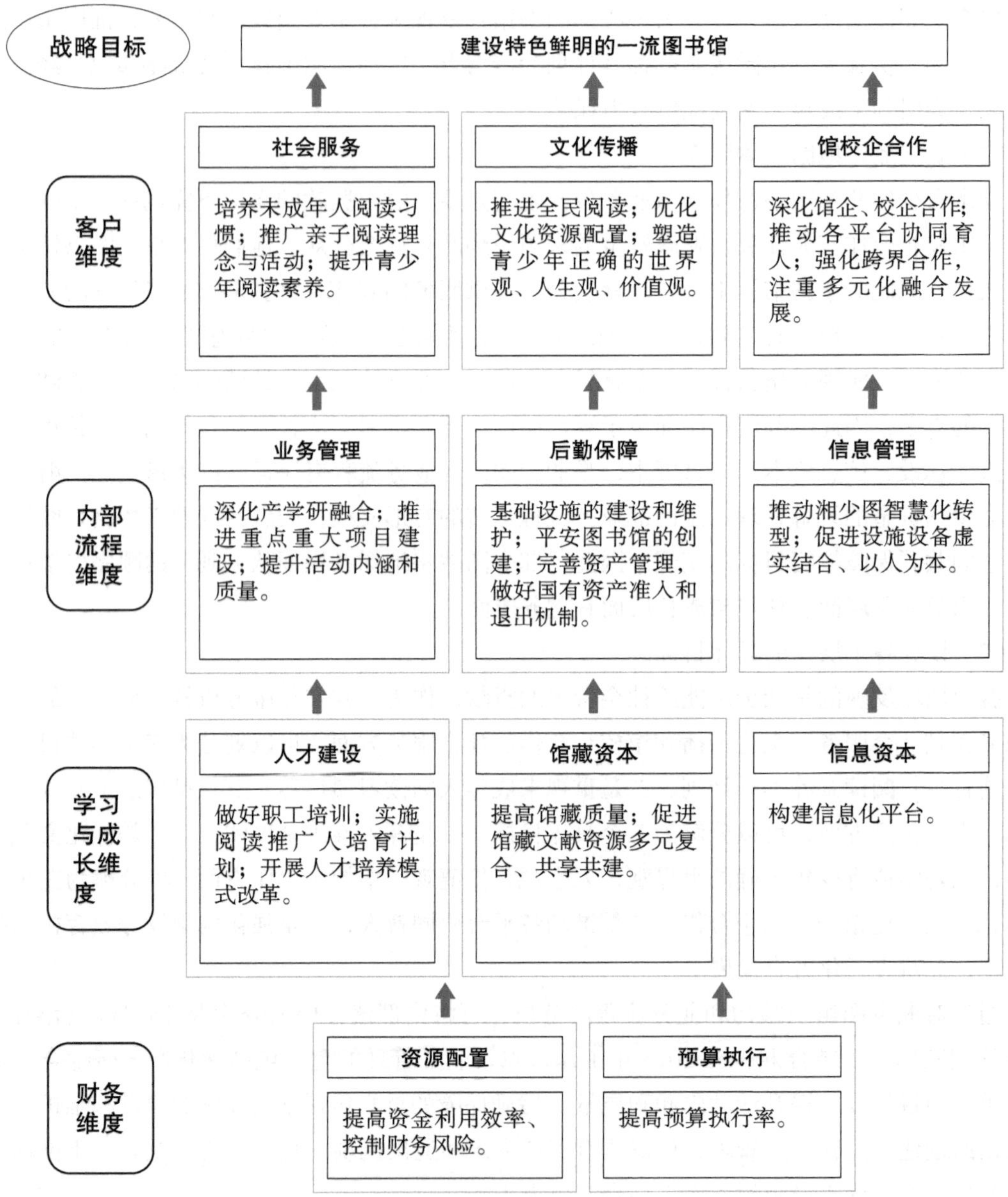

3.3 设计绩效评价指标

3.3.1 补充财务管理指标，全面考核各项业务成本

湘少图虽然不以营利为目的，但是财务指标仍然是实现预算管理战略目标的主要指标，离开资金支持，湘少图不能进行日常运行，更不能开展各个项目。作为具有公益性质的事业单位，

湘少图与企业有本质区别。图书馆是非营利性组织，区别于企业有可视化的经济效益，投入产出比较为模糊，预算投入方需要清楚投入的效果，这就要求财务部门综合各方面的数据来给出预算投入的评价。

维度	目标细分	具体绩效评价指标	指标解释
财务维度	资源配置	财政拨款增长率	
		非税收入实现率	非税收入决算数 / 非税收入年初预算数
		总收支比	
		图书馆事业预算支出占比	2070104 下支出 / 总支出
	预算执行	购书经费占比	
		预算执行率	
		预算收入实现率	

3.3.2 针对不同顾客群体设计指标，针对本馆和本地特色评价服务效能

湘少图的客户主要分为以下几类：一是企业，二是学校，三是以学生和家长为代表的读者。湘少图要明确资金提供服务是目的，进行资金管理是手段，二者相辅相成，密不可分。因此湘少图的绩效评价应该针对不同的客户群体设计指标，确保湘少图的服务惠泽各个客户群体。

维度	目标细分	具体绩效评价指标	指标解释
客户维度	服务质量	举办活动较上年增长率	
		参与活动人数较上年增长率	
		馆藏外借率	
		总流通人次	
		电子资源下载率	
	文化传播	读者满意度	
		市场穿透度	读者占长沙市人口比例
		用于分管资源保障的文献比例	
		图书外借册数	
		总藏量增长率	
		借阅证增长率	
	馆校企合作	馆企合作项目增长率	
		馆校合作项目增长率	

3.3.3 细化内部运营指标，科学反映业务能力与服务保障

维度	目标细分	具体绩效评价指标	指标解释
内部流程维度	业务管理	文创新产品开发数量	
		人均事业支出	事业支出 / 加权到馆读者数量
		项目支出执行率	
	后勤保障	固定资产年增长率	
		馆舍面积	
		安防系统及防雷设施	
		应急设施及应急预案	
	信息管理	电子阅览室终端数	
		网站点击率	

3.3.4 定量与定性指标相结合，客观评价学习与成长能力

维度	目标细分	具体绩效评价指标	指标解释
学习与成长维度	人才建设	本科学历馆员比例	
		人均人员经费同比增长率	
		员工培训次数	
		发表论文数量	SCI+EI+CSSCI
	馆藏资本	人均馆藏量	
		馆藏平均寿命	
		馆藏更新率	
	信息资本	信息系统建设进程	

3.4 建立与绩效评价挂钩的奖惩机制绩效评价体系

湘少图的预算绩效评价要将各部门及项目的评价结果与绩效奖惩挂钩，没有奖惩的预算绩效评价也就失去了应有的作用，如果评价结果与部门及项目的利益无关，那么各部门及项目负责人对于这项工作肯定不会引起重视，就会导致湘少图预算绩效评价体系形同虚设。

因此，湘少图应建立与预算绩效评价结果相适应的奖惩机制，明确绩效评价结果好的部门及项目将得到相应的奖励，绩效评价结果不好的部门及项目将得到相应的惩罚，并且进一步量化这种奖惩，这样一来，预算绩效评价就会与部门及项目的既得利益相结合，才能调动部门及项目组的积极性，保障预算绩效评价工作能够顺利实施。湘少图要想建立科学合理的预算绩效

评价奖惩机制，首先要保证公平公正，广泛征求各部门及项目组的建议，参照部门及项目组往年的预算绩效评价结果，制定合理适度的奖惩机制。对某些预算绩效评价分数低的部门及项目组，要帮助其找出存在的问题并分析原因，并给出来年改进的建议。通过建立与湘少图实际情况相符的预算绩效评价奖惩机制，便于更好地改进预算管理工作中的问题，进一步完善湘少图预算绩效评价工作。

4 湘少图绩效评价保障措施

4.1 树立绩效评价的全馆全局意识

我国传统预算管理模式只关注资金的供给环节，在资金分配使用上缺乏管理及监督制度，造成了严重的资金浪费，究其原因是普遍缺乏对预算绩效的正确意识，没有认识到绩效评价是预算管理工作中不可或缺的一环。随着预算绩效研究的不断发展，其重要性得到普遍认可，越来越多的研究学者将绩效运用到事业单位和公共文化支出的预算管理工作中。在构建湘少图预算绩效评价体系时，首先要突出湘少图的发展战略目标，对整个预算绩效评价体系起到全局、全馆的引领作用，其次要积极培养科学合理的预算绩效理念，既要关注短期目标，又要注重长期发展目标，使得短期预算目标与湘少图的发展战略目标有机结合。当然，湘少图想要实施预算绩效评价工作，仅仅依靠财务部门的力量显然是不够的，这项工作不仅需要馆班子的重视，更需要各个部门以及全体职工的配合。因此，湘少图想要顺利实施以战略目标为导向的预算绩效评价体系，就必须在全馆范围内强化预算绩效理念的培养，多学习其他兄弟单位的先进经验，通过多种宣传途径向职工普及预算绩效的相关知识，使其明白预算绩效的意义所在，形成重战略、讲绩效的文化环境。

4.2 提升财务人员专业水平

提升预算管理人员水平，就要加强培训工作，不仅仅是理论知识方面，在实践上也应该加强学习。在培训工作中，要建立考核机制，以保证每个人能够学到预算绩效的全部知识。同时，在培训的过程中，可以让学员针对自己的所学，对预算绩效评价体系提出相关性建议，更有利于完善预算绩效评价体系。因此提升预算管理人员水平，不仅仅会让预算绩效评价工作的人员在实际工作中避免错误的发生，也可以完善评价体系。

新时代公共图书馆人才建设思考与实践

易娟（湖南省少年儿童图书馆）

摘要：本文阐述了图书馆人才建设的概念、特点及存在问题，论述了人才建设的意义，介绍了笔者单位的工作经验，提出了少年儿童阅读服务专业人才队伍建设的策略和路径。

习近平总书记在给国家图书馆老专家的回信中，深刻指出图书馆在国家文化发展中的重要作用，它是国家文化发展水平的重要标志，更是培育民族文化自信的重要场所。这一重要论述不仅明确了图书馆的战略定位，也为公共图书馆事业的创新发展注入了强大动力，同时指明了公共图书馆人才队伍建设的前进方向。

湖南省少年儿童图书馆（以下简称：我馆）是全国最早独立建制的省级少年儿童图书馆之一，探索少年儿童阅读服务专业化人才建设模式，以期为新时代公共图书馆人才建设提供一点借鉴与参考。

1 人才队伍建设的重要性与内涵

1.1 重要性

我国始终将人才视为至关重要的资源。早在唐朝时期，《贞观政要》便明确指出："为政之要，惟在得人"，这充分体现了人才在国家治理和社会发展中的核心地位。而中共中央所印发的《关于深化人才发展体制机制改革的意见》也强调："人才是经济社会发展的第一资源"，再次重申了人才的重要性。公共图书馆事业要取得持续的创新与发展，同样离不开优秀人才的支撑与推动。

1.2 内涵

人才建设是一项系统工程，其核心在于构建科学的人才培养体系。这一体系应涵盖从基础教育到高等教育的全链条，着重培养人才的创新能力和实践能力，以孕育出具有国际竞争力的高素质人才。此外，还需强化职业教育和继续教育，为人才的职业发展提供坚实的支撑。人才建设要求我们从多个维度、不同角度和视角出发，进行全面的组合与配置，以构建一个高效的人才管理系统，实现人才队伍的科学化、优化和实用化建设目标。

2 人才队伍建设的意义

2.1 人才是最为重要的社会资源

在新时代公共图书馆事业发展中，人才是确保人民基本文化权益、推动持续创新与进步的关键力量。因此，公共图书馆应深刻认识到人才建设的重要性，致力于培养和引进优秀人才，不断提升公共文化服务能力，以满足人民日益增长的美好生活需要。通过加强人才队伍建设，公共图书馆将更好地服务于社会，为构建文化强国助力。

2.2 图书馆专业人才配备的需要

图书馆馆员作为该体系中的核心与最宝贵资源，其价值日益凸显。随着图书馆职能的演变，从以藏书为中心的传统模式转变为以服务大众为核心，这种观念得到了广泛认同。在全球范围内，许多国家的图书馆都将人才管理作为预算支出的关键领域，并视其为塑造21世纪图书馆发展趋势的决定性因素。在新时代背景下，图书馆对于人才的招聘、培训与保留给予了前所未有的重视。

3 图书馆人才建设的现状分析

3.1 图书馆人才结构的特点

人才结构包括学历、职称、专业能力、聘任的岗位等要素组成，它需要按照科学性、系统性、实用性几个原则来进行配置。少年儿童图书馆作为面向未成年人服务的专业图书馆，侧重于满足对少儿读者的阅读兴趣和阅读能力的培养。由于其行业的特定性，需要不同专业不同类型的人才来服务于小读者，担当起全省未成年人阅读服务板块工作。以我馆为例，现有员工56人，大专4人、本科41人、硕士10人、博士1人，其中高级职称13人，中级职称27人。这些具备阅读推广、儿童教育、信息技术等专业能力从业人员，构建起一支图书馆复合型人才队伍，较大限度提高了我馆的服务效能，满足不同阶段不同层次的小读者的需求。

3.2 图书馆人才建设的问题

在儿童图书馆的建设与人才储备过程中，我们面临着多重挑战。外部环境日新月异，技术革新层出不穷，特别是数字化阅读及虚拟图书馆等新型科技的不断涌现，给图书馆的发展带来了挑战。与此同时，读者的需求也在快速变化，儿童的阅读和兴趣呈现出广泛且多样化的特点。这些变革要求图书馆员工具备深厚的专业知识和丰富的实践经验，以便为孩子们提供个性化和多样化的服务。然而，这也带来了员工培训的周期延长和成本增加的问题，进而影响了图书馆的人才储备和长期发展。

4 图书馆人才建设的策略与路径

4.1 打造能上能下竞争机制

我馆按照科学合理、精干效能兼顾公平的原则执行岗位设置管理，打破干部身份终身制，引入竞争激励机制，并制定相关的岗位聘用标准，使馆员对自己的岗位有更清晰的认识和理解，逐步建立起新型的用人管理制度。公开招聘对学历有了更高的要求，也使我馆在职人员中，研究生及以上学历人数逐年提高，本科学历人数保持稳定，随着“60后”的退休，大专学历人员也逐年减少。职称是专技岗位人员技能水平的一种体现，职称晋升是对学术水平、专业能力和工作业绩的肯定。公共图书馆和高校图书馆因服务的对象和方向不同，在论文和科研成果上，公共图书馆馆员和高校图书馆馆员在统一评审条件下处于弱势，通过率较低，影响了馆员参评的积极性，我馆“60后”基本是中级职称退休。湖南省图书资料系列职称改革工作领导小组办公室从2018年起，多次对《湖南省图书资料系列专业技术职称申报评价办法》进行修改，合理设置了论文和科研成果条件，并对论文作假提出“一票否决制”，极大地鼓舞了大家参评勇气，我馆现在“80后”已成为高级职称申报的主力军和成功者。这些用人管理制度的启动，让我馆事业呈现无限潜能和蓬勃的活力。

4.2 建设激励与保障制度

我馆的人才队伍建设以习近平新时代中国特色社会主义思想为引领，坚持党管干部原则，馆党总支全面履行选人用人主体责任，抓好选人用人导向，将选人用人工作制度化。如我们通过组织公开招聘吸纳人才，提高馆内从业人员整体学历水平；抓好岗位培训提升人才队伍素质，更新馆员专业知识与技能；鼓励馆员提升学历，增强能力素质；开展业务培训研修班、组织馆外学习交流，依托中图学会这个平台，派遣馆员参加各类专业的学习培训和学术交流，激励馆员自觉加强业务学习和素质修养。依托“青少年阅读+高雅艺术美育”渗透式新教育综合实践项目，鼓励全体馆员特别是青年馆员自我创新、充分挖掘潜能，力争人人都能参与到项目中，而将项目任务化、与绩效挂钩，从工作提效和工资待遇出发，充分调动全体馆员的主动性、创新性，激化内部动力和活力。这一系列的有效措施，提高了我馆整体业务技能和服务能力，培养和锻炼一批高素质人才，也进一步推进了我馆人才队伍建设有序发展。

4.3 构建多元专业化人才队伍

作为省级馆，在不断提高服务效能、满足读者阅读需求的前提下，还需对全省少年儿童图书馆事业发展给予扶持，担负着对全省少年儿童阅读推广活动引导、对全省少年儿童图书馆馆员的业务指导等工作，因此对人才有更高的要求，我馆人才队伍建设按管理型和专技型两个类型来培养储备人才。

4.3.1 管理型人才

公共图书馆管理型人才队伍包含馆长、副馆长、内设机构负责人，他们担负图书馆领导职责和管理任务，是图书馆运营的管理者，这类型的人才除了需要具备专业能力，还要具备抢占机遇、准确掌控局面的应变能力。我们通过组织选拔、竞争（聘）上岗、公开选拔（聘）等方式来储备，按照老中青相结合的梯次配备，用好各年龄段干部。我馆现任领导班子成员在年龄、学历、专业上搭配合理、优势互补。

4.3.2 专技型人才

专技型人才是通过学习接受某方面技术知识，具备该专业技术能力的人员称为专业技术人员。其中较为突出的，熟悉相关技术，并具有自主创新能力的，称为专业技术人才。为最大限度提高公共图书馆的服务效能，满足不同阶段不同层次的小读者的需求，将专技型人才按专业进行分类培养。

专业的研究人才。公共图书馆馆员大多数是图书资料专业职称，这类人才本身就是具有高度的专业性的，除了能按照《中华人民共和国公共图书馆法》履行职责，按照平等、开放、共享的要求向社会公众提供服务外，还能够胜任相关领域的信息需求跟踪与信息资源选择、检索、咨询等工作。专业的少年儿童图书馆有别于成人馆的服务对象，服务的是对沟通、教导方式，以及耐心和心理素质的需求都大于其他年龄段的读者群体，这就需要我们的馆员具备为青少年群体服务的经验与技能。如要求馆员具备心理学、社会学、语言学等专业知识。青少年读者对动画、图片、真人等生动形象的传递方式更加感兴趣，为培养他们的阅读兴趣，新时期少儿图书馆的馆员就要具备如视频动画制作和编辑、舞台表演、举办真人图书馆或者读书会、英文绘本讲读、组织各种线上活动等能力。我馆通过对社会公开招聘文学类、新闻传播学类、历史学类、艺术类的相关专业人才，吸引更多的专业人才和高校毕业生来我馆工作，使人才结构正逐步实现年轻化、知识化、专业化，为馆内人才队伍建设专业化储备了力量。

文旅人才。2018 年 4 月，文化和旅游部的正式挂牌成立，让文旅融合成为现实发展方向，图书馆人不仅仅是过去单纯的“文化人”，更是推动文旅融合的践行人。“文旅融合，人才是关键”。我馆在文旅融合之初，因缺少既具备文旅专业知识与创新能力，又擅长文旅产品设计、文旅项目策划与运营的复合型人才，在人才队伍建设上，还是倾向于公共文化服务人才的培养。但我馆一直坚持积极探索文旅融合新模式，努力储备和培养文旅行业复合型人才，近年来，已颇有成效，特别是今年，我馆在打造省级文旅深度融合示范基地，我们和非遗馆、科技馆等建立联动机制，在实现功能融合的基础上，更加注重创意研发、经营管理及营销推广人才的培养。我们既在现有馆员中发现培养文旅产业研发和经营管理的人才，又通过设立工作室来探索现代学徒制，聘请业内专家志愿者对馆内业务骨干进行项目智库支持；采取合作和授权方式，引入社会力量，协助馆内业务骨干参与研学活动文创研发、经营推广；招聘文旅专业人才、与高校合作提供实习岗位等方式，弥补紧缺专业人才短板。这些文旅融合复合型人才队伍建设的有效举措，也使我馆在 2023 年实现了“1+1>2”的品牌共兴，实现了文旅完美融合。我们利用丰富的馆藏资源，开展了红色文化、优秀传统文化研学活动、举办了具备原创性、研究性的湖湘文化专题展览，创建了具有知名度和美誉度的文化创意品牌，我馆原创的郴州八景等文创产品被湖南省第二届旅发大会组委会收藏，产品获得专家和读者的一致认可，而产品开发的净收益也为我馆在政策范围内核增一次性绩效总量，用于激励人才的创新活力，这个正向的激励作用，也进一步激发馆员的积极性和创造性，现在全馆已营造出“人人皆可成才，人人尽展其才”的氛围。

5 结语

我国首部图书馆专业法——《中华人民共和国公共图书馆法》的颁布实施，使公共图书馆事业有了法治保障，同时，也对图书馆馆员在学历、能力、态度、职业性等方面提出了更高的要求。人才是保证事业不断前进的动力所在，是全面提升公共图书馆服务品质的根本保障。故此，新时代图书馆人才队伍的结构还需要不断更新，人才队伍建设依然任重而道远。

参考文献

[1] 易娟 . 公共图书馆人才队伍建设与管理探析——湖南省少年儿童图书馆为例 [J]. 文艺生活 · 文海文艺，2018(06).

公共图书馆赋能乡村振兴案例
——辰溪县图书馆分馆 五宝田“耕读所”

罗芳　刘晓健（辰溪县图书馆）

公共图书馆是我国公共文化服务体系建设的重要组成部分，乡村文化的振兴是实现乡村全面振兴的重要抓手。公共图书馆精准服务的开展，公共图书馆总分馆制建设，将有力加强村级图书馆文化建设，在弘扬中华优秀传统文化、丰富群众文化娱乐生活、提高农民职业素养、传播科技信息等方面发挥积极作用。同时，有利于实现乡村图书馆的可持续性发展，有利于缩小城乡文化差距，是繁荣发展乡村文化的重要途径。

1 背景

辰溪县上蒲溪瑶族乡五宝田村，历史文化悠久，环境清雅优美。2010 年，五宝田村被公布为国家级历史文化名村，其古建筑群在 2008 年第三次全国不可移动文物普查中被发现，并于 2011 年被湖南省人民政府公布为省级文物保护单位，2013 年又被列入首批中国传统村落名录。

1.1 中国古代耕读文化的标本

辰溪县上蒲溪瑶族乡五宝田村是萧氏族人聚族而居的村落，自古承续耕读传家的历史传统，村人一直重视文化教育。古代村中族人合办的学校“耕读所”至今保存完好，且一直办学延续至今。

1.2 湖南省古村落建筑群之最

五宝田村是湖南省内古村落中最完整、保存最好的一个古建筑群，整个群落中没有一座新建筑，全部都是古建筑，新增建筑也保持了统一的古风，这样完整的古建筑群落为湖南省内之最。

1.3 一座珍贵的建筑艺术宝库

五宝田古建筑群具有精美的建筑构造和装饰艺术，是一座珍贵的建筑艺术宝库。建筑构件大量采用当地特产的玉竹石制作，材质特别，雕刻精美，具有很高的艺术性和独特的地域特点。

2 设想

利用五宝田村得天独厚的地域优势及兴教办学的传统，采用辰溪县图书馆总分馆制建立乡村图书馆的方式与村属乡政府共同打造五宝田村图书馆，助力乡村振兴。

2.1 选址

五宝田村有一栋独立别墅取名“耕读所”，至今保存完好，其仰头门额是四字横联“三余余三”。“三余余三”左读右读、正读反读都是如此。“三余余三”衍于耕读，据说是萧（肖）氏子孙必须牢记的家风，更是本族延续耕读兴家，文墨继世的精髓。“三余”即“冬时岁之余，夜时日之余，雨时晴之余”，告诫族人须珍惜光阴，善挤时间，加倍努力，用足“三余”;“余三”即“三年之耕余一年之粮,九年之耕余三年之粮”,教育族人节俭持家,勤耕农种,以防饥荒。“三余余三”四个字,首尾照应,左右回环,其中蕴藏着耕读正心,奋发图强,光祖耀宗的深刻含义。

2.2 设计

为了最大限度地保护好“耕读所”原址原貌，将原来用于收藏农具、屯藏粮食的一楼小隔间改造成大开间礼堂，平时用于开展讲座、培训等各类阅读推广活动。二楼设计为讲习所，按照古村落建筑特点，增设特色书架与阅览桌椅。

2.3 做法

（1）采用“总分馆制”助力五宝田乡村图书分馆建设。2018 年 9 月，由村属乡政府出资设计与整体环境相匹配的开放式书屋，辰溪县图书馆提供图书资源，在历史文化悠久、环境清雅优美的历史名村五宝田，开辟新型公共阅读空间，共同创建了村级图书馆分馆——五宝田“耕读所”。将耕读所一楼小隔间改造成大开间礼堂，用于开展讲座、培训等各类阅读推广活动，二楼设计为讲习所，按照古村落建筑特点增设了特色书架与阅览桌 4 套，县图书馆因地适宜配送了各类纸质图书 9000 余册。

（2）充分发挥乡村图书分馆乡土文化传承基地作用。建好乡村图书分馆，关键是发挥好其传播知识源泉、传承文化积淀的作用。辰溪县图书馆组织五老和志愿者在耕读所开设“大酉讲堂 - 乡贤文化讲堂”，用他们的嘉言懿行垂范乡里，传播传统文化，涵育文明乡风，让社会主义核心价值观在乡村深深扎根乡村，5 年来培育了 30 余位宣讲老师和文化志愿者，免费为来自五湖四海的游客朋友介绍五宝田的历史文化,为振兴乡村、文化旅游、五美乡村建设添砖加瓦。

（3）依托乡村图书分馆阵地建设开展读书分享活动。为把五宝田“耕读所”建成能陪伴农民朋友、孩子们爱来常来，一生学习的好去处，辰溪县图书馆与五宝田“耕读所”共同开展系列阅读分享活动，吸引读者参加。一是按照阅读需求定期组织送书下乡、基层图书馆讲学、好书进万家等活动，为当地群众献上丰富多彩的文化大餐。二是定期开展学生群体“渔书计划”活动，引导孩子们爱读书、读好书、善读书。通过开展有奖读书交流，鼓励孩子们开阔眼界，让阅读之光照向最基层的乡村，让孩子们通过阅读看到更为广阔的世界，增长眼界和见识，增强读书改变命运的信念。三是通过打通区域内部的图书渠道，丰富五宝田“耕读所”的馆藏书籍，以村民、孩子的阅读需求为导向，尽可能多地提供农业技术、农业科普、种植养殖、养生保健、儿童读物、世界经典名著、党史学习教育、儿童心理学、少儿读物等农民群众和少儿读者喜闻乐见的书籍，让孩子们爱上阅读，养成良好的学习习惯，让阅读开启通往新世界的大门。四是依托“世界读书日”，大力推广全民阅读。以“阅读新时代，奋进新征程”为主题，开展丰富多彩的“全民阅读月”系列活动。把读书作为一种不可或缺的生活方式，通过学习和阅读，不断增加知识储备，让精神食粮充盈文化修养。五是帮助人们养成良好的阅读习惯，多读书，善思考。通过阅读习惯的养成，将书香浸润心灵，充分感受阅读魅力，起到阅读“润物细无声”的作用。六是以“耕读所”为示范点，向周边乡镇村开展延伸服务，借用“耕读所”与社会企事业单位合作办馆经验，已成功在罗子山乡镇文化楼、黄溪口双溪村、修溪镇麻溪村等多地建设村级图书馆分馆，通过建设特色村级图书馆，充分发挥文旅融合在乡村振兴工作中的前沿作用。

（4）运用信息技术改善五宝田“耕读所”公共文化支撑。辰溪县图书馆结合馆藏资源优势，做好以下工作：一是充分运用图书馆网站、官方微信等信息渠道，为五宝田村拍摄宣传推广文化、旅游、农产品优势视频资源。通过开办农民讲习所，将“耕读所”内的农产、种植、养殖等视频资源经过加工，并依据村民种植、养殖等需求给大家播放相关视频资源，通过讲习、讲授的方法解疑释惑，应农民所需所求开展精准信息服务。二是与时俱进推广电子图书。重点梳理三农、脱贫攻坚、产业兴旺、生态宜居、乡风文明、乡村振兴等政策，解读乡村振兴政策信息、推进乡村发展，繁荣兴盛农村文化，着力提升农业发展质量。三是打造五宝田“耕读所”的信息共享空间。致力于把五宝田“耕读所”打造成一个多元化的空间，既有文化空间、学习空间，也有多媒体空间、休闲空间等，通过“耕读所”功能的拓展、公共服务的延伸，吸引更多的农村读者、学生到五宝田“耕读所”来学习、阅读、增长知识，进一步推动乡村图书分馆公共文化建设。

（5）延伸服务触角助力五宝田村古籍保护及文化输出。一是搜集五宝田村优秀的传统文化资源，如历史古籍、古建筑、手工艺、戏曲等亟待挖掘和保护的特色资源进行保护和传承，特别是历史古籍，依托辰溪县图书馆古籍室对五宝田村古籍进行筛查和整理，利用辰溪县图书馆专业修复技艺和专业优势，让优秀的民族文化得以传承和弘扬。如 2020 年 11 月 21 日，安徽省副省长李修松率领民革中央史组在五宝田调研，在“耕读所”内听取 80 岁高龄的乡贤志愿者讲授五宝田历史。二是通过辰溪县图书馆网站、官方微信公众号等媒介，大力宣传五宝田村特色产业，增加外界知名度，提升农村居民经济收入。如每年 9 月五宝田村举办“稻花鱼节”、农耕文化节等特色节庆活动。以农耕文化为核，以乡村旅游为桥，疏通城乡文化交流渠道，让乡村成为城市的“精神后花园”。一方面提高农村地区的文化自信，激发乡土文化活力，激活农村地区的历史底蕴，顺应传统文化回归的时代潮流；另一方面从单一的城市向农村输出文化到城乡文化互动互补，促进两者优势互补，提供城乡文化差异性体验，文化回归了“泥土味”，让城乡一体化建设依托农旅融合找到了新的方向、实现了质的突破。

3 成效

（1）创新阅读推广，助力乡村文化振兴。通过赋能乡村振兴，结合“合作 + 特色 + 创新”

阅读推广方式，利用文旅大融合的时代契机，充分发掘当地民族特色资源，建设特色文献和数字资源，使其得到充分利用，达到消除城乡信息鸿沟、阻断代际贫困的目标，以更加丰富的阅读推广内容促进乡风文明建设，助推乡村文化旅游事业发展，助力乡村振兴。

（2）吸引人才回流，赋能乡村振兴发展。随着政府对五宝田村的宣传开发，越来越多的有识之士选择回村投入新农村建设，肖仕节、肖湘武是从五宝田走出去的大学生，如今他们怀揣着对家乡山水人文的热爱，舍弃外面的事业，毅然决然地回归故里，选择在基层服务乡邻，在他们的努力奋斗下，政府也逐渐加大对五宝田的投入，通往村里的桥梁、公路得到修缮和拓宽；他们还利用乡贤文化讲堂，对村民进行旅游发展培训，如今村里的大爷大妈们一改往日腼腆含蓄的风格，对八方来客笑脸相迎，每个人都能讲上一段历史故事；饿了随便找户人家，都能拿出自家的熏腊肉、山野菜给远方来客奉上一桌美味珍馐。

赋能乡村振兴，农村面貌迎来翻天覆地的变化。从前，是老年人带着年轻人求生存，如今，是青年人带领着老人们谋发展，他们相互扶持，各取所长，为新农村建设带来了无限可能。

图书馆 + 社会机构
——总分馆建设的衡阳实践

胡从启 李仁 黄俊琦（衡阳市图书馆）

“图书馆 + 社会机构”项目是衡阳市图书馆落实公共文化服务体制改革要求、结合当地实际而推出的一项创新举措，主要内容是构建以市图书馆为中心馆、区图书馆为总馆、覆盖衡阳城区的图书馆总分馆服务体系。该项目由衡阳市文旅广体局指导，衡阳市图书馆具体组织实施，2018 年 7 月正式启动，取得了可喜成效。

1 开展背景

在新时代公共文化服务体系建设中，衡阳市图书馆以弘扬先进文化、推动全民阅读、打造高水平书香城市为目标，不断增加投入，完善服务体系，提升服务效能，扎实推进总分馆建设，落实基本公共文化服务标准化、均等化。随着衡阳市民阅读需求的不断提升，衡阳市图书馆服务网点覆盖面需要进一步延伸。总分馆体系建设为基层公共图书馆的服务拓展提供了最佳选择，按照国内普遍的总分馆模式，公共图书馆总分馆建设始终是在行政区域“金字塔”上做文章，是纵向方向发展。为了突破发展中的瓶颈，破解发展中的难题，衡阳市图书馆在没有专项财政资金投入、自身经费十分紧张的情况下，于 2018 年 7 月正式启动“图书馆 + 社会机构”项目，开始引入社会力量参与总分馆体系建设的实践与探索。

2 主要内容

“图书馆 + 社会机构”项目主要突出图书馆与社会力量实现资源整合，突破图书馆体系自身原有的小圈子，以书为媒，与住宅小区、旅游景点、党政机关、教育机构等社会机构广泛联通融合。主要内容是利用现代技术，实现以市图书馆为主导的阅读设施共建、文献资源共享、读者活动共谋的良性循环。六年来，一批批功能完备、各具特色的图书分馆和流通点，吸引了更加广泛的群体走进图书馆、利用图书馆。

“图书馆 + 社会机构”主要由“图书馆 + 住宅小区”“图书馆 + 党政机关”“图书馆 + 旅游景区”“图书馆 + 工业园区”“图书馆 + 协会组织”“图书馆 + 教育机构”“图书馆 + 两新组织”等构成，针对不同的合作对象，采取灵活的合作方式。

“图书馆 + 住宅小区”：物业公司、业主委员会根据小区居民的阅读需求，向衡阳市图书馆提出申请。项目组现场考察后确定选址，小区负责服务场地、服务人员、基本设施设备等，市图书馆负责流通文献、服务平台、业务指导，双方共同策划实施读书活动。该方式把图书馆开到老百姓家门口，让阅读变得触手可及，是实现全民阅读的一种重要方式，也是各大楼盘提升品位的一大举措，具有广泛的合作空间。该模式以2019年1月开放的衡阳市图书馆棕榈园小区分馆为代表。

“图书馆+党政机关”：共建单位提出申请，项目组根据其基本条件，在已有图书阅览室基础上提质改造为图书馆分馆，为共建单位创建学习型机关、文明单位助力。此举有利于丰富机关干部职工文化生活，受到各级党政机关的高度评价。该模式以2018年开放的衡阳市图书馆市人大机关分馆、2020年1月开放的第二批雁城市民书屋（24小时自助图书馆）为代表。

“图书馆+旅游景区”：衡阳市是湖湘文化重地，历史悠久，具有丰富的旅游资源，也是旅游大市，图书馆和旅游景区强强联合，弘扬雁城文化，实现“诗和远方”高度融合。该模式以衡阳市图书馆石鼓书院分馆为代表。

“图书馆+工业园区”：衡阳市是承接东部产业的“领头雁”，衡阳市工业门类齐全，供应链完整。衡阳市正在建设11个千亿级产业集群，产业工人数量庞大。各工业园区与市图书馆深度合作共建图书馆分馆，极大地满足产业工人的阅读需求，提升产业工人劳动技能。该模式以衡阳市图书馆白沙洲工业园分馆为代表。

“图书馆+教育机构”：衡阳市图书馆与各中小学校、培训机构合作，把衡阳市的中小学校、各类教育培训机构纳入公共文化服务体系之中，让文化充分利用了教育资源，有利于实现全社会资源共建共享、成果共创共享的公共图书馆服务体系目标。该模式以衡阳市图书馆市一中流通站等为代表。

“图书馆+两新组织”：衡阳市图书馆与市委两新工委合作，市委两新工委负责遴选具备基本条件的非公有制经济组织和社会组织（以下简称“两新组织”）党组织，市图书馆以分馆或馆外图书流通站的形式实施共建。两新组织党组织负责书屋的场地、设施、人员、管理和日常服务，市图书馆负责提供基本藏书（包含一定数量的党建读物）、业务指导、文献更新、阅读活动等服务。其中党建图书囊括党史、国史、党内政治生活、党内政策法规、党务工作实务、党员干部教育培训、党建经验、先进人物、历史文化、人物传记等。可为党员三会一课、主题党日活动等党内政治生活提供学习资料。

“图书馆+社会机构”项目的合作方式为社会机构提供场地、基本设施设备及管理人员，衡阳市图书馆免费提供流通图书，组织策划阅读推广活动，并对业务和管理进行指导，双方签订《共建衡阳市图书馆分馆（流通站）协议》。衡阳图书馆定期收集各分馆反馈意见，了解读者借阅需求，为其采购相关图书，并及时提供他们，以满足市民的借阅需求。

衡阳市图书馆与社会合作方在合作中以“分而治之”的理念进行管理。社会合作方主要管理日常事务，如场地、设施的运营维护等。而衡阳市图书馆作为总馆，是总分馆的业务指导和专业管理中心。

为了规范各分馆或流通站的运行，衡阳市图书馆在2018年6月制定了《衡阳市图书馆总分馆条例》《总分馆服务工作流程》《总分馆运行管理制度》《分馆建设标准》《分馆（流通站）

服务标准》《总分馆地点管理规程》《总分馆馆藏地点命名规则》《衡总分馆办证规则》《总分馆服务规则》等系列制度。从馆舍与环境、服务对象和开放时间、服务内容和方式、服务保障与监督等方面做了详细的规范。为“图书馆 + 社会机构”项目开展提供了制度保障。

3 实施过程

2018 年 7 月 1 日，衡阳市图书馆发布《衡阳市图书馆总分馆办证规则》《衡阳市图书馆服务规则》，宣布在市图书馆、各城区图书馆、首家雁城市民书屋（24 小时自助图书馆）及其他已建成开放的分馆实施统一办证规则和服务规则，取消实体借书证和办证押金，市民凭身份证注册即可在总分馆体系内享受相关服务。“图书馆 + 社会机构”项目正式开始实施。

同年 10 月，与市直党政机关合作共建的第一家分馆——衡阳市图书馆市人大机关分馆开放服务。

2019 年 1 月 17 日，位于华新开发区的衡阳市图书馆棕榈园小区分馆正式开放，各大媒体以《“公共牌馆”变身“小区图书馆”》《“小区图书馆”值得推广》《让阅读变得触手可及》为题纷纷报道。棕榈园分馆开放以后，吸引很多附近的孩子来看书、做手工、参加各种活动，小区的精神面貌明显好转，小区居民对自己小区拥有图书馆分馆感到自豪。

2020 年 1 月 17 日，与雁峰、珠晖、石鼓区文旅体局合作共建的 3 间雁城市民书屋正式开放服务，这是市、区两级图书馆共同出资，市图书馆统一建设、提供流通文献和系统维护，区图书馆负责日常管理，坐落街道或企业负责水电等保障的示范项目。

同年 7 月 30 日，与司法监管机构合作共建的第一家分馆——衡阳市图书馆雁北分馆在雁北监狱工会之家揭牌。

2021 年 1 月 13 日，与社区共建的第一家分馆——衡阳市图书馆石坳分馆正式开馆，蒸湘区委组织部、区文旅体局及相关街道、社区大力支持，石坳社区无偿提供临街门面，区委组织部负责装修、基本设备，区人社局负责解决公益岗位，市图书馆负责流通文献、管理平台和业务指导。

同年 4 月 21 日，与中共衡阳市委两新工委合作共建的第一批 14 家“新时代书屋”举行集中授牌仪式，衡阳市商会、市工商联、市社会组织综合党委、市非公有制经济组织综合党委、市律师行业党委、市住建行业党委、市民办教育行业党委、市民办医疗行业党委等 14 个党组织站点首批受益，为党员和群众提供学习图书，加强党员学习，促进了两新组织党支部高质量发展。

2022 年 6 月，与新闻媒体共建的第一家分馆——衡阳新闻网站分馆开馆，双方在阅读内容引领、读者活动、志愿服务方面深度合作，为衡阳市图书馆总分馆建设注入了强劲动力。

2023 年 8 月，位于湘江之滨的雁归来分馆和衡阳市国家安全局分馆相继投入使用。

与此同时，衡阳市图书馆加大宣传力度，通过本地主流媒体、图书馆官网、微信公众号等途径发布公告，秉持“实现普遍、平等、免费、开放、便利的公共图书馆服务”原则，邀请社会力量合作建设图书馆。在合作公告中，除了说明合作共建的标准和服务内容外，还展示了社会力量参与建设效益较好的分馆图片，吸引社会力量参与总分馆体系建设。

六年来，衡阳市图书馆与社区、学校、企业等多方社会力量合作发展势头迅猛，已建成分馆 23 个、流通站 43 个，仍有多个分馆在筹建中。

四 分析总结

“以图书资源为核心的社会灵活合作模式”成为衡阳市图书馆总分馆建设的突出特色。投入使用的分馆、流通站纳入全市总分馆体系，统一采用文华 DLibs 集群业务管理系统，实行统一规则、统一平台、一卡通用、通借通还。取消读者证押金，市民持本人有效身份证，到总馆和任一分馆免费注册，自动成为读者。公民持已注册成功的本人身份证，即可在总馆、五个区分馆、24 小时雁城市民书屋、基层分馆、服务点享受免费图书借阅、阅览、自修、数字资源、移动图书馆等与总馆相同的服务。

通过这些分馆和服务网点，不仅满足了雁城市民的阅读需求，也使衡阳市图书馆的服务功能得到了进一步的拓展。并创建了具有本馆特色的公共服务品牌。

随着总分馆体系不断扩展，衡阳市图书馆依托“图书馆 + 社会机构”项目深化服务。陆续和分馆共同开展了专题讲座、热播影视原著推荐、衡图书单推荐、老年读者图书推荐、征文、演讲、知识竞赛、经典美文诵读比赛等阅读推广活动，深受市民喜爱，丰富了雁城市民的文化活动，促进了我市的文化事业的繁荣，得到了社会各界普遍赞誉。社会力量参与热情高涨，纷纷来电来函咨询合作事宜。衡阳日报、衡阳晚报、红网、衡阳新闻网、湖南省文旅云、国家图书馆网站对此项目进行了多次报道。网易、新浪等主流网络媒体纷纷转载。

据统计，截至 2023 年 12 月，“图书馆 + 社会机构”项目实施以来，社会力量参与建设的分馆（流通站）提供图书文献借阅服务 200 万余册次，举办线上线下活动逾 2000 场，服务雁城市民 300 万余人次。衡阳市图书馆数字资源访问量、下载量呈几何级数上升，该项目具有极大的推广意义。

公共图书馆弱势群体服务新探

姚照丰（长沙市图书馆）

摘要：弱势群体一直是公共图书馆重要的服务对象，为弱势群体提供专业而有效的服务也一直是公共图书馆可持续发展过程中不容推卸的社会责任。随着数字时代的进一步发展，我国公共图书馆除了在资源建设、推广活动以及服务体系建设等常规工作中开展弱势群体服务外，更需要从明确服务规范、加强宣传推广、深入调查研究以及动员社会合作等方面开展有效服务，从而推动公共图书馆弱势群体服务纵深发展，实现公共文化服务真正意义上的均等化。

继 2011 年“杭州图书馆不拒乞丐”事件后，2020 年“读者留言东莞图书馆”事件又引发社会热议，两事件均因公共图书馆为经济能力较弱的群体提供免费均等服务而广受关注。事实上，公共图书馆开展弱势群体服务是图书馆权利、图书馆精神以及图书馆核心价值等理念的要求和彰显。国际图联《公共图书馆宣言》指出，公共图书馆的服务以平等利用为基础，不分年龄、种族、性别、宗教、国际、语言或社会地位，为所有人提供服务。我国《中华人民共和国公共图书馆法》明确指出了公共图书馆应当按照平等、开放、共享的要求向社会公众提供服务；政府设立的公共图书馆应当考虑老年人、残疾人等群体的特点，积极创造条件，提供适合其需要的文献信息、无障碍设施设备和服务等。作为现代公共文化服务体系的重要组成部分，公共图书馆有责任、有义务保障不同群体尤其是弱势群体自由、平等获取知识的权利。

1 公共图书馆开展弱势群体服务的必要性

学界对弱势群体概念没有统一界定，一般将弱势群体分为生理性弱势群体和社会性弱势群体两大类。具体来说，弱势群体是指由于先天障碍或后天缺乏政治、经济和社会机会而在社会上处于不利地位的人群，如老年人群、未成年人群、残障人群、低收入人群、失业人群、无家可归人群等。通常而言，弱势群体大多社会地位较低、社会参与度不够、没有话语权、享受社会公共服务不足、改变自身状况的能力较弱，如果没有社会的相关扶持，单凭弱势群体自身很难改变其生存状况。弱势群体是特殊群体最重要的一部分。

公共图书馆作为现代文明社会的产物，开展弱势群体服务是由其历史经验和现实需求决定的。

在历史经验方面，公共图书馆是社会民主、公民权利、社会平等和信息公正等现代人文意识成熟，社会发展到一定阶段的结果。自 19 世纪中期公共图书馆在英国曼彻斯特诞生，它的第一概念就是为纺织工人和底层人民提供一个阅读的、获取知识的地方。因此公共图书馆在本质上便带有为弱势群体服务的属性。同时，公共图书馆对弱势群体的知识援助贯穿整个公共图书馆发展历史，从最初为弱势群体打开知识大门到关注他们的知识平等获取，再到帮助弱势群体增长知识素养，可以说知识援助的广度和深度都在不断拓展。现代政府提供公共图书馆这样一种公共产品，是其政治正当性和合法性的重要基础。公共图书馆代表的是一种通过配置知识或信息以保障社会信息利用机会平等、保障公民求知自由与求知权利的社会制度。从历史上看，公共图书馆逐渐从一个机构演化为一种制度安排。公共图书馆这种“制度安排”是现代人类文明的支柱之一，我国随着国家转变政府职能、推进公共服务，这种制度意义得到越来越多的重视。反过来，这种制度意义又推动了公共图书馆事业的发展。

在现实需求方面，随着信息时代的发展，知识付费经济的崛起，信息鸿沟、数字鸿沟重新成为备受关注的议题，弱势群体的知识贫困日益凸显。互联网并没有如人们所期待的那样真正填平信息鸿沟，从某种程度而言，信息鸿沟比以往更大了。事实上的信息鸿沟进一步扩大，造成了部分群体的知识贫困，从而导致经济贫困和精神贫困。知识扶贫变得尤为重要，承担有社会责任以及拥有社会包容属性的公共图书馆成为知识扶贫的重要力量。网络环境中知识贫困者面临的最严重的问题在于缺乏对有用信息的搜集、鉴别能力。而公共图书馆向弱势群体宣传阅读重要性，提升弱势群体的信息素养，引导弱势群体通过阅读拓宽信息获取渠道，帮助弱势群体实现自我发展，成了知识脱贫的关键所在。

对于公共图书馆的弱势群体服务，有学者强调，流浪汉、拾荒者或外来务工人员（或称“新产业工人”）等群体，常常由于经济、身体、文化或其他方面的特殊性，在各类社会活动中处于弱势位置，需要社会给予特别的关注与关怀。新世纪以前，传统公共服务体系对特殊群体的关怀主要聚焦于帮援、经济等层面，文化服务相对较少。很少有人会下意识将特殊群体与图书馆联系起来。提到图书馆用户，往往想到的是学生学者或教授专家。我们在潜意识中很少意识到：图书馆平等地接受流浪者和拾荒者是完全合理的，外来务工人员能够享受书籍与阅读的美好也是完全合理的。这也是“杭州图书馆不拒乞丐”“读者留言东莞图书馆”事件引发社会关注的重要原因。事实上，无论从历史经验还是现实需求上来说，弱势群体均应是公共图书馆关注的重点，弱势群体服务应贯穿公共图书馆发展的始终。

2 我国公共图书弱势群体服务主要做法

目前，我国公共图书馆主要在完善设施设备与馆藏、开展阅读推广活动、完善服务体系三项中心业务的基础上开展弱势群体服务。

一是完善设施设备和馆藏建设。我国公共图书馆大都为特殊群体读者中的传统型弱势人群提供专门阅览室（视障借阅室、儿童借阅室以及以老人为主要服务对象的报刊借阅室等），并提供特色馆藏资源和辅助阅读装置，保障他们到馆阅读的权利。如长沙市图书馆铺设有专门盲道，在服务台提供老花镜、轮椅等，并设有独立的视障阅览室，阅览室配有各种盲文图书和有声读物以及视障读者专用电脑和阅览桌椅，安装特殊发声软件使视障读者可以像普通读者一样听音乐、“看”新闻。

二是面向弱势群体开展阅读推广活动。公共图书馆弱势群体活动主要以文化为主题，以公益为核心，以广大弱势群体为对象，其目的在于调动社会力量和资源，帮助弱势群体更好地融入社会。如金陵图书馆自2012年起与南京新闻广播联合推出以“关心弱势群体、关爱视障人士、关怀盲人朋友”为宗旨的“朗读者”公益志愿助盲品牌。山西省图书馆长期关注盲人读者的实际信息需求，开展盲人推拿按摩技法交流会和盲人计算机应用培训班等。为提升聋人学生的信息素养，开展省图数字资源检索培训，多次组织聋人学生参观山西省图书馆，借助手语老师的翻译了解馆内阅览室设置、借阅流程、图书检索方法及图书排架原则。

三是图书馆服务体系向基层延伸。弱势群体大多居住环境闭塞或者出行不方便，缺乏获取信息的渠道，公共图书馆以设立基层分馆和流动服务点的方式向边远地区和特殊群体（儿童、外来务工人员、监狱人员等）延伸，促进公共文化服务均等化。如深圳、东莞都大力打造成“图书馆之城”，形成图书馆集群网络。上海浦东新区图书馆在地理位置偏僻、外来务工人员聚居地设立金桥蓝领公寓分馆，为蓝领居民提供图书和期刊。并根据外来务工者阅读需要，提供小说等休闲读物以及大众化的工具类图书。这种定向于外来务工人群的图书馆服务不仅缩短了图书与读者的空间距离，而且能够有针对性地参与到具体社区的文化共建活动当中，以灵活的形式满足当地居民的阅读需求。杭州市图书馆在特殊教育学校内设立了盲文分馆，使残障读者更加方便快捷地使用信息资源。辽宁阜新市图书馆为低收入者、老年人、残疾人、农民工等设立了图书流动站等。南昌市图书馆利用图书大篷车，开进社区举行针对老年人的养身保健类系列讲座等阅读活动，开进特殊教育学校开展绘本阅读活动，在推进公共图书馆服务均等化方面做出了努力。

3 公共图书弱势群体服务存在的问题

在各方努力下，我国公共图书馆弱势群体各项服务工作取得了较大成效，但仍存在一系列问题。

第一，大部分公共图书馆弱势群体服务缺乏规范标准。用法律法规将特殊群体读者服务的范畴、责任和方式内容等进行明确规定，才能更加有力地保障特殊群体读者的基本权利，体现信息平等和自由。但我国相关法规中并没有明确规定，在公共图书馆评估定级中也缺乏弱势群体服务效能的评判标准。因我国经济区域发展不平衡，公共图书馆服务水平也参差不一，除部分发达地区外，公共图书馆弱势群体服务并没有专门的法规细则以及服务规范和标准。

第二，公众对弱势群体服务认识不足。保障人们平等的阅读权利与图书馆权利，是现代公共图书馆最核心的特征，也是其最基本的服务内容。但由于我国近代才引入公共图书馆概念，缺乏深厚的公共图书馆文化和普遍的公共图书馆教育，对于“什么是公共图书馆？公共图书馆提供什么资源和服务？为什么公共图书馆要平等地接纳每一个人？”这些问题，答案还远非一般意义上的“常识”。我国2011年发布《关于推进全国美术馆、公共图书馆、文化馆（站）免费开放工作的意见》（以下简称《意见》）之前，低收入人群、城市流浪者等实质上被排除在公共图书馆服务对象之外，《意见》发布后各地公共图书馆才相继实现免费开放，面向大众提供基础项目服务。对于公共图书馆弱势群体服务，无论是弱势群体还是普通公众都普遍认识不足。

因此大力的宣传推广是公共图书馆弱势群体服务品牌建设的重要环节，现代社会是信息社会，新闻媒体能够影响社会舆论的导向，只有加强宣传建设，与媒体通力合作，才能让品牌的社会影响最优化。

第三，弱势群体服务与需求存在差异。一是服务的弱势群体类型覆盖不够全面。服务的弱势群体读者主要集中在残疾人、儿童和老年读者，对于残疾人读者大部分都是针对视障群体的服务，而对于其他类型残疾人和农民工、外来移民、低收入人群等其他类型的特殊群体服务内容较少；盲人阅览室、老年人阅览室相较于火爆的少儿图书馆及亲子阅览室，利用率明显低下。针对特殊群体的阅读推广活动，除少儿馆致力于打造服务品牌外，针对视障人士、老年人、农民工等其他特殊群体的阅读推广活动并未形成长效规模。二是服务方式和内容较为单一。目前大部分图书馆开展的服务主要集中在消除阅读障碍方面，并没有真正地以弱势群体需求为导向开展多样化、特色化服务，没有采用有效地消除弱势群体使用图书馆资源之障碍的措施。所开展的服务内容和活动形式缺乏对各类弱势群体特征的深入认识，因此很难注意到弱势群体作为“读者”角色所需要的、所关心的阅读内容，在一定程度上降低了弱势群体读者的参与感。

4 公共图书弱势群体服务提升策略

针对我国公共图书弱势群体服务存在的问题，可从以下四个方面着手，促进弱势群体服务均等化，提升服务弱势群体水平。

一是明确服务规范，强化法律保障。《中华人民共和国公共图书馆法》的立法，已将公共图书馆服务的均等化确立为公共图书馆治理的基本制度规范，但面向弱势群体有针对性和有效性的服务需要更详细的法律支撑以及具体的标准规范。国外公共图书馆一直以来高度重视从立法层面给予信息弱势群体合法权益的保护。在我国，2015 年深圳出台的《深圳经济特区全民阅读促进条例》特别强调对特殊人群在阅读上的扶持。尤其是未成年人，这是阅读立法促进的重点，让他们养成读书的习惯，学会读书、读好书。另外就是对那些阅读有困难和障碍的人，比如说生活很困难买不起书的人，残疾、生病或者年老者，要对这些特殊的弱势群体、需要特殊帮助的群体进行帮助。随着中西部经济水平的发展，可借鉴发达地区和发达国家的先进经验，在细化弱势群体服务法律法规上为公共图书馆服务均等化提供保障。

二是加强宣传推广，扩大服务影响力。公共图书馆弱势群体服务要想得到社会的认可、政府的支持、民众的信任以及读者的积极参与，就需要不断扩大公共图书馆的社会影响力和知名度，不断对公共图书馆以及图书馆活动进行宣传推广，让更多的民众实现从知道、了解到参与的转变。通过广泛宣传，既可以让读者尤其是弱势群体充分了解图书馆、利用图书馆，又可让图书馆弱势群体服务获得广泛支持。在英美法国家，公共图书馆界非常注重自身功能和价值的推介，通过撰写翔实报告，彰显图书馆的价值尤其是文化教育功能以寻求支持。弱势群体的知识服务作为文化教育职能中的一部分，是一个必须依托长效机制才能凸显社会效益的工程。要通过多种形式宣传沟通，使公众知晓援助的实质与功效，通过推广与沟通寻求政府对图书馆弱势群体服务的长效支持，促进弱势群体知识援助平稳、持续、健康地发展，使其真正成为一个社会公益品牌项目。通俗来说，公共图书馆要让社会大众直观了解到，在日新月异的社会变革中，有一类机构始终发挥着社会知识保障的“兜底”作用；始终在知识“市场化”“交易化”趋势面前保护和捍卫着知识的“公益性”；始终充当着保障社会知识包容与公平获取的“守门员”角色；始终关照和维护着在各种社会经济因素冲击下各类“数字素养不足”“支付能力不足”群体的“获知”权利。

三是深入调查研究，提升服务专业性。针对供需差异导致的部分弱势群体对公共图书馆图书资源的利用率不高、阅读推广活动收效甚微等问题，我们应该借鉴发达国家面向特殊群体进行服务调研的做法，对区域内弱势群体的人口分布、教育程度、经济收入、阅读习惯、信息需求等情况进行调研，建立起图书馆与弱势群体之间的沟通桥梁，发现公共图书馆所提供的服务与弱势群体需求之间的差距。利用调研数据，分析现有馆藏资源、设施建设、服务模式、服务内容等是否能满足特殊群体的实际需要，从而调整服务方向。通过细化弱势群体分类，明确不同弱势人群的需求，主动出击，提升服务弱势群体的针对性和专业性。如上海图书馆考虑到残疾人员行动不便，而采取的“送书上门”服务很受残障读者欢迎，他们不用出门就可以看到图书，节约了许多时间。

四是动员社会合作，提供多元服务。改善弱势群体的知识贫困状态具有系统性、复杂性，图书馆不能单打独斗，一定要与各种社会力量积极配合，如与社区居委会、妇联、企业以及民间各种慈善组织合作等，构建一个完整的社会支持网，共同为弱势群体提供知识服务。在国外，合作项目作为一种既能利用社会资源为特殊群体读者服务，又能提高图书馆的服务能力和影响力的高效服务方式，一直是图书馆界非常重视的领域。一方面，公共图书馆重视与其他类型图书馆的合作，如与大学图书馆、学校图书馆、专业图书馆等合作；另一方面，公共图书馆重视与其他机构的交流合作，如教育机构、志愿者机构、各类自治团体等。我们可以借鉴经验，和专门机构、专业人员合作，有针对性地开展工作。寻求社会智力支持，邀请各行业的专家学者到馆举办公益咨询、讲座和培训。促使社会学界、法学界、经济学界等专业人士，从就业、社会保障、教育、法律等方方面面对该群体进行社会支持与援助。同时广泛招募志愿者，社会上的志愿者一般都具有丰富的弱势群体服务实践经验，他们的加入可以壮大图书馆的人员队伍，也可以丰富服务手段、内容、形式等，提高工作效能。

5 结语

现代的公共图书馆不完全是为高知识、高收入群体准备的，图书馆的背后，是一套现代社会的文化制度、福利制度，尤其重视对底层人群、基层人群和特殊人群的服务。因此，公共图书馆在可持续发展过程中，为弱势群体提供专业而有效的服务具有不容推卸的社会责任。我国公共图书馆除在资源建设、推广活动以及服务体系建设等常规工作中开展弱势群体服务外，更需要从明确服务规范、加强宣传推广、深入调查研究以及动员社会合作等方面开展有效服务，从而推动公共图书馆弱势群体服务纵深发展，实现公共文化服务真正意义上的均等化。

参考文献

[1] 王建军，赵谞炯，吴晋斐．文化扶贫背景下公共图书馆弱势群体阅读推广的实践研究——以山西省图书馆为例 [J]. 晋图学刊，2019(06).

[2] 廖宇莹．威斯康星州公共图书馆弱势群体服务实践及启示研究 [J]. 河南图书馆学刊，2019(02).

[3] 吴晞．清话书林——图书馆的故事 [M]. 社会科学文献出版社，2015.

[4] 汪恩民．杭州图书馆 10 年不拒乞丐馆长称借此传递人人平等 [N]. 中国新闻网，2013-9-06.

[5] 肖雪，王子舟．国外图书馆对弱势群体知识援助的历史与现状 [J]. 国书情报知识，2006(03).

[6] 蒋永福，王株梅．论图书馆制度：制度图书馆学若干概念辨析 [J]. 中国图书馆学报，2005(06).

[7] 姜晓婷．试论公共图书馆服务弱势群体的困境与对策 [J]. 丽水学院学报，2011(02)

[8] 庄文越．公共图书馆弱势群体服务品牌建设——以金陵图书馆为例 [J]. 传媒论坛，2020(17).

[9] 李雪．中韩公共图书馆特殊群体读者服务比较研究 [D]. 黑龙江：黑龙江大学，2017.

[10] 蔡榅珺，何冰，冯婷婷．《公共图书馆法》背景下图书馆特殊群体服务提升策略研究——以南昌市图书馆为例 [J]. 图书馆研究，2020(01).

[11] 王平，王振蒙，黄尚．国内公共图书馆弱势群体服务现状调查与思考 [J]. 图书情报工作，2013(06).

[12] 王铮，点亮知识服务多元供给格局中的公共价值 [J]. 图书馆论坛，2020(08).

[13] 邱芙蓉．山东省公共图书馆弱势群体信息服务现状及对策研究 [D]. 山东大学，2012.

[14] 李金波．东莞市新莞人的图书馆知识援助研究 [J]. 图书馆论坛，2011(01).

文旅融合新时代公共图书馆人才培养路径
——以湖南省少年儿童图书馆为例

涂阳　罗思敏　龙宏佳（湖南省少年儿童图书馆）

摘要：促进文化和旅游深度融合发展，是以习近平同志为核心的党中央作出的重大战略部署。图书馆作为滋养民族心灵、培育文化自信的重要场所，锻造一支专业的人才队伍是公共图书馆拥抱文旅融合发展新潮流的基础，也是建设智慧型公共图书馆的必然要求。基于此，本文将从探讨文旅融合时代公共图书馆人才需求，并以湖南省少年儿童图书馆为例，通过分析人才队伍现状并提出相关对策，以期为我国公共图书馆人才培养提供参考借鉴。

1 文旅融合背景下公共图书馆角色转变

党的二十大报告指出，“坚持以文塑旅、以旅彰文，推进文化和旅游深度融合发展”。文旅融合是指文化、旅游产业及各自资源要素之间相互渗透、流动交换或整合重组，逐步突破原有的产业边界或要素领域，彼此交融而形成新的共生体的现象与过程。大众需求由传统被动式参观向主动探索式的数字化、体验化、个性化、专业化沉浸式发展，不再局限于传统的“吃、住、行、游、购、娱”。

公共图书馆是优秀文化的聚集场所，承担着文化传承与发展的重要责任，它拥有丰富的历史馆藏和厚重的文化底蕴，具有特殊的建筑艺术优势和文化资源优势。图书馆是城市历史的参与者、见证者，也是文旅融合的黏合剂，城市因图书馆更具温度和深度，旅游因图书馆更具色彩和底蕴。

当前，人民群众物质生活得到极大改善，精神生活需求日益增长，在文旅融合的大背景下，公共图书馆迎来了新的发展机遇。一方面，图书馆作为一座城市的文化地标，其本身的建筑之美、馆藏之丰、文化底蕴之深厚就极具旅游价值；另一方面，公共图书馆以文化旅游为新的切入点，从技术引进、人才培养、模式打造、服务架构等多层面系统布局，通过深入挖掘地方独特的文化资源和旅游资源，深耕优质内容和文化特色，在满足读者和游客需求、推动经济增长的同时，借助“文化旅游热”彰显自身价值，提高社会效益，从而实现图书馆与地方旅游业的共赢局面。因此，公共图书馆必须把握文旅融合新趋势，才能在未来文旅融合、数实结合的新时代立于不败之地，让诗和远方真正走在一起。

借助文旅融合发展的“东风”，不少公共图书馆进行了一些有益的尝试。比如浙江云和县图书馆打造的“民宿＋阅读”文旅融合项目，将公共图书馆的阅读服务触角延伸到了乡村民宿，相继建成了“云上5天”“茶舍生香”“云栖书咖”“崖壁仙居”“牧云居”等多家民宿书吧，不仅扩大了公共图书馆的服务范围，也助力了乡村旅游振兴。安吉县图书馆将文化服务与当地旅游资源相结合，以安吉美丽乡村、长三角露营基地、咖啡经济等特色旅游资源为依托，打造“在风景里阅读”品牌。

但不容忽视的是，许多公共图书馆在参与文旅融合的进程中也面临着一些现实的困境。第一，公共图书馆经费绝大多数来自地方财政拨款，而特色场馆的打造、新兴技术的应用都离不开经费的保障，公共图书馆平衡其自身文化服务的公益性和旅游发展的经济性是极具挑战的。第二，公共图书馆尚未形成具有普遍意义的文旅融合范式，在探索文旅融合的进程中，如何将地方文化和本土特色串联起来，如何将人文符号与山水景观活化和再利用，如何在开发的过程中避免同质化实现有机融合，都是值得思索的课题。第三，公共图书馆参与文旅融合的时间不长，复合型专业人才的缺乏很大程度上制约了有效参与度。从人才培养的角度而言，受以往单一产业管理体制的影响和制约，文化和旅游人才培养囿于单向思维和行业藩篱，难以产生双向介入与相互借势的人才效应，已经相对滞后于其他行业的创新与发展，这是当下推进文化和旅游融合发展需要正视的现实问题之一。

随着文旅融合的深入推进，公共图书馆逐渐从传统的藏书借阅中心转变为文化交流和知识创新的平台。除了提供基本的阅读服务外，图书馆还承担着举办文化活动、推广阅读文化、开展信息素养教育等多重任务。这种功能转变对图书馆人才提出了更高的要求。

2 文旅融合新时代公共图书馆人才需求特点

“功以才成，业由才广”。文旅融合创新发展，人才是第一生产力。“十四五”规划时期是我国公共图书馆的重要战略机遇期，《“十四五”公共文化服务体系建设规划》指出，要加强公共文化领域人才队伍建设，健全公共文化领域人才队伍培养方式，完善人才激励和评价机制。

文旅融合新时代，公共图书馆要以满足人民群众日益增长的美好生活需要为核心，锻造一支复合型专业队伍。具体来讲，复合型人才须具备以下特点：

（1）跨学科知识储备。公共图书馆在文旅融合的背景下，需要处理的信息和知识更加多元化。因此，图书馆人才不仅需要具备图书馆学、信息科学等专业知识，还需要具备文化旅游、历史文化、艺术鉴赏等相关领域的跨学科知识。（2）创新能力与服务意识。在文旅融合的背景下，图书馆需要不断创新服务方式，提升服务品质。这就要求图书馆人才具备创新意识和能力，能够根据读者需求和市场变化，开发出具有吸引力的文化产品和服务。同时，还需要具备良好的服务意识，能够为读者提供周到、细致的服务。（3）技术应用能力。随着信息技术的快速发展，公共图书馆在数字化、网络化方面取得了显著进步。图书馆人才需要熟练掌握现代信息技术，包括数字化技术、大数据分析、人工智能等，以便更好地为读者提供高效、便捷的服务。（4）国际视野与跨文化交流能力。在全球化的大背景下，公共图书馆需要加强与国际同行的交流与合作。因此，图书馆人才需要具备国际视野和跨文化交流能力，能够参与国际交流与合作项目，推动图书馆事业的国际化发展。

综上所述，文旅融合新时代对人才的需求呈现出多元化、复合化的特点。为了满足这些需求，公共图书馆要着重培养以下几类人才：

一是拥有新业务操作能力的人才。游客消费需求的变化带来业务的变化，只有对流量、用户、品牌、交付具有独到的理解，才可以快速洞察市场需求、提炼表达重点、管理线路交付、形成业务闭环。二是具备跨界整合能力的人才。文旅融合趋势下，产业壁垒逐渐消融，文化是旅游的载体，消费者对内容的要求越来越高，因此需要整合动漫、国风、影视、探险、康养、研学等不同领域，激发文旅新灵感，赋予文旅新活力。三是熟练运用新媒体的人才。游客获取信息渠道日益多元，基层图书馆员需要掌握利用抖音、快手、小红书、B 站、微博、公众号进行品牌营销和市场推广的能力，熟悉视频直播、现代媒体营销与传播，通过对不同平台的传播特性和用户特征的理解，将信息精准传达到潜在客户。四是掌握互联网运营能力的人才。交易习惯的变化，要求基层图书馆员熟练掌握 OTA、小程序、抖音团购等互联网工具的运营逻辑，所做每一件事都能带着互联网运营思维，最终的成本和效率将会大不一样。

3 湖南省少儿图书馆人才队伍基本情况

截至 2023 年 12 月，省少儿图书馆共有在职员工 56 人（2 名离岗创业），其中管理人员 4 人，专技人员 52 人。通过统计省少儿图书馆在职人员的人数、年龄、学历、专业和职称等数据，对我馆近年来人才队伍建设的总体情况进行分析。

表 1　湖南省少儿图书馆 2018—2023 年在职人数统计

年份	在编人数		合计
	男性	女性	
2018	22	33	55
2019	21	32	53
2020	21	30	51
2021	21	40	61
2022	19	40	59
2023	17	39	56

1. 在职人数趋于稳定，男女职工比例差距持续扩大

近年来，省少儿图书馆在职人数趋于稳定，人员增加的主要方式为公开招聘和系统内调入，人员减少的方式主要为到龄退休。男女职工人数比例差距继续扩大。2018 年，我馆男性职工占全馆总人数的 40%，女性职工占全馆总人数的 60%。2023 年，我馆男性职工占全馆总人数的 30%，女性职工占全馆总人数的 70%。

表 2　湖南省少儿图书馆 2018—2023 年在职人员年龄统计

年份	20–30 岁人数	31–40 岁人数	41–50 岁人数	51–60 岁人数
2018	8	14	19	14
2019	6	15	19	13
2020	4	15	18	14
2021	14	16	18	13
2022	10	14	22	13
2023	8	15	22	11

2. 人才队伍年龄结构优化，青年人才成主力

为满足新时代背景下少年儿童图书馆建设发展的需要，我馆通过公开招聘、内部调配等方式选拔优秀人才，干部职工的学历结构、人员年龄等均得到了优化。近年来，我馆在职人员由于退休、辞职、调动等原因虽有波动，但总体上保持平稳，特别是 2021 年 40 岁以下人数占到了全馆总人数的 49%。目前，我馆初步形成了以青年人才为主，老、中、青有机结合，结构较为合理、稳定的人才梯队，为单位的持续发展奠定了良好的人才基础。

表 3　湖南省少儿图书馆 2018—2023 年在职人员学历统计

年份	博士人数	研究生人数	本科生人数	大专及以下人数
2018	1	9	34	11
2019	1	9	32	11
2020	1	9	31	10
2021	1	11	40	9
2022	1	11	39	8
2023	1	13	37	5

3. 高学历人才增加，仍需加大人才引进力度

我馆在职人员中，研究生及以上学历人数逐年提高，本科学历人数保持稳定，大专及以下学历人员逐年减少。究其原因，一方面，大专及以下学历人员主要集中在 50 岁以上的职工中，随着退休年龄的到来，其人数有所下降；另一方面，我馆近年来新招聘职工时对学历有了更高的要求，还有一部分在职员工边工作边提升学历。虽然本科及以上学历人数占比由 2018 年的 80% 增长到 2023 年的 91%，但博士学历人数仍仅有 1 人。因此，高学历人才引进依然是我馆人才队伍建设的一个重点。

表 4　湖南省少儿图书馆 2023 年在职人员专业背景统计

年份	总人数	最高学历专业					
		图书情报类	管理类	经济类	计算机类	文史哲类	其他
2023	56	3	12	5	10	9	17

4. 专业背景多样，图书情报专业人才不足

随着图书馆事业的发展，以往的人员专业结构已不能满足现代图书馆的需求，特别是在大数据时代，数字图书馆、特色数据库等的构建对计算机类、外语类等相关专业人才的需求量更是大增。目前，省少儿图书馆在职人员专业背景虽然多样，但图书情报专业人才略显不足，图书情报专业学术力量薄弱，缺乏重量级的学术骨干和科研领军人物。干部队伍的学科背景也比较单一，多为文学、管理、经济等相关专业，缺乏多学科、复合型人才。

表 5　湖南省少儿图书馆 2023 年在职人员职称统计

年份	人数	副高	中级	初级	其他
2023	56	12	25	15	4

5. 高级技术人才老龄化，年轻干部成长空间有限

目前，我馆在职人员中，已有 52 人取得职称。其中中级及以上职称人数为 37 人，约占总人数的 66%。取得副高职称的人员中，平均年龄为 48 岁，35 岁以下年轻干部仅有 1 人，由此可见我馆的高级专业技术人员年龄结构呈现老龄化趋势。此外，我馆中级专业技术岗位核定 27 个，目前实际聘用人数为 25 人，需经较长时间才能满足初级职称人员的晋升需要。

4　文旅融合背景下公共图书馆加强人才培养路径

公共图书馆与旅游产业的融合离不开专业人才的支撑，专业的人才队伍可为文旅融合提供具有建设意义的策略与方法，推动公共图书馆实现文旅相融的全新生态。在文旅产业日益密切发展的新时期，图书馆现有的人才队伍已经不能满足新发展趋势，亟需一揽子有效措施，吸引新型复合型人才，培育行业多面手，进而更好地激发公共图书馆在文旅融合时代背景下的协同发展。

一是重视职工业务培训，完善人才培养机制。国务院新闻办公室发表的《中国的全面小康》白皮书提到，网络化、数字化、个性化、终身化的学习体系加快构建，“人人皆学、处处能学、时时可学”的学习型社会正在形成。公共图书馆馆员更应加强学习的深度与广度，每年可根据实际业务情况制订职工业务培训计划，组织开办各类管理和服务工作培训班、业务培训班，使馆内人才掌握文旅融合的前沿理论。还可对新职工实行轮岗制，使其对图书馆工作有一个全面的认识，从而选择合适的岗位，能够充分发挥个人特长。学习借鉴其他公共图书馆重点人才培

养的成功经验，如佛山市图书馆导入行业学术资源，邀请图书情报学科、公共文化领域的知名学者、教授、馆长等担任导师，将人才进行分类并制定培养计划，在一定周期内对学员进行一对一培养。

二是全方面吸引人才，促进人才流动。展望新时期，公共图书馆的发展前景一片光明，实现这一前景是历史赋予图书馆工作者的使命。实现公共图书馆文旅融合发展，要创新文旅人才引用机制，重点引进行业领军型人才、高层次“旅游 +”复合型人才以及新型旅游企业经营管理人才。同时完善人才认定和服务管理体系，建立专家智库，提升图书馆人才梯队的管理水平，为公共图书馆与旅游产业的进一步融合提供人才支持。

三是改革人才评价制度，优化人才激励机制。公共图书馆是非营利组织，经费由政府拨付，受体制和观念的影响，容易出现“吃大锅饭”、论资排辈等现象，致使一部分职工产生消极倦怠情绪，工作积极性不高，人才效能不能得到充分发挥。职称评定是馆员提升自我的重要途径，但受现行职称评定制度的限制，许多一线员工特别是青年员工在相当长的时间内得不到期望的待遇，因此将大部分精力投入职称评定上，从而忽略了工作创新性的发挥。鉴于此，需制定合理的奖励激励机制，将工作数量和质量纳入职称考评范围，科学考量职工的实际工作水平和创新能力。

四是充分发挥人才效能，灵活岗位管理机制。在设置岗位时应进行充分调研，按需设岗，明确岗位职责和工作任务。根据实际情况灵活调整各岗人员，保证服务质量，提高人才效能。此外，还可通过竞聘上岗、双向选择等方式选拔优秀人才，人才流动不仅能够激发人员的工作积极性，还能减少职业倦怠现象产生。

参考文献

[1] 胡春波，来荣，袁姝一等．总分馆模式在阅读推广中的问题及破解策略——以宁波市域图书馆为例 [J]. 图书馆研究与工作 ,2021(10).

[2] 毕绪龙．从人才培养角度看文化和旅游的关系 [J]. 旅游学刊 ,2019(04).

[3] 张帆．公共图书馆参考咨询服务现状及发展趋势探究 [J]. 图书馆学刊 ,2021(07).

[4] 李夏婷．基于文旅融合的公共图书馆实践探索与策略研究 [J]. 办公室业务 ,2022(13).

浅析公共图书馆的人才引进和培养

彭颖慧（湘潭市图书馆、湘潭市少年儿童图书馆）

摘要：图书馆人才队伍是图书馆履行职能、实现发展目标的重要组成部分之一，是决定图书馆服务质量与发展水平的关键因素。本文以湘潭市图书馆、湘潭市少年儿童图书馆为例，浅析当前公共图书馆人才引进和培养存在的问题以及制约因素，提出相应的解决措施。

1 公共图书馆职能和图书馆员角色

1.1 公共图书馆职能

图书馆的基本功能是保存社会记忆和人类文化遗产、传播人类知识。而公共图书馆除了这些基本功能外，还具有担负社会教育、保存地方文献、开放信息资源、提供休闲娱乐等职能。

湘潭市图书馆创建于 1954 年 7 月，是湖南省解放后创建的第一个地市级公共图书馆。1984 年湘潭市少年儿童图书馆独立建制。2004 年 5 月，整合资源，两馆实行合署办公。现设有六部两室（借阅部、少儿部、数字服务部、采编部、特色文献部、社会协调部、行政办公室和财务室）、十三个对外服务窗口（特藏文献室、成人电子阅览室、报纸阅览室、期刊阅览室、成人借阅处、免费观影室、民俗文化展厅、绘本馆、少儿借阅处、智慧空间、少儿电子阅览室、盲人阅览室、少儿免费观影室）。

湘潭市图书馆和湘潭市少年儿童图书馆承载着多元化的职能。对于市图书馆而言，其主要职能包括：一是收集、加工、整理、管理文献资源，为读者提供借阅服务；二是对文献信息资源进行深度加工和分析，生成系统性的知识体系，以便更广泛地交流和传播知识，如文献编撰等；三是发挥社会教育职能；四是组织各类文化活动，丰富群众文化生活；五是发挥图书馆情报职能，提供知识导引和信息咨询等服务；六是实施总分馆建设，拓展服务覆盖范围；七是推进智慧图书馆建设，融合全媒体矩阵，打造全方位服务网络。而市少年儿童图书馆则专注于青少年群体，主要承担以下职能：一是搜集、加工和管理适宜于青少年的书籍及资源；二是策划并举办故事会、朗诵会、评书会、展览以及征文、竞赛和游艺等活动，培养青少年阅读兴趣；三是教导青少年正确利用图书资源在图书馆获取科学文化知识，同时培养他们持续自主学习的优良习惯。两馆均致力于提供优质服务，促进知识传播，提升公众素养，且不断探索创新途径以满足信息时代的需求，为市民构建一个舒适的文化学习环境。

1.2 图书馆员角色

在信息瞬息万变的今天，图书馆不再是一个保存文献的藏书楼。随着数字化、智慧化的发展，图书馆已经变身为一个知识与信息的交汇点，一个文化教育中心。这种转变也相应地改变了图书馆员的角色。

（1）一种馆员是善于交流的知识经纪人，不仅仅是图书的管理者，更是信息的导航员。借阅服务人员通过他们的专业知识和对馆藏的了解，帮助读者找到所需的资料和信息。这种服务方式使得图书馆成为一个活跃的知识市场，知识在这里被交易、分享和创新。

（2）一种馆员是扮演了城市文化记录师和知识鉴赏家的角色。他们致力于收集、整理和保存地方文献，从而维护城市的历史和文化记忆。同时，他们能够从海量的文献和资源中挑选出有价值的部分，为读者提供高质量的信息。

（3）一种馆员是知识咨询师和学习辅导员。他们不仅要解答读者在学术和研究方面的疑难问题，还要帮助不同年龄段和背景的读者获取信息知识。这种全方位的服务使得图书馆成为一个包容性的学习空间，无论年龄、性别、教育背景，每个人都能在这里找到适合自己的学习资源。

（4）还有馆员是活跃在各个渠道的阅读推广人。他们通过组织各种活动、使用新媒体等方式，向广大读者推介有价值的文献和资源。这种推广不仅提高了读者的阅读兴趣和素养，也扩大了图书馆的影响力和社会价值。

（5）还有一种馆员是隐形的守护者，他们在行政、财务、人事等方面为图书馆自身正常运转提供强有力的后勤保障。虽然他们的工作并不直面读者，但却是图书馆能够持续、稳定地为读者提供服务的重要保障。

2 图书馆人才的重要性

图书馆员在现代图书馆中的角色变得越来越多元化和复杂化，以至于现代图书馆对图书馆员的人才要求愈加迫切。公共图书馆作为推进社会主义精神文明建设的重要场馆，其职能已经扩展到知识传播、文化交流、信息素养教育等多个方面。“事在人为”，这就要求图书馆员不仅要具备扎实的图书管理专业知识，还要拥有广泛的信息技术、文化传播、教育心理学等多领域的综合素养。只有这样，他们才能更好地履行图书馆的职能，为读者提供高质量的服务。在这种背景下，加强公共图书馆的人才引进和培养显得尤为关键。

3 湘潭市图书馆、湘潭市少年儿童图书馆人员现状

3.1 人员构成

湘潭市图书馆和湘潭市少年儿童图书馆属于公益一类事业单位，目前共有在编在职人员40人。硕士研究生学历3人，占总人数的7.5%；本科学历32人，占总人数的80%。研究馆员1人，占总人数的2.5%；副研究馆员5人，占总人数的12.5%；馆员13人，占总人数的32.5%；助理馆员10人，占总人数的25%；工勤人员4人，占总人数的10%。此外，还有一定数量的编外人员，即编外劳务派遣人员3人，见习人员4人。

3.2 问题现状

湘潭市图书馆和湘潭市少年儿童图书馆开放窗口多、开放时间长，面临以下几个主要问题：

（1）人员紧缺与岗位空缺。两馆目前有14个空编，人员配置不足。特别是一些关键岗位，如地方文史研究岗、古籍保护岗、采编岗，这些岗位对于图书馆的文化传承和资源建设至关重要，人员断层将直接影响图书馆的核心业务。

（2）专业能力和素质不均衡。虽然工作人员的整体专业能力和素质较高，但面对信息化、数字化、智慧化的发展趋势，部分馆员的服务理念和知识储备显得不足，难以适应新的发展需求。

（3）图书资料专业人员短缺。专业的图书资料管理人员是图书馆运营的关键，当前两馆在这一领域的专业人才较为匮乏。

（4）年龄结构不合理。业务精通的馆员年龄普遍偏大，而新进的年轻馆员缺乏专业知识和实践经验，导致知识和技能的传承出现障碍。

（5）人才结构单一。新形势下的图书馆需要多样化的人才，包括文史类、理工类以及全方位复合型人才，以满足不同领域的工作需求。

4 人才引进

4.1 目前人才引进方式

我国公共图书馆从业人员历来受编制之困，大部分编制核定时间为二十世纪七八十年代，严控人员入口，申请重新核定编制受到较大的制约，各公共图书馆的编制基本处于冻结状态，几无可能增加编制。在存在空编的情况下，事业单位公开招聘和高层次人才引进方式是目前图书馆人才引进的主要方式。然而两种方式用人单位均不具备自主招聘能力，只参与个别环节。为促进就业，事业单位公开招聘更多倾向于应届毕业生，存在一定局限性，这种人才引进方式往往难以满足图书馆的人才需求。

高层次人才引进是提升图书馆人才队伍整体素质的重要途径。然而，普遍存在的观念认为，相比北上广深一线城市的企事业单位，地市级公共图书馆在发展前景和工作环境上存在差距。根据“莲城人才行动计划”相关政策，新引进的市直事业单位急需紧缺专业人才将获得生活补贴，全日制博士或正高级职称者每年三万元，硕士或副高级职称者每年两万元，均持续发放三年。相比本地企业，薪酬及生活补贴也存在一定差距，这无疑增加了吸引高端人才的难度。目前，通过急需紧缺专业技术人才的引进方式，我们主要能招到应届毕业生，而经验和专业能力兼具的高级人才却十分稀缺。以两馆为例，在近两年采用上述引进方式中，仅成功吸纳了一位应届研究生。其余候选人亦为应届生，并需等待其毕业后方可开始考察流程，这不仅时间拉长而且充满不确定性，致使我们依旧面临专业人才匮乏的局面。

4.2 建议措施

（1）合理制定人才引进计划。在制定公开招聘和高层次人才引进计划时，建议应根据单位的实际需求和发展规划，明确引进岗位的职责、要求以及未来的发展方向。这有助于吸引更符合岗位需求的人才。

（2）放开年龄限制。传统的公开招聘和高层次人才引进往往对年龄有严格的限制，这可能会排除许多具备丰富经验的人才。建议对于专业性强的岗位，适当放宽年龄限制，以便吸引各年龄段的专业人才。

（3）增加工作经验要求。在某些专业技术岗位的招聘和引进中，可以设置一定的工作经验要求，这样可以确保引进的人才能够迅速适应工作，减少培训成本和时间。

（4）提高专业人才的比例。在人才引进时，确保一定比例的图书档案管理类专业人才，同时注重跨学科背景的人才引进，如计算机类、中国语言文学类、新闻传播学类、教育学类等，以适应数字化、信息化、智慧化时代的需求。

（5）提高引进流程的灵活性。允许用人单位在一定程度上调整引进流程，如面试环节可以根据岗位特点设计特定的考核方式，更好地评估候选人的专业能力和实际经验。

（6）提升补贴标准。建议相关部门充分调研国内企业薪酬福利水平，科学合理地调整人才引进生活补贴标准。可以考虑提供更多的激励措施，如高额的安家费、科研启动经费等。

（7）建立多元化的招聘渠道。除了传统的招聘方式，利用校友圈、专业会议、学术交流等机会，直接向目标人群推广图书馆的职位。仿效招聘会模式，在一线城市开展线下宣传，推介图书馆的职位，利用返乡高层次人才的情感纽带，吸引他们回家乡工作。

（8）引进社会人才。对于关键技术岗位，常规的招聘渠道确实难以满足需求。如古籍保护专业人员须具备深厚的目录学、文献学、版本学知识，同时还需掌握古籍相关的专业技能。在数字化时代，这些专业人员还需熟悉照相技术、图像处理技术及计算机基本操作等古籍数字化的基本技能。然而，目前古籍修复人才短缺的问题与海量的古籍藏量形成鲜明对比，这无疑加大了招聘的难度。建议邀请国内外知名专家学者担任客座教授或顾问。这些专家不仅可以参与到古籍修复、地方文献研究等核心工作中，还可以为图书馆提供宝贵的专业指导和建议。通过他们的加入，图书馆不仅能够解决当前的人才短缺问题，还能够提升整体的文化研究水平。

（9）提升图书馆自身吸引力。提供更有竞争力的职业发展机会、工作环境改善等方式，增强图书馆自身对高层次人才的吸引力。加强图书馆作为文化和学术研究中心的形象宣传，展示其在社会文化建设中的作用和影响力，提高在图书馆工作的社会认可度和荣誉感。

5 人才培养

5.1 当前人才培养问题

图书馆是汲取知识的重要公共文化服务场所，而许多图书馆员在职学习和知识更新多停留在形式上，这背后既有主观认识上的缺失，也有客观条件的限制。一个典型的例子是，馆内往往缺乏系统性和可操作性强的专业培训计划，经费约束也使得馆员难以参与外部高质量培训或学术交流。

图书馆受数字化、信息化浪潮的冲击，数据管理、文案撰写等事务性工作变得日常化。在这样的背景下，领导层为了追求办公效率，倾向于配置熟悉电脑操作的年轻人员处理这类工作，导致新进人才大多投身于办公室管理和党务事务，而未能进入到与其专业技能相匹配的岗位。这种现象不利于人才的长远发展和充分发挥其潜力。实现人才培养的前提是将合适的人放到适宜的岗位上，即“专业的事，交给专业的人”。为此，图书馆管理层应当采取措施优化人才配置，制定明确的职业发展路径。

5.2 建议措施

1. 加强内部培训

建立健全内部培训制度，定期组织各类培训活动，提高馆员的业务水平和服务能力。细致开展培训需求调查；结合培训期望和《专业技术人员继续教育规定》要求，制定合理的培训计划，按计划实施。根据职工业务水平区分基础业务培训、能力提升培训、高级研修培训等。培训内容可以包括图书馆学基础知识、信息技术应用、读者服务技巧、文献编目与整理等方面。安排高水平的培训讲师、采用实用的培训课程都将影响到培训效果，培训后及时进行效果评估。此外，还可以邀请业内专家和学者进行专题讲座，拓宽馆员的知识视野。鼓励馆员巩固基础知识，同时钻研更深层次的专业知识。这种持续的学习和成长将有助于图书馆提供更优质的服务，满足公众对知识的不断追求，并在不断变化的信息时代中保持图书馆的重要性和相关性。

2. 增进外部交流与合作

外部交流与合作对图书馆的发展至关重要，它不仅可以促进资源共享、经验交流和技术更新，还能够为馆员带来新的视角和启发。当前存在的馆外交流平台参与的名额和频率相对有限。因此，图书馆需要更加积极主动地策划和组织交流活动，如培训班、学术交流会、研讨会和论坛等，以了解最新行业动态并引入先进的管理理念与技术。通过与其他图书馆的合作，可以开展联合培训、互派访问学者等多样化活动，这不仅能拓宽馆员的知识领域，也提升了他们的专业素质。同时确保交流的内容与馆员的实际工作紧密相关，从而实现岗位技能与专业知识的匹配和提升。

此外，与高校建立人才培养与合作机制，积极探索人才培养创新模式。早在2022年由中国图书馆学会主办的图书馆人才培养发展高峰会议上，北京大学信息管理系与贵州省图书馆、武汉大学信息管理学院与山东省图书馆、中山大学信息管理学院与宁夏图书馆、南京大学信息管理学院与湖南图书馆、河北大学管理学院与遵义市图书馆、四川大学公共管理学院与毕节市图书馆就签订了人才培养意向书，建立了长效合作模式。

3. 个性定制职业发展规划

图书馆应关注馆员的职业发展，为馆员提供晋升通道和发展空间。可以根据馆员的工作表现、业务能力和职业兴趣，制定个性化的职业发展规划。同时，鼓励馆员参加图书馆学、情报学等相关专业的学历教育和职称评定，提高自身的学术地位和影响力。

4. 注重梯队人才培养

（1）一对一辅导。安排经验丰富的老馆员担任导师，实施一对一辅导，使新员工能够在实践中学习，并快速熟悉工作流程和馆内文化。

（2）老职工培训。对于资深员工，应提供计算机基础应用技术的培训，包括办公软件操作、PPT 制作技巧以及数字化设备的使用方法。这不仅能提高工作效率，还能促进老职工对新技术的接受和应用。

（3）交叉培训。鼓励不同部门之间的交叉培训，使员工能够了解图书馆的各个运营环节，从而增强团队协作能力和服务整体性。

（4）启用新人。大胆启用新人，为他们提供展示才能的平台。通过给予新人机会，不仅可以激发他们的创造力和潜力，还能够为图书馆注入新的活力和思想。

5. 保持良好的竞争氛围

坚持岗位竞聘制是推动图书馆人才队伍建设的重要措施之一。通过竞聘，可以营造一个公平的竞争环境，激发馆员们的学习动力和提升意愿，让他们始终保持积极进取的态度。这种制度还能够促进人才的合理流动和优化配置，让最适合的人才担任最合适的岗位。为了确保竞聘制的顺利实施，图书馆需要制定明确、公正的竞聘规则，确保所有馆员都有平等的机会参与竞聘。

6. 创造舒适的培养环境

提升图书馆工作的软实力，提高馆员主动向上的内驱力，就要立足本馆，提升图书馆的软硬件环境，创造一个充满生机与活力，宽松向上的图书馆人文环境。

6 结论

公共图书馆在现代社会中承担着重要作用，是推进社会主义精神文明建设的一个重要场馆。加强图书馆的人才引进和培养就变得尤为重要。图书馆应从人才引进、内部培训、外部交流与合作等方面入手，提高馆员的专业素养和服务效能，以适应新形势下图书馆发展的需求。“事在人为”，图书馆应将人才作为一种重要资源加以开发，提升图书馆员的综合素质及为读者服务的创新理念，使馆员们能积极主动创造性地开展工作，在图书馆事业中发挥自身价值。

参考文献

[1] 王子舟 . 图书馆员手册 [M]. 国家图书馆出版社 ,2023.

[2] 王子舟，张晓芳 . 图书馆记忆功能的衰退与修复——2017 年国家图书馆中国记忆项目培训班讲座整理稿 [J]. 高校图书馆工作 ,2018(01).

[3] 周丹 . 浅谈图书馆员的教育与培养 [J]. 科技情报开发与经济，2015(02).

[4] 王文胜，王秀芝 . 浅论图书馆队伍建设与人才培养 [J]. 内蒙古图书馆工作 ,2007(02).

[5] 郑君平 . 引进辅助性人员破解图书馆人才培养的瓶颈 [J]. 图书馆建设 ,2015(07).

[6] 商丁元，王丹，徐基田 . 新发展理念下公共图书馆专业技术人才培养机制与路径研究 [J]. 图书馆 ,2023(03).

“评估定级”助推中国式现代化图书情报事业高质量发展

——2015 年至 2021 年衡阳市图书馆事业发展概况

谭宇昊（衡阳市图书馆）

摘要：本文以第七次全国公共图书馆评估定级工作为契机，对比 2015 年至 2021 年湖南衡阳市、县（区）公共图书馆服务数据，通过数据对照体现衡阳市公共图书馆事业高质量发展成果。

1 引言

衡阳市地处南岳衡山之南，因山南水北为“阳”而得名。因“北雁南飞，至此歇翅停回”，故雅称“雁城”。全市总面积 1.53 万平方公里，辖 5 区 2 市 5 县，常住人口 657.74 万人。中心城区建成面积 137 平方公里，是国家区域重点城市、湖南省域副中心城市。衡阳市现有公共图书馆 14 家，2022 年开展第七次全国县级以上公共图书馆评估定级工作，从服务效能、业务能力、保障条件三个方面对公共图书馆进行全面评估。四年来，衡阳市各级公共图书馆以此为契机，完善基础设施、构建服务体系、优化免费开放、创新服务载体、强化服务品牌、提升服务效能，衡阳市公共图书馆高质量发展取得了显著成效。

2 衡阳市公共图书馆事业高质量发展现状

2.1 补短板均衡发展

2015 年，衡阳市共有公共图书馆 14 家，第五次全国公共图书馆评估定级因耒阳、常宁馆舍拆除，蒸湘区图书馆有馆无舍均未参评，三家定为未定级。随着地区经济的发展和地方政府的重视，政策上给予支持，经费上加大投入，耒阳市图书馆、常宁图书馆、蒸湘区图书馆全部参加第六次全国公共图书馆评估定级，全市 14 家公共图书馆均达到评估标准拿到等级，全市公共图书馆得到均衡发展。

表 1　衡阳市参加全国县以上公共图书馆评估定级结果

年度	机构总数	一级馆	二级馆	三级馆	备注
2004 年	11	2	4	2	耒阳市馆、珠晖区馆未参评
2009 年	14	2	3	1	市图书馆、市少儿馆闭馆改造未参评
2013 年	14	3	5	3	耒阳、常宁、蒸湘区未参评

续表

年度	机构总数	一级馆	二级馆	三级馆	备注
2017 年	14	3	2	9	全部参评

2.2 阵地建设大为改善

2005 年，全市公共图书馆基础设施薄弱，雁峰、石鼓、蒸湘三城区有馆无舍，耒阳、衡山、南岳租用场地办馆；2008 年至 2015 年，服务阵地大为改善；2009 年，市图书馆老馆投入近 1000 万元维修改造，衡南县、衡山县新馆开放，市图书馆、常宁市、耒阳市筹建新馆，雁峰、石鼓、南岳均由政府划拨场地作为图书馆；2015 年，耒阳市图书馆新馆开工，主体现已完工，总面积 1.6 万平方米；2021 年，蒸湘区馆由政府划拨 1073 平方米场地作为馆舍，一举解决“有馆无舍”的问题，全市公共图书馆总建筑面积 58113.46 平方米，是 2005 年的 3.09 倍；2022 年 1 月 1 日衡阳市图书馆新馆开放，位于南岳第一峰景区内，建筑面积 2.6 万平方米，设计藏书 100 万册、阅览座席 1200 个，集学习阅读、信息交流、文化休闲等功能于一体。目前，祁东县馆 5000 平方米新馆已完成选址和规划设计；常宁市馆由政府调剂 1400 平方米的房产作为馆舍，已完成装修；石鼓区馆将一所学校校舍改建成图书馆，面积达到 4800 平方米；衡东县馆租赁 1200 平方米场地建成城北馆区。

表 2　衡阳市公共图书馆馆舍面积数对照表

单位	馆舍面积（平方米）				备注
	2015 年	2021 年	总馆面积	分馆面积	
衡阳市馆	6200	27622	25900	1722	新馆于 2021 年交付使用
市少儿馆	1300	2560.46	2000.46	560	
衡南县馆	2490	3597	2573	1024	
衡阳县馆	1576	5128	1576	3552	
衡东县馆	3018	5656	3632	2024	租借 1200 平方米，其他馆舍 186 平方米
衡山县馆	1811	4511	1811	2700	
祁东县馆	1672	5700	2100	1100	新馆筹建中 5000 平方米（50% 计馆舍面积）
常宁市馆	400	3800	1400	1900	新馆筹建中 2000 平方米（50% 计馆舍面积）
耒阳市馆	570	15700	3700	4000	新馆筹建中 16000 平方米（50% 计馆舍面积）
南岳区馆	800	4666	1666	3000	
珠晖区馆	1680	3600	2000	1600	
雁峰区馆	1316	7780	5500	2280	2021 年原馆舍拆除，馆舍已搬迁

续表

单位	馆舍面积（平方米）				备注
	2015 年	2021 年	总馆面积	分馆面积	
石鼓区馆	1000	4800	4600	200	学校改建成图书馆，图书馆面积达到 4800 平方米
蒸湘区馆	–	4110	1073	3037	新建馆舍
合计	23833	94830.46	58145.46	28699	

2.3 全面构建总分馆体系

近年来，全市公共图书馆根据公共文化服务体系高质量发展要求，全面构建公共图书馆总分馆服务网络，着力打造老百姓身边的图书馆，由点及面，精准发力，建立以市图书馆为中心馆、县市区馆为总馆，各分馆为主干，图书流通点和农家书屋为脉络，组织结构科学合理、文献资源统一调配、服务质量基本一致、运行高效节约、普遍均等的市、县、区、乡镇、村公共图书馆服务体系。现有分馆 236 家、24 小时自助图书馆 20 家、馆外流通点 266 个，覆盖党政机关、军营、两新组织、旅游景区、工业园区、学校、社区、住宅小区、农村书屋等场所。2021 年，衡阳县在中洲公园内建成县图书馆“潭印阁分馆”，迅速成为市民的网红打卡地；南岳区馆注重文旅融合发展，在多个景区设立分馆，探索“阅读 + 旅游”新路。

表 3　衡阳市公共图书馆总分馆建设对照表

单位	年度	分馆数量	24 小时自助馆数量	流通点数量
衡阳市馆	2021	22	5	33
市少儿馆	2021	1		10
衡南县馆	2021	23	1	33
衡阳县馆	2021	18	1	10
衡东县馆	2021	25	2	26
衡山县馆	2021	13	2	5
祁东县馆	2021	24	1	16
常宁市馆	2021	26	2	25
耒阳市馆	2021	30	5	9
南岳区馆	2021	13	1	18
珠晖区馆	2021	10	1	5
雁峰区馆	2021	10	1	32

续表

单位	年度	分馆数量	24 小时自助馆数量	流通点数量
石鼓区馆	2021	7	1	22
蒸湘区馆	2021	8		22

2.4 现代技术全面应用

2005 年各县级馆均处于手工服务阶段，2010 年衡东、衡山等 8 个县级馆实行馆藏图书自动化管理，2021 年全市 14 家公共图书馆全部采用数字管理平台，建立官方网站、微信公众号、移动图书馆，大部分馆已开通知网、中文在线、超星、上业等数字资源，推出集纸媒和数字阅读为一体的移动图书馆服务，部分馆开通小程序、抖音号等新媒体服务。衡阳市馆以新馆建设为契机，智能化技术全面应用于服务全过程。县级馆以蒸湘区馆为代表，数字化服务从无到有，开通微信图书馆、移动图书馆服务，采用手机借书、VR 体验、人脸识别等创新型服务。

各馆利用各类平台及终端设备提供图书、期刊、讲座、微视频、数字化专题、绘本、报纸，影视作品等数字资源，满足读者对于各类型电子文献资源的获取，线上开展形式多样的阅读推广活动。如市图书馆充分利用新馆数字化设备开展“潮玩悦读”新体验、畅享科普“大盛宴”等沉浸式、体验式活动，深受市民喜爱。据统计，2018 年至 2021 年全市公共图书馆网站、公众号、数字平台浏览量为 2031.5025 万人次、下载量为 710.299 万人次。

2.5 文献资源大幅提升

根据第七次评估定级平台数据统计汇总，2021 年全市公共图书馆纸质文献藏量为 324.62 万册，对比 2015 年 172.69 万册，增长 187.98%；2021 年度新购文献 143692 册，对比 2015 年 69742 册，增长 206.03%。

表 4　衡阳市公共图书馆纸质文献藏量对照表

单位	纸质图书（万册）		年购书数量（册）	
	2015 年	2021 年	2015 年	2021 年
衡阳市图书馆	58.18	68.9	12000	29351
市少儿图书馆	13.50	26.11	9000	8755
衡南县图书馆	12.60	28.82	3100	10325
衡阳县图书馆	9.40	47.98	7000	10923
衡东县图书馆	10.53	31.09	6330	21340
衡山县图书馆	11.86	14.43	4512	5744
祁东县图书馆	17.26	16.2	6500	13494

续表

单位	纸质图书（万册）		年购书数量（册）	
	2015 年	2021 年	2015 年	2021 年
常宁市图书馆	14.86	23.54	8000	3383
耒阳市图书馆	5.00	9.78	8000	12000
南岳区图书馆	11.80	20.98	5300	1292
珠晖区图书馆	1.02	7.721	–	1700
雁峰区图书馆	3.03	10.54	–	6083
石鼓区图书馆	3.65	5.54	–	9079
蒸湘区图书馆	–	12.99		10223
合计	172.69	324.62	69742	143692

2015 年全市电子图书 199.54 万册，2021 年全市电子图书 850.69 万册，增长 426.33%；2015 年全市数字资源为 61.73TB，2021 年全市数字资源为 668.03TB，增长 1082.18%。

衡阳市图书馆 2020 年以前的公开课、政府公开信息、网事典藏、地方报纸、衡阳地方特色古籍数字化等十五项国家资源建设全部完成，部分项目对外开展服务；“衡阳抗战、王船山”专题数据库建成对外服务。

衡阳市少儿馆在数字化建设与服务上，注重选择适合儿童阅读的文献载体合理设置数字化服务项目，利用电子阅览室提供绿色上网服务，利用微信、移动图书馆 App、点读机等平台提供入馆预约、馆藏查询、在线续借、云阅读、新语听书、线上活动等新媒体服务。

表 5　衡阳市公共图书馆数字资源一览表

单位	电子图书（万册）		2015 年数字资源（TB）	2021 年数字资源（TB）
	2015 年	2021 年		
衡阳市图书馆	130.00	203.65	8.00	127.01
市少儿图书馆	0.70	41.18	4.00	14.06
衡南县图书馆	0.46	51.42	4.23	35.15
衡阳县图书馆	25.30	54.10	5.60	16.42
衡山县图书馆	0.05	40.20	4.00	4.24
衡东县图书馆	6.25	70.26	5.10	22.21
祁东县图书馆	2.00	10.35	6.00	28.16
常宁市图书馆	0.02	120.05	4.00	16.32

续表

单位	电子图书（万册）		2015 年数字资源（TB）	2021 年数字资源（TB）
	2015 年	2021 年		
耒阳市图书馆	30.00	30.41	4.00	4.68
南岳区图书馆	0.08	33.47	4.00	66.47
珠晖区图书馆	3.00	91.23	4.80	104.00
雁峰区图书馆	1.50	25.69	4.00	10.45
石鼓区图书馆	0.18	35.47	4.00	42.86
蒸湘区图书馆	–	43.21	–	176
合计	199.54	850.69	61.73	668.03

2.6 经费保障稳步提升

对比 2015 年 1938.00 万元，2021 年经费 3571.30 万元，增长 184.28%，随着《中华人民共和国公共图书馆法》《中华人民共和国公共文化服务保障法》相继出台，各馆人员工资、运行经费得到基本保障；珠晖、雁峰、石鼓、蒸湘四个城区图书馆经过多方努力，经费从无到有，公共文化服务经费得到保障。但受疫情影响，个别图书馆购书经费略有下降。

表 6　衡阳市公共图书馆所获财政经费对照表

单位	年度总经费（万元）		年购书经费（万元）	
	2015 年	2021 年	2015 年	2021 年
衡阳市图书馆	618.00	1052.10	70.00	90.00
市少儿图书馆	165.00	450.53	19.00	30.00
衡南县图书馆	206.00	247.59	15.00	30.00
衡阳县图书馆	218.00	212.80	30.00	34.20
衡东县图书馆	170.00	188.00	20.00	43.30
衡山县图书馆	98.00	141.00	12.00	25.00
祁东县图书馆	100.00	143.15	20.00	30.00
常宁市图书馆	159.00	318.89	23.00	34.00
耒阳市图书馆	160.00	263.74	19.00	44.00
南岳区图书馆	44.00	113.5	7.00	5.70
珠晖区图书馆	–	130.00	30.00	40.00

续表

单位	年度总经费（万元）		年购书经费（万元）	
	2015 年	2021 年	2015 年	2021 年
雁峰区图书馆	–	69.00	22.00	10.00
石鼓区图书馆	–	81.00	1.00	10.00
蒸湘区图书馆	–	160.00	–	20.00
合计	1938.00	3571.30	288.00	446.20

2.7 服务效能大幅提升

2015 年全市公共图书馆流通人次 132.24 万人次，2021 年全市公共图书馆流通人次 266.10 万人次（受疫情影响，服务人次较 2018 年、2019 年略有减少），增长 201.23%，2015 年全市公共图书馆外借册次 156.72 万册次，2021 年全市公共图书馆外借册次 277.72 万册次，增长 177.21%；线上调查问卷读者满意率平均达到 99.58%。

表 7 衡阳市公共图书馆 2015—2021 年流通人次、外借册次对照表

单位	流通人次（万人次）		外借册次（万册次）		读者满意率
	2015 年	2021 年	2015 年	2021 年	
衡阳市图书馆	35.18	49.46	31.34	39.21	99.70%
市少儿图书馆	15.00	15.57	30.00	30.40	99.70%
衡南县图书馆	13.12	11.37	13.16	20.894	99.80%
衡阳县图书馆	13.94	13.77	10.06	27.22	99.68%
衡东县图书馆	18.00	40.44	15.10	20.81	98.96%
衡山县图书馆	11.85	12.76	10.89	11.98	99.88%
祁东县图书馆	12.01	17.91	11.60	13.38	98.62%
常宁市图书馆	6.52	26.54	4.97	23.42	99.76%
耒阳市图书馆	0.62	25.20	12.60	20.79	99.90%
南岳区图书馆	6.00	12.97	12.00	12.75	99.47%
珠晖区图书馆	–	13.54	1.89	15.75	99.64%
雁峰区图书馆	–	4.50	1.10	10.23	99.71%
石鼓区图书馆	–	13.96	2.01	32.60	99.97%
蒸湘区图书馆	–	8.11	–	8.29	99.30%

续表

单位	流通人次（万人次）		外借册次（万册次）		读者满意率
	2015 年	2021 年	2015 年	2021 年	
合计	132.24	266.10	156.72	287.72	平均 99.58%

2.8 服务品牌继续提质

2021 年，全市已打造公共文化服务品牌 64 个，开展活动 2818 场次，服务总人次达 182.17 万。市图书馆创新雁城市民影院、新时代书屋、节庆文化活动、两会图书馆等服务品牌，2016 年“流动进军营”项目获全省公共服务成果评奖一等奖，2018 年“雁城市民影院”获湖南省文化和旅游厅“文化志愿服务示范项目”。市少儿馆“打造全市少年儿童读书”活动和“周末快乐读书”活动、“童书推荐”专栏，“小小志愿者行动”等 5 个公共文化服务品牌，其中“周末快乐读书”活动被文化部评为 2015 年全国“基层文化志愿服务典型案例”。

衡南县图书馆“衡南县读书节”活动，已举办 17 届，2015 年被中国图书馆学会评为“全民阅读”活动“先进单位”；2016 年衡阳县图书馆“欢聚 16 点知识竞赛”项目获全省公共服务成果评奖一等奖；2016 年耒阳市图书馆“种太阳公益书屋少儿阅读推广服务品牌”获全省公共服务成果评奖二等奖；祁东县图书馆“国学经典诵读”服务品牌荣获 2016—2019 年度衡阳市公共图书馆优秀服务成果一等奖。

表 8　2018—2021 年衡阳市公共图书馆服务品牌、阅读活动场次汇总表

单位	服务品牌数量（个）	活动总场次（次）	参与总人次（万人）
衡阳市图书馆	15	372	37.69
市少儿图书馆	5	327	17.68
衡南县图书馆	4	104	5.48
衡阳县图书馆	3	467	7.92
衡东县图书馆	6	249	5.25
衡山县图书馆	4	21	10.09
祁东县图书馆	3	187	2.65
常宁市图书馆	1	101	3.93
耒阳市图书馆	3	461	58.61
南岳区图书馆	5	132	4.24
珠晖区图书馆	2	39	1.66
雁峰区图书馆	5	108	2.55

续表

单位	服务品牌数量（个）	活动总场次（次）	参与总人次（万人）
石鼓区图书馆	5	119	19.23
蒸湘区图书馆	3	131	5.19
合计	64	2818	182.17

3 发展中存在的问题

3.1 阵地建设周期长

以衡阳市图书馆为例，该项目于 2014 年 7 月开工，2015 年 12 月完成主体工程后停工，2018 年复工，2021 年 12 月 24 日交付，2022 年 1 月 1 日试开放、4 月 23 日正式开放，项目历经 8 年才交付使用；耒阳市图书馆新馆 2015 年 10 月起建设，目前主体已完工，但装修还未启动，设施设备、人员配置、数字化建设还未提上日程，一切还是未知数；常宁市图书馆 2014 年拆除后，新馆建设还停留在口号上，地方政府财政困难，新馆建设遥遥无期；雁峰区图书馆 2021 年底拆除，现暂时安排在雁峰区网络孵化基地，原是办公楼，不适合作为图书馆使用，目前新馆建设还未提上日程。

3.2 人才队伍青黄不接

图书馆免费开放后，工作量大幅增加，但是图书馆工作人员和专业技术人员严重匮乏，专业人员断层，2015 年全市公共图书馆在编人数为 216 人，近年来，因职工陆续退休、公开招聘人员进入又少，现在编人数锐减至 185 人，现含临聘人员全市只有 211 人。目前，人才队伍年龄偏大、断层严重，计算机、数字化、网络维护、阅读推广等专业人才严重匮乏，已严重影响公共图书馆事业发展。

例如市图书馆现有员工 46 人，其中，30 岁以下 6 人占 13%，31—35 岁 7 人占 15.2%，36—40 岁 6 人占 13%，41—45 岁 7 人占 15.2%，46—50 岁 5 人占 10.8%，51—58 岁 15 人占 32.6%，随着新馆开放，人才队伍薄弱问题突出，每逢周末、节假日，接待读者人次大幅增加，班子成员、非开放部门人员均要到开放部门顶岗；衡阳县图书馆专业队伍严重老化，无新人，最年轻的人员也已 41 岁；各县市区图书馆十几年未进新人已是常态。

3.3 经费保障仍有不足

近几年，人员工资、免费开放经费得到了基本保障，受疫情影响，地方财政吃紧，全市公共图书馆购书经费增幅较少，截至 2021 年，全市文献藏量人均 0.49 册，未达到湖南省公共文化服务基本化、均等化标准（人均 0.6 册）。例如市图书馆 2018 年购书经费增加至 100 万元，2021 年财政削减开支，购书经费调整为 90 万元；目前市图书馆新馆开放财政只承担物业费、水电费，新馆开放前没有解决专项购书经费，新馆软件使用费、房屋维修费、网络费、设备设施维护费、总分馆运行经费均未纳入财政预算；衡山县图书馆公用经费、购书经费、服务经费不足，很多年初计划的工作被迫取消，电子阅览室里很多电脑不能正常运转，机房很多设备老化运转不灵，亟须进行维修和更新设备；衡东县图书馆作为一级图书馆，无论是人员还是预算资金都远远不够，严重阻碍了图书馆的发展；常宁市图书馆每年30万元的购书经费只能购买10000册左右的图书，满足不了100万人口读者的阅读需求。

4 高质量发展建议及对策

4.1 强化政府政策引领，促进事业均衡发展

衡阳地区公共图书馆事业发展不均衡，整体落后于中部及全国的现象，与各级政府对公共文化的投入有着密切关系，国家应加强宏观调控，督促地方政府按照《中华人民共和国公共图书馆法》《中华人民共和国公共文化服务保障法》的要求，结合当地的实际，将公共文化服务纳入本级国民经济和社会发展规划、年度计划，保障公共文化服务资金的投入。

4.2 加强人才队伍建设，打造高素质人才梯队

各馆根据实际需求，针对性地实施公开招考，补充急需的紧缺型人才，申请人才引进绿色通道，引进高层次、高学历、高职称的优秀人才充实人才队伍；对在岗职工加强在职培训，通过岗前培训、在岗培训、线上培训、专项培训、业务知识竞赛等方式提升员工业务能力；充分吸纳文化志愿者、在校大学生、高素质退休人员、文化干部、文化骨干参与到图书馆日常运行乃至更高层次的服务，解决工作人员少的问题；加强社会合作，与社会力量合作共赢实现资源整合，突破图书馆体系自身原有的小圈子，以书为媒，与社会机构广泛联通融合，发挥阵地优势、资源优势，实现以图书馆为主导的阅读设施共建、文献资源共享、读者活动共谋的良性循环。

4.3 加强文献资源建设，提升数字服务能力

加强资源建设及利用。“十四五”期间，应争取政府经费投入，申报国家、省、市级专项资金，加大纸质文献采购力度、加强数字资源建设，运用5G、AI、VR、元宇宙等新技术，建设一批数字化、沉浸式文化体验项目，创新开发数字藏品等数字化体验产品。搭建数字资源平台。以政府为牵头搭建数字图书馆云平台，整合全市图书馆数字资源互通互联，实现公共文化服务数据资源、技术资源和平台资源的有机融合。通过“云屏＋实地”强基础，完善网络服务，加大投入，建设“云端”“屏上”信息新平台。让市民读者通过扫码、关注等多种信息化、便捷化方式，就能足不出户、方便快捷地享受数字图书馆海量图书和音像资源。

4.4 加强服务创新意识，提升公共文化服务效能

提供“个性化”服务。图书馆作为滋养民族心灵、培育文化自信的重要场所，“传承文明、服务社会”是图书馆人的职责与担当，提供高品质的公共文化服务，要了解人民群体的精神文化需求，可采用调查问卷、读者交流等方式采集需求、反馈意见，根据实际需求完善“订单式”“菜

单式”“预约式”服务；针对不同学历、不同年龄段、不同身份、不同群体的文化需求，做好特殊群体公共文化服务供给；面向残障群体，打造无障碍服务体系，支持盲人图书馆等特殊文化服务。不断满足人民群众多样化、多层次、多方面的精神文化需求，切实提高群众对公共文化服务的知晓度、参与度和满意度，通过“群众点单，政府买单”的方式，让公众从“被动式”接受服务转变为“主动式”需求服务。

5 结语

评估定级客观真实反映了衡阳市公共图书馆的生存发展状态，也大力促进了衡阳地区公共图书馆事业的发展，但衡阳公共图书馆事业发展仍有许多不足，存在较大的发展空间，相信随着社会的发展、公共图书馆事业会越来越好，真正达到“以评促建、以评促管、以评促效”的目的，推动衡阳公共图书馆事业高质量发展。

参考文献

[1] 刘忠平，颜素华 .2005—2015 年衡阳市公共图书馆事业发展概况——“衡阳调研”十周年回访调研报告 [J]. 图书馆，2016(03).

[2] 刘小花，邹序明 . 回顾 · 展望 · 提升——中部地区公共图书馆事业的发展分析与思考 [J]. 图书馆，2016(03).

祁阳陶铸图书馆数字国学体验馆创新案例研究

于天喜　谢祁满　陈倩羽（祁阳陶铸图书馆）

1 开展背景

随着我国综合国力的提升，经济发展水平的快速提高，人们对精神文化的需求逐渐增加，对传统文化的认同感越来越强。习近平总书记多次强调，体现一个国家综合实力最核心、最高层的，是文化软实力，这事关一个民族精气神的凝聚，要从弘扬优秀传统文化中寻找精气神。国学作为中华传统文化标志性的一门学科，与中国历史相伴相生，传播国学文化，有助于增强文化自信，实现文化认同。

智慧化转型是当代公共图书馆创新探索的主要方向，将传统国学文化与现代数字技术相结合，更有利于国学文化的传播发展。以此为导向，祁阳陶铸图书馆于2023年筹建了数字国学体验馆，开辟了国学传播新路径。

2 馆舍概况

数字国学体验馆是祁阳陶铸图书馆在充分发挥自身资源优势及社会教育职能的基础上，筹建的以中华国学文化为主线的文化教育平台。馆舍总面积86平方米，总体建设风格以中式古典装修风格为基调，兼具现代化和古代讲堂风格。数字国学体验馆以国学为主题、数字资源为媒介，将科技信息终端、交互系统与国学环境有机结合，通过开展主题沙龙、讲座、研讨、交流、展览等多种公益性活动，推动大众文化传统文化教育与国学经典传统相融合，打造读国学、诵经典、学知识、拓视野、传薪火、扬美德的智慧教育空间，创造国学有声有色的多重体验。

2.1 空间介绍

通过对数字国学体验馆的功能划分，大致可分为活动区、体验区、阅读区三个区域。

2.1.1 活动区

开展国学核心价值研究，搭建文化碰撞新平台。为强化社会教育的功能，数字国学体验馆作为国学讲堂，兼顾了研讨、讲座、学术交流、展览等功能，馆内对应配备了多媒体设备，定期针对不同读者群体开展丰富的国学文化体验活动，提供“研究、普及、展呈、体验”等全渠道的服务，可以满足读者对于传统文化及基于传统的继承研究需求，有助于全民国学素养和艺术鉴赏能力的提升。

2.1.2 体验区

创新国学智慧学习方式，拓展教学体验新边界。祁阳陶铸图书馆数字国学体验馆配备了一整套智能化国学学习设备，运用科技手段来实现智慧化管理，紧密结合前沿科技，充分利用现代信息技术来优化服务，乘文化数字化战略之东风，赋能图书馆高质量发展。

2.1.3 阅读区

丰富国学特色馆藏建设,配置沉浸阅读新空间。国学体验馆馆藏国学书籍丰富,收录范围广，包括国学基础研究、国学经典著作、国学古典小说等，囊括经史子集、蒙学、汉语研究、与“国学”相关的理论著述及研究著作等多方面作品，在收录各类纸质文献的基础上，还收集了有文字、声音、图像的磁带和光盘等电子资料，尽可能地满足各种不同年龄阶段的读者的阅读需求。馆内设有特色国学阅读桌，配置蒲团坐垫，中插竹帘屏风，可供读者在仿古代学堂的雅致环境下沉浸式阅读国学经典，全力做好阅读服务保障工作。

2.2 设备配置

2.2.1 琴棋书画数字机

数字国学体验馆配备有数字古琴、数字益智棋艺桌、数字书法机、数字国画机四台机器，分别对应琴、棋、书、画四项传统经典技艺。数字古琴可实现古琴演奏、古琴文化学习、古琴技法练习、古琴欣赏、古琴名家介绍等多项功能；数字益智棋艺桌内含中国象棋、围棋、五子棋、军棋等八种棋类，可通过 AI 进行人机对战；数字书法机配备有智能交互软件，拥有中文、日文、韩文等多语言选择功能，可实现书法临摹、自定义印章、书法字典查阅、名作赏析等多项功能；数字国画机包含十二种常用国画颜色，可模拟混合清水调整颜料的浓淡度，实现书画装裱、元素拼图编辑、小幅临摹功能。

2.2.2 国学文化长廊

国学文化长廊界面由四块液晶拼接屏拼缝组成，以由右至左缓缓流动且无限循环的卷轴形式展示，播放国学文化图书、图片、视频、专题等形式资源，以人物、主题或年份等作为分类节点，可在线阅读或扫描二维码进行下载观看。

2.2.3 诗词台

诗词台为集诗词查询、采集、分享、游戏、比赛为一体的智能教育体验设备，可高效提升用户的诗词素养和文化水平，在乐趣中学习诗词。具备诗词临摹功能，内置中华诗词库，提供 17 个朝代、100 个作者、32 本中小学教材、18 个主题分类、17 个写景分类、24 个节气分类、58 个选集分类、167 个词牌令分类，共 10 万多首诗词的欣赏学习功能。

2.2.4 AR 互动与 VR 科普设备

AR 互动与 VR 科普设备运用人工智能的识别技术和增强现实技术，将文字、图片、音频、视频形式的国学百科知识与 3D 场景和模型结合起来，通过 55 寸大屏显示器，可实现身临其境的感受，通过手柄进行人机交互，沉浸式体验虚拟世界。

2.3 应用技术

在数字国学体验馆的筹建过程中，创新性地运用了多项数字技术，配合图书馆原有智慧系统，为读者提供了一体化的便捷阅读体验，充分感受国学魅力。

2.3.1 OpenCV 图像处理技术

琴棋书画数字机的网络选用 Wi-Fi 和 4G 通信模块，采用 LTE3GPPRel.11 技术，基于 Unity 引擎结合 C#，OpenCV 图像处理技术实现毛笔在屏幕上进行软笔书写及绘画，书写流畅，支持模拟砚台蘸墨蘸水等效果。使用 PHP+Apache+SQLServer 建立服务器，分布式数据存储，易于作品存储，可记录体验数据，记录棋谱与琴谱，可支持微信分享和历史作品点赞互动。

2.3.2 物联网技术

琴棋书画四台数字机器均采用了物联网技术进行数据采集，基于 ApacheSpark 框架，利用图表把每日、每周、每月的用户体验数据通过处理分析实现数据直观展示，数据可存储于本地和云数据库，支持与其他云平台数据对接。

在技术更新与升级方面，四台数字机也应用物联网技术，软件分别使用了 C/S 及 Lua 架构，通过 TCP/IP、HTTP 协议通信，支持云端对应用软件（SOTA）进行远程自动升级。

2.3.3 AR 与 VR 技术

设备采用 10 点红外触控屏式，使用 64 位处理器 +ALVA 人工智能识别引擎 +ALVAAR 展现引擎，包含了多项发明专利，能够对 200G 的场景数据中的 1000 种动物在各种背景下的不同姿态展现进行毫秒级快速智能识别，系统配置 16GDDR4 内存，高速 SSD 硬盘，内置 1200M 无线路由器及高速以太网，支持双频和免流量下载，满足网络传输要求，通过手柄实现人机交互。

2.3.4 RFID 图书智能排架系统

阅读区国学相关书籍的排架使用的是 RFID 图书智能排架系统。RFID 技术具有智能、快速、非接触式交换数据的明显优势，可实现自助借还、高速盘点、快速查找、定位、顺架、分拣等功能。配套使用的移动盘点车是以图书标签为流通管理介质，以单面单联书架的一层作为基本的管理单元，通过架标与层标、构筑基于数字化的智能图书馆环境，从而实现新书入藏、架位变更、层位变更、图书剔旧和文献清点等工作，具有 EPC 标签匹配和重复标签过滤功能。

2.3.5 OPAC 图书查询系统

读者可以通过馆内的检索机对国学馆阅读区内的书籍进行馆藏目录 OPAC 检索，这是利用计算机终端来查询基于图书馆局域网内的馆藏数据资源的一种现代化检索方式，通过联机查找为读者提供馆藏文献的线索。通过该系统，可以高效实现馆藏书目查询、新书通报、图书预约、图书续借、借阅情况查询等功能。

2.3.6 智慧图书馆系统

数字国学体验馆的相关内容都可以在我馆的智慧图书馆中查询使用。我馆“智慧图书馆”是一个不受空间限制且可被感知的移动图书馆，是一个开放、可生长、可延伸的平台，以图书馆数据中心为核心，以微服务技术架构为支撑，依托大数据、人工智能、云计算等现代信息技术，实现图书馆用户、数据、应用和服务的高度一体化管理，打破了传统图书馆与数字图书馆的隔离。

3 运行管理机制

3.1 设备维护

数字国学体验馆的相关智能体验设备会由厂家定期检查及维护，并通过物联网技术，对用户使用数据进行存储并分析，从大数据角度了解读者需求，并通过云端对内置软件进行远程自动升级。

3.2 人员培训

数字国学体验馆的专业性较强，馆内管理人员都具备了一定的国学知识底蕴及数字技术应用能力。同时也定期组织馆内工作人员进行业务培训，培养业务专精人员，提高专业素养和管理服务水平。

3.3 管理制度

为规范数字国学体验馆的运行，提高馆舍使用率，祁阳陶铸图书馆从图书采购与上架、设备使用与维护，到借阅流程与规定、活动策划与执行，都制定了一套细致完备的管理方案，并在运行过程中不断完善。

4 创新突破

4.1 聚焦需求创新供给，赋能智慧空间建设

数字国学体验馆秉承以满足读者需求为中心的理念，积极响应时代号召，结合科技手段，创新供给侧改革，有效提升了智慧化服务能力。国学作为筑牢文化自信与民族自信的坚实基座，是当今时代的文化必修课。数字国学体验馆馆藏建设丰富，收录了多部国学经典著述，注重数字资源整理，搭建了特色化国学讲堂空间，配置了智能化体验设备，在供给侧上逐步优化创新，极力满足人民群众日益增长的精神文化需求。

4.2 聚焦科技创新模式，唤醒沉睡国学资源

数字国学体验馆肩负着弘扬传统文化、普及经典阅读、培养公众文化认同的职责，以科技创新为切入点，抓住时代发展际遇，引入数字化智能设备，优化读者使用体验，提升精准化服

务水平。馆内的琴棋书画数字机使用户切实感受古典艺术的魅力，国学文化长廊以大屏互动的形式展示文化内涵，AR 互动与 VR 科普设备让用户沉浸式感受国学经典，身临其境地游走在历史场景中。数字技术的建构，唤醒了沉睡在书本的国学资源，打破了传统的静态、单一的国学教育模式，使其以生动形象的全新面貌展现在大众视野，实现了国学的动态、互动式学习。

4.3 聚焦传播创新路径，打破传承隐形屏障

数字国学体验馆在传播路径上进行了大胆的创新，通过数字技术拓宽了中华文化的传播渠道和影响力。如国学文化长廊，具有配套手机服务，扫描二维码即可在移动终端观看，可保留相关专题阅读记录，提供有声读物资源，支持读者下载并保存。不仅能在馆内提供丰富的互动式学习体验，还可以通过互联网和移动设备等渠道，将国学经典、历史事件、文化名人等知识以多媒体形式传播给更广泛的读者群体。

5 解决的问题

5.1 教育方式的单一性

传统的国学教育多以书本为主，教授方式单一，课堂以教师为中心，晦涩难懂，缺乏趣味性，难以吸引年轻人的关注。数字国学体验馆采用数字技术，将国学知识进行可视化呈现，并使用互动设备设计了有关国学的互动游戏，寓教于乐，将学习自主权交还读者手中，提供了多样化的学习方式，大大增强了国学学习的趣味性。

5.2 文化传承的断层化

在新兴文化的冲击下，国学文化的传承出现了断层现象。数字国学体验馆的出现，将国学这一概念重新拉回到大众视野中，一改阳春白雪、曲高和寡的姿态，以更贴近现代节奏的下里巴人的方式融入日常生活中，使国学教育普及面扩大，国学文化传承的断层问题得到了极大改善，有效促进了国学文化的传承与发展。

5.3 需求反馈的滞后性

在传统图书借阅过程中，读者对图书的需求需要通过人工登记或系统反馈来实现，由于部分国学经典古籍出版年代久远，市场流通程度不高，很难迅速采购纸质书籍来满足读者阅读需求。数字国学体验馆内的智能设备，在读者使用搜索过程中就进行了数据记录，在物联网技术的支持下，通过后台自动远程控制，升级更新最新电子资源，及时有效地满足读者需求。

5.4 图书排架的困难性

在传统图书馆的日常管理工作中，图书借还、快速盘点、查找、乱架图书整理等工作耗时耗力，成为困扰图书馆的重大难题。数字国学体验馆使用 RFID 图书智能排架系统新技术后，改变了图书借还、图书盘点和整架等传统作业方式，提高了流通服务的效率和质量。

6 成效评价

数字国学体验馆作为祁阳陶铸图书馆推广经典优秀文化的基地与窗口，自对外免费开放以来，累计开展活动50余场次，参与群众市民达3000余人次，引发了社会各界的广泛关注，获得了读者的肯定与热情赞扬，以其独特的创新模式和国学智慧学习方式，使国学经典和文化得到了更广泛地传播和推广。作为城市文化的重要组成部分，不仅丰富了市民的文化生活，还为城市文化软实力的提升作出了积极的贡献。

7 经验启示

数字国学体验馆的成功推广，标志着我馆对国学的数字化转型探索初见成效，为传统文化的传承发扬开辟了一条新路，具有丰富的经验启示。

7.1 重视国学经典，提高阅读推广效率

数字国学体验馆自建成以来，阅读区内的国学经典图书借阅率明显提升，各类国学相关的公益活动参与人数较为可观，公众对国学展现出极大的兴趣与热情。公共图书馆承担着阅读推广的责任，在弘扬传统文化、传承国学经典方面义不容辞，应给予高度重视。丰富国学经典书籍的馆藏资源，设置专区专架，创新各类阅读推广活动，提高民众的参与度。

7.2 活用数字技术，转变阅读服务思路

处于数字化时代，越来越多的人选择通过移动数字端来进行阅读活动。建设国学经典相关数字资源库，实现数据库间的资源互通共享，让读者足不出户也能感受到阅读资源的唾手可得，将能极大地促进国学经典的传播发展。公共图书馆应当根据时代发展，积极转变服务思路，活用数字技术，使文字与知识不局限于书本当中，扩大传播范围与传播途径。

第五章

公共图书馆创新发展

小载体撬动全民阅读大格局

——株洲市图书馆“e约柜”（e悦读）创新案例介绍

马合（株洲市图书馆）

1 项目背景

（1）深入推进全民阅读的战略要求。习近平总书记致信祝贺首届全民阅读大会举办强调，希望全社会都参与到阅读中来，形成爱读书、读好书、善读书的浓厚氛围。2022年国务院政府工作报告中提到，“深入推进全民阅读”。这是自2014年起，“全民阅读”连续第九次写入政府工作报告。从“倡导全民阅读”到“大力推进全民阅读”，再到“深入推进全民阅读”，全民阅读成为重要的国家战略工程。“十四五”公共文化服务体系建设规划中也提到了公共图书馆的重要任务是推动、引导、服务全民阅读，不断丰富以阅读为核心的综合性文化服务。

（2）公共文化服务数字化的建设趋势。2022年5月，中共中央办公厅、国务院办公厅印发了《关于推进实施国家文化数字化战略的意见》，明确了“提升公共文化服务数字化水平”是国家文化数字化战略的重要任务，明确到“十四五”时期末，基本建成文化数字化基础设施和服务平台，形成线上线下融合互动、立体覆盖的文化服务供给体系。公共图书馆要更好运用数字技术赋能公共文化服务高质量发展，积极搭载平台载体，畅通数字化文化服务各类渠道，运用科技力量让公共文化服务“活”起来，让群众能够“触手可及”获取文化资源。

（3）人民群众文化需求精准对接的时代需求。党的二十大报告提出：“中国式现代化是物质文明和精神文明相协调的现代化。物质富足、精神富有是社会主义现代化的根本要求。”随着人们生活水平的提高，对精神文化的需求越来越高，对公共文化服务也有了新要求，让居民享受精神共富“大餐”的一个关键点在于持续扩大公共文化设施覆盖面，不断优化基层公共文化设施布局。加强公共文化服务建设，把优质的公共文化服务送到群众家门口，努力打造“10分钟品质文化圈”，让辖区居民共享共同富裕和精神文明建设的成果。

2 案例概况

“e约柜”（e悦读）是株洲市图书馆推出的一款以互联网、物联网为依托，集图书借还、图书捐赠、公益阅读、信息发布、文旅融合、积分兑换为一体的24小时微型自助“图书馆”。其设备外观、技术支持正在申请国家专利，真正体现“公共文化+科技”融合发展，其模式在国内属于首创。

“e 约柜”体积轻巧、占地面积小，设立在社区、医院、办公楼、商场、地铁站、公交站、公园、广场中，是“10 分钟品质文化圈”数字化应用场景的一种创新，让用户随时随地享受到阅读的乐趣，并且与总馆、各分馆通借通还，是株洲模式的“总分馆”体系建设的一种补充形式。

3 主要内容

读者可以通过手机微信扫描“e 约柜”机器上的二维码进入小程序，根据提示免费办理读者证，扫码开门实现图书借阅、图书阅读；通过“e 约柜”小程序，可以查看自己的借阅记录，可以查看自己身边的书柜位置，查看距离最近的书柜并跳转到导航。并且支持图书捐献功能，读者可将废旧图书自助存放至图书回收口，进行图书的捐献及重复使用，小程序自动为读者累计积分，积分可以兑换礼品、图书。“e 约柜”不仅为广大读者提供了更加便利的阅读方式，更是鼓励市民将闲置图书进行循环分享与利用，体现“绿色、共享、发展”的理念，更为和谐文明的城市建设增添缕缕书香。

其业务流程如下：

（1）读者证线上办理。传统的读者证办理还是依靠到馆内服务台办理或者是到智能办证终端上办理读者证。在“e 约柜”中新增了线上办理入口。读者微信扫一扫“e 约柜”小程序，打开后点击办证跳转到办证小程序，按照指引办理读者证。

（2）借还书和捐书。用户到书柜旁边之后，通过扫描书柜上的二维码，根据提示流程操作，进行开关柜和借还书的操作。

（3）查询书柜位置。通过“e 约柜”小程序，可以查看自己身边的书柜位置，查看距离最近的书柜并跳转到导航。

（4）查询借还书信息。通过“e 约柜”小程序，进入“个人中心—我的书架”后可以查询个人借还书列表。

（5）查询捐书信息。通过“e 约柜”小程序，进入“个人中心—我的捐书”后可以查询个人捐书列表。

（6）积分查询。通过“e 约柜”小程序，进入“个人中心—我的积分”后可以查询个人积分情况。

（7）信息发布。通过后台多媒体信息发布系统，可以在“e 约柜”高清显示屏发布各种信息。

4 活动成效

株洲市图书馆推出“e 约柜”（e 悦读）项目，进一步丰富了总分馆建设体系内容，进一步满足市民多元化、个性化、智慧化阅读服务需求，通过小载体撬动了全民阅读的大格局。

（1）“e 约柜”（e 悦读）满足了读者便捷休闲阅读的文化需求。“e 约柜”体积小、安装方便，分布在社区、公园、景区、小区、商场等城市各个点位，为市民提供更优质高效便捷的文化服务，让居民群众在家门口就能享受公共文化建设的成果。

（2）“e 约柜”（e 悦读）促进了书香株洲的建设。“e 约柜”（e 悦读）分布大街小巷，成为株洲一道靓丽的阅读风景线，是阅读阵地建设的有益补充。“随处可读、随处可借、随处可捐”帮助市民建立文明、健康的生活方式，为城市注入温润书香活力、激发市民阅读热情的同时，也引领着“爱读书、读好书、善读书”的社会新风尚。

（3）“e约柜”（e悦读）引领了智慧化文化服务场景。读者可以通过“e约柜”小载体实现“借、还、阅、捐”，操作简单、一键开启，通借通还。除此之外，“e约柜”还运用大数据、云计算、物联网等新技术，分析书柜借阅情况、读者构成、分布情况等信息，科学协助图书馆精准决策畅销图书采购、阅读活动推广等工作，并为市民推出私人订制、预约到家等一站式阅读服务，更好地满足读者个性化需求。

5 经验启示

（1）以文化共享为根本，打造服务新模式。株洲市图书馆“e约柜”（e悦读）以文化共享的理念，打造服务的新模式。读者扫码开门取出图书，也可以将平时闲置的图书进行入捐，捐书获得积分，积分又可以兑换礼品或图书。开发利用闲置阅读资源，这样让图书真正“流动”起来，让文化“共享”起来。共享阅读是促进全民阅读的一种新兴模式，是公共文化设施实现服务价值、社会力量担当社会责任的选择路径。不仅激发了周边读者的阅读兴趣和热情，还通过“共享理念”扩大读者的参与范围，激活闲置资源，提高图书资源循环利用率，培养全民阅读习惯、营造书香氛围。

（2）以服务智慧为手段，提升公共服务效益。智慧化服务建设是“十四五”时期公共图书馆发展的重要任务。公共文化服务数字化、网络化、智能化的加速发展，是公共文化服务高质量发展的时代特征。根据读者的使用习惯，株洲市图书馆“e约柜”（e悦读）开发直接以“扫一扫”功能为基础的图书馆创新服务，大幅度降低读者的接受门槛和使用难度，将“e约柜”的各项服务更直接、更简单地推送至读者。“e约柜”运用RFID技术、语音播报、夜光照明、高清显示屏、远程操作、大数据分析等智慧服务手段，为读者提供便捷、智慧、高效的公共文化服务。

（3）以社会参与为动力，推动文化共建共享。“共建共享”是图书馆界历久弥新的话题。共享是图书馆社会功能的具体体现，共建是图书馆发展不竭的动力源泉。共建是为了共享，共建推动共享。株洲市图书馆“e约柜”（e悦读）体积小、安装方便、功能齐全，受到广大读者的欢迎。为推广这一项目，株洲市图书馆积极与社区、小区、商场、公园等单位寻求合作，激发合作单位的文化需求，通过共享场所、人力、设备等资源，力求供需平衡，争取社会合作效益最大化，激活社会力量参与图书馆服务新活力。

（4）以高效便民为落脚点，拓展阅读服务圈。《关于推动公共文化服务高质量发展的意见》提出完善基层公共文化服务网络、创新拓展城乡公共文化空间、促进公共文化服务提质增效等要求。株洲市图书馆“e约柜”部署各小区、各公共场所，设施“亲民化”，通过实施“e约柜”项目，把公共文化资源进一步延伸到城市的每一个角落，打造特色鲜明，与社区、市民融合共生的阅读场所。至此，株洲市城区已经形成“市馆+分馆+流通点+24小时智能书屋+e约柜”遍布全城、互联互通的图书馆服务网络，打通文化为民服务最后一公里，将优质的阅读服务送到居民身边，形成“十分钟”阅读服务圈，真正实现了“阅读触手可及”。

试论地域文化赋能公共图书馆读者服务特色化

王星胜（湖南省少年儿童图书馆）

摘要：新时代公共图书馆面临着重大的机遇和挑战，传统的图书馆读者服务已不能满足人们的需求，必须大力开拓图书馆特色读者服务，而中华大地上各具特色的地域文化完全能够融入各地图书馆读者服务理念中，借助地域文化赋能的优势，公共图书馆可以走出一条读者服务特色化的新道路。

1 引言

公共图书馆读者服务特色化，其本质上是图书馆立足已有读者服务模式和内容，集中馆内文献信息资源、人力资源、现代科技设备等要素进行读者服务的优化和创新升级，形成特色化读者服务，从而能极大地提高工作效率、改善服务质量、提升读者满意度。而近年来传统文化愈受重视，弘扬传统文化的呼声越来越高，广袤中华大地上各具特色的地域文化正是中国传统文化多样性和丰富性的生动体现，扎根于各地的公共图书馆，要想在新时代的浪潮中迎难而上、破局出圈，以特色化读者服务在广大读者中营造良好口碑，则借助地域文化赋能当是一条捷径。

2 传统的公共图书馆读者服务已不能满足读者需求

“内卷”一词在网络上意外走红后，通常被用来形容非理性的内部消耗和仅有量变而没有质变的现象。公共图书馆作为政府全额拨款的公共文化服务事业单位，当下也经历着“内卷”的“煎熬”和“痛楚”。传统的公共图书馆读者服务，诸如纸质文献查询与借阅、数字资源浏览、文献传递、新书推荐、读者讲座、绘本讲读、手工制作等，一方面作为图书馆基础性的服务功能，一如既往地发挥着“保基本盘”的基石作用，另一方面面对着科技高速发展和时代变迁的冲击，在读者心目中的“存在感”渐次降低，甚至可以说，传统的公共图书馆读者服务实际上已无法满足当今社会广大读者对公共图书馆的需求，读者服务特色化的要求比以往任何时候都显急迫，读者服务特色化也是打破“内卷”，开启公共图书馆转型升级之路的必然途径。

3 读者服务特色化着眼于读者需求的转变

读者服务特色化锚定的是当今时代读者对于图书馆的需求。信息化时代，信息的获取已十分便捷，图书馆作为信息提供者的价值已大大降低，“重藏轻用”的图书馆惯性思维模式已遭时代淘汰。概括起来，当今社会，读者需求呈现四个方面的特点：多元化需求、专业化需求、深度化需求、智能化需求。

3.1 多元化需求

多元化需求指的是读者已从“单一的借阅需求”转向成“多元的文化综合服务需求”。读者对公共图书馆的期待，是期望它能成为公共文化空间，能成为新时代文化交流和传播的重要场所，能成为教育、科技和文化高度融合的精神文明基地，因此研学实践活动、科技展示与教育活动、非遗传承活动都将成为图书馆读者服务中不可或缺的重要部分。

3.2 专业化需求

专业化需求指的是读者已从“浅显的低层级的知识需求”转向成“专业的高层级的知识需求”。前者仅仅满足于从图书馆找到想要查阅的书籍，而后者则期望于图书馆能成为个人成长和发展的继续教育学院，这对图书馆从业人员的素质提出了极高的要求，也逼迫图书馆必须走出舒适圈，不能仅仅满足于馆际合作，而应扩大“朋友圈”，在馆校合作、馆院合作、馆司合作这种连接无处不在的思路下提升自身在各大知识领域的专业性。

3.3 深度化需求

深度化需求指的是读者已从“消遣性的浅阅读需求”转向成“沉浸式的深度阅读需求”。前者以碎片化阅读为代表，突出表现在利用微博、微信、快手、抖音等手机 App 为载体来获取信息，后者则重在以各种融合了现代科技手段的方式来深度挖掘图书内涵，致力于将阅读行为切实转化为人文和科学素养的提升。

3.4 智能化需求

智能化需求指的是读者已从“获取信息为主的数字阅读需求”转向成“个性化、定制化的智慧阅读需求”。前者只不过是将传统纸质媒介更换为电子媒介，比较狭隘地定义在了数字化资源服务这一领域，而后者则是革命性的，包含数据分析服务、虚拟阅读服务、学术交流服务、信息素养培训服务等诸多以人工智能为技术基础的多方面智慧服务。

4 地域文化价值的独特性

文化是一个国家、一个民族的精神内核，是全社会实现永续发展的源头活水。从发生学维度来看，文化明显是具有地域性的，文化的创造和发展必须具备一定的时代、一定的空间以及一定的社会环境，不同的时代和空间影响并塑造了人类的生存与生活方式，造就了丰富多彩的人类社会文明。中国幅员辽阔、地大物博，千百年来逐渐形成了特色迥异的中华地域文化，地域文化具备独特的价值和影响，不但充当了文化传承与发展的天然纽带，更为彰显文化自信提供了鲜活的素材、奠定了深厚的底蕴，尤其在百年未有之大变局下，可作为提升国家文化软实力、建设社会主义文化强国的重要抓手。

5 地域文化赋能公共图书馆读者服务特色化的优势

据统计，至 2022 年底，全国范围内分布有 3303 家公共图书馆。正如一方水土养一方人，每一片地域上的每一家公共图书馆，从建立之初，不单是它的建筑布局，还是它的职能发挥、功能呈现，都刻上了鲜明的地方烙印。但这种烙印，从来不过度引发人的关注，也鲜有人会从这些方面去入手思考如何促进图书馆事业的发展。在中华民族伟大复兴的历史征程中，文化自信屡被强调，“两个结合”既是必由之路，也是最大法宝，由此传统文化的价值进一步凸显，地域文化也有了更大的发挥舞台。各地的公共图书馆，想要破除千篇一律的图书馆同质化发展窘境，向地域文化取经和借力自然成了不二之选，地域文化天然独具特色，公共图书馆特色读者服务取材于地域文化，正是寻求差异化发展、特色化发展以及转型破局升级的必由之路。

6 地域文化赋能公共图书馆读者服务特色化案例探析

6.1 东部地区公共图书馆案例探析

先将目光聚焦到改革开放前沿阵地广东省。深圳市盐田区依山傍海，拥有大、小梅沙等驰名中外的海滩景点，而盐田区图书馆打造的“看！海书房，看见图书馆”项目，秉持“一书房一主题一特色”的理念，建设了10家以社区文化和海洋文化为特色的小型图书馆。每间书房的名字、外形都各具特色，既与滨海景观风貌相融合，又汲取地域特色文化元素，因此斩获了国际图联2023年国际营销奖，成了全国唯一由区级公共图书馆申报获奖的项目。这是融入地域文化打造图书馆特色化服务的生动诠释。

再将目光投向计划单列市、著名的旅游城市厦门。厦门文史沙龙阅读推广项目是厦门市图书馆主导的一个公益性、开放式的地方文化普及、阅读交流平台，自2013年起以每月一期的频率连续十年开展，十年来，已邀请海峡两岸70余名文史专家、学者、教授一起组织了“厦门地方文史”“海丝系列——华侨华人”“闽台历史渊源”等不同文史主题的逾百场文化活动。十年磨一剑，该项目于2023年荣获福建省全民阅读优秀项目，显然，这亦是紧扣地域文化做文章的图书馆特色化服务成功案例。

浙江杭州古称临安，临安彼时为南宋都城。杭州图书馆始终致力于推广“宋韵文化”，讲好杭州故事。该馆充分发挥在地方文化保护传承方面的优势，围绕“宋韵”主题，结合馆藏珍贵古籍，举办了“宋韵之雅——琴器书画”系列讲座、德寿宫与南宋历史文化系列及“生活在宋画里——宋茶文化专题展”等线上、线下相结合的南宋文化传播展示活动，深受市民朋友欢迎。这是借力地域文化开展图书馆特色读者服务的典型案例。

扬州古称广陵，乃首批国家历史文化名城，自古以来水运发达，号称“中国运河第一城”。其下辖的县级高邮市，正如其名字一样，具备独特的“邮”文化，高邮城有环宇传书的雕塑，有手持文书的信使，城南的盂城驿更是对古代邮文化的最佳诠释。2023年6月1日儿童节当天，中国邮政“六一”特种邮票《动画——九色鹿》在扬州市少年儿童图书馆内面向公众首发，同时正式启用小青鸟少儿邮文化驿站，并正式推出扬州少儿图书馆集邮文化卡片。该馆打造的小青鸟少儿邮文化驿站通过开展模拟体验式活动帮助少年儿童了解书信文化和集邮知识，这在全国图书馆界尚属首创，这亦是地域文化赋能公共图书馆特色读者服务的完美诠释。

6.2 中部地区公共图书馆案例探析

始建于春秋战国时期的大同长城，是世界文化遗产。而全国第一个依托图书馆建立的长城文献资料研究中心就在大同市图书馆，该馆的长城文献中心还有一个品牌项目，就是与大同市长城文化旅游协会共同举办的长城文化沙龙。这是图书馆特色读者服务与地域文化相得益彰的最美注脚。

河南南阳是诸葛亮的故乡，而在南阳市卧龙岗文化园内，“诸葛书屋”就矗立在那儿，来往武侯祠的游客和市民朋友随时可以走入，在行走和品读中深刻地体悟三国历史和传统文化。“诸葛书屋”的运行恰是依托了南阳市图书馆构建的书屋智慧管理系统，从而深度融入了南阳全市的图书馆总分馆体系，毫无疑问，这也是南阳图书馆人用好地域文化开展特色读者服务的妙笔。

湘江是湖南人的母亲河，位于星城长沙的湖南图书馆联合社会各界力量重磅开展了2023年“吾道南来湘江北去”文旅研学主题活动，设计了“人文湘江”“红色湘江”“开放湘江”三大主研学线路，组织开展了“湘江北去”原画作展等丰富多彩的系列活动，带领广大青少年步入12个城市，行走7000多公里，受到国内媒体的广泛关注和报道。住湘江边，饮湘江水，以湘江文化谱写公共图书馆特色读者服务的新篇章。

6.3 西部地区公共图书馆案例探析

拉萨市图书馆于2019年5月开工建设,2023年7月正式对外开放。8月的拉萨雪顿节期间，拉萨市图书馆精心策划举办了“美丽天湖用心呵护——纳木措文旅融合体验游活动”，带领10组亲子家庭走进草原、体验游牧文化、亲历绿色环保行动等，满足了市民的精神文化需求。这是在我国西南边陲融入地域文化开展特色读者服务的动人案例。

同样位于青藏高原地区的西宁图书馆，则十分注重增强河湟文化的生命力、传播力及影响力。该馆不但建立了颇具地域文化特色的专属阅读空间，同时举办了“河湟读书节”“‘读行河湟’电视文化阅读节目”“‘典籍里的河湟’图文展”等特色阅读活动，还搭建了“智慧+”河湟特色数字资源平台，这是在青藏高原地区立足地域文化元素开展阅读推广的又一生动实践。

7 结语

地域文化赋能公共图书馆读者服务特色化，已被证明是公共图书馆面对竞争进行转型升级的重要途径。地域文化是永不枯竭的宝藏，地域文化赋能公共图书馆读者服务特色化没有终点，往后的岁月里只会涌现更多巧妙融合地域文化的公共图书馆特色读者服务模式和内容。

参考文献

[1] 张德君 . 试论新形势下公共图书馆读者服务特色化 [J]. 文化创新比较研究 ,2019(05).

[2] 李丹 . 高校智慧图书馆特色化服务探析 [J]. 科技资讯 ,2023(22).

基于人工智能技术的公共图书馆智慧服务体系创设与实施探究

邓镰（湖南省少年儿童图书馆）

摘要：本文对人工智能环境下公共图书馆智慧服务的应运而生及现状进行探索与研究，研究表明，随着人工智能技术在公共图书馆的运用，图书馆从数字化向智能化演变，进而迈向智慧化成为大势所趋，公共图书馆智慧服务体系的建设与实施进程随之日益加快。为服务好读者，馆员提升服务水准，优化自动化服务系统，增设现代化、智能化、智慧化设施设备，加强对用户的培训，全面提升办馆水平等至关重要。

1 引言

随着科学技术的迅猛发展，信息化的普及以及人们对文献资源、信息传递等的多元需求，使得肩负文化传承、文献信息传递职能的图书馆由传统图书馆完成向现代图书馆演变进程，并逐步从数字化向智能化演变，进而迈向智慧化。近年来，人工智能技术的快速发展，并日渐被广泛运用于各个领域，图书馆也不例外。数据挖掘、云计算和虚拟现实等高新技术在图书馆的运用，促进了公共图书馆管理与服务的变革，智慧化建设及服务的进程随之日益加快。

2 人工智能技术助推公共图书馆服务智慧化

人工智能（Artificial Intelligence），英文缩写为 AI。它是一门新的技术科学，主要在模拟、延伸和拓展人的智能、智慧方面进行相关理论、方法、技术及应用系统的研究与开发。

古代藏书楼、传统图书馆重在收藏文献，应用则在其次。随着时代的发展，现实的需要，图书馆的功能由重收藏发展为重利用，所藏文献也由单一的实体文献（多为纸质文献）向多元文献（纸质文献、电子文献、数字文献等）方向发展，随着数字资源的出现和人工智能技术广泛应用于图书馆，数字阅读快速发展。

数字阅读用户差异化、多元化需求越来越突出，表现在对阅读载体的演变、阅读形式的灵活便捷、阅读内容的丰富多元等方面的需求日益呈现向多样性、层次感方向渐进。

2017 年被视为中国数字阅读市场的起始之年，市场规模达到了 152 亿元，此后数字阅读需求逐年增长。《2019 年度中国数字阅读白皮书》显示，当年全国数字阅读市场规模达 288.8 亿元，比上一年同期增长 13.5%，其中大众阅读市场规模超过 95%。2019 年，我国数字阅读用户总量 4.7 亿人，人均数字阅读量达 14.6 册，其中接触 20 册以上电子书占比 53.8%，同比增长 3.4%。如此强劲的大众数字阅读需求，助推公共图书馆数字服务能力和水平的跟进、提升。

随着互联网、大数据、云计算等高科技手段的兴起，赋能公共图书馆为广大读者提供智能化、智慧化服务。

3 公共图书馆智慧服务体系建设

3.1 概念

智慧图书馆目前在国内尚处于规划、建设阶段，可理解为是把智能技术运用到图书馆管理与服务中，是现代化建筑、智能设备、自动化管理和智能服务的有机结合和创新。智慧图书馆的运作模式从“知识服务”转变为“智慧服务”。图书馆的智慧服务可不受空间限制、并能被受众切实感知。智慧图书馆将运用大数据、云计算、智能设备等，通过物联网实现智慧化的服务和管理。

3.2 人工智能技术及现代化设施设备在公共图书馆的运用

3.2.1 智慧服务手段及渠道

①运用云端平台进行数据展示：运用本馆官方网站及微信公众号等云端平台，进行新书推介、馆藏图书借阅信息查询、阅读活动信息发布、参与活动线上报名、参赛作品上传、线上展览推送等全方位发布信息及与读者多层面、全方位互动，并基于大数据分析以期更精准、更高效地为读者服务。

②植入人脸识别等人工智能体系：通过人脸识别、指纹识别、扫描二维码等图像识别技术，管理读者及馆员门禁系统，便捷、安全、高效。目前此技术已被各级公共图书馆广泛应用。

③打造扫码登录、线上借阅系统：读者可随时关注、查询总分馆图书在馆信息、借阅信息、新书推介、阅读活动等相关讯息，以便自行决定借阅或参与活动等。

④创设自适应微信阅读及手机借阅模式：各图书馆可根据本馆特色及普遍受众需求，创设适合读者使用的手机 App 图书馆，智能化服务读者。

⑤采取电子支付的便捷高效方式：图书馆仍然存在需要读者支付相应款项的情形，比如损坏公物赔偿——图书馆的文献，用于阅读、视听的电子设备，少年儿童手工活动用具、益智玩具，研学设施设备等均为国有资产。读者对上述国有资产损坏乃至损毁，均需按相关规定赔偿；办理借书证缴纳押金；图书逾期归还缴纳滞纳金等。随着移动支付的普及，在日常生活中越来越多的人不随身携带现金，特别是手机支付便捷高效，有的无需读者到现场办理即可在线远程完成。鉴于上述种种情形及原因，图书馆往往需要设计并推出电子支付功能，配合现金支付方式，更好地服务广大读者的多元需求。

⑥铺陈通借通还、全城流通网络系统：近年来，公共图书馆总分馆运行模式日益普遍与成熟。分馆设立数量更多，服务半径更远，服务范围更大。铺设通借通还、全城流通网络系统势在必行。

⑦创设智能控制、App 管理架构：目前国内已尝试智慧服务的公共图书馆普遍采取智能控制方式运行，研制独立 App 管理。可基于大数据分析研判不同性别、各年龄阶段、不同职业身份等读者的阅读喜好，从而采购更贴近读者需求的文献资料，提供更周到、细致、个性化的图书馆服务。

3.2.2 智慧服务空间打造

①自助图书馆：由于实体图书馆物理空间的局限，为满足广大读者更多元化的阅读需求，解决公共图书馆馆员人力资源短缺问题，近年来，各地纷纷设立自助图书馆，大多为 24 小时全天候开放，读者可选择就近场馆自助借阅图书，享受更方便、快捷的智能服务。24 小时自助图书馆可节省人力成本及读者时间，因灵活、便捷的智能服务深受读者喜爱。目前运行的 24 小时自助图书馆大多实行身份证、借阅证或城市一卡通（市民卡）刷证或人脸识别入馆借阅。

②城市书房：随着广大读者对阅读需求的多样化和灵活度有更高的要求，仅有 24 小时自助图书馆显然不能完全满足读者多元化的需求，此时“城市书房”应运而生。城市书房集合了阅读、外借、交流、休闲等更宽泛而多元的功能，使得其空间环境的打造弥漫书香，独具舒适典雅之风，更符合城市读者对环境、功能等方面的多重需求。因其智能化和交流休闲功能的创设，多种功能随之被广泛运用于城市书房。最为常见有刷脸扫码、多证进入，城市书房可实现无人管理模式，普遍支持刷脸，刷证（身份证、借阅证、城市一卡通），人脸识别，指纹识别等方式入馆借阅。通借通还、全城流通，城市书房内图书一般采取总分馆制运作模式，适应总馆与分馆图书通借通还，本城市全网流通，方便读者就近借还图书并入馆交流、休闲。

③数字阅读中心：公共图书馆的数字阅读体验区一般设置在本馆，可实现微信阅读、手机借阅。室内阅读机可供读者微信扫码阅读海量图书，用手机即可完成借阅程序。移动应用最广泛的使用场景是手机。目前，微信和 App 是图书馆实现智慧服务较为理想的媒介，因其方便快捷而广受读者欢迎。

3.3 智慧服务体系创设

图书馆智慧服务的效能水平，在一定程度上是由智能技术水平决定的。公共图书馆的顶层设计要对智慧服务注入宏观规划，接轨国际前沿理念，以新一代信息技术为基础，优化重组各种生产要素，形成一个网络化、数字化、智能化、智慧化的集成图书馆服务体系，与智慧学校、智慧社区、智慧城市、智慧社会融合发展。

3.3.1 功能模块

一是智慧服务。目前公共图书馆的智慧服务已涵盖自助办证；自助借书；自助还书；网上续借；参考咨询；网上留言、咨询、互动交流；情报信息智囊输送（服务“两会”、政府机关等）；技术输出（服务工矿企业、农村等）；网上报名参与活动；催还提醒；图书入藏可供借阅告知；预约开放等功能。

预约开放，2020 年抗击新冠疫情期间，全国各地公共图书馆基本实行了预约开放制度，开发或新开辟相关自动化系统，对开放时间、开放场馆、入馆读者人数，体温要求、健康码要求等进行设置，有效管控风险，为疫情防控助力。

二是智慧管理。目前公共图书馆的智慧管理已涵盖人力资源调配与管理；馆舍功能布局；文献资源配置；新书入库上架；读者归还图书分类、排架、上架；智能控制；App 管理；监控等方面。基于大数据分析，馆藏文献资源配置更趋合理，借助于智能系统及现代化设施设备，排架准确率得到保证，为馆员管理带来了极大便利，实现更精准、更快捷、更有效，且更人性化地为读者服务。

3.3.2 大数据分析

目前，大数据分析在公共图书馆通常把用户访问数量、借阅热点、检索倾向及分享内容等作为智慧图书馆建设的数据统计指标，主要分布于阅读方式分析、文献类型分析、读者类型分析、经费使用分析、场馆利用分析、服务半径分析等诸多方面。全面、准确的数据分析，为图书馆针对不同读者精准施策服务提供依据。

3.3.3 个性化服务

基于大数据分析，可对广大读者进行个性化智慧服务，比如根据读者平时借阅倾向，自动匹配、推荐其喜爱的图书；自动检索、推荐同名文献的不同版本，如连环画版本、文字 + 汉语拼音版本或不同出版社不同时期版本等；当读者拟借某一确定文献的所有复本均被借出时，馆员可借助智能查询系统为读者自动查找、推荐其所需文献的同类文献；可自动推荐读者喜爱的展览；自动推荐读者喜爱的阅读活动；根据读者在活动报名平台报名情况，了解该读者参与某类活动意愿及参与活动次数，可向几次报名未成功（名额已满）的读者依次优先推送下一次类似活动的信息等。

4 公共图书馆智慧服务实施

4.1 智慧服务实施的必备要素

4.1.1 系统（平台）部署到位

图书馆提供智慧服务必须有系统完善的智能化系统或平台做支撑，目前公共图书馆普遍使用的自动化集成系统有 Interlib、ILAS 等。

4.1.2 设施设备配套安装就绪

网络信号覆盖；配备所需现代化设施设备，如图书馆自动化集成管理系统运行所需总机房、服务器、磁盘阵列、终端设备等安装到位。

4.1.3 馆员服务能力提升

图书馆所有服务的水平高低、质量好坏等都会通过馆员的服务呈现出来。数字图书馆、智能图书馆、智慧图书馆的服务无疑对馆员的水平和能力提出了更高要求，专业能力的提升至关重要。

4.1.4 用户信息素养培育

公共图书馆智慧服务要达到好的效果，除了服务馆员有良好的综合素质和职业素养外，用户（读者）的信息素养培育不可或缺。读者需要对人工智能基本技术的使用有所了解，并知晓基本使用方法。为使读者尽快熟悉公共图书馆各项服务的流程及操作规则，图书馆可举办有关数字阅读、数字资源获取、智能图书馆建设及服务、智慧图书馆服务基础理论运用及实操等培训，提高受众信息素养，以利于读者更好地利用图书馆。

4.2 实例分析与研究

4.2.1 实地调研案例

为学习、借鉴兄弟图书馆的先进管理理念、服务模式，进一步提升我馆数字化、智能化、智慧化建设能力和服务水平，笔者于2020年9月21日至25日，带领本馆数字服务部、宣传推广部等部门相关人员一行6人先后赴浙江省、上海市、江苏省三省（市）的浙江图书馆、杭州图书馆、上海图书馆、上海少年儿童图书馆、南京图书馆、金陵图书馆等6所副省级以上公共图书馆进行专题调研。于2020年12月7日至11日，带领本馆数字服务部、读者活动部、借阅服务部等部门一行4人到福建省开展数字图书馆、智能图书馆、智慧图书馆建设与服务专项调研，先后对福建省图书馆、福建省少年儿童图书馆、厦门市图书馆、厦门市少年儿童图书馆进行实地调研。

表1　实地调研10所公共图书馆智慧服务简况

单位	自建数字资源特色	数字服务、智能服务、智慧服务主要方式（渠道）
上海图书馆	推出馆藏家谱数字化、历史文献数字化、文化名人手稿数字化等系列数字化项目。	让珍贵的纸质文献以数字形式得以永久保存，并为更广泛的读者群体服务。 建设并实施“一卡通”借阅系统，实现全市基层服务点全覆盖。
上海少年儿童图书馆	“少图小书虫”“小书虫电台”等。	新馆（预计2021年底对外开放）建设融入富有前瞻性的智慧化管理与服务理念。将建成4~16岁少年儿童的信息资源中心、知识体验中心、阅读推广中心、文化交流中心等。打造线上少儿数字图书馆，阵地互动、多维感官的新阅读体验空间。

续表

单位	自建数字资源特色	数字服务、智能服务、智慧服务主要方式（渠道）
南京图书馆	对馆藏民国文献“数字化”；推出“江苏全民阅读”“江苏特色博物馆”等众多专题资源库。	通过创新各种传播方式，让书写在古籍里的文字发挥更大作用。 网上借阅覆盖全国，实现了为读者服务不受空间限制。
金陵图书馆	建设“南京地方志”“孙中山研究论文”等多专题地方文献数据库。	利用国家图书馆打造的“网络书香·阅见美好”数字阅读平台进行阅读推广。依托公益讲座、特色展览等项目，将优质而接地气的公共文化服务送进基层、社区，送到百姓身边。 积极推动文旅融合阅读实践基地建设，将数字化、智能化融入读者服务的各个层面。
浙江图书馆	建设雕版印刷技艺赏学微课程、杭州西湖龙井茶文化资源库、浙江人文数字地图（方言）、浙江图书馆家谱全文数据库、风景浙江等数十种专题资源库。	5G技术、人工智能技术、通借通还。凭借其网络图书馆、图书馆文献采编中心、全国文化共享工程浙江省分中心等，推动全省各级公共图书馆联动发展。
杭州图书馆	建设民国期刊、民国图书、杭州图书馆馆藏古籍数据库、杭州地方文献、声音图书馆、良渚文化特色数据库等。	通借通还。 音乐影视中心（音乐分馆＋电影分馆）。
福建省图书馆	打造“中央补助地方数字资源建设项目”，拍摄制作《丝路百工》等系列专题片。	公共电子阅览。 数字资源服务。 全域无线Wi-Fi接入。 听书机外借。
福建省少年儿童图书馆	建设“福建文化记忆·福建红色文化动漫”系列专题资源，突显福建地方红色文化。	电子阅览区。 动漫体验区。 数字资源服务。
厦门市图书馆	建设厦门记忆、馆藏民国文献、闽南地方文献联合目录库、便民公告、政府信息公开等专题资源库。	一馆三地，服务智能。总馆和集美图书馆服务联通；中山图书馆建在鼓浪屿景区，实现文旅融合。
厦门市少年儿童图书馆	闽南文化专题资源库等。	创设智慧书架。 读者自主选择与自主借阅、自助上架图书。 数字阅读体验区。

4.2.2 网上调研案例

笔者于 2021 年 2 月至 6 月通过国际互联网调取相关公共图书馆的官方网站上“数字资源”“数字图书馆”等栏目，对 8 家省级以上公共图书馆的数字服务、智能服务、智慧服务信息进行了抓取、比较。这 8 家图书馆是天津图书馆、河北省图书馆、黑龙江省图书馆、山东省图书馆、湖北省图书馆、广东省立中山图书馆、重庆图书馆、陕西省图书馆。

表 2　部分公共图书馆数字资源建设及服务概览

单位	数字资源类型	自建数字资源	特色数字资源馆藏	服务方式
天津图书馆	电子图书、电子报纸、电子期刊、多媒体、数据实施、其他资源、推广工程网络专题资源、网上展览。	古籍文献、历史文献数字资源、天津文化艺术志、海河大讲堂、天津抗战纪实、天津建城 600 周年系列讲座、天津民俗、津门群星等。	居留民团史料、天津地方志、天津民俗方志、革命文献、古籍善本图录。	馆内局域网及“一码通”用户，本馆官方微信平台。
河北省图书馆	电子图书类、期刊博硕论文库类、少儿类、考试学习资料类、音视频类、其他类。	文化旅游、河北戏曲等。	文化旅游、河北戏曲、红色旅游、河北杂技、唐山皮影等。	无线网络全覆盖、自助借还。馆内访问及馆外认证。
黑龙江省图书馆	图书、期刊报纸、论文、考试学习、音频视频、学术专题、少儿资源、共享资源、知识平台等。	海伦剪纸、哈尔滨建筑凝固的历史文化、富裕漫画、第二次世界大战的终结地、北大荒专题数据库等。	馆藏抗日战争文献、黑龙江边境贸易、哈尔滨旧影等。	官方网站、微信等。
山东省图书馆	电子图书、电子期刊、多媒体资源、专题数据库、公共数字文化工程等。	地方历史文化、民俗民间文化、红色文化、特色文献数字化等。	地方历史文化、民俗民间文化、红色文化、特色文献数字化等。	官方网站、微信、微博、移动图书馆等。
湖北省图书馆	电子图书、电子期刊、外文数据库、影音数据库、工具索引、古籍数据库等。	湖北通志、长江讲坛、汉剧专题数据库、问道武当多媒体数据库等。	湖北通志、长江讲坛、汉剧专题数据库、问道武当多媒体数据库等。	官方网站登录访问。
广东省立中山图书馆	图书、连续出版物、学术会议论文、专利标准、数值事实、专题索引、音视频、少儿资源、数字图书馆推广工程资源等。	馆藏书目数据库、特藏文献数据库、特色资源、古籍等。	特藏文献数据库、缩微文献全文数据库、中国古典文献资源导航系统、孙中山多媒体数据库、广州大典等。	官网、微信平台、移动客户端、NFC 自助借书等。

续表

单位	数字资源类型	自建数字资源	特色数字资源馆藏	服务方式
重庆图书馆	电子书、搜索工具、电子期刊、多媒体、专题资料、教育教学类等。	重庆古镇系列、重庆抗战史记、红色历史动漫、历史文化名人、漫步三峡等。	古籍文献、民国文献、联合国文献、缩微文献、工具书、外文文献、地方文献等。	官网、“通借通还一卡通短信服务平台”等。
陕西省图书馆	电子图书、电子期刊、报刊索引、网上听书馆、网上报告厅、光盘数据库、视频图书馆、少儿数字图书馆、考试服务平台等。	西安事变数据库、秦腔秦韵数据库、陕西非物质文化遗产数据库、省情文献库、听遍陕西特色音频资源库、陕西景观数据库等。	民国报纸目录、地方文献专题目录、馆藏数字化方志目录、馆藏珍品古籍库、“陕图展览”资源库等。	官网、移动图书馆等。

4.3.3 调研结论及成果运用

① 调研结果：通过到表 1 所列 10 所副省级以上公共图书馆实地参观、学习、调研，可以看见其管理及服务理念、模式和技术均凸显数字化、智能化、智慧化。网上调研研究发现，表 2 所列 8 家省级公共图书馆均提供电子图书、电子期刊、多媒体资源等，类型多样，地方资源、红色资源、馆藏资源数字化等内容丰富的数字资源供读者借阅；利用官方网站、微信公众平台、微博、移动图书馆、自助借还等渠道和方式为读者提供数字化、智能化、智慧化服务。

② 成果运用：上述各馆数字资源建设，尤其是自建数字资源特色；数字化、网络化、智能化发展情况；图书馆传统服务职能转变，提升智慧图书馆建设水平的整体框架；线上线下服务融合等智慧图书馆建设及服务中的具体做法等调研结果对于各级公共图书馆着重思考今后如何加强数字图书馆、智能图书馆、智慧图书馆建设与服务，继续提升服务水平与办馆能力，广泛开展阅读推广，并以此促进全民阅读有一定的借鉴作用。

数字阅读服务实际上可在更大程度上实现资源共享；智慧服务可在更广领域体现人文关怀及人文管理。资源共享可避免资源浪费，符合低能耗、绿色发展的要求，值得在公共图书馆运用与推广。

5 公共图书馆智慧服务愿景

党的十九大报告中将“智慧社会”作为加快建设创新型国家的发展目标之一，为数字化、智能化建设提供了强有力的政策依据和实施保障。未来，人工智能将要发展理解能力和推理能力，发展更安全、更可靠的人工智能技术。愿景目标为人工智能技术日趋先进与成熟，操控性更稳定，在图书馆的应用更加普遍、全方位及深层次。随着人工智能技术在图书馆广泛而深入地运用，智慧服务体系的创设及实施将随之迈上新的台阶。预期将具有如下特点：

5.1 人机交互体验更完善

人机交互体验是人工智能中至关重要的一环，完善人机交互体验促进技术的革新与提升。只有当人与机器能够越来越相互理解，才能越来越融合共生。随着人工智能技术迅速发展与运用，可以预见将实现人机相互理解，机器服务针对性更强，使得用户体验感更完美。

5.2 图书馆管理手段更智慧

基于智能化程度越来越高，越来越广泛、深入地运用于图书馆管理的各个层面和阶段，管理手段必将更加智慧。我们可利用大数据分析，为人力资源管理、馆舍条件改善、文献资源采购、设施设备添置等提供科学依据和调整方向。

5.3 图书馆服务智慧化程度更高

随着人工智能技术的不断发展，设施设备的更新迭代，馆员信息素养的持续提升，图书馆服务必将更具人文属性。特色服务、个性化服务、差异性服务、精准服务等更加快捷、高效，智慧化服务程度也将越来越高。

参考文献

[1] 马岩，郑建明，王翠姣．媒体融合视角下的智慧公共文化服务策略 [J]. 图书馆论坛 ,2020(09).

[2] 付伟棠．我国数字阅读业态的变化：市场、平台与用户 [J]. 图书馆 ,2019(07).

[3]《2017 年度中国数字阅读白皮书》发布 [J]. 青年记者 ,2018(13).

[4] 国家图书馆研究院《2019 年度中国数字阅读白皮书》发布 [J]. 国家图书馆学刊 ,2020(03).

[5] 于超，朱瑾，张文倩．内外兼修：多重嵌入视角下智慧图书馆构建机理研究 [J]. 图书馆 ,2019(08).

[6] 黄丽芳．基于移动应用平台的高校图书馆智慧服务研究 [J]. 图书馆 ,2020(03).

[7] 郑建明，孙红蕾．智慧公共文化服务发展战略 [J]. 图书馆论坛 ,2020(09).

[8] 邓卫华，朱晨．城市扩张中市民对智慧公共信息服务的接纳研究——基于武汉市洪山区的调查分析 [J]. 图书馆 ,2020(03).

[9] 于兴尚，董红丽，郭畅．数据驱动的智慧图书馆建设与智慧服务研究 [J]. 图书馆 ,2020(06).

[10] 徐向东，王方园．公共图书馆智慧服务体系建设研究 [J]. 图书馆学刊 ,2021(01).

[11] 贺晨芝，张磊．图书馆数字人文众包项目实践 [J]. 图书馆论坛 ,2020(05).

[12] 陆康，潘小宇，刘慧，任贝贝 .AI 治理视域下图书馆智慧服务伦理规范研究 [J]. 图书馆 ,2020(06).

[13] 麻思蓓，许燕．人工智能在图书馆应用的理性思考 [J]. 图书馆 ,2020(04).

文旅融合背景下的公共图书馆未成年人阅读服务创新案例

——以“书中故事我来游”青少年研学示范项目“2023年湖南省首届青少年研学摄影活动暨丝路国家青少年国际摄影大展”为例

叶建武　严芊芊（湖南省少年儿童图书馆）

1 开展背景

由湖南省少年儿童图书馆主持开展的全省少年儿童主题读书活动作为一项重大的纯公益阅读项目，以生动童趣的活动风格、创新大胆的活动主题、丰富多彩的活动内容为鲜明特征，多年来在业内屡获嘉奖，广受好评。活动经过四十多年的实践求索和辛勤耕耘，让无数少年儿童在阅读中圆梦童真，在成长中收获喜悦，促进了三湘四水少儿阅读事业的繁荣发展。

在当前文旅融合的前沿浪潮下，国内多家图书馆顺应时代潮流，将书本阅读结合研学旅游形成新颖的“行走阅读”模式，借此“知行合一”的阅读方式一方面达到拓宽青少年人生视野、激发青少年阅读热忱的首要目标，一方面达到提升图书馆社会服务效能的重要目的。湖南省少年儿童图书馆实施开展的“书中故事我来游”2023年湖南省青少年研学摄影活动暨丝路国家青少年国际摄影大展（以下简称“书中故事我来游”活动）在此背景下应运而生。其不仅是对“行走阅读”模式的一次成功实践，更是在实践中探索出中国青少年“行走阅读”动态情境下阅读成果可视性转化的三层应用创新，为中国阅读推广成果应用体系的进一步发展作出了贡献，最后特别引入具有国际美誉度的“丝路国家青少年国际摄影大展”资源，让青少年在“行走阅读”中的智力成果得以在世界平台上进行集中展示，是湖湘文化与世界文化交相辉映的一次完美演绎，是湖湘旅游资源吸引世界目光的一次勇敢尝试，是湖湘少年的精神风貌在世界舞台上绽放光彩的一次典型案例。

2 活动主体环节

“书中故事我来游”活动的主体环节包括活动策划、活动组织实施两大环节，这两个环节递进分明、互为犄角，让整场活动从开始便创意不断，亮点纷呈，最终将活动应用的可视性转化提升到崭新的高度。

在策划环节中，活动体现出三大亮点，分别为组织机构围绕跨界合作受众广泛、活动主题围绕湖湘文化的六维视域机动灵活、活动规则围绕青少年身心发展设置合理。在活动的组织实施环节中，又有三项亮点，即活动组织围绕青少年研学节点全程清晰、活动实施围绕基层动员反馈热情、活动展示围绕国际资源的赋能社会效应显著。

2.1 活动策划亮点分析

2.1.1 组织机构围绕跨界合作受众广泛

组织机构的确立是活动各个环节能够实施开展的必要条件，清晰稳定的组织机构是引导活动正常运作的关键力量。“书中故事我来游”在活动伊始便确立了以湖南省文化和旅游厅为主办单位的主体核心，湖南省少年儿童图书馆、湖南省艺术摄影学会为承办单位的运作双翼，湖南省高等学校摄影学会，各市州、县市区图书馆等为协办实施的构架体系。

值得注意的是湖南省高等学校摄影协会等社会力量的积极参与将本次活动的辐射范围从以往的中小学延伸至湖南省各大高校，将活动的动员范围从8—18岁的儿童少年群体扩展到19—25岁的青年群体，跨界合作下受众广泛，为活动最终的成功举办打下坚实基础。

2.1.2 活动主题围绕湖湘文化的六维视域机动灵活

“书中故事我来游”活动的主题是将阅读、研学、摄影有机融合，以摄影彰显研学历程，以研学拓展阅读深度，通过“行走阅读”动态情境中经典篇章与实地实景沉浸相融的精彩瞬间，让广大青少年从六大视域里任选其一巧妙运用镜头留下原创智力成果，这六大视域具体为：

（1）湖湘历史视域。用求知若渴、永葆进取的初心去感受湖湘历史的厚重、湘楚文化的精髓，汲取砥砺奋进的精神力量，书写奋力推进中国式现代化的湖南实践的生动传记，展示社会主义现代化新湖南建设的可喜成果。

（2）湖湘人文视域。用灵敏的双耳倾听人民的呼声、时代的脉动，赞颂奋斗者的英姿、点赞建设者的荣光、传颂创业者的美名，铭记这方“湘”土的好人善行、弘扬这方“湘”土的文明善举、塑造这方“湘”土的时尚新风。

（3）湖湘美育视域。用字正腔圆的发音诵读传统经典，品鉴传统艺术的千年底蕴，留住图书馆内享受高雅艺术美育的精彩瞬间，共建品味书香与研学实践灵动衔接的新型阅读生态。

（4）湖湘风光视域。用脚踏实地的步伐行走三湘四水，用镜头展示湖湘大地优美的自然生态、风光，多彩的人文风情和民俗风貌，描绘新时代人与自然和谐相处的美好画卷。

（5）湖湘红色视域。用一颗热爱家乡的赤诚之心去感知潇湘红色土地的热度，去记录红色文化与旅游融合发展的新面貌，发扬红色传统，传承红色基因，讲好红色故事。

（6）湖湘日常视域。用善于发现的眼睛捕捉身边的人和物、事与景，用心体味丰富多彩、饶有趣味的阅读生活和校园日常，留下平凡朴素生活中美好而值得留念的瞬间。

这六维视域的设置让青少年能够始终围绕“湖湘文化”这一主题，从不同的方向创作出自我品阅践行下的智力成果，实现“行走阅读”模式下阅读效能的发挥及实践应用。而从六大视域中任选其一的机动灵活性，既能扩大青少年的摄影范围，又能激发青少年的参与欲望。

2.1.3 活动规则围绕青少年身心发展特点设置合理

考虑到青少年在不同年龄阶段的认知特点、兴趣爱好及实际摄影操作水平，“书中故事我来游”活动将参赛作品划分为摄影和短视频两大类别，并在每个类别中，又以年龄作为同类作品同组评比的设置条件。具体的年龄划分为：A 组，8—12 周岁青少年；B 组，13—18 周岁青少年；C 组，19—25 周岁青少年。

通过对参赛作品进行分类设置及对参赛作者进行划分归组，一方面展现出活动的条理性、层次性及公平性，另一方面又让工作人员对每个参赛作品能形成快速归类归档的反应机制，为后续作品的评审工作奠定良好基础。

2.2 活动组织及实施的亮点分析

2.2.1 活动组织围绕青少年研学节点全程清晰

“书中故事我来游”活动全程共分为三个阶段：

（1）摄影采风创作及投稿阶段：7 月—10 月，面向全省青少年组织开展阅读和研学体验活动，初步评选出 2023 年丝路国家青少年国际摄影大展（湖南区）优秀作品，并代表湖南参加在北京举行的 2023 年丝路国家青少年国际摄影大展终评。

（2）参赛作品评选阶段：11 月，组织专家评选出优秀摄影作品并汇编成册。

（3）获奖作品颁奖展览阶段：11 月—12 月，举办优秀摄影颁奖和展览活动。

2.2.2 活动实施围绕基层动员反馈热情

活动改变了过去以各地区市中心图书馆为各地区发动者、组织者和反馈者的做法，选择将活动通知直接下达到各地市县的公共图书馆并由其自行进行组织和及时反馈，扁平化的实施策略引发基层公共图书馆远超以往的参与热情。

以娄底市双峰县图书馆、岳阳市岳阳楼区图书馆、郴州市安仁县图书馆、永州市宁远县图书馆、永州市新田县图书馆这五家公共图书馆为例，这些基层图书馆皆有力依托当地中小学及社会机构进行人力物力的多方整合，行之有效地组织学生开展集体参赛报名和研学摄影活动，因参与力度高、参赛作品数量多、参赛作品质量佳，均斩获了活动的“优秀组织奖”。

2.2.3 活动展示围绕国际资源的赋能社会效应显著

活动的最大亮点便是引入“丝路国家青少年国际摄影大展”资源，让青少年的智力成果得以在国际平台上自信展示，以此彰显“行走阅读”模式下阅读成果转化应用层面显著的社会效应。在初步评选出 2023 年丝路国家青少年国际摄影大展（湖南区）优秀作品后，这批作品代表湖南参加在北京举行的 2023 年丝路国家青少年国际摄影大展终评，其中郭雅雯选手拍摄的短视频《边城》荣获国际金奖。湖南省少年儿童图书馆也荣获了 2023 年丝路国家青少年国际摄影大展的组织奖，各大主流媒体曝光力度显著，一度在社会各界引发关注热度，广获业界赞誉。

3 活动效能评价

3.1 活动投入评价分析

“书中故事我来游”活动投入可理解为在开展各项环节过程中所投入的财政、人力和参赛成本等，是对活动效能开展评价的前置条件。

（1）活动财政得到专项保障。活动的所有财政投入都来自国家专项基金的调拨，从根本上让活动后续的顺利开展拥有物质基础。

（2）活动人力得到社会各界支持。活动以湖南省各级公共图书馆为动员中心，向教育界、摄影艺术界、媒体宣传、社会个人等多个行业进行“共振”融合，社会各界支持力度前所未见。

（3）活动参赛成本低。从活动规则而言，参赛选手可自行选择拍摄地点、拍摄设备和拍摄角度，这能有效激励他们在“行走阅读”中自由展示摄影才艺，畅快表达阅读感悟。活动全程未收取任何费用，减少参赛选手的经济投入，对于青少年而言参赛成本低。

（4）活动公开公平性得到实现。活动面向全省各年龄阶段的青少年进行统一的作品征集，所有环节设置都在公开透明的流程下进行，比赛结果在湖南省文化和旅游厅及时公示。

3.2 活动产出评价分析

（1）参赛作品数量多。本次活动共收到摄影类作品 2289 件，短视频作品 220 件，作品合计 2509 件。

（2）评审结果反馈佳。经专家评审，活动共评选出金奖 7 件，银奖 9 件，铜奖 12 件；优秀奖 78 件；评选出最佳组织奖 30 个；优秀指导老师 51 名；荣获国际金奖的作品 1 件，荣获国际组织大奖的单位 1 个。

（3）活动速率快。按照方案规划，每阶段环节都在预设时间内完成，所有的活动流程在 2023 年 12 月 31 日前圆满结束。

3.3 活动效益评价分析

（1）社会效益深远。本次活动共发动湖南省 11 个地区的图书馆、中小学等 50 多家单位，吸引全省范围内青少年群体普遍的积极参与；湖南省少年儿童图书馆也荣获 2023 年度“丝路国家青少年国际摄影大赛”组织奖、2023 年文旅公共服务高质量发展“四个一批”优秀品牌，在社会层面上受到赞誉。

（2）媒体传播力度广。据统计，活动受到湖南公共文旅云、中国旅游新闻、华声在线、文旅中国、新湖南、红网时刻新闻、学习强国等多家主流媒体的报道，在文化和旅游领域的宣传效能显著。

（3）参与各方满意度高。活动满意度的评价主体为活动的参赛选手以及参与摄影大展的社会各界，根据活动微信群里的评价反馈及在相关宣传报道下的留言，活动达到了预期的满意度目标。

4 “行走阅读”动态情境下阅读成果可视性转化的创新应用

“可视性”是美学研究中的基础概念，长期应用于文学艺术领域的众多门类中。根据突尼斯学者哈利勒的观点，“可视性”着重强调具体情境下的视觉冲击力，其中摄影艺术对于空间画面感的把握，以及直接立体的表达符合“可视性”的美学要求。“行走阅读”则是阅读与研学旅游在跨界合作中诞生的新型模式，是阅读在动态情境下的直观表现，是文旅融合背景下中国青少年阅读推广事业的大胆实践，本身亦属于“可视性”转化的应用之一。

本文结合“丝路国家青少年国际摄影大展”中获得国际金奖的短视频作品《边城》来分析“书中故事我来游”活动在“行走阅读”动态情境下阅读成果方面的三层应用创新，为中国阅读推广成果应用的深化发展贡献案例借鉴。

4.1 以实地研学为阅读成果可视性转化的初步应用

《边城》这部小说是作家沈从文以湖南茶峒镇为创作原型的经典名著，是反映湘西淳朴民风的重要文学作品。要拍摄好以小说《边城》为创意蓝本的摄影作品，首先要对小说的具体情节有阅读和了解，并前往实地开展相关研学活动。这种研学考察是区别于传统意义上阅读观后作文的阅读成果，就是初步的可视性展示，可描述为“行走阅读”动态情境下阅读成果的第一个层面的创新应用。

4.2 以摄影创作为阅读成果可视性转化的二次应用

在将书中的描绘的章节与现实湘西的风景进行比照后，作者运用摄影设备对实景进行拍摄创作，将对原著的自我感悟融入艺术创作加工中，利用摄影的可视性充分表达自己对《边城》小说的热爱和对湘西风土人文的赞美，这种智力创作和直观表达即阅读成果在第一层面应用（实地研学）基础上的升华，是“行走阅读”动态情境下阅读成果第二个层面的创新应用。

4.3 以解读创意作品为阅读成果可视性转化的最终应用

从短视频《边城》作品本质意义而言，这既是作者对小说《边城》的致敬和感怀，也是作者主观意识下的智力成果，是忠于原著精神的同时却超越原著情节的自我创作。在作品进行可视性播放展示时，人们会对短视频《边城》进行品阅思考，而这种联系到原著的品阅思考，以及产生阅读原著的浓厚兴趣，是对短视频进行解读后自然产生的联动效应，是基于前两层阅读成果出现后递进出现的第三个层面的阅读成果，是“行走阅读”动态情境下阅读成果最终的创新应用。

5 经验启示

“书中故事我来游”活动的成功举办，标志着湖南省少年儿童图书馆在文旅融合背景下积极探索“行走阅读”动态情境中阅读成果的转化应用初见成效。活动巧妙引入国际平台资源，让湖湘文化、湖湘旅游资源与湖湘少年的精神风貌向世界进行一次精彩展示，对中国青少年“行走阅读”的深化发展及图书馆服务效能升级提供了指导方向。

5.1“行走阅读”以阅读成果的应用转化助力图书馆服务效能升级

阅读成果是阅读推广开展后的直接产物，阅读成果的质量将直接影响到单次阅读推广活动的服务成效评价。“行走阅读”区别于传统的阅读行为模式，让青少年在沉浸式体验中阅读，在阅读中体悟，更须重视阅读成果的直观可视性和应用表达。通过鼓励青少年在“行走阅读”中运用不同的创作方式，如摄影、绘画、表演等，留下可评价展示的智力成果，有助于图书馆总结阅读推广成效，优化阅读推广组织形式，提升公共文化服务效能。

5.2“行走阅读”要以增强青少年文化自信为目的

图书馆作为社会教育的前沿阵地和阅读推广的首选基地，始终肩负着“滋养民族心灵、培育文化自信”的重要社会责任。图书馆在“行走阅读”的当下，借助文学经典和大美风光的双重影响力，引导青少年树立正确的文化价值观和历史观，增强青少年的文化自信和民族自豪感，为世界各地域青少年的友好交往搭建文化桥梁。

5.3“行走阅读”应成为文旅融合发展的新引擎

一方面，“行走阅读”作为旅游门类中不可或缺一个的分类，能激活旅游市场资源、促进就业水平提升、带动目的地基础设施建设，最终振兴经济；另一方面又能推动各地文化交流，有利于社会主义精神文明的建设，推动人类社会的进步发展。

生成式人工智能在智慧图书馆建设中的创新应用研究

许建兵（湖南省少年儿童图书馆）

摘要：文章简要概述了生成式人工智能技术发展历程，ChatGPT 与图书馆融合应用研究进展，从资源建设、参考咨询服务、新技术应用、实施管理等四个层面对生成式人工智能技术在智慧图书馆建设中的创新应用进行了研究探索。

1 引言

2022 年 3 月，中共中央、国务院印发了《关于推进实施国家文化数字化的战略意见》，强调要建立多功能、多服务的智能计算中心，统筹推进全国智慧图书馆体系建设。2024 年 3 月，中华人民共和国政府工作报告三次提及人工智能，首次提出了开展“人工智能 +”行动，这无疑为人工智能技术在各行业各领域的融合发展应用开启了新篇章。

当前，在大数据、云计算、物联网、人工智能、元宇宙等新兴技术不断革新的背景下，图书馆正逐步迈向设备设施一体化、服务智能化智慧化。生成式人工智能（AIGC）作为人工智能技术的重要分支，正在不断变革图书馆的服务模式和方式，使得很多以往难以实现的智慧化服务成为可能。可以说，AIGC 在智慧图书馆建设中发挥着越来越重要的作用。

2 生成式人工智能技术发展概述

生成式人工智能技术，是指具有文本、图片、音频、视频等内容生成能力的模型及相关技术。生成式人工智能技术的典型产品有 OpenAI 的 ChatGPT、谷歌的 Bard、Meta 的 Llama、百度的“文心一言”、阿里的“通义千问”等，ChatGPT 是 AIGC 最具代表性的产品。本文将以 ChatGPT 为例，探究 AIGC 在智慧图书馆建设中的创新应用。

ChatGPT 是美国 OpenAI 公司 2022 年 11 月 30 日发布的一款智能聊天机器人程序，它基于超大规模的语料库训练而成，在理解复杂语义、生成连贯回答以及进行智能对话方面表现出色，其内核模型是 GPT-3.5。GPT 是 OpenAI 公司 2018 年开始研发的对话式语言模型，其发展经历了几个阶段，各阶段特征如表 1 所示。ChatGPT 一经发布就发展迅猛，引发了各领域热烈探讨和研究。2023 年 1 月，ChatGPT 月活跃用户突破 1 亿，成为史上增长最快的应用。2023 年 3 月，OpenAI 推出 GPT-4，此时 ChatGPT 已可与 5000 多个应用交互并联网获取新知识。2023 年 5 月，微软全线整合 ChatGPT，同月，OpenAI 推出 ios 版 ChatGPT。2023 年 7 月，OpenAI 向所有 Plus

用户开放代码解析器，GPT–4 全面开放使用。

表 1　GPT 模型迭代历程

GPT 模型	发布时间	语料参数	特点
GPT–1	2018 年 6 月	1.1 亿	主要用于语言建模
GPT–2	2019 年 2 月	15 亿	旨在生成更自然、更类似人类的语言
GPT–3	2020 年 5 月	1750 亿	旨在执行多种语言任务，如翻译、问答等
ChatGPT	2022 年 11 月	1750 亿	具有专业会话能力
GPT–4	2023 年 3 月		准确性大幅提高，识图能力更高

3 ChatGPT 与图书馆融合应用研究进展

笔者对国内外文献进行了广泛调研，梳理出业界专家学者对 ChatGPT 与图书馆领域融合发展的相关研究主要有以下三种观点。

3.1 ChatGPT 将赋能图书馆发展

这种观点认为 ChatGPT 是很好的机遇，将对图书馆发展产生正面效应，会助力图书馆各个方面的转型升级。比如，严雪雁认为，ChatGPT 对图书馆具有提升整体服务效能、赋能多元应用场景、拓展服务范围以及提升社会教育效益的作用。谭丰隆等则形象地将 ChatGPT 对咨询、检索、知识服务的促进作用比喻为其“扮演”的是“通情达理”的聊天对象、“功能全面”的检索引擎、“涉猎广泛”的行业专家。钱彦等认为，ChatGPT 将赋能资源增值化、服务智慧化、元宇宙图书馆。郭亚军等总结了 ChatGPT 赋能图书馆智慧服务的“4T 特征”：Translation（交互性语言翻译）、Transformation（个性化场景转移）、Transmission（立体式信息传播）、Treatment（即时型任务处理）。郭亚军等还提出了 ChatGPT 赋能图书馆虚拟数字人的主要应用场景，如虚拟馆员智能问答、虚拟讲解员、阅读推广服务以及特殊人群无障碍服务。

3.2 ChatGPT 给图书馆带来的挑战和威胁

这种观点认为 ChatGPT 会产生负面效应，会给图书馆带来较大的挑战或威胁。谭丰隆等从技术陷阱的角度总结了 ChatGPT 可能的负面效应为传统信息组织转型困难、图书馆运维成本增加、数字产权归属界定模糊、信息准确度和精确度不够、隐私保护信息伦理问题加深等。严雪雁认为，ChatGPT 可能对图书馆组织声誉、结构性不均衡的发展现状、数据安全、科研伦理等带来挑战。吴进等认为应用 ChatGPT 的法律困境包括访问困境、知识产权共同侵权风险、生成内容权利归属不明、个人信息及隐私保护瑕疵等，可采取申请特殊访问信道、使用同类替代产品、拟制知识产权侵权责任分担条款、约定生成信息权利归属以及有效履行告知义务等措施。

3.3 图书馆应扬长避短促进融合发展

业界更多的专家学者认为，当前 ChatGPT 融入图书馆服务虽然尚存在很多不足，但对图书馆的促进作用也显而易见，图书馆应扬长避短，加强管理，借助新技术促进图书馆发展。周旭称，应在法律治理、协会管理与内部约束维度形成必要的保障体系，以促进 ChatGPT 的规范、安全、高效利用。刘莉等介绍了国外首例（扎耶德大学图书馆）生成式聊天机器人实践案例，提出 AIGC 与智慧图书馆融合的四大路径：整合数据，组合 API + LangChain+Streamlit，提供高质量 Prompt，制定安全政策。周欢设计了智慧图书馆无人值守流程，提出了优化基础设施、构建数据监督平台、培育人才队伍的发展策略。

4 生成式人工智能技术在智慧图书馆建设中的创新应用

笔者将从资源建设、参考咨询服务、新技术应用、管理应用等四个不同层面探索“智慧图书馆 + 生成式人工智能”的创新实现路径，如下图所示。

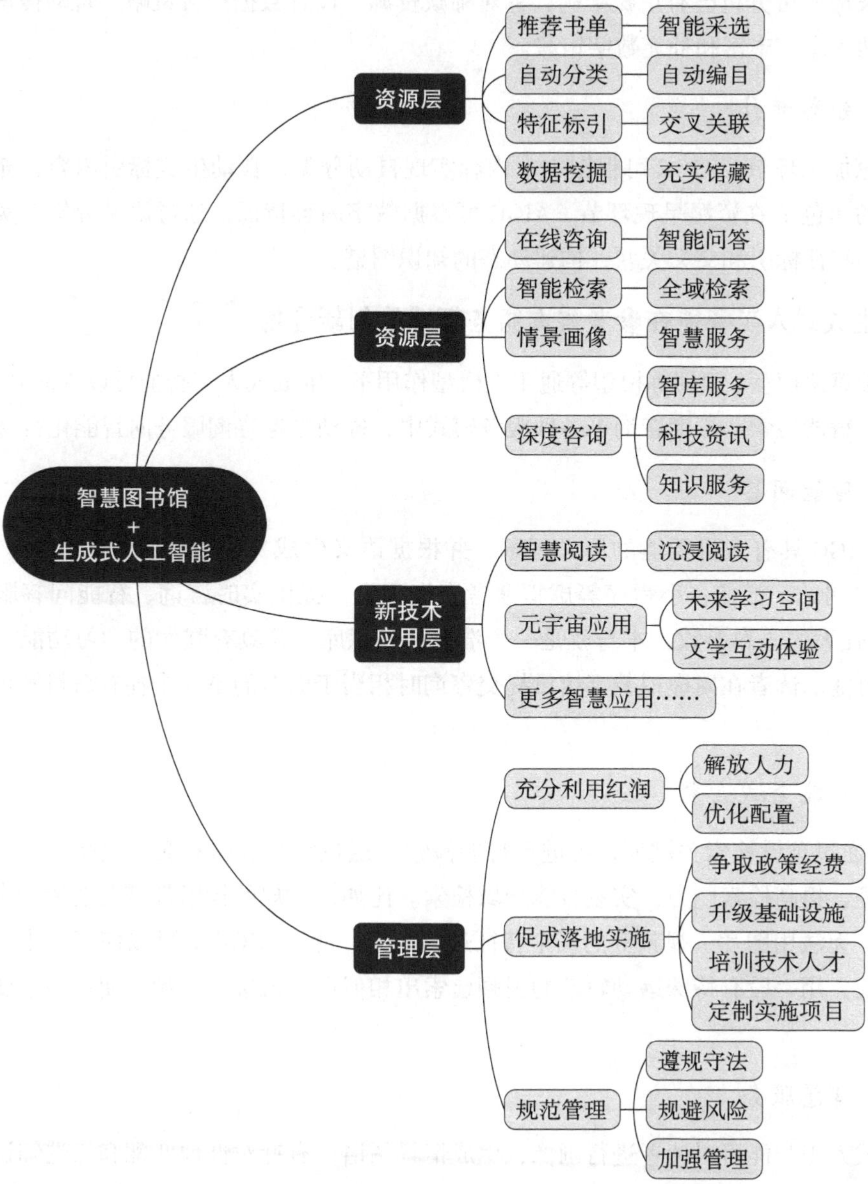

生成式人工智能在智慧图书馆建设中的创新应用示意图

4.1 生成式人工智能在信息资源建设领域的创新应用

依靠多模态信息汇聚与生成能力，生成式人工智能可助力资源建设的收集、加工、呈现和服务的全生命周期。

4.1.1 智能采选

在资源收集环节，AIGC 可分析读者阅读数据，针对不同类型的读者推荐有针对性的荐购书单；分析已有馆藏书刊的利用数据，增加利用率大的书刊采购，提出优化馆藏结构的建议，实现智能采选；可分析已有馆藏结构，针对稀缺资源，设置数据挖掘策略，自动搜索未知优秀资源并吸纳入库，丰富和补充数字馆藏。

4.1.2 分类标引

在资源加工环节，AIGC 可根据文本内容实现自动分类，自动生成标引内容，充当图书馆编目人员的角色；在资源呈现环节，AIGC 可根据数字内容特征，通过语义分析，实现对复杂异构数据的特征标引和交叉关联，构建动态的知识图谱。

4.2 生成式人工智能在参考咨询服务领域的创新应用

在基础算法模型、预训练模型等通用大模型作用下，生成式人工智能可以内嵌到在线咨询、智能问答、智能检索、深度咨询等各种服务模式中，推动参考咨询服务向智能化智慧化转变。

4.2.1 智能问答

因为 AIGC 具有人机无缝的语义理解、并根据语义生成文字图片视频的功能，可广泛应用于图书馆网站、微信、小程序等虚拟参考咨询平台，提供实时咨询、智能问答服务。因为 AIGC 拥有强大的语料参数，本身就是一个浩瀚的知识库，且具有强大的学习功能，使得知识问答成为可能。读者在向虚拟数字馆员提交咨询时相当于面对的是一个拥有海量知识、博学多才的老师。

4.2.2 智能全域检索

AIGC 通过预设检索关键词，可进行智能检索；通过特征标引和交叉关联，可以极大地增加检索途径、提高检索能力，实现智能全域检索。比如，常规的检索都需要选择检索途径、提供关键词，无法用图片、视频等的某个特征进行检索，应用 AIGC 后可以使用一张笑脸检索出相似的笑脸，用一段有特殊运动轨迹的视频检索出相似运动轨迹的视频，使得检索变得极为智慧化。

4.2.3 智慧服务

生成式人工智能可对读者进行画像，生成情景图谱，有针对性地匹配和筛选知识库，生成读者预期的信息内容并推送给读者，实现智慧化服务；通过特定学习和训练的生成式人工智能，未来还可应用于科技查新、知识服务、智库服务等深度咨询服务。

4.3 生成式人工智能在新技术领域的创新应用

生成式人工智能可以像人类大脑一样学习和输出数据，具有交互实时性、内容生成性、推荐智能化等特点，使得 AIGC 可广泛应用于 AR 智慧阅读、虚拟共享空间、虚拟书架、元宇宙空间服务等新技术应用场景。

4.3.1 AR 智慧阅读

通过 AR 识别和生成式人工智能等技术，将纸质图书与数字图书直接互联，打通纸电“两张皮”，读者可通过扫描图书、图片、实物，获取数字化的文字、图片、音频、视频等多媒体内容，实现从内容编辑发布、资源呈现到 AR 虚拟场景互动等一体化的智慧阅读新体验。比如，扫描一本介绍张家界的图书，读者眼前既可领略张家界大自然的鬼斧神工，又可欣赏秀丽山峰的云雾缭绕，还可关联观赏取景于此的电影《阿凡达》。

4.3.2 元宇宙学习空间

依托人工智能、云计算、大数据等新兴技术，搭建大数据训练模型，通过语音交互、文字交互、图形交互等方式，将生成式人工智能应用于写作、画画、创作音乐、生成视频、写方案、制作 PPT 等多类型的内容创作，打造元宇宙学习空间，不同类型的读者都可以在学习空间找到自己感兴趣或需要的学习场景。比如少儿读者，可以根据内容生成有趣的故事、绘画涂鸦；学生读者，可以练习写作、创作音乐；成年读者，可以练习写文案、生成表格、制作 PPT，辅助工作；老年读者，可以学习制作旅游视频、照片相册等。

4.3.3 元宇宙文学互动体验空间

融合 AIGC、VR 虚拟现实、3D 场景还原、数字馆员等数字化技术，借助多屏设备联动，将文学故事剧本植入元宇宙虚拟互动体验空间，让文学名著活起来。在这样的元宇宙空间，数字馆员可以主持某个剧本杀，读者可以身临其境体验文学剧本的一幕幕场景，可以扮演故事中的某个角色，用户之间、用户和数字馆员之间还可以互动交流。这种元宇宙空间可为阅读活动提供更多体验场景，其有趣的形式还可以吸引更多的读者来图书馆。

4.4 生成式人工智能在智慧图书馆建设中的管理应用

生成式人工智能技术是把双刃剑，既可助力智慧图书馆建设，又会带来挑战和威胁，图书馆应妥善应用好这一利器。

4.4.1 充分利用生成式人工智能的红利

对图书馆管理者来说，应该看到应用生成式人工智能带来的红利。比如，可以利用 AIGC 预设程序代替部分常规性的工作，解放人力，优化人力资源分配。利用 AIGC 强大的内容生成功能，可应用于填报表、写文案、整材料等烦琐的日常事务性工作，将专业人才解放出来做更专更精的工作，使其产生更大的社会效益。利用 AIGC 助力资源建设、参考咨询服务、新技术应用的各个环节，加快智能化智慧化进程。

4.4.2 尽快促成生成式人工智能落地实施

生成式人工智能技术可全方位促进智慧图书馆建设，图书馆应尽快促成其实施落地。比如，应加强与政府及相关部门的沟通，努力争取政策和经费的支持；加强图书馆信息化、智能化、智慧化基础设施建设，为生成式人工智能落地实施提供技术保障；提升图书馆从业人员数字信息素养，使之具备融合发展所需的技术人员、服务人员、语料培训人员等人力保障；加强与生成式人工智能技术公司的合作，结合自身特点和未来发展需要，量身定制开发个性化的“智慧

图书馆 + 生成式人工智能”应用场景。

4.4.3 积极应对生成式人工智能的弊端

图书馆应积极应对生成式人工智能可能带来的弊端。比如，在实施 AIGC 项目时，应遵循《生成式人工智能服务管理暂行办法》《互联网信息服务深度合成管理规定》及其他国家有关法律法规，确保项目实施合理合法；应充分了解 AIGC 可能带来的弊端，并与相关管理部门和法律机构沟通和联系，合理合法地解决和规避知识产权和网络伦理等风险；应加大对 AIGC 应用场景的管理和管控，警惕可能出现的信息虚假、信息诈骗、信息泄露等风险。

5 结语

生成式人工智能技术与智慧图书馆的融合应用虽然在技术实施上还存在不少待解决的问题，治理方面也有不少挑战，但生成式人工智能在图书馆创新服务中具有鲜明的技术优势，将极大地加速图书馆建设智能化智慧化进程。图书馆应勇敢地化技术为机遇，充分利用生成式人工智能技术的优点，努力推动其与智慧图书馆在合理合法的前提下快速融合发展。

参考文献

[1] 王静静，叶鹰，王婉茹 .ChatGPT 类 AI−GPT 技术应用对图书馆信息处理的变革探析 [J]. 图书馆理论与实践 ,2024(01).

[2] 严雪雁 .ChatGPT 技术融入图书馆服务：应用价值、内在挑战与应对策略 [J]. 图书馆，2023(09).

[3] 钱彦，梅影 . 从理念到实践：生成式人工智能在智慧图书馆中的应用探索 [J]. 图书馆研究与工作 ,2023(12).

[4] 郭亚军，郭一若，李帅，等 .ChatGPT 赋能图书馆智慧服务：特征、场景与路径 [J]. 图书馆建设 ,2023(02).

[5] 吴进，冯劭华，庞萍，昝栋 . 高校图书馆应用 ChatGPT 的前景、法律困境和因应之策 [J]. 情报探索 ,2024(01).

[6] 周旭 . 机遇与挑战：ChatGPT 普及背景下图书馆的应对分析 [J]. 图书馆，2023(06).

[7] 刘莉，邵波 . 生成式 AI 赋能智慧图书馆的融合路径探析——以扎耶德大学图书馆为例 [J]. 图书馆学研究 ,2023(12).

[8] 周欢 . 前景 · 质素 · 路径 :ChatGPT 赋能智慧图书馆建设研究 [J]. 高校图书馆工作 ,2023(05).

全媒体矩阵赋能公共图书馆服务特殊儿童家庭亲子阅读的创新路径

严芊芊（湖南省少年儿童图书馆）

摘要：特殊儿童和普通儿童一般，平等地享受一切阅读相关的权利。由于特殊儿童不同的身心状况以及家庭条件等各方面的因素限制，社会亟须创造让特殊儿童能在家庭环境中享受阅读乐趣、增强亲子关系阅读推广服务。本文分类研究了国内外部分图书馆对特殊儿童阅读服务的现状，有针对性地提出在全媒体时代背景下，多种线上传媒渠道组合矩阵赋能公共图书馆，使其打通最后一公里的距离，服务特殊儿童家庭顺利开展亲子阅读，让公共图书馆完成基于社会效应的正面价值导向，体现对弱势群体的责任担当，提升公共图书馆的社会影响力。

1 背景和使命

国内外图书馆界对于特殊儿童群体的阅读需求关注已久。2009 年国际图联下发的《图书馆特殊群体服务部——术语及定义表》（Library Services to People with Special Needs Section-Glossary of Terms and Definitions）中，即将 Special Needs 定义为：由于任何原因无法利用传统图书馆或者图书馆资源服务的 18 岁以下任何人，包含残疾儿童、自闭症儿童、发育障碍儿童等。而根据《中华人民共和国残疾人保障法》第二条的规定可知，特殊儿童指心理、生理、人体结构上，某种组织、功能丧失或者不正常，全部或部分丧失以正常方式从事某种活动能力的人，包括视力残疾、听力残疾、肢体残疾、精神残疾等 0—18 岁的儿童。根据上述文献，本文特殊儿童应当包括残疾儿童、自闭症儿童、发育障碍儿童等与普通儿童身心情况不同的其他儿童。1989 年联合国大会通过的《儿童权利公约》中，就对儿童享有的受保护权、参与权等多项权利作出了诠释，这也为特殊儿童和普通儿童一样享受平等的阅读权利提供了明确依据。2023 年 6 月 28 日通过的《中华人民共和国无障碍环境建设法》第四章第四十九条中规定：国家鼓励和支持无障碍信息服务平台建设，为残疾人、老年人提供远程实时无障碍信息服务。在此背景下，公共图书馆利用全媒体传播的渠道优势，向特殊儿童家庭提供无障碍亲子阅读推广服务，一方面是基于建设儿童友好型图书馆的需要，另一方面是在信息传播全新业态模式下，公共图书馆对特殊儿童阅读服务的创新举措。

2 国内外服务特殊儿童阅读的现状

2.1 国外部分图书馆服务特殊儿童的现状

经笔者对国外相关文献研究发现，在服务特殊儿童阅读方面，许多国家和地区很早就有对特殊儿童阅读服务方面进行法律的规范、政府服务的支持，并获取了社会的广泛关注。

（1）美国图书馆服务特殊儿童阅读现状。在 1931 年，美国国会图书馆组织成立国家图书馆盲人和视觉障碍读者服务中心（National Library Service for the Blind and Physically HandicApped, NLS），并在 2009 年发布的《图书馆为盲人和残疾人服务资源 2009》（Library Resources for the Blind and Physically HandicApped2009）中明确规定图书馆必须为阅读存在一定困难的人群提供阅读资源、辅助设备等。阿拉斯加图书馆每两个月会为阅读障碍症读者推送一个“会说话的书”目录，其他州图书馆还会利用暑期联合开展阅读项目——“协同暑期图书馆计划”，旨在鼓励特殊儿童积极参与阅读活动。除此之外，美国还开创性设立了由教会、社区、政府、慈善机构以及私人慈善基金会共同组织的专为特殊儿童服务的玩具图书馆 Lekotek。

（2）英国图书馆服务特殊儿童阅读现状。英国偏重于民间协会免费赠书的方式来帮助特殊儿童提升阅读品质。例如发源于英国的“阅读起跑线（BookStart)”计划，是全世界第一个面向学龄前儿童的免费赠书运动，包括为 0—4 岁的全盲和弱视儿童提供的触摸图书礼袋。

（3）爱尔兰图书馆服务特殊儿童阅读现状。爱尔兰以政府支持为主，于 2011 年起发起社会包容与社会激活计划（Social Inclusion and Community Activation Programme,SICAP），将包括特殊儿童在内的弱势群体分为 8 大类别。在 2020 年，又进一步发起了国家级计划“健康爱尔兰于您的图书馆”。此计划为包括特殊儿童在内的弱势群体设立流动书库，满载书籍的车辆定期穿梭于疗养院、康复中心和孤儿院，为特殊人群保障阅读需求。

（4）日本图书馆服务特殊儿童阅读现状。日本通过立法和在公共图书馆增加对残疾人服务的设施设备，来实现对特殊群体的阅读服务。日本政府通过颁布《身体障害者福祉法》，明确残疾人阅读权利并在后续对设置电子图书馆作出规定。对于特殊儿童，日本公共图书馆均设有特殊文库为其提供服务，还会通过朗读会等形式，将特殊绘画读物提供给视觉残疾儿童。

2.2 国内部分图书馆服务特殊儿童的现况

近年来，我国部分公共图书馆通过加大馆内阅读辅助设施，联合多元渠道开展“阅读 +”活动，赋能特殊儿童阅读服务。

（1）以馆内辅助设施为主的阅读服务。广州少儿图书馆在 2015 年设置“爱童馆”，为主馆的专门分馆，专为盲童、聋哑儿童等特殊儿童提供无障碍阅读服务。湖北省图书馆在 2016 年为特殊群体打造了馆中馆形式的“光明直播室”，通过电台直播功能不仅让特殊读者聆听有声读物，还能进行音频的录制与分享。

（2）跨界阅读推广活动。辽宁省图书馆联合特殊教育学校，开展为盲人电话预约朗读、特教学校盲童现场朗读、无障碍电影播放等活动。山东省图书馆联合山东广播电台通过朗读、绘画等形式在2016年至2018年连续举办面向视障、听障、自闭症儿童的“听见·最美的声音”“看见·最美的世界”“绘出最美的未来”等系列活动。

2.3 国内外图书馆服务特殊儿童经验及创新路径

根据研究可知，国外对包含特殊儿童在内的特殊人群的阅读保障较为重视，主要体现在：（1）法律法规的发展相对完善。（2）馆员的培训投入相对专业。（3）服务形式和内容更加丰富多变。国内图书馆一直有持续对特殊儿童的阅读服务，近年来通过吸引特殊儿童参与馆内阅读推广活动等形式取得了不小的进展和良好的社会反响，但仍然面临着专门服务空间不足、专业服务人员不够、延伸服务单一和宣传推广力度欠缺等实际问题。

在研究国内外对特殊儿童阅读服务现状时，笔者发现一个共同存在的问题，即国内外图书馆界都注重将特殊儿童吸引至固定的地点如图书馆、特殊学校等地方，开展面对面的阅读服务。但实际情况是不少特殊儿童家庭因担忧隐私泄露、儿童状态问题、出行安排不便等因素，难以自行前往固定地点享受阅读。为保障特殊儿童的阅读权利，满足其阅读需求，公共图书馆应利用全媒体矩阵的高效传播优势，将数字化馆藏资源快速传递至特殊儿童家庭，打通最后一公里的距离，帮助特殊儿童实现真正的不限时间、不限场地、不限次数的无障碍阅读。

3 全媒体传播矩阵的优势及亲子阅读推广路径

3.1 全媒体传播矩阵的概念及优势

3.1.1 全媒体及全媒体矩阵的概念

（1）全媒体的定义。目前，全媒体的概念未有正式提出，主要在媒体界有所传播。有观点认为，全媒体应定义为：媒介信息传播采用文字、声音、影像、动画、网页等多种媒体表现手段，利用广播、电视、音像、网站等不同媒介形态，通过融合的广电网络、电信网络以及互联网络进行传播，使用户以电视、电脑、手机等多种终端均可完成信息的融合接收，最终实现任何人、任何时间、任何地点、以任何终端获得任何想要的信息的渠道手段。据此，全媒体的优势在于能将网络媒体与传统媒体乃至通信行业进行全面互动、互补，既能在传媒市场领域里表现出大而全的特点，又能根据受众的个性化需求来调整和取舍信息表现的侧重点，为受众提供超细分服务。

（2）全媒体矩阵概念。矩阵本是一个数学概念，指一个长方形阵列排列的复数和实数集合，最早来自方程组系数和常数所构成的方阵。全媒体的传播矩阵则是根据其排列特点，将全媒体矩阵分化为横向矩阵和纵向矩阵两大类型，通过对横纵矩阵效能的判别进行择优推广。下图为全媒体矩阵类型及相对应的传播特征。

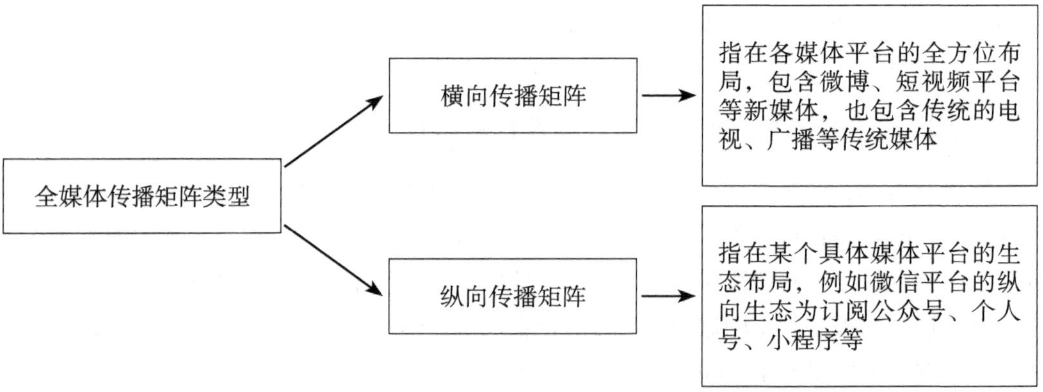

图 1　全媒体传播矩阵类型及相对应的传播特征

3.1.2 全媒体矩阵特征和传播优势

根据图 1 可知，全媒体矩阵渠道主要分横向矩阵传播及纵向矩阵传播，传播路径各有特色。

（1）全媒体横向传播矩阵是基于内容在各个媒体平台上形成数量优势，以便在更多的媒体平台上进行高频次的阅读推广，达到突破时空限制，短时间、高效率地满足相关阅读需求人群的传播手段。不足在于横向传播矩阵不仅需要花费一定的人力物力和时间去管理各媒体平台账号，还需要和媒体平台方进行常态化的沟通联动。

（2）全媒体纵向传播矩阵是基于内容在具体的媒体平台的深耕，能最大程度上挖掘该平台的传播效力，选择平台进行重点阅读推广能在习惯浏览和订阅此类平台的人群中引起关注。不足在于此传播矩阵无法在短时间在泛人群中取得快速传播的效果，受众面较窄，前期还需调查平台受众的类型，根据平台受众的偏好进行针对性阅读推广。

3.2 全媒体传播路径的孵化

全媒体矩阵传播路径的孵化需要图书馆因地制宜，根据馆藏资源建设、馆内数字化程度、财政经费保障、专业人员配置、服务区域内特殊儿童情况等方面进行综合研判，充分集合横向、纵向矩阵的各方优势，科学论证后选择适合本馆的特殊儿童家庭阅读推广传播路径。

3.2.1 全媒体横向传播矩阵路径下的特殊儿童亲子阅读服务

全媒体横向传播矩阵主要由电视、广播等传统媒体平台以及 App、短视频、微信、微博等新媒体平台构成。在选择横向传播矩阵路径的时候，可将特殊儿童的身心特征、特殊儿童家庭数字化程度等具体因素综合考虑，将恰当的媒体平台组合起来进行孵化推广。笔者根据特殊儿童的情况，将其先划分为视力障碍儿童以及非视力障碍儿童两大类，在非视力障碍儿童基础上细分为听力语言障碍儿童、智力障碍儿童、其他肢体障碍儿童等。筛选出合适的传播平台后，将馆藏数字资源进行平台运营和阅读推广。

听力障碍儿童适用类型：（1）广播。广播为无线电或导线传播声音的传播方式，传播迅速，感染力强，适宜对声音敏感的视力障碍儿童。（2）微信平台有声电子书。（3）音频分享 App。

以喜马拉雅 App 为典型代表。

非听力障碍儿童适用类型：（1）网络电视（IPTV）。网络电视以网络视频资源为主体，可将电视机、个人电脑及手持设备作为显示终端，实现数字电视、时移电视、互动电视等服务。（2）微信、微博、直播 App、短视频 App、电子阅读软件、网页网站。

智力障碍儿童适用类型：电子绘本、微信、微博、直播 App。

3.2.2 全媒体纵向传播矩阵路径下的特殊儿童亲子阅读推广

全媒体纵向传播矩阵要考虑如何在某一个媒体平台上做到前期研判，利用平台优势最大程度吸引特殊家庭参与，其中流量和传播影响力可以作为研判人群吸引度的依据。

（1）流量的定义。通常认为流量是规定期间内通过指定点的人或者车辆的数量，运用到网络上则是在一定时间内打开网站地址的访问量或者打开手机移动数据。依此概念，在同一类型的媒体平台中，拥有更大流量的传播渠道有利于馆藏资源的推广和特殊家庭的信息搜索。以 2021 年短视频平台流量排行榜为例，排名第一的抖音月活跃人数为 6.85（亿），高于排名第二的快手月活跃人数 4.78（亿），远高于同公司旗下的抖音极速版月活跃人数 0.99（亿）和抖音火山版月活跃人数 0.93（亿）。据此数据，同等条件下选择抖音短视频平台作为短视频纵向传播渠道更优。

（2）传播影响力。无疑传播力度和影响范围更大的渠道是择优选择对象。目前学术界未有对传播影响力的明确定义，与之相关的概念有传播影响力价值指数。播影响力价值指数（PRvalue），指一个媒体集合中，包含所有该媒体的传播量和互动量（阅读量、点赞量、转发量）、媒体价值（Mediavalue）和情感倾向值（NSR）等多项子指标在内的指标数据，计算公式为：

PRvalue= 互动量 / 粉丝数 50%+ ∑媒体价值 / 媒体数 *100*30%+NSR*20%。

在对传播渠道进行选择时，可将传播影响力价值指数的测算结果作为渠道传播影响力的重要考虑要素。

3.3 馆藏数字资源甄选的原则

（1）坚持专业性与普遍性相结合。根据图书馆现有馆藏资源的类别，结合特殊儿童本身特点（如视力障碍儿童或非视力障碍儿童、肢体障碍或精神障碍等），有针对性地选择带有专业性质的馆藏资源在平台进行推广。馆藏文献的表现形式既要符合这一类别的特殊儿童群体，内容又能普遍满足该特殊儿童群体的基本阅读需求。

（2）坚持教育性与娱乐性相结合。甄选馆藏数字资源时既要考虑馆藏资源本身的知识引导性、开发性，促成特殊儿童阅读习惯的养成，又要考虑资源本身的趣味性和娱乐性，一方面能让特殊儿童家庭需要通过阅读来达到教育儿童，培育知识的目的；另一方面又可以通过良好的亲子阅读互动，来达到舒缓身心压力、增进亲子关系的目标。

（3）坚持公益属性，以人为本。公共图书馆是社会主义公共文化服务体系的重要组成部分，担负着传播知识、传承文明、服务社会的重要责任。在甄选馆藏资源时要坚持把社会效益放在第一位，有重点地选择对中华优秀传统文化传承、对社会主义精神文明建设起到推动作用的数字资源，积极产生正面的社会效益，帮助更多特殊家庭获取及时的阅读资源，推动特殊儿童群体正常阅读的实现。

4 联合其他专业机构，多元化阅读推广路径

现实中，大多数公共图书馆馆员不具备特殊儿童教育沟通的专业能力，加上缺乏相应的培训，因此在对特殊儿童进行线上阅读推广时，需要积极寻求特殊教育、残联、社区等相关社会机构的专业意见，实现跨界联动融合，多元化多层次地强化阅读指导的效力。其中比较适合的机构有：（1）残疾人联合会；（2）特殊教育学校；（3）社区；（4）儿童医疗保健机构。下表展示可联动的部分社会机构和部分线上阅读指导的推广方向。

表 1 可联动的部分社会机构和部分线上指导阅读的推广方向

机构类型	对特殊儿童教育侧重点	联动平台类型（部分例举）	线上阅读的推广方向（部分例举）
残疾人联合会	对含特殊儿童在内的残疾人进行政策指导	官网、微信公众号、微博	政策宣传、法律法规
特殊教育学校	特殊教育和行为矫正	广播、电视、直播短视频、微信公众号、音频软件	云活动打卡、线上阅读课程
社区	建册管理、法律援助和举办相对应的关爱扶助活动	直播短视频、微信公众号、音频软件	法律援助线上宣传、线上社区活动
儿童医疗保健机构	偏重医疗诊治和儿童保健知识的科普宣传	直播短视频、微信公众号、音频软件	科普和健康宣传短视频

5 特殊儿童家庭亲子阅读推广的优化策略

5.1 对特殊儿童家庭沟通指导能力提升

专业服务的意识和沟通能力对公共图书馆对特殊儿童阅读指导的效果有着显著影响，可以通过增强馆员的阅读推广能力，培训馆员沟通技巧，提高馆员专业素养，达到对特殊儿童亲子阅读指导的效能提升。一方面，公共图书馆馆员应提升对特殊儿童阅读服务的重要认识，积极参与到线上阅读推广服务中，请专业机构的老师进行授课培训，在学习中扩充知识，在实践中强化服务质量；另一方面公共图书馆要重视特殊人才的培养和对专业志愿者团队的建设，通过组建包含社区工作人员、特殊教育学校教师、妇幼保健院专家等在内的义务志愿者，优化线上推广服务专业化程度，提升特殊儿童家庭亲子阅读推广水平。

5.2 加强全媒体服务平台运营和内容推广

运营主体对公共图书馆线上平台推广服务效果具有显著影响，可以通过运营主体的多元化

合作，提高线上推广效能。一方面图书馆可以通过不同媒体平台的特点（流量、曝光度、推广渠道），来进行不同方式的跨界合作，不但能扩充媒体平台传播内容，还能达到互相引流，提升图书馆社会影响力。另一方面通过高质量的线上阅读引导特殊儿童扩充知识面，享受亲子阅读的快乐，通过积极履行教育职能，满足特殊儿童及家庭的阅读需求，保障其阅读权利的顺利实现，引导社会各阶层对特殊儿童的广泛关注，加强社会资源倾斜，完成社会价值的正面的导向传播。

参考文献

[1] 陈学锋 . 国内公共图书馆特殊儿童服务的不足与探讨 [J] 兰台世界 ,2017(23).

[2] 宋瑞杰 , 朿漫 . 美国玩具图书馆 Lekotek 的特殊儿童服务 [J] 图书馆论坛 ,2018(03).

[3] 林宜榕 , 谈大军 . 爱尔兰地区公共图书馆面向弱势群体的健康信息服务研究 [J] 图书馆 ,2023(05).

[4] 马英 . 公共图书馆特殊儿童阅读服务研究 [J] 图书馆学刊 ,2020(09).

“党建＋图书馆”激发新时代图书馆新动能

——以长沙市图书馆新时代学习空间为例

陈宇佳　王自洋　徐佳　卢佳（长沙市图书馆）

1 案例背景

重视学习、勤于学习、善于学习是我们党的优良传统和鲜明特色。习近平总书记说：“中国共产党人依靠学习走到今天，也必然要依靠学习走向未来。”为深入贯彻落实习近平新时代中国特色社会主义思想，长沙市图书馆充分发挥公共文化服务主阵地作用，积极构建新时代学习空间服务体系，创新运用各种服务方式和手段，推动习近平新时代中国特色社会主义思想在长沙“天天见”“天天新”“天天深”，在全社会形成“人人皆学、时时能学、处处可学”的良好学习风尚。

2 具体内容

2.1 以新时代学习空间为载体，构筑理论学习新高地

2018 年 4 月 21 日，位于长沙市图书馆二楼的新时代学习空间正式揭牌开放，社会反响强烈。新时代学习空间是长沙市图书馆精心打造的多层次、多角度、多形式的理论学习前沿阵地，主要分为学习资源区、阅读交流区、电子阅览区，内有习近平总书记重要讲话和论述的出版物、党的经典理论专著、中宣部、中组部推荐学习读物、国内外文学名著、廉政教育图书等 2500 余册，教学辅导视频和专题数字资源数千种。依托已建成开放 155 家分馆及 111 个流动服务点的全市总分馆服务体系，长沙市图书馆进一步延伸新时代学习服务领域，以本馆为中心点，以 9 个区县（市）图书馆为次中心点，以点带面，纵深辐射，从普及、提升、示范三个层面推进分馆新时代学习专区及流动图书馆新时代学习专区开放。分馆新时代学习专区主要对接社区、非公企业党组织，满足各区（县）广大党员群众理论学习需求，在流动图书车上设立新时代学习专区，开进分馆未覆盖到的军营、农村、企业、家庭、机关、学校、社区，打造 15 分钟新时代公共文化服务生活圈，将新时代理论学习送到百姓家门口。

2.2 激发新时代图书馆新动能，打造“五个一”党建服务新模式

为保障新时代学习空间高质高效运行，长沙市图书馆深入探索“五个一”智慧路径服务基层党建：来馆开展主题党建活动，即可组织参观一次图书馆、获赠一本“阅天下・邂逅图书

馆之美”活动游学护照、开展一次“读原著、学原文、悟原理”读书分享会、观看一部党教电影、听讲一堂专题党课。其中，党教视频学习资源及时收集整理了中组部、中宣部、中纪委、中组部党员教育中心等制作的专题片、纪录片，如《平“语”近人——习近平总书记用典》《筑梦路上》《打铁还需自身硬》《巡视利剑》《作风建设永远在路上》《党史故事100讲》等，还有《杨善洲》《第一书记》《辛亥革命》《血战湘江》等经典影片资源，有效丰富党员学习教育内容。专题党课引进省市优秀师资，精心设计了以习近平新时代中国特色社会主义思想、党的二十大精神及党的基本知识为重点的党课学习课程表，并提供菜单式点课服务，最大程度地满足不同层次、不同领域党员的学习需求，帮助基层党组织解决党员学习教育中遇到的少资源缺内容的问题。“五个一”的一站式服务模式使普遍侧重于理论学习、集中研讨、个人自学的党员教育培训变得生动、活泼，走出单位社区、走进图书馆的党建活动也更加激发了党员同志参与学习教育的积极性与主动性。

3 实际效果

3.1 坚持正确政治方向，浓厚了思想政治工作氛围

新时代学习空间的成立在馆内掀起了习近平新时代中国特色社会主义思想与党的二十大精神学习热潮，党员主动学，引导读者学，充分补足精神之钙；新时代学习空间大力宣传和积极弘扬社会主义核心价值观，坚持唱响主旋律传播正能量，引导社会公众在多样化、多元化浪潮中始终坚持正确政治方向和价值取向，营造了万众一心谋发展的浓厚氛围。作为基层党建活动新载体，新时代学习空间按照“五一个”标准服务馆内外党组织党建活动，自2018年4月开放以来，受到社会各界的热烈欢迎，取得良好的社会效益。截至2023年底，新时代学习空间已累计接待事业单位、社区、企业100余个、党员5000余名，并获得了长沙市委组织部的高度评价。新时代学习空间已成为长沙市图书馆思想政治工作的一张闪亮名片。

3.2 创新“党建+分馆建设”，延伸了公共文化服务领域

依托全市总分馆服务体系，新时代学习空间“党建+图书馆”模式在分馆得到了充分落实，进一步推动了服务资源下沉，实现了党建宣传教育全覆盖。丰园分馆打造“初心讲习所”研学课堂，党员群众“点菜”选课，专家有针对性地开讲；岳龙分馆以“党建引领书香岳龙”，邀请金牌讲师进社区上党课，增强了基层凝聚力与向心力；橘洲分馆以“党建+资源共同体”的学堂坡社区工作模式为平台，开展形式多样、内容丰富的读书交流活动，营造了岳麓山下有书读、读好书、好读书的书香氛围；长沙市图书馆流动图书车上设立新时代学习专区，根据群众需求配置图书及活动资源，开进分馆未覆盖到的军营、农村、企业、家庭、机关、学校、社区，送“对”需求，进“对”地方，打通公共文化服务的“最后一公里”。

4 经验启示

公共图书馆是文化传承、社会教育、人民终身学习的主阵地，人民群众对美好精神文化生

活的向往就是图书馆的奋斗目标，能否发挥好主阵地作用、实现好奋斗目标，主要还在于是否回应了群众期待、满足了群众需求。长沙市图书馆新时代学习空间服务体系的建设，推动了党建与图书馆服务体系建设和读者工作的深度融合，也正是对这一课题的创新性解答。如何将新时代学习空间服务体系建好用好，一是要加强学习空间文献资源建设，通过多渠道收集权威机构的图书出版信息，收集专家、教师、学科馆员、基层党员干部群众等不同读者群体的意见与需求信息，精选权威、系统、实用的优秀党员学习图书，最大程度地满足不同层次、不同领域党员的读书学习需求。二是要丰富多样化学习载体，健全经常性阅读机制，满足党员个性化学习需求，引导广大党员多读书、读好书、爱读书，同时，通过创新组织生活，让越来越多的党员干部群众自觉把读书学习作为一种生活习惯、一种工作责任、一种时代风尚、一种精神追求。三是要善于创新服务载体，延展公共文化服务功能。公共图书馆不只是阅读场所，更是一座没有围墙的大学，要善于整合图书馆的资源优势与平台优势，贴近实际、贴近生活、贴近群众，推动建设学习型、服务型、创新型图书馆。四是要加强宣传推广，打造图书馆服务基层党建大格局。新时代学习空间所推行的“党建＋图书馆”模式激发了新时代图书馆的新动能，要善于总结经验，推动“党建＋图书馆”模式走入学校图书馆、机关单位图书室等，加出更多实效与生命力，共同助力城市基层党建与“书香城市”建设。

随着广大市民文化需求的日益增长，人们对公共文化服务中的“软件”要求越来越高。长沙市图书馆新时代学习空间服务体系的建设，一方面实现了公共文化服务的“精准供给”，另一方面也充分发挥了图书馆作为一个国家、一个地区文明的象征，在推进党建文化建设过程中发挥的积极作用。

数字中国背景下的数字图书馆建设与发展

欧洋（郴州市汝城县图书馆）

摘要：数字中国战略赋予数字图书馆以新使命，新技术驱动其创新发展。本研究剖析数字图书馆在资源建设、技术应用、运营管理等领域的创新实践路径：资源建设呈多元整合、专业化分布、个性化定制趋势；新技术如云计算、人工智能等广泛应用，推动服务智能化、移动化；运营管理模式朝向开放共享、众包协作转变。研究就完善顶层设计、加大投入、促进区域联盟、培养复合型人才等提出对策建议，以推进数字图书馆高质量发展，服务数字中国战略，满足群众知识需求。

1 绪论

数字中国建设是新时代我国社会发展的重要战略部署，对数字图书馆的转型升级提出了新的更高要求。在这一背景下，探索数字图书馆的建设发展路径，实现可持续发展，已成为图书馆界亟需攻克的现实难题。作为传播知识与信息的重要平台，数字图书馆在提升国民信息素养、推动社会文明进步中扮演着日益凸显的角色。本研究深入分析数字中国背景下数字图书馆建设与发展的创新模式，对于引领数字图书馆高质量发展，更加精准高效地服务人民群众日益增长的知识与信息需求，具有重要的理论探索意义和实践指导价值。

本文立足数字中国背景，聚焦数字图书馆建设与服务的创新发展主题，从多维度入手，运用多种研究方法，深入剖析数字图书馆的建设和发展趋势、创新路径和优化策略，为推动数字图书馆建设事业高质量发展提供有益启示。

2 数字中国背景下数字图书馆建设与发展的趋势与特点

2.1 数字中国战略为数字图书馆建设注入新动力

数字中国是以数据为核心驱动力，以现代信息网络为基础设施，以信息通信技术融合应用为支撑，全面推进数字技术与经济社会融合发展的国家战略。这为数字图书馆建设开辟了广阔发展空间。在政策引领和技术赋能的双重驱动下，数字图书馆发展迎来了转型升级的重大契机。一方面，数字中国战略为完善数字图书馆顶层设计、优化制度环境提供了政策支撑；另一方面，新一代信息技术的飞速发展为数字图书馆转型升级赋能，推动其服务模式和运行机制的创新。

2.2 新技术驱动催生数字图书馆建设发展

大数据、人工智能、5G 等新一代信息通信技术的加速发展和广泛应用，为数字图书馆的变革创新提供了源源不断的新动能。大数据分析能够深度挖掘数字资源中蕴藏的知识价值，实现资源的精准推送和个性化服务。人工智能技术在智能检索、知识发现、用户交互等方面的应用，极大提升了数字图书馆的智慧化水平。5G技术与移动终端的普及，使得数字图书馆服务拓展到移动互联网领域，构建起”随时随地、无处不在”的泛在服务模式。

2.3 开放共享、融合发展成为数字图书馆建设与发展的主旋律

在数字中国的时代背景下，开放共享、融合发展成为数字图书馆建设的显著特征。打破部门、行业和地域的数据壁垒，构建资源互联互通、广泛共享的发展格局，是数字图书馆实现跨越式发展的关键路径。通过多元主体协同共建、跨界融合创新，不断丰富完善数字图书馆的资源内容、应用场景和服务生态，是激发数字图书馆发展新动能的关键举措。数字图书馆通过与数字政府、数字经济、数字社会的深度融合，必将焕发出更加蓬勃的生机与活力。

数字中国战略赋予了数字图书馆建设以新的历史使命，新技术为其注入了创新动力，开放共享和融合发展将成为其内在逻辑，数字图书馆正在向着更加智能化、个性化、融合化的方向加速演进。

3 数字图书馆建设的创新实践

3.1 资源建设创新

随着数字化、网络化、智能化的发展趋势，数字图书馆资源建设正向多元整合、专业化分布、个性化定制的方向迈进。数字图书馆不仅囊括了传统文献资源的数字化成果，更积极整合网络资源、多媒体资源、大数据资源等异构资源，汇聚而成覆盖学术、教育、文化等多领域的综合知识库。与此同时，数字图书馆依托学科知识组织体系，采用分布式方式组织专业化数字资源，如生物医学数字图书馆、工程技术数字图书馆等，满足不同学科领域用户的需求。此外，数字图书馆还利用人工智能等技术，整合用户行为数据、主题检索热点等信息，实现资源配置的精准推送和个性化服务，为用户提供更加贴心的知识服务。

3.2 技术应用创新

新一代信息技术为数字图书馆建设注入了强劲动力，云计算、大数据、人工智能、移动互联网等前沿技术在数字图书馆中得到了广泛应用。其中，基于自然语言处理、知识图谱等技术，数字图书馆实现了智能检索、智能推荐、智能问答等服务，极大提升了用户体验。同时，数字图书馆开发移动App、微信小程序等移动终端应用，为用户提供随时随地获取数字资源和知识服务的渠道。此外，数字图书馆还利用云计算的海量存储、弹性计算等优势，构建起数字图书馆资源统一管理、计算和服务的云平台。

3.3 运营管理创新

顺应开放共享、众包协作的发展理念，数字图书馆的运营管理模式正经历着深刻变革。数字图书馆遵循FAIR（可查找、可访问、可互操作、可复用）原则，实现数字资源的开放共享

和开放获取。与此同时，数字图书馆还汇聚社会公众的智慧，通过众包模式共同参与元数据标引、内容注释、知识图谱构建等工作。此外，数字图书馆还基于用户大数据分析，量身定制个性化知识服务产品，满足用户多样化、精准化的服务需求。

总之，数字图书馆建设的创新实践贯穿资源、技术、运营管理等各个环节，与时俱进紧跟时代发展趋势，充分利用新技术优势，形成与传统图书馆有着本质区别的全新运行模式。

4 数字图书馆建设创新的案例分析

4.1 A 图书馆案例：背景 – 做法 – 成效 – 经验

在数字中国的发展大潮下，A 图书馆积极顺应数字化转型趋势，于 2020 年启动数字图书馆升级建设项目，致力于构建面向未来的数字图书馆新形态。该项目以需求为导向，以技术为支撑，围绕资源、平台、服务、空间等方面开展系统建设。在资源建设方面，A 图书馆加强特色馆藏资源数字化，并大力采购网络资源和数字资源，构建集印刷资源、数字资源、网络资源于一体的多元化资源体系。平台建设方面，升级云计算架构，搭建云服务平台和开放获取资源整合平台，实现资源、服务、管理的云端化，提供一站式服务。在智慧空间建设方面，研发个性化资源推送系统，建立智能问答平台，打造虚拟现实体验区，利用大数据、自然语言处理、VR、AR 等技术，提供精准化、智能化、沉浸式的服务体验。通过全面系统建设，A 图书馆实现了数字资源整合共享、技术赋能服务创新、空间智能化升级，展现数字图书馆建设与发展新形态，为高校图书馆数字化转型提供经验。

4.2 B 图书馆案例：背景 – 做法 – 成效 – 经验

B 图书馆是一所行业特色鲜明的专业图书馆，顺应开放科学潮流，积极推动开放获取实践，建设机构知识库，支持学术成果开放共享。2019 年启动机构知识库升级计划，打造集学术成果归档、展示、传播于一体的开放获取平台。

B 图书馆与学校科研管理部门协同，完善科研成果提交政策，提高教师参与度。改进系统功能，优化用户界面，简化提交流程，拓展收录范围，纳入科研数据、开放教育资源等多元内容。引入 DOI，提高内容可发现性。建立开放获取期刊出版平台，支持学者创办和运营开放获取期刊。开展推广活动，营造开放共享文化氛围。

机构知识库已成为学校学术成果集聚展示的重要窗口，提升了学术影响力和社会知名度。B 图书馆在推动开放获取、支持学术传播方面的实践经验，为行业内其他图书馆提供了很好的示范。

在数字中国大背景下，两个图书馆的建设案例展现了数字图书馆建设与发展的创新实践。A 图书馆融合新技术，构建智能化服务体系，打造智慧空间，推动服务模式创新；B 图书馆聚焦开放共享，升级知识库，促进学术成果开放获取，体现学术传播创新作用。两个案例分别从技术赋能、开放共享等角度，符合图书馆发展趋势，对推动图书馆事业创新转型具有重要借鉴意义。

5 加快数字图书馆建设与发展的策略

5.1 完善顶层设计，创新体制机制

推进数字图书馆建设发展，需要完善顶层设计，健全法律法规和政策体系，为创新发展提供有力保障。要制定数字图书馆建设中长期规划，明确发展目标、重点任务和政策措施，为各级各类图书馆数字化转型提供路线图和方向引导。创新管理体制机制，探索图书馆法人治理结构，赋予更大办馆自主权。建立多元投入机制，鼓励社会力量参与图书馆建设，形成政府主导、社会多元参与的新型建设模式。

5.2 加大投入力度，夯实发展基础

加大投入力度是数字图书馆创新发展的重要保证。政府要将数字图书馆建设经费纳入财政预算，并随经济发展同步增长，确保经费投入同步增长。鼓励行业和社会力量加大捐赠和投资力度，形成持续稳定的多元经费来源。加强数字资源体系建设，整合各类资源，实现互联互通、高效共享。加快营造数字化环境，加大基础设施建设力度，完善网络设施和信息系统，切实扩大数字基础服务能力。

5.3 促进区域联盟，实现优势互补

建立区域性数字图书馆联盟，整合区域内数字资源与服务，实现优势互补，提升服务效能。联盟成员共建共享数字资源，协同开展数字化项目，降低数字化成本。联合开发虚拟参考咨询、协作学习等创新服务，扩大服务辐射面。如美国大学图书馆联盟 HathiTrust，汇聚百余家机构的数字化藏书，集中存储、统一检索、开放获取，发挥规模效应优势。

5.4 培养复合型人才，提升服务能力

复合型人才队伍是数字图书馆服务创新的根本保障。要加大人才培养力度，高校图书馆要开设相关专业，培养具备信息技术、数据处理等能力的复合型人才；同时依托在职培训和学习交流平台，促进现有人员的职业化发展。创新人才引进和使用机制，建立灵活的人员编制和聘用模式，为数字图书馆引入优秀人才。此外，还要重视服务理念更新，提振全体人员的创新意识，推动数字图书馆服务创新。

6 研究结论

数字中国建设为数字图书馆的建设发展提供了广阔空间和重大机遇。数字图书馆要立足时代发展要求，以数字化转型为牵引，以用户需求为导向，加快推进资源、技术、运营管理等方面的全方位创新。通过整合数据资源、强化关键技术应用、打造区域联盟、完善顶层设计与政策支持，不断增强数字图书馆建设创新发展的速度，促进知识资源的普惠共享，推动全民阅读与终身学习，为建设知识型社会、创新型国家贡献力量。展望未来，数字图书馆必将在知识传播、文化传承、智慧服务等方面发挥更加重要的作用，成为数字中国建设的重要支撑和民众数

字生活的精神家园。

参考文献

[1] 雍雅丽 . 智慧图书馆建设与读者服务创新 [J]. 中国民族博览 ,2021(02).

[2] 徐一新 , 王宏 . 数字图书馆的发展、建设与服务 [J]. 中国医院管理 ,2004,(02).

[3] 洪芳林 , 龚蛟腾 . “数字中国”战略下图书馆智慧空间转型 : 路向 , 内核与实现 [J]. 情报资料工作 ,2023(02).

[4] 李文文 , 陈雅 . “三网融合”背景下的数字图书馆建设 [J]. 情报资料工作 ,2011(04).

图书馆儿童文创产品开发的新思考

胡亚玲（图书馆儿童文创产品开发的新思考）

摘要：文章通过对国内图书馆文创开发工作发展背景、基本概念、普遍矛盾等陈述与分析，继而提出文创开发工作要点与实践途径，为图书馆文创工作提供一些思考和启示。

1 图书馆儿童文创产品开发的背景

2016 年，《国务院办公厅转发文化部等部门关于推动文化文物单位文化创意产品开发若干意见的通知》（以下简称《意见》）对文化创意产品的开发提出了指导意见，也对各级文化文物单位开发文化创意产品、推动文化产业的创新发展提出了新的要求。《意见》中指出，在资源利用方面，开展儿童文创产品开发工作要凭借内部馆藏文化资源，以形象产品和品牌，进行陈列展示，运用好主题宣传活动和用人队伍等基本要素。在效益方面，要把社会效益摆在第一位，做到社会性和经济性相统一。在远景目标方面，要以创意革新为主要力量，发展文化创意产业链，以文化创意设计企业为主体，打造文化创意品牌。儿童文创产品不但丰富了人民群众的精神文化生活，满足了多样化的文化消费需求，而且提升了公共文化服务水平。

2 图书馆儿童文创产品开发的基本概念

2.1 图书馆儿童文创产品定义

虽然目前业界学者们尚未明确图书馆儿童文创产品的统一概念，但结合前人研究结果、相关学术理论、图书馆实践工作成果等，可以得出如下结论：图书馆儿童文创产品应当是依托图书馆馆内资源发展的，能反映图书馆厚重的文化内涵，并且起到表达图书馆运营理念，体现图书馆独具的信息和文化相融合特性，传播图书馆文化并教育社会的创新创意商品。图书馆儿童文创产品是将图书馆的标识、品牌、特色馆藏等文化元素和原始素材，通过研发、设计、生产形成的具有儿童特色的实物产品、体验产品、数字产品等。它是对文化资源蕴含的符号、美学、人文、历史、哲学等元素的解读和重构。它已成为文化产业转型发展的新亮点，大众美好生活的新需求。

目前，全国作为国家试点单位的省级儿童图书馆只有 4 家。图书馆儿童文创产品不仅局限于儿童图书馆所开发的文化创意产品，而是图书馆面向儿童、适用于儿童的儿童文创产品。

2.2 图书馆儿童文创产品研发工作的意义

儿童文创产品具有受众针对性强、市场活跃度高等特点，在拓展图书馆文化教育职能、扩大图书馆社会影响力、创新图书馆儿童服务等方面具有优势，是图书馆文创产品开发的一个重要组成部分。如何将图书馆文创与馆藏资源紧密结合起来？如何将其与儿童产生关联？如何在其中渗入教育理念？是探索我国图书馆开发儿童文化创意产品的主要工作思路。图书馆应充分借鉴博物馆、美术馆等较早开发儿童文创产品的文化文物单位的成功经验，依托图书馆职能及定位优势，探索适合图书馆的特色儿童文创产品开发路径。

2.3 图书馆儿童文创产品的类型

2.3.1 实物类儿童文创产品

目前，图书馆主要以实物类儿童文创产品开发为主。图书馆儿童文创产品的设计元素大致分为图书馆元素、文化阅读元素、地方特色文化元素等。图书馆元素包括图书馆建筑外形、图书馆名称、品牌 LOGO、总分馆地图、书籍造型等，如广州少年儿童图书馆建立图书馆文创专柜，以该馆馆徽为原型，开发出广少图馆徽七色花吊坠等周边，又以该馆吉祥物悦悦为原型，开发出一系列周边，包括毛绒抱枕、文件夹等。文学阅读元素来源于经典作品或古籍善本，如上海市图书馆推出“走,追兔子去！爱丽丝来华百年回顾展”,开发出限定款系列儿童文创产品，包括镜子、明信片、万花筒等。地方特色文化元素主要为当地风俗、地方文化等，如河北省图书馆基于当地戏曲文化元素，开发出周边抱枕、书签、帆布袋、鼠标垫等。

2.3.2 体验类儿童文创产品

依托图书馆各类阅读体验活动衍生开发的儿童文创产品类型在文创实践中也比较普遍。为增强活动体验感，往往鼓励读者制作一份文创手作，获得一份专属于自己的儿童文创产品。颇多图书馆采用这种方式开发体验类儿童文创产品，如湖南图书馆开办精品手工课程，教授缝制毛线蛇抱枕、礼物象棋包，编制耳环和翼龙等；福建省图书馆以“卡通画古建筑之美”“卡通画古人之美”“秘密花园填色”等为主题，举办古代智力玩具体验、雕版、活字印刷；山东省图书馆开办文创体验课程，宣传推拿按摩小知识、鲁绣技艺、社火脸谱、东明粮画、毛猴制作等传统文化知识。图书馆通过活动与读者建立联系，与他们分享馆内蕴含的文化元素，从而激发读者的阅读兴趣。基于阅读活动与读者体验的儿童文创产品不但提高了读者的参与度，增强了儿童图书馆与读者的黏性，还将阅读活动进行延伸扩展，提高了阅读推广活动的效果。

2.3.3 数字虚拟类儿童文创产品

数字时代下发展，数字虚拟类儿童文创产品成了儿童文创产品开发的新趋向。数字虚拟类儿童文创产品采用数字技术将文化元素进行数字化呈现与展示，包括动画、视频等形式。数字虚拟类儿童文创产品比实体儿童文创产品的技术要求更高、互动体验感更强、影响范围更广，且不受时间和空间限制。如国家图书馆开发的“翰墨书香”智能书法文具盒，是一款可以在手机、平板电脑等移动终端设备上即时观看书法教学视频的数字儿童文创产品。数字虚拟类文创产品将互联网技术与文化元素深度融合，将传统文化通过儿童文创产品的形式进行年轻化表达，拓宽了儿童文创产品的设计思路，更加符合年轻人的审美。

3. 图书馆儿童文创产品开发的现状与矛盾

2017 年，文化部在全国范围内确定了首批 37 家省级图书馆作为文化产品创意开发试点单位。这些试点单位开展了一系列卓有成效的探索与实践，为全国图书馆文创事业的发展提供了思路与实践经验。图书馆儿童文创产品开发起步较晚，目前还处于探索阶段，研发体系尚不成熟，主要矛盾体现在：开展文化创意工作遭遇事业单位框架的限制、经费支持不足，文化创意人才稀缺、馆藏缺乏系统梳理，对文化创意产品的内涵认知狭隘、文化创意产品营销体系薄弱等。

3.1 政策落实不到位，经费支持不足

公共图书馆局限于自身公益机构的性质，没有较多开放的政策和足够的经费的身份，无法进行创造经营性收入，以保障人员激励和产品研发等基础工作的开展，更无从入手去规划和探讨儿童文创产品的传播力和知名度。虽然，2016 年《意见》从国家层面给出了方针与指导政策，但具体落实下来却很难实施，因为国家政策还需要地方性政策的辅助施行。地方性政策的差异导致区域性图书馆开发文创工作的难度差距大。如经济发达地区的政策支持、经费拨款较多，允许图书馆进行此类经营性收入，还可建立企业专门完成文创工作。但其他经济发展较缓慢的地区受限制多，使文创工作始终处于搁置的积累状态。基于图书馆的公益性质，一些地方财政不允许图书馆有经营性收入，生产的儿童文创产品只能停留在展示、赠送阶段，主要用于馆际交流、读者活动。如果图书馆在儿童文创产品研发初期缺乏专项资金的支持，工作便难以维持下去。许多起步晚、规模小的图书馆由于自身经费的短缺，进行文创工作只能在馆务经费中采取拆东墙补西墙的办法，就算开发出儿童文创产品也无力维持后续的费用，难以形成长期效益，无形当中限制了图书馆在儿童文创产品方面自我完善和发展的空间。

3.2 缺乏内部激励机制，人员专业素养不足

一方面，图书馆受限于地方各项政策制约，内部很难真正建立形成一支专业化的文创工作队伍，继而无法从内部协调性出发来制定出配套的文创开发工作机制和奖励措施，工作指标下达后往往无法落实到绩效分配中，导致参与者积极性缺乏，仅以完成任务的心态去开展工作，发挥不出应有的知识储备和技术特长。总而言之，图书馆内部管理机制存在漏洞、激励机制不尽完善、监督机制存在弊端、绩效标准有待优化，这些都严重损害了参与人员的积极性，也严重影响到了儿童文创产品的开发。另一方面，图书馆在思想上不够重视儿童文创产品的研发工作，没有培养或者聘请相关的专业人才。实际从事文创开发工作的人员缺乏相关的教育背景和工作经验，对儿童教育科学、文创产品开发等不甚了解，本身也多以兼职为主或身兼数职，无法满足文创长效发展所必要的人员配备标准，更缺乏人才决定工作结果的理念。

3.3 市场意识欠缺、消费面狭窄

图书馆在进行儿童文创产品开发时需要融入儿童设计理念，满足少年儿童读者的兴趣爱好与实际需求，针对不同群体开发不同文创产品，实现人性化设计。要参考市场上流行、受到广泛欢迎的儿童文创产品，更要综合考虑儿童文创产品的艺术性、趣味性、益智性、安全性、互

动性、创意性、实用性，推出真正适合小读者的文创产品。但在实践中，图书馆却普遍缺乏与市场的有效对接。工作人员也缺乏市场经验，对市场把控不清晰、对消费者需求把握不准确，且缺乏统一的规划，导致儿童文创产品的实用性及艺术性不强，无法激发消费者的购买欲望。

此外，图书馆具备很强的文化属性，服务对象大多为当地读者，读者辐射面有限。对于儿童文创产品而言，主要是以线下渠道售卖，要求读者到馆购买。但当地读者到馆主要以日常学习、办公、参加活动为主，并非旅游纪念，购买文创产品欲望不强，更别提占少数的儿童文创产品。这些都极大地限制了图书馆儿童文创产品消费群体的服务范围和消费总量。

4 图书馆儿童文创产品开发的工作要点

4.1 完善工作协调机制、健全经济管理制度

要克服政策局限的矛盾，首先必须协调内部管理机制，继而建立起一套科学有效的文创开发工作机制。图书馆儿童文创产品实践过程中牵涉甚广，主体复杂，权责混淆，需要明确的产品开发制度来指导规划。一个合格的图书馆儿童文创产品，从无到有，经历创意构思、设计研发、生产评估、宣传销售、售后服务等过程，参与工作的主体可能会涉及图书馆馆员、设计团队、生产厂商、营销人员等。清晰的工作机制才能使权责分明。

其次是建立知识产权保护制度。文化经济最容易导致知识产权纠纷，因此文化创意产品开发也与知识产权息息相关。图书馆开发儿童文创产品的创意来源来自图书馆自身的文化资源、地方文化、图书馆特色元素等。而开发工作图书馆难以凭借一己之力完成，不可避免地需要与其他社会主体进行合作。因此图书馆有责任对其所拥有的知识产权进行保护，建立完善的知识产权保护制度，对儿童文创产品的产权进行界定，需明确图书馆文创产业保护条例。

最后是建立完善的经费管理制度。目前国内图书馆尚缺乏相关经费管理的统一制度标准，各地图书馆在制定内部经济管理制度过程中无政策依据可循。因此，需要对图书馆开发儿童文创产品的经费管理制定统一的制度标准，从而推动公共图书馆开发儿童文创产品体系的建设。

4.2 加强人才培养、推行激励机制

针对目前图书馆文创开发工作人员专业技能不足、欠缺创造积极性等现状，图书馆需要建立一套符合馆情的人才培养机制和绩效激励机制，是文创开发工作可持续发展的关键。图书馆不仅需要加强对文创开发团队的专业技能培养，还需要注重培养或引进儿童心理、经营管理、市场营销等领域的专业技术人才。而在制定具体的激励标准时，需要通过规范收入管理、科学合理设置业绩工作总额来落实奖励措施。如可合理使用一次性奖励等方法，对达到奖励要求的儿童文创产品研发人员实施嘉奖或授予荣誉称号奖励，以激活内部潜能和人员积极性。

4.3 借助跨界融合、拓展销售渠道

图书馆需摆脱重开发、轻营销的传统思维，通过逐步引入企业化的市场营销的观念，实现多元化营销。这一切的关键在于切实梳理好内部优势资源，广泛寻求与社会资源的优势整合和

共建共享。

图书馆可以借助互联网优势和新媒体技术手段，突破地域营销思维限制，开放网络用户市场；图书馆可采取跨界融合、文旅融合等形式广泛开展线下实践。公共图书馆开发儿童文创产品时通常会与相关单位和企业合作，如博物馆、工艺美院、文创企业、旅行社等，或与设计师、艺术家携手开发多样化的儿童文创产品，借助多元主体进行开发营销，提升公共图书馆儿童文创产品的影响力；此外，图书馆还可以树立授权意识，在综合考虑自身情况的基础下，尝试使用多种授权模式，如直接授权模式、委托授权模式、综合授权模式，实现资源的有效配置与文创产品的开发。

数字时代的到来对儿童文创产品的市场化运作提出了新的要求，构建线上线下深度融合的全场景品牌营销平台势在必行。短视频、网络直播等方式成了深受年轻人喜爱的娱乐方式，其不受时空限制、即时互动、可观可感等优势拓宽了儿童文创产品的销路，形成了全域推广的格局，最终实现扩大受众范围，增加社会效益和经济效益、提升品牌知名度和影响力的目的。

参考文献

[1] 万叶君 . 公共图书馆文创产品开发的突破点 [J]. 文化产业 ,2023(22).

[2] 王毅 , 柯平 . 公共图书馆文化创意产品开发类别调研与分析 [J]. 图书情报工作 ,2018(03).

[3] 陈魏玮 . 试点图书馆文创产品开发的研究与探索 [J]. 图书馆理论与实践 ,2019(01).

[4] 冯由玲 , 王子晗 . 高校图书馆人员激励策略研究 [J]. 办公室业务 ,2022(01).

[5] 孙梵颖 . 公共图书馆儿童文创产品开发现状研究 [D]. 上海师范大学 ,2022.

[6] 李柯霏 . 少年儿童图书馆文创产品开发研究 [J]. 河北科技图苑 ,2019(06).

[7] 王继娜 . 图书馆文化创意产品授权模式探究 [J]. 图书馆理论与实践 ,2019(01).

文旅融合背景下儿童图书馆 IP 形象开发与应用基本思路

叶建武　陈诗雨（湖南省少年儿童图书馆）

摘要：文旅融合背景下，以儿童图书馆 IP 形象为视角，笔者通过阐明 IP 形象的基本概念和开发价值、探究 IP 形象的设计要素和开发标准、论析 IP 形象的应用途径和推广策略，较全面地梳理出儿童图书馆 IP 形象开发与应用的基本思路，为儿童图书馆 IP 形象助力文旅融合提供了一种思考方向和工作框架。

1 引言

文旅融合是一项全球性趋势和热点，是弘扬和传承中华文化的重要途径。中华民族自古崇尚“读万卷书，行万里路”，奉行以“知行合一”的方式来认知世界、感悟人生。图书馆作为公共文化领域的重要服务阵地，在文旅融合背景下，探索新业态融合发展的模式与途径，将是一项颇具战略性的重要命题和发展契机。IP（Intellectual Property），即知识产权。在图书馆领域，IP 是具有强大影响力和融合力的文化产品或品牌。如特色馆藏体系、阅读推广品牌、原创陈列展会、原创文学动漫作品及衍生文创开发等，这些品牌或产品可跨平台推广，可吸引忠实的受众群体，并能在不同业态下和领域间产生“共建共享”的融合效应。图书馆 IP 的开发和应用，既是图书馆差异化竞争和发展的重要内驱力，也是探索和实践文旅融合发展之路的关键法门。IP 与 IP 形象两者虽相互关联，但在实际语境中通常有明确的区别。IP 更侧重法律范畴，而 IP 形象则是一种富有情感连接的符号，能够激发用户的普遍共鸣，增加用户的识别度和认同感。值得国内儿童图书馆因势利导、因地制宜地深入探析和研究。

2 儿童图书馆 IP 形象的定位与开发

儿童图书馆 IP 主要用户是未成年人，根据未成年人身心发展特点和审美取向，相较于成人或行业性专题图书馆，应更侧重对 IP 的形象化、视觉化、趣味性和传承性等重要元素的发掘和提炼，因此在 IP 开发过程中，需要充分厘清和把握好其开发价值、设计要素、应用途径及策略等概念性问题。

2.1 儿童图书馆 IP 形象的开发价值

一项较成熟的 IP 形象在视觉表达和文化传递上，能有效拉近图书馆和用户之间的距离，激发读者的情感共鸣和阅读兴趣，并迅速建立起读者对图书馆的感观标签。从运营角度看，图书馆 IP 能有效实现降低宣传成本，提升推广效果等目标；从社会融合角度看，图书馆 IP 不仅能有助于特色化馆藏推介、专题服务创新及研学活动的拓展，同时也能有效打开文旅融合及跨界融合的延伸空间。总之 IP 形象的识别度和独特性有利于多维度应用、多平台协作、多渠道引流，它即是对外形象的一张文化名片，也是探索文旅融合发展趋向的必由之路。

2.2 儿童图书馆 IP 形象的设计要素

2.2.1 IP 形象的内涵提炼

塑造一项成熟的 IP 形象，不应仅满足于唯美的造型和亲和的视觉，而应更注重深度提炼和塑造具有本土及本馆特色的历史文化底蕴、人文精神、服务理念等。如设计人格化的吉祥物，应重点着力于对其性格特质、人物三观的呈现，并赋予其丰富而饱满的情感、健全而富魅力的人格品质，充满温度的情怀和亲和力等，并最终与读者产生生动、强烈而深刻的文化认同、情感共鸣、思想碰撞，深度黏合图书馆与读者之间的关系，让图书馆展现时代的温度和人文的厚度。成都儿童图书馆结合当地特色，推出了名为“知识小熊猫”的 IP 形象，这是一个可爱的小熊猫形象，手持书籍，代表着知识的探索和智慧。通过“知识小熊猫”，图书馆举办了一系列科普活动，如动物科普讲座、环保教育活动和科学实验，培养了儿童的环保意识和科学素养。

2.2.2 IP 形象的外延设计

IP 形象设计在主体造型基础上，应立足于具体应用环境，灵活融入多元化素材。如吉祥物的背景、表情、动态、服饰、道具等元素的运用，应根据空间主题、活动主题、服务内容、虚拟或平面类别、线上或线下环境等不同情境构思与设计，以适配其不同的外延功能与场景。

2.2.1 IP 形象的文创衍生

一项成熟的 IP 品牌具有无限的生命力和成长性。儿童图书馆文化 IP 可衍生多种类的文创产品。国家《关于推动文化文物单位文化创意产品开发若干意见》中指出，在资源利用方面，开展文创产品开发工作要凭借内部馆藏文化资源，以形象产品和品牌，进行陈列展示，运用好主题宣传活动和用人队伍等基本要素。在综合效益方面，要把社会效益摆在第一位，做到社会性和经济性相统一。在远景目标方面，要以创意为基础，发展文化创意产业链，协同文化创意设计企业，打造文化创意品牌。其设计应着眼于满足少年儿童的阅读兴趣、审美取向、心理需求等主要因素。如对于好奇心强，行为控制力较弱的低幼读者，文创产品的设计就需要富有趣味性和益智性，但更应关注使用的安全性。对于逻辑思维、认知能力都在不断提升的儿童读者，文创产品的设计要注重实用性和互动性。对于个性和社会性全面发展的少年读者。应注重他们自主感和参与度。

2.3 儿童图书馆 IP 形象的开发原则

文旅融合背景下，一项成熟的 IP 形象可拓展图书馆各项主要服务功能的社会化协作及服务营销，在 IP 设计及运营过程中，应以融合发展的视野加以思考，并把握好几项开发的原则和标杆：

2.3.1 内容聚焦力

IP 形象的内容聚焦力可通过造型的变化、情景的切换、故事的演绎、知识的拓展等形式呈现于图书馆公众视野中。如将 IP 形象的原创故事与图书馆服务理念、人文价值观融为一体，或更能够凸显图书馆品牌的差异化和独特性。

2.2.2 受众粘贴度

IP 形象与读者用户直接产生较强烈的审美认同和情感共鸣，将极大增强读者用户粘性。因此，IP 形象在设计和运营过程中，应着重考虑读者用户的情感诉求与兴趣特长点等因素，让更多的读者用户在感性上产生认同和共鸣。彰显图书馆的亲和力和归属感。

2.2.3 话题延伸性

强大的 IP 形象及运营水平，应具备策划、创造和引导话题的能力。根据时事热点吸引社会的广泛关注，有助于扩大图书馆的传播力和美誉度，如通过 IP 形象适时举办各类线上线下的主题活动和融合协作，吸引媒体的曝光度、引导用户在社媒平台进行分享与互动，实现有效的二次传播。

2.2.4 文化衍生性

文创产品是 IP 形象的主要输出内容。图书馆在同一 IP 形象体系下，可根据不同主题内容持续输出系列化的衍生文创产品，不断叠增 IP 的文化附加值，以期满足不同读者用户群体的精神需求和实用需求。在文旅融合和社会协作背景下，亦可适时与企业进行合作推出联名产品，使 IP 形象保持关注度，从而提高图书馆 IP 的品牌价值。国家图书馆是一个典型的例子，它通过围绕馆藏的知名度高、市面上稀缺的善本古籍等重点进行 IP 的培育与开发，例如永乐大典主题、庆赏升平主题等。这些文创产品不仅限于传统的文具和纪念品，还包括更具创意和实用性的产品，如庆赏升平之空城计帆布包、三山五园光影纸雕灯等。

2.2.5 社群活跃度

IP 形象的传播力和关注度还主要体现线上线下的各类主题社群互动活动中。如系列主题场景签章打卡、主题陈列展示体验打卡以及图书馆线上各类主题社群有奖征集、话题讨论等活动，激励用户的自主性和参与度，继而持续深化 IP 的品牌效应和价值。

3 儿童图书馆 IP 形象的应用与推广

3.1 儿童图书馆 IP 形象的新技术应用

3.1.1 数智技术合体

在文旅融合背景下，数智化转型是图书馆在 5G 时代面临的重要课题，文旅融合的发展趋势推动着图书馆加大文旅内容的输出和升级。一方面，图书馆开发 IP 形象及多元化衍生产品是提升社会关注度吸引读者用户流量的有效途径。另一方面，以读者用户体验感和视觉角度考量，大力推进场馆服务的数字化、智慧化也是“图书馆 +”的必由之路：通过图书馆数智化总体设计布局来优化服务流程、提升服务效能；通过导入 IP 元素提升文化内涵和审美情趣，将为未来图书馆提供更强劲的生命力和竞争力。

3.1.2 人工智能加持

人工智能即 AI（ArtificialIntelligence）。随着 AI 生成内容技术趋于成熟，图书馆可以借助其强大而便捷的功能，针对图书馆不同业务板块，为 IP 形象衍生出更多具有创意性和趣味性的特色服务内容和营销内容，不仅能节约人力、资金和时间成本，同时还能大大提高服务效率，不断为读者用户制造兴奋点、传递新鲜感。

3.1.3 虚拟视觉导入

视觉传达在 IP 形象的宣传中起着关键性作用。利用 IP 形象进行服务营销的过程中，公共图书馆可以在做好视觉传达的基础上，利用 VR（VirtualReality，虚拟现实）和 AR（AugmentedReality，增强现实）等技术手段，使读者用户在虚实结合中与 IP 形象获取深度体验，将有效提升读者用户获取馆藏信息的自主性、趣味性及体验感。

3.2 儿童图书馆 IP 形象的融合推广

3.2.1 内部融合驱动

文旅融合背景下，IP 形象及其文创衍生产品的开发与应用，将是图书馆当前发展进程中的一个全新立足点和效益增长点，其关键的一步就是梳理和优化好馆藏资源、激活和凝聚好内部资源、最终形成图书馆内部或地区行业内部的统筹性与融合力。如通过有效的内部激励机制引导更多员工自发兼职参与到开发工作中来；内部将 IP 形象逐步植根到本馆业务与服务的方方面面；省、市一级中心馆利用自己影响力倡导各级基层馆共建 IP 或文创主题联盟或论坛等。

3.2.2 跨界融合赋能

文旅融合背景下，跨界合作是图书馆服务营销的一个重要方式。图书馆 IP 形象作为无形的文化资产，具有深厚的文化底蕴和独特的文化基因，是跨界合作的天然纽带，它有助于与多业态进行创意共建与相互赋能。如与专业数字平台合作开发含有 IP 形象的数字藏品；与文博单位联合打造出 IP 形象联动等活动；与教育相关机构合作推出以 IP 形象为标识或导引的研学课程等。而深圳盐田区图书馆采用了“智慧 + 社会合作”模式，通过与社会资源的合作，拓展了新型阅读空间，并形成了“馆企融合”“馆校融合”“馆家融合”“文旅融合”四种社会参与模式。这些模式不仅提升了图书馆的服务质量，还使公共文化服务成果覆盖全区，惠及更广泛的市民群体。例如，与当地酒店合作，建立了“文旅图书馆”，为游客提供阅读服务，同时推动了文旅融合。这些跨界合作可根据不同目标用户群的不同诉求，与协作方共同制定营销目标和营销策略，共同探索取长补短、共建共享的跨界融合营销模式。

4 结语

随着文旅融合的推进，对图书馆的发展布局提出了更精专的要求。图书馆 IP 已不仅是知识产权的代名词，而更应代表在网络生态下图书馆品牌形象及核心价值观的一个超级符号。综合分析消费方式转型、泛娱乐化、大数据化等时代特点；探讨图书馆 IP 的应用价值、设计定位与策略、融合方式与途径，多角度挖掘用户的消费需求；满足读者用户对阅读品牌内容的需求和期待；开辟图书馆文旅融合的新战略布局，努力将图书馆 IP 形象打造成为一树百获的综合应用生态，将是图书馆实践文旅融合中值得深入探索的议题。

参考文献

[1] 亨利·詹金斯 . 融合文化 [M]. 杜永明，译 . 商务印书馆 ,2012.

[2] 陈莹 .IP 形象在公共图书馆服务营销中的应用研究与展望 [J]. 图书馆研究与工作，2023(12).

[3] 应珂 , 洪怡琳 , 张彦等 . 图书馆 IP 建设赋能文旅融合发展的路径选择 [J]. 农业图书情报学报 ,2023(03).

[4] 应珂 , 梁璞 .IP 赋能在图书馆文旅融合中的应用场景研究 [J]. 图书馆界 ,2023(06).

高质量发展视角下图书馆智慧化服务发展分析

——以郴州市图书馆为例

黄九成（郴州市图书馆）

摘要：在新时代我国公共文化事业发展的需求下，传统图书馆在发展过程中需要借助不同的手段方式进行转型升级，以便于提供更好更优的精神文化生活，保障人民群众基本文化权益，推动图书馆实现高质量发展。在此需求下，加强图书馆智慧服务建设成为当前图书馆发展的必然趋势和必然选择。本文首先提出智慧服务内涵，其次对郴州市图书馆智慧服务发展的基本情况和现状进行分析，并以此为基础，提出图书馆未来智慧化服务发展意见，推动图书馆行业在高质量发展视角下进一步提高智慧化服务。

1 概述

1.1 智慧化的提出

2017 年，党的十九大首次提出了“高质量发展”表述，2021 年《关于推动公共文化服务高质量发展的意见》提出要推动公共文化服务高质量发展，在其中强调要加“快推进公共文化服务数字化”，并指出要“加强智慧图书馆体系建设，建立覆盖全国的图书馆智慧服务和管理架构”，并在《中华人民共和国国民经济和社会发展第十四个五年规划和 2035 年远景目标纲要》中提出有 14 个智慧概念，其中有一项即为智慧图书馆体系建设，因此可以说在时代发展的背景下，智慧化图书馆是当前实现图书馆高质量发展的重要手段和重要途径，也是当前推动公共文化服务高质量发展的重要表现。

1.2 智慧化服务的内涵

智慧图书馆的建立主要体现在互联网的运用上，结合智能设备与知识管理的手段，由图书馆员进行主导，来满足不同读者的个性化需求，实现方便、快捷、准确的效果，而智慧化服务就贯穿出现在整个智慧图书馆设立和运用的过程中。根据知网统计，我国智慧化图书馆的研究最早在 2010 年出现，2011 年开始就图书馆智慧服务中的信息服务开始讨论，从 2012 年开始图书馆智慧服务的研究开始大量出现，一直到如今。

对于图书馆智慧化服务的内涵，现有不同的观点。严栋认为，智慧图书馆就是通过物联网来实现智慧化的服务和管理，包括实现用户间的通信、用户与图书馆的通信、图书馆间的通信、用户与信息资源的通信以及信息资源间的通信，他强调的是智慧服务要做到全面开放、信息综合、协同感知、高效便捷；初景利等人提出，图书馆智慧化服务是智慧图书馆建立的核心要素，它要具备场所泛在化、空间虚拟化、手段智能化、内容知识化、体验满意化等特点，强调利用物联网、虚拟现实和增强现实技术以及网络信息技术等，实现空间的拓展、服务的随行、图书馆资源的定位、推送、定制和管理等功能；张延贤等人提出，图书馆智慧服务就是技术智慧、学问智慧、人文智慧的结合；徐向东等人强调，图书馆智慧服务体系主要包括万物互联、智能感知、深度整合和用户中心等特征，体现的是图书馆内容的整合共享、感知分析、资源融合和满足读者需求的知识性服务四大内容。

综上而言，图书馆的智慧化服务与实际工作中的技术服务、人员服务以及知识服务等有着密切关系，它既是三者的结合，也是对三者的发展，是对技术发展和服务观念转变的体现，强调的是人、技术和图书三者的不可分割。

2 郴州市图书馆智慧化服务建设

2.1 开发线上服务，搭建一体化平台

2009 年，郴州市图书馆通过设立“全国文化信息资源共享工程郴州支中心”，开启了本市图书馆数字文化建设项目；其后，搭建了郴州市图书馆官网，联合超星、喜马拉雅、知网等知名文化企业建设了网上“移动图书馆”，完成了公共文化平台推广与应用，也丰富了图书馆馆藏数字资源，截至 2023 年 12 月底，图书馆网站访问量已达 13 万余人次；设立了微信公众号平台，在其中设立微服务大厅、数字阅读、网络书香等版面，实现了双平台线上智慧服务；开设了新媒体服务账号数量 3 个，其点击量截至 2023 年 12 月底也达到了 1.3 万余次；建成的 4 个 24 小时自助图书馆，分别分布在青城美林、苏仙福地广场、郴州长卷、郴州市总工会，使读者能够选择不同的途径进行图书的查询与预约等业务。通过不同平台的搭建，实现了线上线下相结合的阅读服务，并且利用手机端为广大用户提供了便捷的线上阅读体验，极大地提升了文化移动互联网服务能力，实现了远程高效享受图书馆相关服务的服务效益，也为后续开展智慧服务建设提供了必要保障。

2.2 紧抓地方特色，汇聚数字资源

根据《中华人民共和国公共图书馆法》第二十四条规定：“公共图书馆应当根据办馆宗旨和服务对象的需求，广泛收集文献信息；政府设立的公共图书馆还应当系统收集地方文献信息，保存和传承地方文化。”根据文件要求，郴州市图书馆在建馆以来，积极整合各类资源，大力推进郴州市分地方特色文化资源共享，建成了郴州市图书馆数字化资源库，内包含有郴州市地方文献、郴州市地方报纸、郴州市相关政府信息以及郴州市相关网事典藏，通过整合各级政府公开信息、各方地方资料、权威公正可靠的地方信息媒体、多层次立体化的地方政府类网站信息以及各类名师汇集的优质讲堂，实现相关信息的回溯查询、县市区各地地方历史的回顾、普及本地地方科教文化的作用，截至 2024 年 1 月，郴州市图书馆现藏数字资源总量共达 24 万余册，其中在郴州市图书馆数字化资源库中，郴州市地方文献有 348 册，地方性报纸有 2422 期、

10114 版，开设公开课有 36 讲。

3 郴州市图书馆智慧服务存在问题分析

3.1 智慧服务认识有待加强

进入智慧化时代的今天，郴州市图书馆对智慧服务的概念、建设以及发展还缺乏较为准确的认知和理解。首先就其建设来说，虽目前已开设了智慧导览和智慧阅读等智慧服务方式，但根据图书馆智慧服务所涉及层面来说，还需要有智慧管理、智慧监测等各方面，从而在其管理、监测智慧化的基础上才能更好地实现智慧导览和智慧阅读，真正达到以读者群众的智慧浏览、阅读的过程为中心，培育读者用户了解知识、运用知识和创新知识的能力，实现知识产品的增值，并且满足不同读者群体的深层次、个性化需求的挖掘；其次在发展上来说，郴州市图书馆就如何因地制宜推动本馆智慧化服务发展还没有清晰的思路和明确的方向，根据其下所设立的数字化资源库中，可以明显看出其使用率较低，多在 2020 年前，导致整个图书馆的智慧化服务推进缓慢，因此发展其智慧化服务还有很远的路需要探索和开发。

3.2 智慧服务技术有待提升

近年来，智慧化服务相关信息技术较多，已有一些图书馆率先使用应用现代信息技术来推动自身图书馆的资源、服务、设施、管理等领域的智慧化转型创新，如苏州第二图书馆大型智能化集成书库在 2019 年底就率先实现了图书馆服务的数字化、网络化和智能化管理；国家图书馆也在 2020 年 4 月建设了读者云门户，以资源数据和用户行为为支撑，支持全国各级图书馆资源的统一发布以及服务和用户行为数据的汇聚和共享，实现了更好的服务效果。但郴州市图书馆当前还存在技术基础薄弱、数字服务能力不足、“读者—作者—图书馆”的良性循环交流缺乏等问题。

3.3 智慧服务人才有待增加

图书馆的智慧服务中，人才建设和队伍建设是其重中之重。在图书馆智慧服务、智慧管理的过程中，要求图书馆员不仅熟练掌握原有的专业知识和多学科知识的基础外，还需要会运用与时俱进的现代信息传播技术，尤其是在当前 5G 时代和大数据快速发展的时期，能够熟练通过技术熟练使用信息的分拣、分析、加工和整合，推动本馆智慧服务的不断发展。根据现有数据来看，郴州市图书馆现有 36 名从业人员，但计算机相关专业人员仅有 3 人，且其他从业人员多以传统形式为主，因此远远达不到图书馆的高质量发展和智慧服务的建设需求，极大制约了图书馆智慧服务体系的全面构建和良好运行。

4 图书馆智慧化服务发展路径及建议

图书馆作为面向社会公众免费开放、并供阅览者进行查询、借阅以及相关服务和开展社会教育的公共文化设施，在面对智慧服务的发展过程中，还需在加强智慧服务认识、拓宽智慧服务技术、培养智慧人才三个方面共同作出努力。

4.1 加强智慧服务认识

智慧服务是图书馆建设的多方面集合，在推动图书馆智慧服务建设的过程中，要从当前图书馆业界对图书馆智慧服务的概念分析进行学习，结合《"十四五"文化和旅游发展规划》以及其他政策文件的学习，加强对智慧服务的认识，树立"以资源为中心"转变为"以用户为中心"的观念、从"以工作台业务为核心"转变为"以数据化、智能化"为主导的模式、从"被动等待"转变成"主动引导"的态度，提高图书馆智慧服务的高质量发展；此外，在建设智慧服务的同时，要从智慧服务建设的总体布局出发，打造即借阅、研究、交流、学习、互动等功能为一体的空间，建设成围绕一体化业务管理、线上线下双向服务、一对一个性化服务方向发展的图书馆智慧服务平台，实现全市统一的数据资源管理、读者管理与服务、数据监控与分析等分析。

4.2 拓宽智慧服务技术

新时期，图书馆的智慧服务不仅仅体现在对图书馆藏书资源的线上线下结合利用方便读者的查询，同时还需将现代媒体技术与图书馆业务进一步融合，打造适宜不同阅读需求人群的智慧学习空间，专门配置多功能设备来提高个性化智慧服务水平；此外还要充分利用当前快速发展的5G移动互联网、虚拟现实技术、区块链技术、云计算技术、人工智能技术等，赋能图书馆智慧服务的发展。具体可以借助5G大数据以及微信服务平台、支付宝等平台，通过人脸识别的运用，为读者提供信用借书、远程借书、预约借书、推迟还书等智慧服务，利用大数据技术和云计算技术等构建不同读者画像、建立不同读者需求图谱，提供一对一式、精细化式、差异化式服务，提高图书馆的利用效率等；利用区块链技术和人工智能技术，加强图书馆资源建设和设备升级，着力于本地特色文化资源，联合全市各县市区图书馆，打通区域限制，打造特色专题资源库，提高特色资源的宣传推广，满足不同地区、不同群体人民群众的公共文化需求。

4.3 培养智慧服务人才

人才资源建设是图书馆智慧服务发展、推动图书馆高质量发展的基础，图书馆的智慧化服务必须依赖智慧型的馆员队伍。各类在推进图书馆智慧服务建设过程中，要采取多种形式、多种途径来发现、引进、培养各类人才，从各方面全面提升图书馆员基本素质，并积极组织参与与智慧服务相关的各种培训，加大图书馆人才队伍建设，使其能够在5G互联网时代熟练运用互联网技术、虚拟现实技术、区块链技术、人工智能技术等各新型技术来管理和拓展业务，为读者提供优质、高效、精准的文献信息服务。

5 结语

总而言之，当前我国图书馆的智慧化服务还处在快速发展、不断学习的阶段，还未形成具有特色的、独立的、可供借鉴学习的智慧化服务体系及标准，结合现在5G的快速发展以及各项新技术的不断出现和运用，可以得知，图书馆的智慧服务建设是一个需要长期开展的工作，这就需要图书馆从不同方面出发，围绕智慧管理、智慧业务、智慧人员等各领域，积极加强建设，进一步提高读者信息服务，提高图书馆服务质量，助力图书馆高质量发展。

参考文献

[1] 严栋 . 基于物联网的智慧图书馆 [J]. 图书馆学刊 ,2010(7).

[2] 张延贤 , 王梅 . 图书馆智慧服务的概念、内涵与分析 [J]. 现代情报 ,2013(04).

[3] 初景利 , 段美珍 . 智慧图书馆与智慧服务 [J]. 图书馆建设 ,2018(4).

[4] 徐向东 , 王方园 . 公共图书馆智慧服务体系建设研究 [J]. 图书馆学刊 ,2021(01).

[5] 童忠勇 . 公共图书馆数字资源智慧化服务模式探索——以国家图书馆读者云门户网站为例 [J]. 图书馆理论与实践 ,2022(01).

[6] 秦春阳 . 高质量发展环境下公共图书馆智慧服务体系优化发展研究 [J]. 图书情报导刊 ,2023(05).

[7] 陈薇 , 郭冠妍 . 公共图书馆智慧服务体系建设研究 [J]. 图书馆学刊 ,2023(12).

公共图书馆新媒体矩阵影响力研究

谢小云（衡阳市少年儿童图书馆）

摘要：目前新媒体矩阵服务模式已成为图书馆主要推广传播模式，本文利用层次分析法，通过构建新媒体平台传播力指数，依据新媒体矩阵内平台月均活跃用户数量，建立图书馆新媒体矩阵评估模型及新媒体矩阵传播指数，并以中部六所省级公共图书馆为研究对象，构建以微信、微博、微信视频号、抖音、B站等五大主流新媒体平台为基础的新媒体矩阵，进行图书馆新媒体矩阵传播指数实证研究。

1 图书馆新媒体矩阵

新媒体矩阵是指一种在多个新媒体平台上建立起来，以统一品牌、账号、内容形式进行运营和营销的方式。随着互联网的发展，越来越多的图书馆开始利用新媒体平台进行品牌推广和营销。通过开通微信、微博、微信视频号、抖音、哔哩哔哩（以下简称“B站”）等平台官方账号，构建图书馆新媒体矩阵，提供图文、音频、视频、直播等多种形式服务。

目前国内的相关研究多是基于单一新媒体平台影响力进行研究，对公共图书馆新媒体矩阵传播影响力的研究鲜有涉及，图书馆新媒体矩阵影响力是一个复杂的概念，它涉及新媒体矩阵内的多个平台的影响力的综合评价，而这种评价应该是全面、客观和多维度的，不能仅以单一方面或单一平台的影响力来衡量，否则将不够准确。本文通过构建图书馆新媒体矩阵影响力评价体系，通过调研中部六所省级公共图书馆新媒体矩阵在新媒体平台的活跃情况进行实证分析，提出公共图书馆新媒体矩阵影响力的提升策略。

2 图书馆新媒体矩阵影响力评价指标体系

微信、微博、微信视频号、抖音和B站等五个平台的影响力主要体现为对应的传播指数，即微信传播指数WCI、微信视频号传播力指数WVCI、微博传播指数BCI、B站视频传播指数BVCI和抖音号传播力指数DCI。考虑新媒体矩阵影响力指标体系构建的权威性和公认性，本文由微信传播指数WCI、微信视频号传播力指数WVCI、微博传播指数BCI、抖音号传播力指数DCI和B站视频传播指数BVCI等五个平台传播指数来衡量新媒体矩阵整体的影响力（New Media Matrix Communication Index），对以上五个平台各级指标参数进行网络调查和数据统计分析，运用层次分析，确定各级指标数值。

本文中新媒体矩阵的影响力由微信、微博、微信视频号、抖音、B站等五个平台的影响力构成，这五个平台的重要性各不相同，因此五个平台的权重不同。笔者根据五个平台的月均活跃用户数占比，来赋予各个平台不同的权重，并依据各自在总体中的权重来测评不同研究对象的新媒体矩阵影响力情况，最终确定图书馆新媒体矩阵影响力指标体系，用以衡量图书馆新媒体矩阵影响力。

2.1 微信传播指数 WCI（V14.2）

微信传播指数 WCI（WeChat Communication Index）是由微信公众平台原始数据，计算推导得出的平衡数值，是一种综合考虑了整体传播力、篇均传播力、头条传播力、峰值传播力的指数，包括发布次数文章数、阅读数、在看数、点赞数等，通过标准化计算方法得出 WCI 数值。目前，由于 WCI 指数具有科学性和严谨性的特点，已经成了衡量微信公众号影响力的重要指标，可准确地反映图书馆微信公众号的传播影响力。

微信传播指数 WCI(V14.2) 计算公式如下：

$$WCI=\{0.6\times[0.85LN(R/d+1)+0.09LN(Z/d\times 10+1)+0.06LN(L/d\times 10+1)]+0.2\times[0.85LN(R/n+1)+0.09LN(Z/n\times 10+1)+0.06LN(L/n\times 10+1)]+0.1\times[0.85LN(Rt/d+1)+0.09LN(Zt/d\times 10+1)+0.06LN(Lt/d\times 10+1)]+0.1\times[0.85LN(Rmax+1)+0.09LN(Zmax\times 10+1)+0.06LN(Lmax\times 10+1)]\}^2\times 1.2\times 10 \quad (1)$$

2.2 微博传播指数 BCI（V9.0）

微博传播指数 BCI（Micro-blog Communication Index）通过微博的活跃度 W_1 和传播度 W_2 两大维度来反映账号的传播能力和传播效果。BCI 重在评估账号的原发微博传播力，旨在鼓励高质量原创内容。主要通过活跃度 W_1 和传播度 W_2 两大维度来进行评价。其中，活跃度 W1 用以衡量用户的活跃程度，包括发博数 Y_1 和原创微博数 Y_2 等 2 个指标；传播度 W_2 包括转发数 Y_3、评论数 Y_4、原创微博转发数 Y_5、原创微博评论数 Y_6、点赞数 Y_7 等 5 个指标。

微博传播指数 BCI 计算公式如下：

$$BCI=(20\%\times W_1+80\%\times)W_2\times 160 \quad (2)$$

$$W_1=30\%\times\ln(Y_1+1)+70\%\times\ln(Y_2+1)$$

$$W_2=20\%\times\ln(Y_3+1)+20\%\times\ln(Y_4+1)+25\%\times\ln(Y_5+1)+25\%\times\ln(Y_6+1)+10\%\times\ln(Y_7+1)$$

2.3 微信视频号传播力指数 WVCI（V1.0）

微信视频号传播力指数 WVCI 通过对微信视频账号发布的短视频的数量、互动状况、覆盖用户程度来综合体现微信视频号互联网的传播影响力。其传播力指数主要通过活跃度、传播度、认可度、互动度 4 个指标进行考察，主要包括发布作品数 X_1、总转发量 X_2、篇均转发量 X_3、最高转发量 X_4、总点赞量 X_5、篇均点赞量 X_6、最高点赞量 X_7、总评论量 X_8、篇均评论量 X_9、最高评论量 X_{10} 等 10 个指标。各项数据指标、权重及标准化处理方式如下：

$$WVCI=(Ln(X_1+1)\times 0.1+(Ln(X_2+1)\times 0.25+Ln(X_3+1)\times 0.4+Ln(X_4+1)\times 0.35)\times 0.3+(Ln(X_5+1)\times 0.25+Ln(X_6+1)\times 0.4+Ln(X_7+1)\times 0.35)\times 0.3+(Ln(X_8+1)\times 0.25+Ln(X_9+1)\times 0.4+Ln(X_{10}+1)\times 0.35)\times 0.3)\times 100 \quad (3)$$

2.4 抖音号传播力指数 DCI（V1.0）

抖音是字节跳动公司于 2016 年 9 月推出的一款发布创意短视频社交软件。抖音号传播力指数 DCI 通过对抖音账号发布的短视频在数量、互动状况、覆盖用户程度来综合体现抖音号在短视频平台的传播影响力。主要对发布指数、互动指数、覆盖指数三个维度进行考察。采用数据为新增作品数、点赞数、评论数、分享数、新增粉丝数、总粉丝数等。各项数据指标、权重及标准化处理方式如下：

抖音号传播力指数 $DCI=\{0.10\times\ln(Z_1+1)+0.76\times[0.17\times\ln(Z_2+1)+0.37\times\ln(Z_3+1)+0.46\times\ln(Z_4+1)]+0.14\times[0.11\times\ln(Z_5+1)+0.89\times\ln(Z_6+1)]\}\times100$ （4）

2.5 B 站视频传播指数 BVCI（V2.0）

B 站是一个视频网站、直播平台、漫画平台，即哔哩哔哩（bilibili），是国内知名的视频播放的平台和交流的社区。B 站视频传播指数 BVCI（Bilibili Video Communication Index）通过对 B 站视频账号的视频发布活跃状况、视频传播热度以及视频观看用户互动情况来综合反映 B 站视频账号的视频发布传播与影响效果。主要通过发布情况、视频播放热度、用户互动反馈情况、账号粉丝数量四大维度进行指标统计。

B 站视频传播指数 BVCI（V2.0）计算公式如下：$BVCI==\{0.15\times\ln(E_1+1)+0.25\times\ln(E_2+1)+0.3\times\ln(E_3+1)+0.18\times\ln(E_4+1)+0.12\times\ln(E_5+1)\}\times100$ （5）

2.6 新媒体矩阵传播指数 New Media Matrix Communication Index（NMMCI)

新媒体矩阵传播指数 New Media Matrix Communication Index（NMMCI) 是在微信、微博、微信视频号、抖音、B 站传播指数上，对矩阵内各平台传播指数设置一定的权重，用以反映新媒体矩阵传播能力和影响力的综合指数。本文将构成图书馆新媒体矩阵影响力指数的各平台传播力指数按照一定的比例权重进行加权计算，得出新媒体矩阵传播指数。据此提出的 NMMCI 的计算公式为：

$$NMMCI=a_1\times X_1+a_2\times X_2+a_3\times X_3+\cdots+a_n\times X_n(a_1+a_2+a_3+\cdots+a_n=1) \quad (6)$$

其中，a、b、c、d、e 分别为矩阵内各平台月活跃用户的占矩阵总活跃用户的比值，X_1, X_2, X_3, X_n 为新媒体平台的传播力指数。

NMMCI 反映的是图书馆新媒体矩阵影响力综合性指数。图书馆主要是运用微信、微博、微信视频号、抖音、B 站向用户进行传播和推广，要确定微信、微博、微信视频号、抖音、B 站在图书馆新媒体矩阵中的重要性，就需要了解各新媒体平台的活跃用户数量。活跃用户数量越多，单一新媒体平台的传播力和影响力就越大。同时，微信、微博、微信视频号、抖音、B 站的活跃用户数量并不是一成不变的，而是随着矩阵内新媒体平台的发展而变化的。

专注于中国移动互联网数据洞察及研究咨询的 QuestMobile 研究院发布 2023 中国移动互联网半年大报告数据显示：截至 2023 年 6 月，微信、抖音、微博、B 站覆盖用户规模分别达到 10.45 亿、7.43 亿、4.85 亿、2.10 亿。QuestMobile 研究院发布的微信视频号活跃月均活跃用户最新统计数据是截至 2022 年 6 月微信视频号月均活跃用户已达 8.13 亿。本文研究的图书馆新媒体矩阵传播力指数由微信、微博、微信视频号、抖音、B 站等五个平台的传播指数构成。各平台传播指数权重依据研究时间段的月活跃用户数量的占五大平台的总月均活跃用户比值确定。由此，根据公式（6），确定五大平台传播指数分别占新媒体矩阵影响力权重如下：微信传播指数占比 31.71%，微博传播指数占比 14.71%，微信视频号传播指数占比 24.67%，抖音传播指数占比 22.54%，B 站传播指数为占比 6.37%，因此，衡量图书馆新媒体矩阵影响指数的计算公式为：

$$NMMCI=31.71\% \times WCI+14.71\% \times BCI+24.67\% \times WVCI+6.37\% \times BVCI+22.54\% \times DCI(a+b+c+d+e+f=1) \quad (7)$$

表 1　新媒体矩阵影响力相关指标及权重

一级指标	二级指标及权重	三级指标及权重
微信传播力指数	整体传播力 O（60%）	日均阅读数 R/d(85%)、日均在看数 Z/d(9%)、日均点赞数 L/d(6%)
	篇均传播力 A（20%）	篇均阅读数 R/n(85%)、篇均在看数 Z/n(9%)、篇均点赞数 L/n(6%)
	头条传播力 H（10%）	头条（日均）阅读数 Rt/d(85%)、头条（日均）在看数 Zt/d(9%)、头条（日均）点赞数 Lt/d(6%)
	峰值传播力 P（10%）	最高阅读数 Rmax(85%)、最高在看数 Zmax(9%)、最高点赞数 Lmax(6%)
微博传播力指数	活跃度 W_1（20%）	发博数 Y_1(30%)、原创微博数 Y_2(70%)
	传播度 W_2（80%）	转发数 Y_3(20%)、评论数 Y_4(20%)、原创微博转发数 Y_5(25%)、原创微博评论数 Y_6(25%)、点赞数 Y_7(10%)
微信视频号传播力指数	活跃度（10%）	发布作品数 X_1(100%)
	传播度（30%）	总转发量 X_2(25%)、篇均转发量 X_3(40%)、最高转发量 X_4(35%)
	认可度（30%）	总点赞量 X_5(25%)、篇均点赞量 X_6(40%)、最高点赞量 X_7(35%)
	互动度（30%）	总评论量 X_8(25%)、篇均评论量 X_9(40%)、最高评论量 X_{10}(35%)
抖音传播力指数	发布指数（10%）	新增作品 Z_1(100%)
	互动指数（76%）	点赞数 Z_2(17%)、评论数 Z_3(37%)、分享数 Z_4(46%)
	覆盖指数（14%）	新增粉丝数 Z_5(11%)、总粉丝数 Z_6(89%)
B 站传播力指数	发布指数（15%）	发布总视频数 E_1(100%)
	播放指数（25%）	视频平均播放量 E_2(100%)
	互动指数（30%）	视频平均评论量 E_3(100%)
	覆盖指数（30%）	账号总粉丝数 E_4（60%）、账号新增粉丝数 E_5（40%）

3 中部六省新媒体矩阵内各平台数据分析

笔者选取中部六所省级公共图书馆为研究对象，根据表 1 新媒体矩阵影响力相关指标及权重占比，进行 2023 年 5 月至 6 月图书馆新媒体矩阵影响力的实证研究。各新媒体平台的数据来源于清博大数据网以及山东省图书馆参考咨询部公布的《全国公共图书馆视频监测月报》《全国公共图书馆微信微博监测月报》。

3.1 微信影响力指数

表 2 从微信公众平台发布次数来看，湖南图书馆和湖北省图书馆发布次数均为 61 次，为最多。其次是河南省图书馆发布次数为 59 次。从文章数来看，湖南图书馆发布文章数为 141 次，仅次于河南省图书馆 163 次、湖北省图书馆 218 次。从阅读数、在看数、点赞数、头条阅读数、头条在看数、头条点赞数、最大阅读数、最大点赞数来看，湖南图书馆均排名第一。其微信公众号影响力指数 WCI 为 1007.17 排名第一，湖北省图书馆微信公众号影响力 WCI 为 903.28 排名第二。

表 2　中部六所省级公共图书馆微信影响力指数

名称	发布次数	文章数	阅读数	在看数	点赞数	头条阅读数	头条在看数	头条点赞数	最大阅读数	最大在看数	最大点赞数	WCI
湖南图书馆	61	141	822716	2615	6705	588768	1892	4803	48681	200	518	1007.17
湖北省图书馆	61	218	488101	1686	3939	396862	968	2673	63823	205	381	903.28
江西省图书馆	4	30	95283	172	668	44713	80	338	30430	47	219	641.57
安徽省图书馆	4	63	36075	47	230	13547	15	82	5186	10	37	498.835
河南省图书馆	59	163	35245	67	278	19767	40	175	2726	8	22	489.365
山西图书馆	0	0	0	0	0	0	0	0	0	0	0	0

3.2 新浪微博影响力指数

从原创博文指标来看，湖北图书馆新馆和山西省图书馆原创博文分别为 69 篇和 56 篇，数目较多。从用户互动数来看，湖北图书馆新馆和湖南图书馆用户点赞数较多。从粉丝基数来看，湖南图书馆为37000，湖北省图书馆新馆粉丝数为21000个，排名靠前，相比之下比排名第三至第六位加起还要多。在引粉上，做得比较好。微博影响力指数主要以原创博文、转载博文、转发数、评论数、点赞数、粉丝数作为计算指标，经过计算公式（3）计算，湖北省图书馆新馆在微博影响力上排名第一，其次是湖南图书馆。河南省图书馆新浪微博官微已开通，但在调研期间未有任何动态，故在表1中影响力指数为0。

表3 中部六所省级公共图书馆微博影响力指数

名称	原创博文	转载博文	转发数	评论数	点赞数	粉丝数	BVCI
湖北省图书馆	69	41	178	202	359	21000	814.42
湖南图书馆	24	5	240	234	291	37000	805.39
江西省图书馆	17	14	258	122	115	5659	753.95
安徽省图书馆	37	50	0	7	21	8648	284.28
山西省图书馆	56	2	0	0	7	1107	151.61
河南省图书馆	0	0	0	0	0	2985	0

3.3 微信视频号影响力指数

微信视频号自2020年1月腾讯公司宣传开始内测，至今已经有3年多。调研发现中部6所省级图书馆中开通微信视频号的有5所，开通率83.33%，说明图书馆正在顺应现代互联网的发展，运用微信视频号服务读者、推广阅读。但从作品数来看，作品宣传较少，2个月内作品数量最多的是湖北省图书馆，其作品数仅为22个，体现了微信视频号平台影响力认识不足，没有充分利用微信公众平台强大的受众基础与丰富的功能积极营销，加深读者对图书馆服务的认识。

表4 中部六所省级公共图书馆微信视频号影响力指数

视频号名称	作品数	点赞数	转发数	评论数	最大点赞数	最大转发数	最大评论数	WVCI
湖北省图书馆	22	1975	832	48	248	163	18	704.39
湖南图书馆	19	2779	751	81	412	99	10	702.81
江西省图书馆	3	1161	261	62	373	150	57	584.09
山西省图书馆	11	734	316	4	178	76	2	559.88
安徽省图书馆	10	601	102	14	169	44	6	546.04
河南省图书馆	0	0	0	0	0	0	0	0

3.4 B 站影响力指数

2023 年 5 月至 6 月中部 6 所省级图书馆，仅湖北省图书馆和湖南图书馆开通 B 站账号，因湖南图书馆期间未发布任何作品，其影响力受到较大影响仅为 163.65，而湖北省图书馆注重作品发布与引入粉丝互动，其 B 站影响力指数 BVCI 为 529.52。

表 5　中部六所省级公共图书馆 B 站影响力指数

账号名称	粉丝数	作品数	观看次数	弹幕数量	点赞数	投币数	收藏数	共享数	评论数	BVCI
湖北省图书馆	20000	17	17045	2	542	54	219	79	104	529.52
湖南图书馆	532	0	0	0	0	0	0	0	0	163.65
江西省图书馆	0	0	0	0	0	0	0	0	0	0
山西省图书馆	0	0	0	0	0	0	0	0	0	0
安徽省图书馆	0	0	0	0	0	0	0	0	0	0
河南省图书馆	0	0	0	0	0	0	0	0	0	0

3.5 抖音影响力指数

抖音是字节跳动公司于2016年9月推出的一款发布创意短视频社交软件。截至2023年6月，调研的中部 6 所省级公共图书馆中通过抖音平台认证的公共图书馆共有 5 所（河南省图书馆未开通），开通率为 83.33%。从作品数量上看，大部分作品篇数都在 20 篇以内，其中湖南湖北省图书馆 19 篇安徽省图书馆为 10 篇，山西省和江西省图书馆作品分别为 6 篇和 2 篇，作品数较少。从粉丝数量上看，万人以上有 2 家：江西省图书馆，湖北省图书馆。千人以上万人以下 3 家：安徽省图书馆、湖南图书馆、山西省图书馆。调研的 6 家图书馆抖音平台粉丝、作品数、点赞数差异较大。抖音传播力指数湖北省图书馆排名第一，其次是安徽省图书馆、湖南图书馆。

表 6　中部六所省级公共图书馆抖音影响力指数

抖音名	粉丝数	作品数	点赞数	评论数	收藏数	分享数	DCI
湖北省图书馆	10000	19	691	102	53	49	488.97
安徽省图书馆	5124	10	286	31	13	51	420.15
湖南图书馆	4308	19	233	27	14	19	382.76
山西省图书馆	2212	6	64	34	4	13	321.17
江西省图书馆	300000	2	38	10	4	1	294.25
河南省图书馆	0	0	0	0	0	0	0

4 中部六所省级公共图书馆新媒体矩阵影响力分析

4.1 数据情况

根据公式（1）至（5），利用各新媒体平台影响力计算公式分别计算出中部 6 所省级公共图书馆 WCI、BCI、WVCI、BVCI、DCI 影响指数（见表 2 至 6），并在此基础上，利用公式（7）计算出各省级图书馆新媒体矩阵影响力指数 NMMCI 并进行排名，并按照得分进行排名，用以衡量中部六省图书馆 2023 年 5 月 1 日至 2023 年 6 月 30 日期间的新媒体矩阵影响力，具体见表 7。

表 7 中部六所省级公共图书馆新媒体矩阵影响力对比分析

	WCI	BCI	DCI	WVCI	BVCI	NMMCI
湖北省图书馆	903.28	814.42	488.97	704.39	529.52	688.116
湖南图书馆	1007.17	805.39	382.76	702.81	163.65	612.356
山西省图书馆	641.57	151.61	321.17	559.88	0	334.846
江西省图书馆	467.86	753.95	294.25	584.09	0	420.03
安徽省图书馆	498.83	284.28	420.15	546.04	0	349.86
河南省图书馆	489.36	0	0	0	0	97.872

4.2 影响力分析

首先，新媒体矩阵影响力在不同图书馆之间存在显著差异。根据中部六省新媒体矩阵影响力的排名情况，湖北省图书馆和湖南图书馆在新媒体矩阵影响力方面表现出色，影响力指数分别达到 688.116 和 612.356。然而，河南省图书馆在新媒体矩阵影响力排名中位列最后，其数值仅为 97.872，显示出其在新媒体矩阵建设方面的不足。整体而言，新媒体矩阵影响力仍有待提升，各图书馆需要加强新媒体矩阵建设，完善矩阵结构并形成强大的网络影响力体系。

其次，各图书馆对新媒体矩阵建设的重视程度和投入资源存在显著差异。例如，河南省图书馆开通了官方微博，但自 2020 年 1 月起便停止更新且未开通抖音、微信视频号、B 站等其他新媒体平台。山西省图书馆、江西省图书馆、安徽省图书馆截至 2023 年 7 月 15 日仍未开通 B 站官方账号，这表明它们在矩阵内各平台发展不平衡。

最后，同一平台缺乏统一的运营规划。图书馆在微信、微博、微视频平台、抖音和 B 站等不同平台之间缺乏统一的规划运营，导致同一家图书馆在不同平台发布的作品数量存在巨大差异。例如，湖南图书馆在微信上发布了 141 篇文章，而在 B 站上却未发布任何作品，这表明图书馆需要制定更加全面和细致的新媒体运营策略，以提高整体的新媒体矩阵影响力。

5 图书馆新媒体矩阵影响力提升策略

5.1 加强新媒体矩阵建设，完善制度

目前，微信、微博、微信视频号、抖音、B 站等新媒体平台是图书馆开展互联网图书信息服务的主要方式，也是形成图书馆新媒体矩阵影响力的主要力量。图书馆在新媒体矩阵平台建设中，相对而言，微信、微博平台建设得较为成熟，相关服务和功能较为完善，然而抖音、B 站、微信视频号等短视频新媒体平台建设运营情况却良莠不齐，一些图书馆对新媒体矩阵构建重视程度不够，特别是一些月均用户活跃数量较多的微信视频号、抖音、B 站等新媒体平台开通率低，相关内容没有很好地与微信、微博平台的内容同步发布。提升图书馆新媒体矩阵影响力，首先，要加强新媒体矩阵的建设，在主要新媒体平台上开通图书馆官方认证的账号，同时，也要加强宣传推广，吸引用户关注，加强与粉丝互动，增强用户黏性。其次，打造专业的运营团队，图书馆新媒体矩阵运营推广的工作应该由专业的馆员来做，加大具备图书专业知识又掌握新媒体运营技术的人员引进，结合文字、图片、视频等多样化阅读推广的服务形式，提升服务品质。定期开展图书馆新媒体运营理论方面的知识和技能培训，更新知识技能。另外，需建立新媒体运营绩效激励和考核制度，将图书馆新媒体矩阵平台建设情况纳入考评，出台相关运营管理制度及激励办法，对新媒体矩阵运营状态进行考核激励，结合新媒体矩阵影响力指数进行评定等次，以规范和激发馆员的积极性。

5.2 加强新媒体内容建设，注重原创

原创内容是提升图书馆新媒体矩阵影响力的“法宝”。对于关注图书馆新媒体的用户来说，图书馆新媒体平台发布的内容是否原创，将直接影响到用户的阅读量、点赞数、转发数、评论数。图书馆新媒体运营要以本馆图书资源为载体，树立“内容为王”的理念，坚持推送原创内容，图书馆新媒体各平台影响力指数显示，具有创新性、知识性、趣味性的原创文章更容易成为用户关注的焦点。因此，图书馆在新媒体矩阵运营中，一方面，要深入挖掘自身本地特色图书文化资源，锤炼高品质内容。除了在原创内容上紧跟时事热点、迎合公众关切、凸显本地特色之外，更要从图书馆馆藏图书中挖掘文化关联，对图书信息进行解读和推广。另一方面，要增加本地记忆和传承本土历史文化类内容的比重，挖掘本土、名人、家庭、老字号等红色文化历史，打造有温度、有深度、有情怀的传播内容，同时，可以结合本地非物质文化遗产、风土人情、民风民俗、旅游资源、名优特产等方面深耕资源，突出地域、行业或专业特色，开展阅读宣传推广，规划特色活动，提升图书馆新媒体平台的内容原创性。

5.3 加强与用户的互动，增强黏性

图书馆通过新媒体矩阵为公众提供个性化、多样化需求，加强与公众互动能够持续提升图书信息服务，增进图书馆新媒体与用户的联系，进而扩大用户群众。首先，要注重用户需求，运营话题推广。根据新媒体各平台指数计算指标设置情况，传播度是很重要的一个指标，图书馆不能停留在被动回复咨询、提供馆藏图书的角色上，还应该主动“出击”，运用特色馆藏，

结合重大热点、节日活动等时间点，挖掘用户更多的图书信息需求，增强新媒体传播力度。要始终以图书用户的需求为出发点，关注新媒体热点话题动态，制造更多贴近用户身边，用户关心的话题，提升用户的关注度和参与度。其次，要注重有效互动，保持用户黏性。图书馆新媒体矩阵的影响力是官方平台账号与粉丝的互动的结果。图书馆要重视与用户之间的关系，培养亲切、亲密的关系。一方面，高频互动能够增强图书馆新媒体矩阵的影响力，另一方面，通过与用户互动能够切实感受到用户的支持和反馈，为改善服务方式和完善服务内容指明了方向。图书馆在新媒体矩阵运营中应该坚持以专业的图书信息资源和多样化的阅读推广服务，赢得用户的好感，创造与用户互动的机会，更好地改进自己的图书信息服务，不断提高用户的满意度，培养用户的忠诚度，从而增加图书馆新媒体矩阵的影响力，提升图书馆的竞争力。

5.4 加强平台之间协同，构建合力

实现“1+1>2”的效果是图书馆进行新媒体矩阵建设的追求，新媒体矩阵内各平台的协同就是要构建统一发声、叠加合力、多方联动协同互补的图书馆新媒体矩阵平台。要实现新旧平台相结合，创新建设运营抖音、B 站等新媒体，无缝衔接、内容共享。提升图书馆新媒体矩阵的影响力进行阅读推广，要综合考虑各新媒体平台的特点、优势，特别是矩阵内各新媒体平台的服务方式、适合的服务场景、适合承载的内容上要有所区分，不能进行简单叠加，流水作业。应该结合关注各类新媒体平台的粉丝用户的年龄结构、使用习惯、文化层次、职业背景、兴趣爱好等因素，有侧重地选择适配性好、操作性强、效果最佳的新媒体平台进行信息和活动主推，实现个性化传播。具体而言，微信是熟人的社交平台，适用于篇幅较长的专业分析和深度解读。微博侧重于即时性和互动性，追求时效。抖音、B 站等短视频平台具有较好的视听效果和实时互动的优势，符合年轻人的使用习惯，只有如此，才能更好地提升图书馆新媒体矩阵的传播力和影响力。

参考文献

[1] 简义瀚，范国斌．高校图书馆微信公众号影响力多维度评价及效果分析 [J]. 情报探索，2021(06).

[2] 王文静，邓馨悦．基于 4V 营销理论的高校图书馆微信视频号运营策略研究 [J]. 传播与版权，2023(11).

[3] 陈冬玲．基于 DCI 指数的我国图书馆抖音平台传播策略研究 [J]. 图书馆研究与工作，2020(12).

[4] 付鹏．图书馆网络影响力研究——以“985 工程”高校图书馆为例 [J]. 情报科学，2017(10).

[5] 雷欢．图书馆网络影响力研究：以自媒体微博微信为视角 [J]. 图书馆论坛，2017(01).